众创空间运行机理与评价指数研究

崔祥民 周慧 赵都敏 著

清华大学出版社
北京

内 容 简 介

众创空间是"大众创业、万众创新"的载体,对于我国经济实现由要素驱动、投资驱动向创新驱动转变具有重要意义。本书遵循"结构(构成要素)—行为(运行机理)—绩效(评价指数)"研究范式,以生态系统理论、开放式创新理论及利益相关者理论为基础,系统剖析众创空间生态系统的"精神、主体、服务"三大要素的内在特征及形成集聚有效组态,探寻众创空间生态系统形成、演化过程中存在的内在机理,构建系统化的众创空间运行评价指数体系。本书出版深化了众创空间的学理阐释,为科学评价众创空间运行提供方法论指导。

本书封面贴有清华大学出版社防伪标签,无标签者不得销售。

版权所有,侵权必究。举报: 010-62782989,beiqinquan@tup.tsinghua.edu.cn。

图书在版编目(CIP)数据

众创空间运行机理与评价指数研究 / 崔祥民,周慧,赵都敏著. —北京:清华大学出版社,2023.10

ISBN 978-7-302-62302-1

Ⅰ.①众… Ⅱ.①崔…②周…③赵… Ⅲ.①创业-研究 Ⅳ.① F241.4

中国国家版本馆 CIP 数据核字 (2023) 第 007077 号

责任编辑:陆浥晨
封面设计:傅瑞学
版式设计:方加青
责任校对:宋玉莲
责任印制:沈　露

出版发行:清华大学出版社
　　网　　址:http://www.tup.com.cn,http://www.wqbook.com
　　地　　址:北京清华大学学研大厦 A 座　　邮　编:100084
　　社　总　机:010-83470000　　邮　购:010-62786544
　　投稿与读者服务:010-62776969,c-service@tup.tsinghua.edu.cn
　　质　量　反　馈:010-62772015,zhiliang@tup.tsinghua.edu.cn
印 装 者:三河市天利华印刷装订有限公司
经　　销:全国新华书店
开　　本:165mm×238mm　　印　张:20.5　　插　页:1　　字　数:337 千字
版　　次:2023 年 10 月第 1 版　　印　次:2023 年 10 月第 1 次印刷
定　　价:156.00 元

产品编号:084847-01

序

众创空间作为"大众创新、万众创业"新兴载体，对于满足日益多样化的消费需求，推动产品服务升级，实现创新驱动和经济高质量发展具有重要意义。在政策推动下，我国的众创空间发展迅速，数量已跃居世界第一，但却面临招商难、盈利难等诸多困境，甚至部分众创空间已关门歇业，政策目标与效果的偏离现象说明众创空间这种新经济现象既需要理论解释，更需要理论引导与支撑。在这样的背景下，崔祥民研究员率领的科研团队承担了国家社科基金后期资助项目"众创空间运行机理与评价指数研究"（19FGLB013）。该科研团队以江苏、上海、北京等地的众创空间为研究对象，按照"结构（构成要素）—行为（运行机理）—绩效（评价指数和对策）"研究范式，以生态系统理论、开放式创新理论及利益相关者理论为基础，以扎根理论、定量评价、定性比较分析为主要方法，系统剖析众创空间生态系统的"精神、主体、服务"三大要素的内在特征及有效组态，探寻众创空间生态系统在形成、演化过程中存在的内在机理，从而构建了系统化的众创空间运行评价指数体系，圆满地实现了预期的研究目标，诞生了《众创空间运行机理与评价指数研究》这本专著。

崔祥民研究员一直致力于创业管理研究，先后主持江苏省社科基金"创客精神培育与传播研究"（17GLB023）、全国统计科学重点课题"众创空间运行指数体系构建与评价"（2016103），参与国家社科基金"产业集群内中小企业创业研究"（08BJL027），出版专著《产业集群内创业机会价值影响机制研究》（经济管理出版社，2012）、《科技绿色创业企业成长研究》（江苏大学出版社，2016），在CSSCI期刊发表论文18篇。这一系列的前期成果孕育了本书。

本书的主要内容包括：其一，从众创空间由内而外的要素构成逻辑出发，采取扎根理论和案例研究方法探究"精神、主体、服务"三大要素的内在特征，比较不同类型众创空间的创客精神、创客行为和服务机构合作网络异同，采取定性比较的研究方法归纳众创空间要素形成和集聚的有效组态，探索众创空间要素发展的关键影响因素和作用机理，为本书后续研究奠定坚实的理论基础；其二，按照事物发展过程逻辑窥视了众创空间形成、运营与演化的全过程,采取定性比较研究方法探索众创空间商业模式匹配影响运营绩效的内在机理,采取演化博弈研究方法探究众创空间生态系统价值共创和共生演化的方向、路径和影响因素,识别影响众创空间系统演化的关键因素,本篇在本书中起到承上启下的作用;其三,从可持续发展"能力—结果性绩效—发展性绩效"因果逻辑的角度,构建了众创空间核心竞争力评价指数体系,提出了基于 C2R 模型和超效率模型的运行效率评价指数体系、基于协同理论的众创空间协同发展指数体系,以及基于 VOR 理论的健康发展指数体系,为科学度量众创空间核心竞争能力、发展效率、协同发展和健康发展提供方法支持,为准确判断众创空间运行情况提供科学依据。本篇在本书的作用是由理论研究向方法研究进行转化,从而搭建理论与实践的桥梁,促进众创空间理论指导实践。

  本书的特色主要体现在以下几个方面。第一,重调查研究。中国众创空间虽然伴随着全球创客运动的浪潮而产生,但其既受中国传统文化熏陶,又受创新创业时代背景的影响,呈现出与西方不同的特征。该研究立足于中国文化场域,深入众创空间一线,广泛搜集相关素材和数据,采取案例研究、扎根理论研究等多种方法,开展实证研究,剖析众创空间运行的内在机理。第二,重研究视角。在众创空间生态系统理论的基础上,提出多主体协同、多圈层均衡是众创空间健康发展的关键学术观点,以系统互动视角,研究各主体互动的相互影响。第三,重政策研究。本书从宏观政策和微观策略的双维视角出发,提出了由"政策工具、价值属性和生命周期"三个维度构成的众创空间政策分析框架,构建了由"强化能力、构建机制、优化环境"三个部分构成的众创空间发展策略体系,以促进众创空间的健康成长。

  众创空间发展虽然迅猛,但仍然属于新生事物,还处于"摸着石头过河"的探索阶段,既需要实践的探索,更需要理论深入研究。而"众创空间运行机理与评价指数研究"形成了符合我国实情的众创空间运行评价理论支撑范式,发展和丰富了中国情景下的众创空间理论。与此同时,该研究也为政府制定促进众创空间发展的相关政策提供了理论支撑,具有较为重要的理论意义和实践意义。

武汉大学经济与管理学院二级教授、博士生导师

前　　言

从当代经济发展背景来看，我国的经济已经进入新阶段，由传统的以要素驱动、投资拉动、政府主导、高速增长为特征的发展模式向形态更高级、分工更复杂、结构更合理的创新驱动发展模式演变。创新能够实现生产要素的新组合，能够激发经济增长的潜力，是实现经济发展模式转变的关键。众创空间是"大众创业、万众创新"的载体，对于我国经济实现由要素驱动、投资驱动向创新驱动转变具有重要意义。

在政府大力推动下，我国众创空间发展迅速，数量已跃居世界第一。但作为新生事物，在实践中，很多众创空间暴露出定位不明确、盈利方式不清楚、市场运作机制尚未建立等一系列问题。这些问题甚至导致一些知名众创空间，如地库、孔雀机构、MadSpace等都无力支撑，关门歇业。政策目标与效果的偏离现象说明众创空间这种新经济现象既需要理论解释，更需要理论引导与支撑。

众创空间的生态系统特征虽然已经得到学术界的一致认可，但多是基于现象的描述性研究，对构成要素的内在特征和动态运行规律还需要深入的理论探讨，对众创空间生态系统运行还缺乏科学有效的评价方法。因此，本书的研究任务为探究众创空间构成要素的基本特征，揭示众创空间运行过程中存在的机理和规律，为众创空间运行评价提供理论范式。

本书遵循"结构（构成要素）—行为（运行机理）—绩效（评价指数）"的研究范式，以生态系统理论、开放式创新理论及利益相关者理论为基础，以扎根理论、问卷调查、定量评价、定性比较分析为主要方法，系统剖析众创空间生态系统的精神、主体、服务、政策四大要素的内在特征及如何集聚成有效组态，探寻众创空间生态系统在形成、运行及演化过程中存在的内在机理，构建系统化的众创空间运行评价指数体系，旨在为众创空间可持续发展提供坚实的理论基础和科学方法保障。

本书共十四章，第一章为绪论，第二章为研究现状与概念界定，第十四章为结论与展望，其他十一章内容共分三篇。

第一篇　众创空间要素研究

本篇研究目标是探究众创空间生态系统精神、主体、服务、政策四大要素的内在特征，总结众创空间生态系统要素形成或集聚的有效组态，探索众创空间要素发展的关键影响因素和作用机理，为本书后续研究奠定坚实的理论基础。

第二篇　众创空间运行机理研究

本篇研究目标是窥视众创空间形成、运行与演化的全过程，揭示众创空间形成、运行与演化的路径与规律，发现众创空间形成、运营和演化的关键影响因素与作用机理。本篇在本书中起到承上启下的作用。

第三篇　众创空间运行评价指数研究

本篇目标是为科学度量众创空间的发展水平、核心竞争力、健康状况、系统协同提供方法支持，为众创空间主体分析判断众创空间运行情况提供科学依据。本篇在本书的作用是由理论研究向方法研究进行转化，从而搭建理论与实践的桥梁，促进众创空间理论指导实践。

本书的创新之处主要体现在以下方面。

（1）学术观点创新。在众创空间生态系统理论的基础上，提出多主体协同、多圈层均衡是众创空间健康发展的关键学术观点，并在此基础上构建了众创空间协同发展指数和健康发展指数，从而丰富和发展了众创空间生态系统理论。

（2）研究视角创新。将经济学成本收益理论和演化博弈理论应用到众创空间价值共创和互惠共生机制研究之中，以系统互动视角研究各主体互动的相互影响，通过复制动态方程和雅可比矩阵分析及数值仿真实验验证，揭示众创空间生态系统价值共创和互惠共生的内在机制，推动经济理论与创业理论的融合。

（3）新方法的应用。从基于原子论的因果关系分析方法转向基于整体论的定性比较分析方法。传统的基于统计回归分析的方法，讨论各个因素对结果变量的影响，其实质是单一条件的"边际净效应"。基于原子论的因果关系分析方法无法解释创客精神形成、创客与服务机构集聚等多重并发、非对称性因果关系。本研究采取基于整体性视角的定性比较分析方法，探讨创客精神形成、创客与服务机构集聚的有效组态，从而为解释相互依赖、相互影响的复杂因果关系提供方法支撑。

本书的学术价值主要体现在以下方面。

（1）扎根众创空间中国实践，发展和丰富中国情景下的众创空间理论。中国众创空间虽然伴随着全球创客运动的浪潮而产生，但其既受中国传统文化熏陶，又受创新创业时代背景的影响，呈现出与西方不同的特征。立足于中国文化场域，扎根中国众创空间实践开展中西对比研究，提炼中国情境下创客精神的内涵与结构，比较不同类型的创客和服务机构行为特征，构建众创空间政策分析模型，分析政府在众创空间发展中的作用，从而为构建具有中国特色的众创空间理论贡献力量。

（2）发现众创空间生态系统形成与演化的机理，为众创空间可持续发展提供学理支撑。从生命周期视角研究众创空间生态系统形成与演化的过程，发现众创空间生态系统在形成过程中存在的"保障、激励和诱发"机理，以及演化过程中存在的"价值共创和互惠共生"机制，从而深化众创空间学理阐释，为众创空间发展提供坚实的理论支撑。

（3）构建系统化的众创空间运行指数体系，形成符合我国实情的众创空间运行评价理论支撑范式。从可持续发展的"能力—结果性绩效—发展性绩效"因果逻辑的角度，提出了由能力、效率、协同、发展构成的众创空间评价指数体系；在价值链、协同学、生态圈层等理论基础上，对评价方法进行改进与优化，使指数体系具有系统性、层次性和适用性，从而为科学评判众创空间运行情况提供依据。

本研究是国家社科基金后期资助项目"众创空间运行机理与评价指数研究"的研究成果，赵都敏、周慧、张坚强、周波、李支东、柴晨星等参与了本课题研究。感谢全国哲学社会科学规划办公室的资助，感谢参与者的辛苦劳动。

目　　录

第一章　绪论 / 1

　　第一节　研究背景 / 1
　　第二节　研究目的与意义 / 4
　　第三节　研究思路与研究方法 / 6
　　第四节　本书的结构与内容 / 8
　　本章小结 / 13

第二章　研究现状与概念界定 / 14

　　第一节　研究现状 / 14
　　第二节　研究趋势 / 21
　　第三节　理论基础 / 29
　　第四节　概念界定 / 38
　　本章小结 / 43

第一篇　众创空间要素研究

第三章　众创空间创客精神的结构与形成机理研究 / 48

　　第一节　众创空间创客精神结构与特征 / 48
　　第二节　众创空间创客精神的形成 / 63
　　第三节　众创空间创客精神培育策略 / 77
　　本章小结 / 81

第四章　众创空间创客行为特征与集聚模式研究 / 82

　　第一节　众创空间创客行为类型与特征 / 82
　　第二节　众创空间创客集聚模式 / 92

第三节　众创空间创客群落繁荣策略　/　110

本章小结　/　113

第五章　众创空间服务机构合作网络与集聚模式研究　/　115

第一节　众创空间服务机构合作网络　/　115

第二节　众创空间服务机构集聚模式　/　122

第三节　众创空间服务机构发展策略　/　135

本章小结　/　138

第六章　众创空间政策文本研究　/　139

第一节　众创空间政策文本分析框架体系　/　139

第二节　众创空间政策文本分析过程　/　143

第三节　众创空间政策文本分析结果　/　146

第四节　众创空间发展政策建议　/　149

本章小结　/　152

第二篇　众创空间运行机理研究

第七章　众创空间生态系统形成机理研究　/　156

第一节　众创空间生态系统形成理论分析与概念模型构建　/　156

第二节　众创空间生态系统形成机理的案例分析　/　159

第三节　促进众创空间生态系统形成对策　/　165

本章小结　/　167

第八章　众创空间商业模式匹配对运营绩效的影响机理研究　/　168

第一节　众创空间商业模式匹配对运营绩效影响理论分析　/　168

第二节　研究过程与研究方法　/　173

第三节　研究结果　/　178

第四节　促进众创空间运营绩效提升对策　/　186

本章小结　/　188

第九章　众创空间生态系统演化机理研究 / 189

　　第一节　众创空间生态系统价值共创演化机理 / 189
　　第二节　众创空间生态系统共生演化机理 / 206
　　第三节　促进众创空间生态系统演化对策 / 219
　　本章小结 / 222

第三篇　众创空间运行评价指数研究

第十章　众创空间核心竞争力指数研究 / 226

　　第一节　核心竞争力评价指标体系设计 / 226
　　第二节　核心竞争力指数计算方法与步骤 / 231
　　第三节　实证分析与评价比较 / 234
　　第四节　众创空间核心竞争力提升对策 / 238
　　本章小结 / 242

第十一章　众创空间运行效率指数研究 / 243

　　第一节　众创空间运行效率评价指标体系 / 243
　　第二节　众创空间运行效率指数计算方法与步骤 / 246
　　第三节　实证分析与评价比较 / 250
　　第四节　众创空间运行效率提升对策 / 255
　　本章小结 / 258

第十二章　众创空间协同发展指数研究 / 259

　　第一节　众创空间协同发展评价指标体系 / 259
　　第二节　众创空间协同发展指数计算方法与步骤 / 265
　　第三节　实证分析与评价比较 / 267
　　第四节　众创空间协同发展提升对策 / 269
　　本章小结 / 273

第十三章　众创空间健康发展指数研究 / 274

　　第一节　众创空间健康发展评价指标体系 / 274

第二节　众创空间健康发展指数计算方法与步骤　/　277
第三节　实证分析与评价比较　/　281
第四节　众创空间健康发展提升对策　/　284
本章小结　/　286

第十四章　结论与展望　/　287

第一节　主要观点和研究结论　/　287
第二节　创新之处　/　289
第三节　研究局限与展望　/　289

参考文献　/　291

第一章 绪　　论

第一节　研究背景

一、经济背景

从宏观经济背景看，党的十九大报告指出："我国经济已由高速增长阶段转向高质量发展阶段。"即经济发展由关注规模和速度转向关注质量和效益，追求的是更高质量、更有效率、更加公平、更可持续的发展[①]。要实现高质量发展，需要培育经济增长新动能、转变经济增长方式、优化经济结构，需要依靠创新，抓住第四次工业革命发展新机遇。经济发展已由蒸汽机时代、电气化时代、信息化时代向智能化时代进行转变，以制造业数字化、网络化、智能化为核心的第四次工业革命正在兴起。抓住第四次工业革命的核心就是在创新战略引领下，打造个性化、数字化和智能化的生产模式，推动创新型企业发展，培育经济发展新动能以满足中国经济高质量发展的需要[②]。

从微观经济背景看，美国频繁围堵中国高新技术企业，无端对华为、中兴、中科曙光、海光微电子、大疆无人机等企业实施制裁措施。这些事件为中国制造业的现状敲响警钟，未来中国制造业的高质量发展必须依靠自主创新，必须拥有具备自主知识产权的核心技术。自主创新的水平既取决于创新的广度，也取决于创新的深度。伴随着福特主义的终结，长尾经济的到来，一群酷爱科技、热衷实践、乐于创新的创客逐渐进入公众视野[③]（刘志迎等，2015）。他们借助激光切割机、3D打印机等新型工具亲自动手制造出有趣、独特的科技产品。他们改变传统标准化复制思维，构建聚焦用户、聚焦体验的商业模式，以创新产品和服务的方式满足消费者个性化需求，从而为以大众化、规模化为主要特征的传统制造业摆脱经营困境提供了新路径。

[①] 高培勇.中美经贸摩擦背景下的中国经济[J].东岳论丛，2020（4）：5-16，191.
[②] 张车伟，赵文，王博雅.经济转型背景下中国经济增长的新动能分析[J].北京工商大学学报（社会科学版），2019（3）：117-126.
[③] 刘志迎，陈青祥，徐毅.众创的概念模型及其理论解析[J].科学学与科学技术管理，2015（2）：52-61.

创客运动引起西方学者高度关注。Anderson Chris（2012）提出：由于智能桌面将取代传统制造车间，创客运动将会引发一场新的工业革命①。Charles Howard（2014）认为，创客运动日益普及和日益增强的影响有可能在全球范围内改变长期确立的工业设计、制造和融资流程。美国政府敏锐地发现创客对于复兴美国制造的重要作用②。为鼓励创客运动发展，2014年美国总统奥巴马在白宫举办了创客嘉年华（White House Maker Faire），他参加集会并呼吁"全体国民加入激发创新和鼓励社区发明的行动中"，并把每年的6月18日定为"国家创客日"。以数字技术和个人制造相融合为典型特征的创客运动正在席卷全球③。

在全球创客运动浪潮影响和我国"大众创业、万众创新"政策鼓励下，我国创客群体迅速崛起，创客运动浪潮正在形成。中国创客运动的迅猛发展一方面是由于我国具有强大的制造业生态体系和丰富的人力资源，为创客扎根成长提供了肥沃的土壤；另一方面是由于我国经济由高速增长向高质量增长的转变，为创客运动发展提供了良好的机遇。以"创新、个性"为主要特征的创客运动与我国建设创新型国家战略任务相契合，成为推动经济增长由要素驱动向创新驱动转变的重要力量。

众创空间是促进"大众创业、万众创新"的新兴载体，对于我国经济实现由要素驱动、投资驱动向创新驱动转变，从高速增长模式向中高速增长模式转变，由传统的以投资拉动、政府主导、高速增长为特征的发展模式向形态更高级、分工更复杂、结构更合理的阶段演变，从规模速度型粗放增长转向质量效率型集约增长具有重要意义。

二、技术背景

从技术背景来看，随着3D打印技术、物联网技术、开源硬件等新技术的出现和日益普及，人们创造、制作的便捷性得到大幅提高，从而推动了以科技工作者为主体的创新1.0模式向以用户和普通大众为主体的创新2.0模式进行转变。众创空间正是适应这种变化，集聚各种创新创业资源，搭建资源共享和互动交流平台，降低资源使用成本，为普通大众参与创新创造了良好条件，从而打破了创新是研发人员专利的传统，形成集众人智

---

① ANDERSON C. Makers: The new industrial revolution[M]. New York: Random House, 2012.
② CHARNES A, COOPER W W, RHODES E. Measuring the efficiency of decision making units[J]. European Journal of Operational Research, 1979, 2(6):429-444.
③ 哈尔弗森，谢里登，陈卫东，梁敏. 教育中的创客行动[J]. 现代远程教育研究，2015（3）：3-8，52.

慧、大众参与创新创业的新局面。

物联网使许许多多的设施、仪器与互联网相连,从而实现了数据的存储、共享与分析。物联网的出现改变了创新的方式,让世界各地的某一项目的爱好者可以连接在一起,以合作互动的方式开展创新合作。全世界的创客可以方便地实现跨区域合作。物联网的出现为以用户体验为主要特征的新型创新提供了可能,消费者可以以虚拟方式在产品生产之前进行体验,并可提出创新性建议。这为消费者参与产品研发提供了可能。

3D 打印技术通过特定的机器设备(打印机)对被打印对象的材料进行可控的动态堆叠来生产需要的形体结构[1]。3D 打印技术由于不需要开发模具,不需要材料切割,因此生产成本较低,生产周期较快。另外,由于 3D 打印设备可以与互联网链接,可以快速将有关的需求信息转化为技术参数,使消费者参与产品研发制造更加便利。3D 打印技术的出现,为创客将创意转化为产品提供了可能,而拥有 3D 打印设备的众创空间也具有较强的吸引力。

开源硬件是在开放环境中,应用者不需要掌握复杂的单片机技术和底层代码,只需要掌握较为实用的使用函数,便可以应用其开发产品[2]。开源硬件具有成本低、操作简单等优势,因此备受创客、手工"发烧友"的青睐而被广泛使用。创客利用开源硬件能够较为便利地定义自己的产品参数,设计自己的产品。开源硬件吸引越来越多的人加入个性化制作团队,从而推动了创客运动的发展。

三、政策背景

2015 年 1 月 4 日,李克强总理在深圳考察"柴火众创空间"时,与该空间创始人潘昊进行交谈,并观看了人形机器人团队 Ai.Frame 等三个团队的项目,对众创空间有了进一步的实践性认知,决定"为众创空间再添一把柴"。2015 年 3 月 11 日,国务院下发《国务院办公厅关于发展众创空间推进大众创新创业的指导意见》[3],指出要实现营造良好创新创业生态环境,激发全社会创新创业活力,通过构建众创空间等新型创业平台,有效进行资源整合,真正落实相关政策,完善服务模式,宣传创新文化,努力形成"大众创业、万众创新"的新局面。

---

[1] 赵国伟. 3D 打印技术研究展望 [J]. 南方农机, 2019(9): 126, 148.
[2] 邓欣, 王进, 于洪, 等. 开源硬件在"智能机器人"实践课程中的应用 [J]. 计算机教育, 2015(18): 105-110.
[3] 国务院办公厅关于发展众创空间推进大众创新创业的指导意见 [Z]. 2015-03-11.

随着经济社会发展，我国经济增长方式面临转变，需要由要素驱动向创新驱动转变。创新创业是实现这种转变，提供经济增长新动能，增加就业需求，提供经济高质量发展的关键。而众创空间是创新创业的新兴载体，于是众创空间再次进入决策层视野。国务院办公厅于2016年2月18日出台了《关于加快众创空间发展服务实体经济转型升级的指导意见》①。

众创空间虽然发展迅速，但在成长过程中出现了服务质量不高、专业性不强等诸多问题。为提升众创空间的专业化水平，实现服务设施专业化、服务项目专业化、服务人员专业化，使众创空间真正服务于实体经济的转型升级，科技部于2016年7月28日制定了《专业化众创空间建设工作指引》。专业化众创空间强调服务对象、孵化条件和服务内容的高度专业化，是能够高效配置和集成各类创新要素，实现精准孵化，推动龙头骨干企业、中小微企业、科研院所、高校、创客多方协同创新的重要载体②。

为深入实施创新驱动发展战略，进一步激发市场活力和社会创造力，推动创新创业高质量发展，打造"双创"升级版，国务院于2018年9月18日出台了《国务院关于推动创新创业高质量发展，打造"双创"升级版的意见》。该意见明确提出了提升孵化机构和众创空间服务水平的工作要求，建立众创空间质量管理、优胜劣汰的健康发展机制，引导众创空间向专业化、精细化方向升级，鼓励具备一定科研基础的市场主体建立专业化众创空间③。

第二节 研究目的与意义

一、研究目的

众创空间数量虽然众多，但发展质量令人堪忧。因此，在系统分析众创空间生态系统运行机理和运行状况评价的基础上，提出众创空间健康运行的对策是当前一个重要的研究方向。本研究的目标如下。

---

① 国务院办公厅关于加快众创空间发展服务实体经济转型升级的指导意见 [Z]. 2016-02-18.
② 科技部关于印发《专业化众创空间建设工作指引》及公布首批国家专业化众创空间示范名单的通知 [R]. 中华人民共和国科技部，2018（6）.
③ 国务院. 国务院关于推动创新创业高质量发展，打造"双创"升级版的意见 [R]. 中华人民共和国国务院公报，2018（29）.

①构建众创空间要素结构分析框架,揭示众创空间要素构成及其特征。以生态系统理论、社会认知理论、空间集聚理论、循环累积因果机制理论为指导,采取扎根理论、定性比较分析等研究方法,系统剖析精神要素、主体要素和服务要素的构成、形成及集聚,以形成更具体、更深刻、更全面的认识,从而为后续研究奠定坚实的理论基础。

②探索驱动众创空间生态系统演化的关键影响因素及其作用机理。以资源基础理论、共生理论为指导,采取案例研究、演化博弈研究方法,对众创空间生态系统的形成机理、运作模式、价值共创与共生演化机理进行系统研究,从而发现众创空间运行过程中的关键环节,总结众创空间运行规律。

③构建科学、系统的众创空间运行评价指数体系,给出操作性强、准确度高的运行指数计算方法。以协同理论、可持续发展理论、复合生态系统理论为指导,采取数据包络分析方法、灰色关联度评价方法及 TOPSIS 方法对众创空间的运行效率、核心竞争力、健康发展、协同发展等指数进行计算分析,从而为众创空间高质量发展提供现实基础。

二、研究意义

1.理论意义

①基于中国情境下众创空间具有的独特性和差异性,扎根中国众创空间实践,提炼中国情境下创客精神的结构,构建众创空间政策分析模型,分析政府在众创空间发展中的作用,有利于中国情境下众创空间理论发展。

②从静态和动态双重视角研究众创空间的精神、主体、服务三大要素的特征与形成集聚有效组态,有利于明晰众创空间要素特征,有利于深化众创空间要素认识。

③从众创空间生命周期出发,构建"形成—运行—演化"的研究框架,揭示众创空间生态系统形成的内在机理,分析众创空间有效运行的商业模式。构建众创空间价值共创和共生演化的系统模型,对众创空间演进过程进行全景式描绘,有利于完善众创空间生态系统理论。

④从众创空间可持续发展影响要素出发,构建由能力、效率、协同、发展构成的完整的评价指数体系,弥补过去忽视完整价值链分析、忽视多主体协同评价、忽视圈层均衡分析的缺陷,有利于在科学系统评价的基础上指导众创空间健康发展。

2.实践意义

①从众创空间层面看,本研究在构建系统的评价体系的基础上,对数百家众创空间开展实证分析,发现众创空间运行过程中存在的问题,提出了由强化能力、构建机制、优化环境三个部分构成的众创空间发展策略体系,帮助众创空间检视自身短板和不足,从而有利于提出针对性的改善措施。

②从政府层面看,本研究构建了由政策工具、价值属性和生命周期三个维度构成的众创空间政策分析框架,并对43个相关政策开展文本分析,提出了促进众创空间可持续发展,进一步完善政策支持体系,优化众创空间发展环境的建议。

第三节　研究思路与研究方法

一、研究思路

本课题围绕众创空间生态系统由哪些要素构成、如何运行、如何评价三个核心问题,以生态系统理论、开放式创新理论及利益相关者理论为基础,以扎根理论、定量评价、定性比较分析为主要方法,系统剖析众创空间生态系统的精神、主体、服务、政策四大要素的内在特征及形成集聚有效组态,探寻众创空间生态系统在形成、运营、演化过程中存在的内在机理,构建系统化的众创空间运行评价指数体系,旨在为众创空间可持续发展提供坚实的理论基础和科学方法保障。具体研究思路如图1-1所示。

二、研究方法

1.资料查阅法

广泛搜集书刊资料,研读以往的研究成果,对其进行归纳总结,并进行创新,以夯实本研究的理论基础。

2.定量评价法

本课题运用定量评价法计算众创空间运行指数与分析运行状况,运用层次分析、模糊评价法计算能力指数,运用数据包络法计算效率指数,运用复合系统协同模型计算协同指数。在指数计算的基础上,对众创空间进行纵向评价、横向评价,以对众创空间的运行进行全面评价。

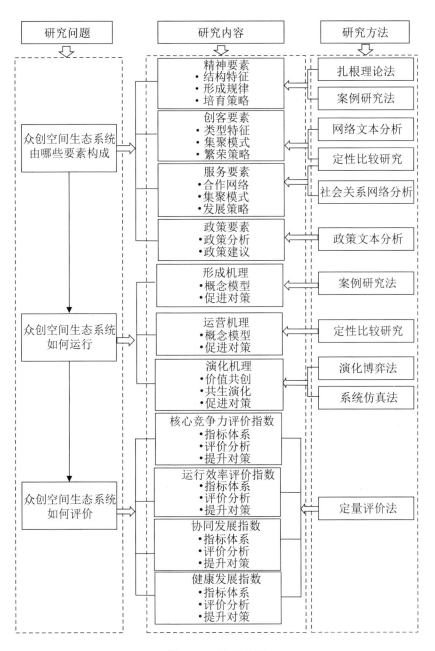

图 1-1 研究思路图

3.案例研究法

众创空间的形成属于"如何"和"为什么"的问题，采取案例研究方法较为适合。项目组将遵循 Yin（2004）提出的案例研究的方法，对包括创客、创客朋友、创客家人开展访谈、直接观察、参与观察获取各种来源资料，应用模式匹配、时间序列、逻辑模型和多案例比较等技术进行归纳和总结，以确定众创空间形成的环节、进路及其关系。

4.扎根理论研究法

众创空间创客精神的结构属于"是什么"的问题，采取扎根理论研究方法较为适合。在理论抽样的基础上，通过开放编码、主轴编码、选择编码和理论饱和检验进行分析，构建创客精神结构模型。

5.定性比较研究法

众创空间创客精神的形成、创客的集聚、服务机构的集聚等主题都是多因素复杂问题，需要开展探索性的研究。本研究使用定性比较的方法（qualitative comparative analysis，QCA），开展系统匹配和对比，系统化比较不同案例集聚要素与集聚效果，以探索有效组态。QCA跨越了定性与定量的界限，通过将案例视为条件的组态，用条件组态取代自变量、组态思想代替净效应思想、集合关系代替相关关系，整合了定性分析与定量分析的优势，使社会学研究从线性分析步入集合分析时代。

第四节 本书的结构与内容

一、本书的结构

本书共十四章，第一章为绪论，第二章为研究现状与概念界定，第十四章为结论与展望，其他十一章内容共分四篇：①第一篇（第三章到第六章）为众创空间要素研究；②第二篇（第七章到第九章）为众创空间运行机理研究；③第三篇（第十章到第十三章）为众创空间运行评价指数研究。本书结构关系如图1-2所示。

二、研究内容

第一章 绪论
本章起到提纲挈领的作用，主要阐明研究背景、研究目的、研究意义、研究内容、技术路线和研究方法。

第二章 研究现状与概念界定
本章目标是在界定相关概念的基础上明确研究边界，在把握国内外理论研究前沿的基础上明确本书的研究任务。

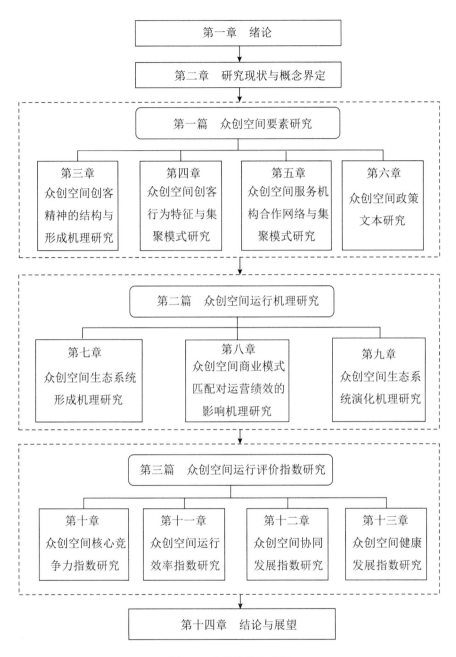

图 1-2 本书结构关系图

本章研究发现：①众创空间在服务对象、服务功能、服务方式等方面与传统孵化器存在较大差异；②生态系统和绩效评价是国内众创空间研究的前沿，而教育、硬件 DIY、工程教学则是国外众创空间研究的前沿；③缺乏众创空间要素内在特征与发展规律研究和众创空间生态系统形成、运行与演化的机理实证研究。

第三章　众创空间创客精神的结构与形成机理研究

本章目标是探索众创空间内创客精神结构维度，比较分析中美两国创客精神的异同，系统分析创客精神形成的影响因素，构建创客精神形成的概念模型，揭示创客精神形成的内在逻辑关系，为创客精神培育提供理论基础。

本章研究发现：①创客精神由认知方式、情感体验和理想信念三个维度构成；②在认知方式方面，中国创客的创新意识和主动学习动机更为强烈，在情感体验方面，中国创客则在基于目标导向的创新创业活动中体现出显著的坚韧特征，在理想信念方面，中国创客更有实现商业价值的倾向，展现出独有的家国情怀；③学校教育是创客精神生成的核心必要条件；④创客精神的生成存在教育实践主导、兴趣教育主导和人际关系感染三个有效策略组合，其中教育实践主导是最常见的创客精神生成策略组合；⑤社会关系网络与主观认知之间具有替代关系，从而导致有基于以目标为导向的理性创客精神生成路径与基于人际关系感染的潜移默化式创客精神生成路径。

第四章　众创空间创客行为特征与集聚模式研究

本章目标是探索众创空间创客的行为动机特征、行为方式特征、人际关系特征及情感特征，探究众创空间创客集聚的影响因素，发现众创空间创客集聚的影响机理，旨在深入分析众创空间创客行为模式特征及其规律。

本章研究发现：①创客呈现商业化倾向；②创客具有过程导向和目标导向两个不同的行为逻辑；③不同类型的创客嵌入不同的社会关系网络之中；④众创空间创客高集聚，存在"嵌入服务主导型""自有资源—创客教育主导型""全要素型"三个组态，其中"嵌入服务主导型""自有资源—创客教育主导型"更能深层次、强有力地影响众创空间的创客集聚。

第五章　众创空间服务机构合作网络与集聚模式研究

本章目标是描绘众创空间服务机构合作网络特征，比较不同类型众创空间服务机构合作网络异同，归纳众创空间服务机构集聚的有效模式，为众创空间吸引和促进服务机构合作提供理论指导。

本章研究发现：①运营商在服务机构合作网络中处于核心地位；②专业型众创空间服务机构合作网络的中心性、密度和凝聚力较高；③众创空间服务机构高集聚存在政策推动经济效益主导型、成本声誉主导型和市场接近知识溢出主导型三个组态；④众创空间服务机构非高集聚存在经济利益声誉缺失型和经济利益知识溢出缺失型两个组态。

第六章　众创空间政策文本研究

本章目标是构建众创空间政策分析理论框架，发现当前众创空间政策的薄弱环节，为提出完善众创空间政策体系奠定基础。

本章从政策工具、价值属性和生命周期3个维度构建了众创空间政策分析框架，对4个国家部委文件和39个省市众创空间政策文件进行分析评价。研究发现：①众创空间政策存在忽视环境氛围的营造，全要素价值属性体现不足，没有重视众创空间成长和维护等问题；②为促进众创空间可持续发展，政策体系应更加注重政策的协同性、适度性，更加注重激发市场活力。

第七章　众创空间生态系统形成机理研究

本章目标是窥视众创空间形成过程，探索众创空间形成的内在机理，为众创空间生态系统构建提供有效路径。

本章研究发现：①众创空间生态系统的形成是由环境、资源、动力、诱因等诸多要素综合作用的结果；②各要素对生态系统的形成发挥着不同的作用，环境通过对资源的保障作用和对动力的激励作用间接影响众创空间生态系统的形成，诱因发挥着调节作用，影响众创空间生态系统形成的速度。

第八章　众创空间商业模式匹配对运营绩效的影响机理研究

本章目标是探索"战略—能力—商业模式"匹配对运营绩效的影响机理，发现高绩效的众创空间有效模式，为众创空间运营绩效提供理论支持。

本章研究发现：①"差异化战略＋核心能力""核心能力＋服务收入"和"差异化战略＋动态能力＋服务收入"是众创空间高绩效的有效模式；②"低成本战略＋非核心能力＋非动态能力＋非股权收入""非核心能力＋非动态能力＋服务收入＋非股权收入"和"差异化战略＋非核心能力＋非动态能力＋非服务收入＋股权收入"会导致众创空间非高绩效；③众创空间的战略与能力之间的关系不是"战略决定能力"的单向关系，而是"战略与能力互相影响"的双向关系或"能力决定战略"的反向关系。

第九章　众创空间生态系统演化机理研究

本章目标是探究众创空间生态系统价值共创和共生演化方向、演化路径及影响因素，找到影响众创空间价值共创和共生演化的关键因素，为促进众创空间生态系统良性发展，实现众创空间价值各主体共创和共生关系提供坚实的理论基础。

本章研究发现：①众创空间额外收益比例的提升有利于促进众创空间、创客、政府参与价值共创的意愿；②三方主体的参与意愿对政府税率的变化比较敏感；③众创空间共生系统是由共生单元、共生模式和共生环境构成的复杂共生系统，创客和服务提供者在这个复杂系统中相互作用，共同开展价值创造和价值获取活动；④创客和服务提供者之间的共生系数决定了众创空间生态系统共生演化的模式，各自为政和过分依赖都无法真正促进创业生态系统的良性循环；⑤互惠共生是众创空间生态系统演化的理想模式，是众创空间政策制定的目标和方向。

第十章　众创空间核心竞争力指数研究

本章目标是为科学度量众创空间核心竞争能力提供方法支持，旨在帮助众创空间在以此进行核心竞争力评估的基础上加强自身能力建设。

本章从价值链的角度构建了众创空间核心竞争力评价指标体系，采取灰色关联度法对众创空间的核心竞争力进行评估，计算各评价指标与理想值之间的关联度，从而确定众创空间的核心竞争力指数。

本章研究发现：众创空间核心竞争力呈现正态分布，创客资源集聚、金融机构集聚、网络构建、融资等因素是影响众创空间核心竞争力的重要因素。

第十一章　众创空间运行效率指数研究

本章目标是为科学度量众创空间发展效率提供方法支持，为准确评判众创空间所处阶段及运行绩效提供科学依据。

本章基于 C^2R 模型和超效率 DEA 模型测度了江苏省 288 个众创空间的综合效率、纯技术效率、规模效率与超效率值，进而对江苏省苏北、苏中、苏南三大区域进行效率差异评价分析。

本章研究发现：①江苏省众创空间运行效率整体较高，但软性服务能力有待提升；②纯技术效率较低是影响众创空间运行效率的主要原因；③苏南地区众创空间扩张速度过快，规模报酬递减的众创空间占比大，对提高当地众创空间质量有抑制作用。

第十二章　众创空间协同发展指数研究

本章目标是为计算众创空间协同发展程度提供理论依据和计算方法，从而促进各子系统的协同发展。

本章基于众创空间具有自然系统和人造系统的双重特征，利用协同理论，构建了由众创空间、创客、政府三个子系统组成的复合系统协同度模型，给出了由序参量选取、子系统有序度确定、众创空间利益相关者协同度计算构成的众创空间协同度计算步骤。

第十三章　众创空间健康发展指数研究

本章目标是为科学度量众创空间健康情况提供方法支持，为众创空间可持续健康发展提供理论支撑。

本章在借鉴 VOR 理论和创业生态系统三层次评估框架的基础上，构建了由圈层和内容构成的二维众创空间生态系统健康评价指标体系。利用 TOPSIS 方法构建了众创空间综合健康指数计算程序。

本章研究发现：众创空间健康指数分化严重，各圈层之间的不均衡性较强，应加强政策调整，促进众创空间健康成长。

第十四章　结论与展望

本章目标是对研究过程、研究结论进行总结，提炼本研究的贡献，发现研究的不足，进而指明未来研究方向。

本　章　小　结

本章从经济、技术、政策三个方面阐述了众创空间研究的背景，进而提出了研究的目的和意义，在系统介绍研究整体框架和研究内容的基础上，介绍了研究的创新之处。本章对研究的内容和内容之间的关系进行了概括性阐述和系统提炼，彰显了本研究与已有成果的差异，强调全书写作的基本思路，以便读者从整体视角更好地把握全书内容。

第二章 研究现状与概念界定

本章运用 CiteSpace 软件对研究现状和趋势进行全景刻画，从生态系统理论、利益相关者理论、开放式创新理论三个方面进行了大量的文献回顾。在此基础上，对研究相关概念进行了清晰界定，为后续章节的研究做出了很好的铺垫。

第一节 研 究 现 状

众创空间是将创客空间参与主体由创客扩展为主流大众的线上线下相结合的网络化、平台化、多样化的革新产物[①]，是促进大众创业、万众创新的新兴载体，已经得到了政府和学术界的广泛关注。众创空间最早起源于黑客行为，创客通过黑客行为探索有创意的东西（Mitch，2011）[②]。国内外学者对众创空间的研究主要集中于众创空间生态系统的构成要素、运行机制及评价研究等，并取得卓有成效的研究成果。

一、国内外关于众创空间研究的现状

1. 众创空间的构成研究

众创空间是众多创业活动在特定地理空间的集聚，从而形成的一种复杂创业生态系统（陈凤等，2015）[③]。众创空间内部集聚了创客、创新项目、组织机构、创新创业资源等要素，通过创业者之间、创业者与创业要素之间进行不断的物质、信息交换推动创新成果的产生（贾天明等，2017）[④]。这一构成方式与自然科学中的生态系统理论有类似之处，因此众多学者用创业生态系统来分解众创空间的形成结构。创业生态系统的概

---

① 张娜. 众创空间：互联网＋时代本土化的创客空间 [J]. 科协论坛，2015（10）：22-25.
② MITCH A. What's hackerspace[EB /OL]. http:/ /makezine. com /2011/09/07/What's a hackerspace mitch altman explains video, 2011.
③ 陈凤，项丽瑶，俞荣建. 众创空间创业生态系统：特征、结构、机制与策略：以杭州梦想小镇为例 [J]. 商业经济与管理，2015（11）：35-43
④ 贾天明，雷良海，王茂南. 众创空间生态系统：内涵、特点、结构及运行机制 [J]. 科技管理研究，2017，37（11）：8-14.

念最早由 Spilling（1996）提出，研究的是如何运用各种因素的相互作用来促进就业[1]。第一次明确提出创业生态系统要素的是 Isenberg（2011），他在文章《如何开始一场创业革命》中分析了创业生态系统是由市场、政策、融资、人力资本、文化等六个要素构成[2]。随着对众创空间生态系统研究的深入，学者以要素的性质对众创空间生态系统中的要素进行广义分类。部分学者认为众创空间生态系统中的要素分为创业基础要素、环境要素及个人要素。创业基础要素包括政府、市场和区域环境等，环境要素包括创业教育、金融服务和文化氛围等，个人要素包括个人或团队等。另一部分学者认为众创空间生态系统的构成要素可分为创业主体和创业环境（Valdez，1988）[3]。创业主体和创业环境之间的内部联系越紧密，众创空间的创业能力越强（Mason，2014）[4]。其中，直接参与主体包括创业企业，间接参与主体为提供资金、技术、人才等资源的政府、科研机构及中介机构等，创业环境包括政策、文化、基础设施等（蔡莉，2016）[5]。虽然学者对众创空间构成的要素划分标准有所差异，但都是以创客为中心，以创业组织和环境要素为载体，通过要素之间交互成为催生新技术、新成果产生的构成方式（贾天明，2017）。

2.众创空间的运行研究

众创空间作为一个创业生态系统，在其演化过程中必然会产生无序，需要在众创空间内部建立相应的运行机制来保证众创空间的可持续发展（Zheng，Jiang，2021）[6]。一个成功的众创空间内部的运行要素必须有

---

[1] SPILLING O R. The entrepreneurial system: on entrepreneurship in the context of a mega-event[J]. Journal of Business research, 1996, 36(1):91-103.

[2] ISENBERG D J. How to start an entrepreneurial revolution[J]. Harvard business review, 2010, 88(6)：40-50.

[3] VALDEZ J. The entrepreneurial ecosystem: toward a theory of new business formation[J]. Proceedings of the Small Business Institute Director's Association，Jude，University of Texas，San Antonio. Retrieved from: http: //sbida. org/Resources/Documents/Proceedings/1988% 20Proceedings. pdf# page, 1988, 102.

[4] MASON C, BROWN R. Entrepreneurial ecosystems and growth oriented entrepreneurship[J]. Final report to OECD, Paris, 2014, 30(1):77-102.

[5] 蔡莉，彭秀青，SATISH N，王玲.创业生态系统研究回顾与展望[J].吉林大学社会科学学报，2016，56（1）：5-16，187.

[6] ZHENG J，SHI L，JIANG T. Research on mechanism materials of innovation performance of Makerspaces[J]. CONVERTER, 2021: 261-270.

相应合理的运行机制（Seo et al.，2015）[①]。众创空间的运行机制是指众创空间内部各个要素之间及各个要素与外部环境之间的相互关系及作用机理（贾天明，2017）。国内外学者关于众创空间运行机制的研究角度逐渐多元化，现阶段大多数学者主要从"四众"融合、创新生态系统、创业生态系统等角度对众创空间的运行机制进行分析。

（1）基于"四众"融合角度

众创空间作为多元创新主体价值创造的平台，创造主体之间的合作可能会促成价值的产生。众创空间"四众"融合的机制主要包括众包的资源组织机制、基于众扶的能力提升机制、基于众创的产品价值创造机制、基于众筹的风险控制机制（王丽平，2017；李志刚，2019）[②③]。

（2）基于创新生态系统角度

创新生态系统是各种子系统连接而成的生态关系网络，经由各类要素在该系统中流动，实现持续性的价值共创（Russell et al.，2011）[④]。而众创空间在创新生态系统扮演着主体创新、协同创新和创新源培育的角色。从多层次方面，众创空间创新功能的实现主要依靠自组织演化[⑤]（Wei et al.，2020）、开放式协同和跨层级交互三大机制（裴蕾，王金杰，2018）[⑥]。从价值链方面看，众创空间的核心运行机制主要包括信用保障机制、组织协调机制、价值创造机制、互动反馈机制（侯晓等，2016）[⑦]。同时，众创空间创新生态系统对初创企业的创新能力也能产生重要影响，群落主体在生态系统运行机制网络中充当催化剂作用，通过连

---

① SEO J S, LEE G C, Ock Y S. A study of co-working space operation strategy: Focused on operation elements analysis by AHP method[J]. Asia-Pacific Journal of Business Venturing and Entrepreneurship，2015，10（4）：157-165.

② 李志刚，谷锦锦."互联网+"背景下众创空间的运行机制构建[J].中国集体经济，2019（26）：159-160.

③ 王丽平，刘小龙.价值共创视角下众创空间"四众"融合的特征与运行机制研究[J].中国科技论坛，2017（3）：109-116.

④ RUSSELL M G, STILL K, HUHTAMALI J, et al. Transforming innovation ecosystems through shared vision and network orchestration[C]//Proceedings of the Triple Helix IX International Conference: Silicon Valley: Global Model or Unique Anomaly? 11-14 July，2011，Stanford, California, USA. Stanford University, H-STAR Institute Center for Innovation and Communication，2011: 1-21.

⑤ WEI W, HE Z, RAYMAN-BACCHUS L. How Co-working Spaces Self-Organize to Novel Outcomes?[C]//Academy of Management Proceedings. Briarcliff Manor, NY 10510: Academy of Management，2020（1）：12532.

⑥ 裴蕾，王金杰.众创空间嵌入的多层次创新生态系统：概念模型与创新机制[J].科技进步与对策，2018，35（6）：1-6.

⑦ 侯晓，金鑫，吴靖.CAS视角下的众创空间特征及运作机制研究[J].情报杂志，2016，35（10）：195-200，119.

接群落其他要素来加速运行机制网络的构成①。

(3) 基于创业生态系统角度

众创空间创业生态系统是一个由创客群、服务支持机构、孵化器、上下游企业和消费群共同构成的动态开放系统，是来自不同背景下人才进行创作的聚集地（Merkel，2015；Clay，2012）②③，是将社交网络、共享资源与人际网络联系在一起，使创客能够共享有价值的网络和资源，从而实现创新和创业（Kenline，2012）④。现有对众创空间创业生态系统运行机制的研究主要从三个层面展开。首先，部分学者从逻辑关联层面展开分析，众创空间创业生态系统存在五个核心机制，分别为生态系统代谢机制、异构创业资源整合机制、创业能力动态提升机制、用户价值创造机制等（陈夙，2015；汪群，2016；项国鹏和钭帅令，2019）⑤⑥。其次，有部分学者基于"情境—行动—结果"层面展开。情境层包括自适应机制、动态创业机制和多层次耦合机制，行动层包括开放式创新机制和自组织更新机制，结果层包括价值创造机制。其中情境层为基础，行动层为结果层的驱动力。这一运行机制的过程是螺旋上升的，实现持续性的价值创造（陶小龙，2021）⑦。

3. 众创空间的评价研究

近年来，虽然众创空间的发展速度很快，但是大多数众创空间的运行效率较低，链接和整合社会资源的能力较弱（王佑镁，叶爱敏，2015）。⑧ 为了实现众创空间的可持续发展，需要对众创空间现行的运行

---

① LESTARI E D. Is co-working increase survivability? Study on how collaborating and networking facilitates open innovation process for startups[J]. IJNMT （International Journal of New Media Technology），2020，7（2）：68-75.

② SPINUZZI C. Working alone together: coworking as emergent collaborative activity[J]. Journal of business and technical communication，2012，26（4）：399-441.

③ MERKEL, J.. Co-working in the city. RMIT Annual Review 2012 Global Cities，2015，15 （February 2011）：121-139.

④ KENLINE C. Defining a culture: The paradigm shift toward a collaborative economy[J]. Indiana University Purdue University Fort Wayne，2012.

⑤ 汪群. 众创空间创业生态系统的构建 [J]. 企业经济，2016：（10）：5-9.

⑥ 项国鹏，钭帅令. 核心企业主导型众创空间的构成、机制与策略：以腾讯众创空间为例 [J]. 科技管理研究，2019，39（17）：1-6.

⑦ 陶小龙，黄睿娴. 区域创业生态系统视角下众创空间运行机制研究 [J]. 云南大学学报（社会科学版），2021，20（3）：123-132.

⑧ 王佑镁，叶爱敏. 从创客空间到众创空间：基于创新2.0的功能模型与服务路径 [J]. 电化教育研究，2015，36（11）：5-12.

效果进行评价（张丹宁等，2017）[①]。国内外学者主要从绩效评价、运行效率评价和竞争力评价展开研究。

（1）绩效评价

Chunhe（2020）认为众创空间是一个综合性的创新创业平台，既具有创业服务体系的特点，又具有知识创新驱动的特点。众创空间的发展不仅与内部资源密切相关，还取决于众创空间的外部环境。故以机器学习和智能交互系统的众创空间为研究对象，从政府、学校、企业和家庭四个方面建立指标体系，利用层次分析法和模糊综合评价方法探讨众创空间的发展绩效及发展路径[②]。单鹏和裴佳音（2018）选取13家北京的众创空间为研究对象，运用层次分析法，从整体、区域及二级指标角度进行比较分析，结果表明，北京众创空间发展极不均衡，海淀区、朝阳区的众创空间发展较为集中，西城区的众创空间分布较为分散。通过计算二级指标的绩效值可看出，众创空间服务管理能力水平整体低于绩效水平，抑制了众创空间的发展[③]。薛晶晶（2020）结合高校特点从硬件设施、服务管理能力、高校学生创新创业能力、科技成果转化能力及财务指标五个方面构建了一套高校众创空间的绩效评价指标体系[④]。

（2）运行效率评价

Hu和Kim（2020）运用AHP方法构建了中国30个省（自治区、直辖市）的众创空间运行效率的评价指标，采用模糊综合评价方法对各级指标进行评分，研究得出：指标维度，孵化创业公司的数量、创新创业导师的数量、孵化器的生存率及创新培训活动等指标评分较高；区域维度，上海、江苏、广东、浙江的众创空间运行效率较高。因此应当协调区域模式，建立完善的服务体系，解决中国众创空间效率分布不均的问题[⑤]。徐莉等（2019）基于区域创新视角，以中国2016—2017年众创空间的数据为研究对象，构建了众创空间的投入产出指标体系，分别从静态和动态两个维度对其运行效率进行评价。研究结果表明：中部地区的创新综合效率优于东、西部

[①] 张丹宁，付小赟，易平涛.沈阳市众创空间产业集群发展路径研究：基于运营效率测度[J].东北大学学报（社会科学版），2017，19（1）：34-40.

[②] CHUNHE Y. Evaluation of maker space index system based on machine learning and intelligent interactive system[J]. Journal of Intelligent & Fuzzy Systems，2020 4（39）：5941-5952.

[③] 单鹏，裴佳音.众创空间绩效评价指标体系构建与实证[J].统计与决策，2018，34（20）：185-188.

[④] 薛晶晶.高校专业性众创空间绩效评价体系的构建[J].上海商业，2020（9）：31-33.

[⑤] HU S S，KIM H H. Evaluation of creative space efficiency in china'Provinces based on AHP method[J]. International journal of advanced smart convergence，2020，9（4）：52-61.

地区，纯技术效率是造成综合效率低下的主要原因，区域间创新能力的差异会加剧众创空间运行效率差异。因此地方政府应该考虑区域创新实况，调整区域众创空间规模，进一步优化从业人员结构，提高众创空间运行管理能力和技术水平[①]。许亚楠等（2020）运用数据包络分析中的 BCC 模型和 DEA-Malmquist 指数对中国 2016—2017 年众创空间的运行效率进行测算，通过聚类分析划分众创空间的效率类型，并通过 fsQCA 方法分析影响众创空间运行效率的因素，研究结果表明，影响我国众创空间运行效率最主要的因素是规模效率。因此要进一步优化资源配置，激发众创空间的发展活力，提高运营效率[②]。

（3）竞争力评价

Bedant 和 Danko（2020）采用半结构式访谈法调查了众创空间的具体场所、关键参与者及其活动，了解了利益相关者之间的互动。研究结果表明：众创空间是增加当地年轻人才的驱动因素，能够为人力资本的发展提供优质环境，通过集体学习和知识共享培养创业精神，能够大大培育人才竞争力[③]。陈武和李燕萍（2018）将众创空间作为案例以嵌入式视角探讨了平台组织突破"庙多僧少"发展困境的逻辑机制，提炼了平台组织可以通过园区共生、需求驱动和联盟协同三种路径实现竞争力培育的理论框架。研究认为在平台组织发展初期，可通过单方"索取"走向联合共赢的方式构筑制度性资源渠道，而在稳步发展阶段，平台组织可通过价值攫取走向价值共创，围绕需求侧"捕获"供给侧资源[④]。娄淑珍等（2019）选取阿里百川、五叶草、润万创客作为研究样本，建立涵盖要素供给、需求集聚和平台化匹配的众创空间竞争力体系。要素供给是考察平台供给方的服务要素供给情况，需求集聚是考察平台需求方的需求集聚和用户参与情况，平台化匹配是考察平台自身如何促进供需双方匹配[⑤]。

---

① 徐莉，胡文彪，张正午. 基于区域创新能力的众创空间运行效率评价：以我国 30 省份的众创空间为例[J]. 科技管理研究，2019，39（17）：71-81.

② 许亚楠，黄钟仪，王艺，向玥颖. 中国众创空间运营效率评价及影响因素研究[J]. 科技管理研究，2020，40（4）：80-87.

③ BEDNAT P，DANKO L. Coworking spaces as a driver of the post-fordist city: A tool for building a creative ecosystem[J]. European Spatial Research and Policy，2020.

④ 陈武，李燕萍. 嵌入性视角下的平台组织竞争力培育：基于众创空间的多案例研究[J]. 经济管理，2018，40（3）：74-92.

⑤ 娄淑珍，项国鹏，王节祥. 平台视角下众创空间竞争力评价模型构建[J]. 科技进步与对策，2019，36（6）：19-25.

二、文献述评

综上所述,国内外学者针对众创空间的研究已经取得了较为丰硕的成果。①明确了众创空间的构成要素,对众创空间生态系统的研究形成了比较完善的理论体系,可作为研究众创空间生态系统相关内容的主要理论依据。②学者基于"四众"融合、创新生态系统和创业生态系统角度对众创空间的运行机理进行充分探讨,基本概括了众创空间运行机制的理论框架。③大多学者运用不同的主流方法基于归纳法视角对众创空间的运行效率进行了合理评价,可为建立众创空间评价指标体系和模型选取提供理论支撑,为众创空间的良性发展提供经验。

但是众创空间的研究仍然存在以下几方面不足。

（1）要素构成研究方面

以往的研究重点是对众创空间的构成要素进行系统阐述,缺乏对生态系统中要素内涵、特征及要素的形成机理的研究。众创空间是国外创客空间在我国创新创业背景下衍生的特色产物,因此研究众创空间在中国情境下内部要素的内涵和特征至关重要。国外众创空间生态系统理论起步较早,已经发展到成熟阶段,其对要素内涵的阐释可作为我国众创空间发展的理论依据,但不可完全照搬套用,需要结合我国的国情对众创空间要素的内涵与特征及其形成机理进行本土化阐释与研究。

（2）要素运行研究方面

①以往的研究将重点放在要素运行的某一互动环节,没有从全生命周期角度来考虑要素的运行。学者应该更加系统地考虑众创空间要素运行机制,形成"形成—运行—演化"的研究框架,多角度、立体化地阐释众创空间的运行机制。

②现阶段国内外学者对众创空间运行机制的研究更多滞留在理论探讨上,缺乏运用实证模型去论证不同模式下众创空间运行机制的变化。学者应当运用演化模型构建"价值共创、互惠共生"模型,对众创空间选择方式的研究更具有实践指导意义。

（3）要素评价研究方面

①以往的研究大多采用实证方法建立评价指标体系对众创空间的绩效、运行效率及竞争力进行评价,较少采用规范分析将评价指标概念界定、评价过程与结果和众创空间的可持续发展相结合,但众创空间生态系统应当更加注重健康发展。因此,学者应从利益相关者的角度,运用圈层视角来系统评价众创空间。

②大多数学者对众创空间的评价仅从绩效能力、效率、协同、竞争力等某一方面进行评价，具有一定的片面性。学者应当依据能力、效率、协同、发展的研究框架建立评价指标体系，更加全面地反映众创空间的发展状况，推动众创空间的可持续发展。

第二节 研 究 趋 势

为准确掌握众创空间的研究脉络及演进趋势，本节运用 CiteSpace 软件对 2013—2020 年国内外众创空间的研究文献进行探讨与研究，擘画出中外众创空间现行研究成果的全景，为发现未来众创空间的研究趋势提供参考。

一、研究方法与数据来源

1.研究方法

知识图谱作为科学计量学的新方法与新领域在我国的文献研究中勃然兴起并获得长足发展，其能探测学科知识领域发展及其研究趋势[①][②]。本研究运用 CiteSpace 软件绘制众创空间科学知识图谱来分析众创空间的研究趋势，时间跨度为 2013—2020 年，以每一年的时间切割分区，并以"作者""关键词"网络节点类型比较国内外的学者研究变动趋势。

2.数据来源

国内文献的数据来源于中国社会科学索引数据库，国外文献的数据来源于 Web of Science，检索时间跨度为 2013 年 1 月 1 日—2020 年 7 月 11 日。国内检索关键词为"众创空间""创客空间"，国外检索关键词为 makerspace、co-working space、hackerspace，筛选出主题关联较小的文章，最终纳入分析的有 271 篇中文文献和 151 篇英文文献。

二、研究趋势与前沿分析

1.演化趋势

（1）国外演化趋势

国外众创空间是一种全新的组织形式和服务平台，通过向创客提供开

---

① CHEN C, HU Z, LIU S, et al. Emerging trends in regenerative medicine: a scientometric analysis in CiteSpace[J]. Expert Opin Biol Ther，2012，12（5）：593-608.
② 陈悦，陈超美，刘则渊，等.CiteSpace 知识图谱的方法论功能[J].科学学研究，2015（2）：242-253.

放的物理空间和原型加工设备，以及组织相关的沙龙、嘉年华和工作坊，促进知识分享、跨界协作及创意的实现以至产品化[①]。国外众创空间主要有四种模式：联合办公空间模式、创业社区模式、孵化器模式和加速器模式。如图 2-1 所示，设计创造与技术孵化一直是国外众创空间研究的重点，这种趋势预期不会发生改变。其中，3D 打印技术贯穿始终，在众创空间的发展中扮演了不可或缺的角色，显示出将艺术与科学、技术、工程、数学（STEM）学科相结合的潜力，为 STEAM 的实施提供了新的可能性。伴随众创空间的发展，3D 技术仍在不断进行优化。此外，公共图书馆与高校众创空间环境对个人的感知影响[②③]及产生的作用在近两年也逐渐成为国外学者的研究方向[④]。

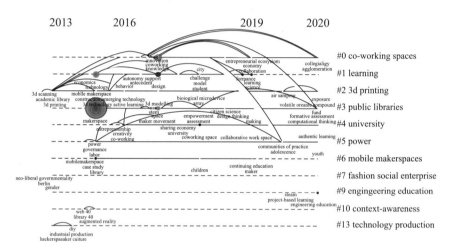

图 2-1 基于国外文献时间线的鱼眼图

---

① 陈琴.美国高校创客空间的构成要素与运作机制研究：以美国 HEMI 高校为例 [D]. 西南大学，2019.

② HOOPLE G D, MEJIA J A, HOFFOSS D, et al. Makerspaces on the continuum: examining undergraduate student learning in formal and informal settings[J]. International Journal of Engineering Education，2020，36（4）：1184-1195.

③ LENHART C, BOUWMA-GEARHART J, VILLANUEVA I, et al. Engineering faculty members' perceptions of university makerspaces: potential affordances for curriculum, instructional practices, and student learning[J]. International Journal of Engineering Education，2020，36（4）：1196-1207.

④ NAMASIVAYAM S，FOULADI M H，SIVANESAN S，et al. The role of makerspaces in enhancing the student learning experience[J]. International Journal of Engineering Education，2020，36（4）：1271-1279.

（2）国内演化趋势

为了更好地观察每个时期国内众创空间聚类的演化趋势，本研究制作了关于时间线的鱼眼图（见图 2-2），从中可以发现国内众创空间的演化路径可分为几个重要的时间段。2013—2014 年，众创空间处于萌芽阶段，相关研究较少，大部分学者将研究重心放在高校图书馆"创客空间"的构建上和学习国外众创空间的发展经验上。2015—2017 年，我国众创空间初具规模，由于我国"大众创业、万众创新"战略引擎的推动，迎来众创空间发展的拐点。2015 年后，虽然创客主题仍在被继续深入研究，但是公共图书馆、创新创业、创业生态系统等主题逐渐浮出水面，在已有众创空间研究的基础上更进一层，重点研究双创教育、创业孵化器与企业管理等实践性的问题。2018—2020 年，众创空间在国内迅速发展，在发挥正向效应的同时也出现了很多低水平众创空间。因此，很多学者开始研究众创空间的运行效率、服务能力及创新绩效，同时在研究众创空间现状的基础上给出发展建议，帮助众创空间健康发展。

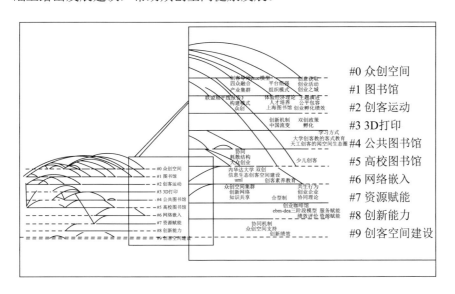

图 2-2 基于国内文献时间线的鱼眼图

2.研究前沿动态分析

关键词突现率能够识别和探索某个领域的研究前沿，其基本原理是在关键词出现频率的基础上，根据关键词出现频次的增长率来确定热点词汇，这些热点词汇与时间之间的关联特点即为这个领域的研究前沿[①]。因此，本研究依据国内外文献中的关键词绘制出各自的突现率图谱进行分析。

（1）国外研究前沿

表2-1　2013—2020年外文文献关键词突现率图谱

关键词	突现强度	起始年度	终止年度	2013—2020年
hackerspace	1.4156	2013	2016	
labor	1.1627	2015	2017	
mobile makerspace	1.2476	2015	2015	
space	1.7948	2017	2018	
coworking	1.7846	2017	2017	
education	1.7641	2017	2017	
design	1.5364	2018	2020	
student	1.1384	2018	2018	
coworking space	1.4615	2018	2020	
model	1.1384	2018	2018	
sharing economy	1.1384	2018	2018	
university	1.1384	2018	2018	
empowerment	1.1384	2018	2018	
community	1.7034	2019	2020	
learning	1.6817	2019	2020	
library	1.4046	2019	2020	
performance	1.2575	2019	2020	
science	1.6817	2019	2020	

表2-1为2013—2020年的外文文献突现率图谱，共列举了18个关键词，可以看出hackerspace的突现时间最长。创客起源于黑客。黑客是高级程序员，指那些热衷于计算机编程、热衷改造和升级计算机硬件的人。黑客中热衷于硬件DIY的人被称为创客。随着互联网时代的兴起，众创空间逐渐兴起。突现强度大于1.5的关键词有space、coworking、education、community、design、learning和science，表明国外学者对众创空间的研究主要集中在教育、硬件DIY、工程教学等方面。

①教育。学者主要围绕众创空间对教育的重要性、在教育中扮演的角色，以及众创空间如何更好地优化现有的教育等方面展开研究。Jones在

---

① 马文利. 国内外贫困研究热点及前沿动态分析：基于CiteSpace的文献计量[J]. 新疆财经大学学报，2020（2）：5-15.

正式的 K-12 环境中让教师接触创客运动的元素并观察其教学实践效果，研究结果显示有正向作用，因此，创客教育的融入可以促进教育水平进步[1]。Dog an 认为众创空间作为一种让个人体验新技术应用并提高大学和其他教育机构创造力的新形式，具备多重优势。例如，边做边学的优点可将工程教育中的理论知识应用到实践技能中[2]。Fasso 认为设计是众创空间的过程基础，学习者身份转换是核心学习成果，并提出一种集合材料、关系和概念三种身份资源的众创空间，这种设计可以引发教育众创空间的设计者之间的对话[3]。

②硬件 DIY。学者主要围绕 3D 打印技术、减法微技术及微加工技术三个方面展开研究。Secondo 等[4]和 Budinoff 等[5]对 3D 打印技术的研究分别从 3D 打印技术原理和 3D 打印技术在众创空间中是否产生效果这两个角度展开。Kunda 提出了一种新的基于台式机的微加工技术，用于设计实验芯片和生物器件的原型，并认为这一技术能够应用于电生理、疾病治疗、环境监测和基因组测试等多个领域。

③工程教学。学者主要围绕众创空间融入工程教学是否可以产生作用展开研究。Lenhart（2020）对大学众创空间中教师对本科工程项目的相关活动进行研究，探究众创空间如何支持工程系教员实现对本科生学习和发展的期望。研究发现，众创空间大大激发了教职员工的课程和教学创新，教师将众创空间的活动视为培养学生的能动性，发展工程技能、知识和情感[6]。Jalal（2020）将创作活动融入工程课程中，探究其是否可以提高学生的自我效能感。研究发现，为学生提供真实的设计体验可以帮助学生提

---

[1] JONES W M. Teachers' perceptions of a maker-centered professional development experience: a multiple case study[J]. International Journal of Technology and Design Education，2020（7）：1-25.

[2] DOĞAN B, ÜLKÜ E, et al. The role of the maker movement in engineering education: Student views on key issues of makerspace environment[J]. International Journal of Engineering Education，2020，36（4）：1161-1169.

[3] FASSO W, KNIGHT B A. Identity development in school makerspaces: intentional design[J]. International Journal of Technology and Design Education，2020，30（2）：275-294.

[4] SECONDO L E, ADAWI H I, CUDDEHE J, et al. Comparative analysis of ventilation efficiency on ultrafine particle removal in university MakerSpaces[J]. Atmospheric Environment，2020，224：117321.

[5] BUDINOFF H D, MCMAINS S. Improving outcomes and participation in the prototyping process using design-for-additive-manufacturing training[J]. International Journal of Engineering Education，2020，36（4）.

[6] LENHART C, BOUWMA-GEARHART J, Villanueva I, et al. Engineering faculty members' perceptions of university makerspaces: potential affordances for curriculum, instructional practices, and student learning[J]. International Journal of Engineering Education，2020，36（4）：1196-1207.

高对自己的设计和解决问题能力的信心[①]。

（2）国内研究前沿

在国家政策的支持下，众创空间在我国的发展如火如荼，相关研究愈加多样化。关注众创空间的研究前沿能够掌握众创空间未来的发展方向。突现词是判断众创空间研究转向的关键。如表2-2所示，共列举了13个关键词，处于初始阶段的关键词有2个，处于迅速发展阶段的关键词有6个，处于缓慢下降阶段的关键词有5个。其中，关键词突现强度最高的是"创新创业"，其次是"创客运动"，表明这两大主题是众创空间发展过程中的研究重点。在近4年中，创客生态系统、创新创业、图书馆众创空间成为研究热点。

表 2-2　2013—2020 年国内文献关键词突现率图谱

关键词	突现强度	起始年度	终止年度	2013—2020 年
图书馆服务	1.6032	2013	2014	
创客文化	1.3492	2013	2016	
扎根理论	1.1703	2015	2015	
创新 2.0	1.3536	2015	2015	
创客教育	1.9214	2016	2016	
大众创新	1.3284	2016	2016	
创客运动	2.0389	2016	2016	
互联网+	1.2124	2016	2016	
创业生态系统	1.2764	2017	2017	
移动创客空间	1.3926	2018	2018	
图书馆创客空间	1.3896	2018	2018	
创新创业	3.4961	2018	2020	
绩效评价	1.1889	2019	2020	

①生态系统

学者主要围绕众创空间的运行模式、高校众创空间生态系统的模型构建，以及众创空间创业生态系统发展的演化博弈分析等方面进行研究。王海花等（2020）从培训辅导型、媒体延伸型、专业服务型、投资促进型、联合办公型及综合生态型六个方面研究创业生态视角下众创空间的运行模式，并探讨这六类众创空间的创业主体、创业过程和创业环境的

---

① JALAL M, ANIS H. The integration of a maker program into engineering design courses[J]. International Journal of Engineering Education, 2020, 36(4)：1252-1270.

构成及相互作用①。张肃等从知识生态视角构建众创空间知识生态系统，其依托软硬件环境建立起的人工知识生态系统，由各类知识主体和环境共同组成的多要素复合体具有典型的服务性和自组织性的特点，这一生态系统的运作表现为知识分布、知识互动、知识竞争与知识演化四项内容②。刘新民等（2019）基于政府规制下政府、众创空间与创业企业三方之间的关系，构建了众创空间创业生态系统发展过程中三方参与者行为策略的演化模型，并得出政府的直接补贴与积极规制对众创空间的发展是有利的③。

②创新创业

学者的研究主要围绕提高大学生创新创业教育水平，评价众创空间创新创业效率，区域创新创业政策绩效评估及分析影响众创空间创新发展的因素等方面展开。薛浩（2020）认为当前创新创业教育存在很多现实壁垒，提出高校应当以发展众创空间等新兴创业服务平台为抓手，推进高校创新创业教育的转型升级④。李洪波等（2019）运用模型对我国众创空间运行效率进行评价，研究发现，国内众创空间运行效率整体处于规模报酬递减阶段，东部和西部众创空间就业承载力不够，中部和西北部众创空间创业集聚力较弱⑤。高涓等（2019）运用模型实证研究发现地方分权、政府竞争、地方经济发展水平和创新创业市场环境等因素影响了政策投入冗余，特别是自然环境通过影响人力资本而显著影响创新创业政策绩效⑥。杜宝贵等（2020）运用模糊集定性比较分析法分析众创空间创新发展影响因素与多元路径，研究发现，人才、资金、行为都是影响众创空间创新发展的充分条件，但它们需要通过排列组合才能促进众创空间发展⑦。

---

① 王海花，熊丽君，谢萍萍.创业生态系统视角下众创空间运行模式研究：基于国家备案的上海众创空间[J].科技管理研究，2020（2）：222-231.

② 张肃，靖舒婷.众创空间知识生态系统模型构建及知识共享机制研究[J].情报科学，2017（11）：61-65.

③ 刘新民，孙向彦，吴士健.政府规制下众创空间创业生态系统发展的演化博弈分析[J].商业经济与管理，2019（4）：71-85.

④ 薛浩.基于众创空间的大学生创新创业教育对策[J].当代青年研究，2020（2）：58-62，103.

⑤ 李洪波，史欢.基于DEA方法的国内众创空间运行效率评价[J].华东经济管理，2019（12）：77-83.

⑥ 高涓，乔桂明.创新创业财政引导政策绩效评价：基于地方众创空间的实证检验[J].财经问题研究，2019（3）：75-82.

⑦ 杜宝贵，王欣.众创空间创新发展多重并发因果关系与多元路径：基于模糊集定性比较分析[J].科技进步与对策，2020（5）：1-8.

③图书馆众创空间

学者主要集中关注图书馆众创空间的建设与条件、图书馆众创空间的发展现状调查，以及高校众创空间的发展策略研究等方面。储节旺等（2019）论证了高雄图书馆参与众创空间培育的合理性，并阐述了图书馆具备支撑众创空间发展的条件，结论得出可以通过嵌入政产学的校外协同创新机制和校内多方主体参与的协同培育机制，做好高校图书馆内部的众创空间服务协同，推动高校图书馆参与众创空间的建设[①]。王宇等（2019）通过对比国内外高校图书馆创客空间的建设状况，发现国内图书馆众创空间的发展明显滞后，高校缺乏专项资金支持、整体宏观规划及相应的技术手段[②]。王亚煦（2019）认为高校众创空间应该抓住粤港澳大湾区建设机遇，应势而动，树立"产学融创"理念，促进高校众创空间差异化发展，完善运营管理机制，推动高校众创空间内涵式发展，优化人才发展环境，实现高校众创空间可持续发展，组建空间战略联盟，主推高校众创空间共享式发展[③]。

三、国内外文献比较分析

通过比较可以发现，中外文献对众创空间的研究既具有相同点也有一定的差异。相同点主要体现在众创空间融入教育，差异主要体现在聚焦的研究方向上。

1.共同关注"众创空间+教育"

国内外学者都致力于研究众创空间的设立对现有的教育现状产生的影响，甚至存以高校图书馆为场地建立高校图书馆众创空间，刺激创客及学生的创作能力。

2.聚焦领域差异较大

①国外对众创空间的研究主要集中在技术运用上，运用到加工、建筑、互联网等企业中，如 3D 打印技术。虽然国内也强调创新创业，但是创客对接企业的匹配度略低。

②国内由于有国家政策的大力支持，众创空间发展速度很快，但发展

[①] 储节旺，刘秉玉. 高校图书馆参与众创空间建设的条件和策略[J]. 图书情报工作，2019（8）：57-64.

[②] 王宇，孙鹏. 高校图书馆创客空间建设与发展趋势展望[J]. 图书情报工作，2018（2）：6-11.

[③] 王亚煦. 粤港澳大湾区建设背景下高校众创空间的发展策略研究[J]. 科技管理研究，2019（24）：72-77.

质量却不尽如人意，因此国内很多学者将研究中心放在如何提高众创空间的绩效与运行效率方面。

综上所述，国内外学者都很重视教育与众创空间融合的研究，对高校或 K-12 学校建立众创空间的效果尤为关注。但国外学者的研究方向更加关注众创空间在农业、医学与微技术加工上的运用，而国内学者的研究方向主要体现在实体众创空间的创新创业功能方面。

四、研究结论

本节以从 Web of Science 和 CSSCI 中选取的 422 篇中外文献为研究基础，运用 CiteSpace 软件对文献进行可视化分析，讨论了众创空间的演化趋势及研究前沿等，比较了国内外文献研究的差异，得出以下结论。

①演化趋势方面。通过分析文献数量特征与关键词时间线图，能够看出国内以众创空间为主题的研究大致经过了概念界定与经验学习阶段、创新创业教育与图书馆实践阶段、众创空间绩效评价与效率评价阶段。从这一演化趋势可以看出，众创空间在我国的相关研究逐渐深入，这与众创空间的发展趋势是同步的。而设计创造与技术孵化一直是国外众创空间研究的重点。例如，3D 打印技术在众创空间开始萌芽时就已经出现，直至 2020 年仍有学者在继续深入研究。随着众创空间的不断发展，学者的研究领域在不断拓宽，具体包括农业、医学、教育、工程教育等方面。

②研究前沿方面。当前国内众创空间的前沿方向是生态系统、绩效评价、创新创业、高校众创空间等方面，生态系统与绩效评价是理论与方法，创新创业与高校众创空间是实践目标。国外的研究前沿是教育、硬件 DIY、工程教学等方面，教育与工程教学是理论方面，硬件 DIY 则是实践成果。众创空间归根到底是一种新型科技孵化器，未来众创空间的研究也是向众创空间的实践性结果迈进。无论是国内学者还是国外学者，研究众创空间的最终目的都是服务于创新创业实践。

第三节 理论基础

一、创业生态系统理论

1.创业生态系统理论的缘起

生态系统是生态学的核心概念，由英国生态学家阿瑟·乔治·坦斯利在 1935 年首次提出。生态系统一般是指生物体之间及生物体同有机和无机环境间的一种复杂的交互关系，彼此之间的相互作用形成一个统一的整体。生态系统强调不能以孤立的视角看待问题，强调要素之间的联系，强调要素之间的相互影响，强调系统要素的交互及在交互过程中从外界获取能量。

生态系统概念的提出在学术界引发强烈反响，学者尝试将其概念和思想应用到经济管理（Arellano，1991）[①]、战略制定（Tsai，1998）[②]、创新管理（Ander，2006）[③]等不同领域。Spilling 于 1996 年将生态系统理论应用于创业管理领域，并提出创业系统的概念，即创业系统是地区内部创业绩效的主体、功能和环境间的交互作用[④]。Neck，Cohen 和 Corbett（2004）在 Spilling（1996）的研究基础上，进一步指出，创业系统由正式和非正式网络、政府、大学、专业服务机构、投资机构、人才库、基础设施及文化要素等构成[⑤]。麻省理工学院在创业生态系统理论的指导下，创业活动与创业教育产生良性互动，催生出越来越多的以创业为主体的跨学科组织、社团和项目，从而形成特色鲜明、氛围浓厚的创业生态系统[⑥]，使创业生态系统实现由理论到实践的飞跃。

2.创业生态系统理论研究内容

创业生态系统理论研究内容由早期的概念、特征、结构等静态研究逐渐向互动、共生、演化等动态研究演变。早期研究界定了创业生态系统研究的边界，厘清了创业生态系统的概念与要素，明晰了创业生态系统的结构，奠定了生态系统理论的基础。后期研究进一步深入研究了创业生态系统演化的规律，对于探究创业生态系统的内在机理具有重要意义。

学者从不同视角论述了创业生态系统的概念。Stam（2015）从协同的视角认为，创业生态系统是通过一系列相互依赖的主体和要素协同促进生

---

① ARELLANO M. Some tests of specification for panel Data[J]. Review of Economic Studies, 1991（58）：77-97.

② TSAI W, GHOSHAL S. Social capital and value creation: the role of intra firm networks[J]. Academy of Management Journal, 1998, 41（4）：464-476.

③ ADNER R. Match your innovation strategy to your innovation ecosystem[J]. Harvard Business Review, 2006, 84（4）：98-107.

④ SPILLING O R. The entrepreneurial system: on entrepreneurship in the context of a mega-event[J]. Journal of Business Research, 1996, 36（1）：91-103.

⑤ NECK H M, MEYER G D, COHEN B, et al. An entrepreneurial system view of new venture creation[J]. Journal of Small Business Management, 2010, 42（2）：190-208.

⑥ DUNN K. The entrepreneurship ecosystem[J]. MIT Technology Review, 2005（9）：23-35.

产性创业[①]。蔡莉等（2016）则从整体性的视角认为，创业生态系统是由创业企业、政府、大型企业、投资机构、大学和科研机构、中介机构及多种创业环境要素组成，通过参与主体间复杂的交互作用提高创业活动水平的有机整体[②]。在厘清概念的基础上，有学者从要素关系视角归纳了创业生态系统的特征：多样性、网络性、共生性、竞争性、自我维持性和区域性等（王玲，2019）[③]。还有学者从系统的功能和发展层面提出创业生态系统的共生性、自治性、进化性和溢出效应等特征（孙金云和李涛，2016）[④]。

创业生态系统的互动、共生、演化是当前研究的热点问题。McMullen（2018）研究了社会创业企业与其他主体互动的频率与方式，发现互动是重新塑造创业生态系统的重要方式[⑤]。Nambisan 和 Baron（2013）研究发现，创业生态系统的多主体基于彼此的认同形成相互依赖的共生关系，共生关系促进主体间共同开发创业机会[⑥]。Mack 和 Mayer（2016）从动态的演化视角探究创业生态系统影响因素，研究发现，历史、文化和制度等要素对创业生态系统的形成具有重要影响[⑦]。Spigel 和 Harrison（2018）从过程的视角研究了创业生态系统对创新创业企业的作用，发现通过资源创建、流动和转换支撑能够推动创业企业的发展[⑧]。

3.众创空间创业生态系统研究

众创空间创业生态系统是生态系统理论的具体应用。众创空间内的丰富创业生态资源，通过自然选择、优胜劣汰、资源自发等方式缔结网络并

---

① STAM E. Entrepreneurial ecosystems and regional policy: a sympathetic critique[J]. European Planning Studies，2015，23（9）：1759-1769.

② 蔡莉，彭秀青，Satish Nambisan．创业生态系统研究回顾与展望 [J]. 吉林大学社会科学学报，2016（1）：5-16.

③ 王玲．创业生态系统下网络特性对新企业绩效的影响研究 [D]. 吉林大学，2019.

④ 孙金云，李涛．创业生态圈研究：基于共演理论和组织生态理论的视角 [J]. 外国经济与管理，2016（12）：32-45.

⑤ MCMULLEN J S. Organizational hybrids as biological hybrids: insights for research on therelationship between social enterprise and the entrepreneurial ecosystem[J]. Journal of Business Venturing，2018，33（5）：575-590.

⑥ NAMASIVAYAM S, FOULADI M H, SIVANESAN S, et al. The role of makerspaces in enhancing the student learning experience[J]. International Journal of Engineering Education，2020，36（4）：1271-1279.

⑦ MACK E，MAYER H. The evolutionary dynamics of entrepreneurial ecosystems[J]. Urban Studies，2016，53（10）：2118-2133.

⑧ SPIGEL B，HARRISON R. Toward a process theory of entrepreneurial ecosystems[J]. Strategic Entrepreneurship Journal，2018，12（1）：151-168.

动态演化，无论是资源的多样性还是组织方式，都具有自组织的生态学属性（Muhammad，2013）①。国内外学者围绕众创空间生态系统的构成、形成过程及演化机制开展研究，取得了丰富的研究成果。

学者从静态解剖的视角归纳出众创空间创业生态系统的构成。戴春等（2015）认为，众创空间由政策、市场、人力资本、金融、文化和支持六大要素构成，多主体之间的相互作用形成了一种相对稳定的创业生态系统②。Rona 和 Rahul（2010）及 Muhammad（2013）指出，众创空间内创客数量众多、角色多元，创业资源与服务具有丰富的生态多样性，创客与各种创业资源主体间形成纵横交错的创业生态网络，不同层次的众创空间相互嵌套，空间内创业生态动态演化，具有鲜明的生态系统属性。陈凤等（2015）认为，众创空间创业生态系统集聚角色多样、资源丰富的创业相关者，为众创空间提供战略性创业知识、技术性创业知识，以及创业服务与资金等创业资源③。汪群（2016）认为，众创空间创业生态系统是由众创空间及其赖以存在和发展的各种要素构成的，相互依存、共同成长的动态平衡系统④。众创空间创业生态系统特征主要包括：开放性（王佑镁等，2015；刘志迎等，2015；陈凤等，2015）、灵活性（陈凤等，2015；段浩，2015；张玉明，2016；王黎晖，2016）、全要素（刘志迎等，2015；王晶，2016；张玉明，2016）和共享性（王佑镁等，2015；段浩，2015；王晶，2016）。

张玉利（2017）、李燕萍（2017）等人则从动态演化视角研究了众创空间生态系统的形成。张玉利（2017）基于耗散理论提出了众创空间演进过程存在构建和自组织两个演进阶段⑤。李燕萍（2017）采取扎根理论的方法研究发现众创空间生态能力的生成存在认知嵌入、情感嵌入和行为互动三个阶段⑥。

裴蕾和王金杰（2018）构建了众创空间嵌入的多层次创新生态系统概

---

① MUHAMMAD R K. Mapping entrepreneurship ecosystem of Saudi Arabia[J]. World Journal of Entrepreneurship, Management and Sustaina Development，2013，9（1）：28-54.
② 戴春，倪良新. 基于创业生态系统的众创空间构成与发展路径研究[J]. 长春理工大学学报（社会科学版），2015（12）：77-80.
③ 陈凤，项丽瑶，俞荣建. 众创空间创业生态系统：特征、结构、机制与策略[J]. 商业经济与管理，2015（11）：35-43.
④ 汪群. 众创空间生态系统的构建[J]. 企业经济，2016（10）：5-9.
⑤ 张玉利，白峰. 基于耗散理论的众创空间演进与优化研究[J]. 科学学与科学技术管理，2017（1）：22-29.
⑥ 李燕萍，陈武，陈建安. 创客导向型平台组织的生态网络要素及能力生成研究[J]. 经济管理，2017（6）：101-115.

念模型。模型显示，众创空间形成了一种融合创新主体功能及创新环境功能的次生生态，承担着创客与多种创新主体间的接口功能。在多层次创新生态系统中，众创空间创业生态系统具有自组织演化、开放式协同和跨层级交互三种机制[1]。张肃和靖舒婷（2017）构建了众创空间知识生态系统模型，提出了基于知识分布、知识互动、知识竞争和知识演化的知识共享机制[2]。

众创空间具有的创业生态系统特征，使创业生态系统理论成为众创空间研究的重要理论基础。众创空间研究可在创业生态系统理论基础上，借鉴其成熟的研究范式，在以下方面开展深入研究。一是众创空间创业生态系统演化的研究。众创空间作为新型孵化器，在其形成、发展、演化过程中可能具有特殊规律，需要借鉴创业生态系统演化研究方法开展深入研究。二是众创空间创业生态系统评价的研究，研究的现实意义在于促进众创空间健康成长。众创空间创业生态系统评价的研究有利于优化评价指标，对于发现短板、促进众创空间健康发展具有重要意义。

二、利益相关者理论

1.利益相关者理论的源起

20世纪60年代，随着现代企业制度的逐渐建立，职业经理人这一群体开始涌现，企业的所有权与经营权逐渐分离，以股权利益至上为基础的产权理论已穷途末路。Alchian（1972）基于这种新状况，提出应从社会全局的角度考虑产权，并把产权看作人类分配资源的要求与标准，他按照产权主体的不同类别与属性，把产权划分为私人所有、国家所有与共同拥有三种类型[3]。企业的产权分配不应单纯考虑企业的所有者，而应平等看待股东、债权人、客户、供应商、管理者、政府等各个利益相关者。

伴随着产权理论的发展，利益相关者的概念逐渐兴起，Penrose在1959年出版的《企业成长理论》中首次提出了利益相关者的概念，并将利益相关者定义为人力资产和人际关系的集合。1963年，斯坦福大学研究所明确地提出了利益相关者的定义："利益相关者是这样一些团体，没

---

[1] 裴蕾，王金杰.众创空间嵌入的多层次创新生态系统：概念模型与创新机制[J].科技进步与对策，2018（6）：1-6.

[2] 张肃，靖舒婷.众创空间知识生态系统模型构建及知识共享机制研究[J].情报科学，2017（11）：61-65.

[3] ALCHIAN A A, DEMSETZ H. Production, information costs, and economic organization[J]. The American Economic Review, 1972（5）：777-795.

有其支持，组织就不可能生存。"随后，瑞安曼（Eric Rhenman）也提出利益相关者的定义："利益相关者依靠企业来实现其个人目标，而企业也依靠他们来维持生存。"这一定义使得利益相关者理论成了一个独立的理论分支。

2.利益相关者概念与分类

虽然早在1960年就有人提出利益相关者的概念，并在实践界积累了一定的经验，但利益相关者理论的最大贡献者是美国学者Freeman。他在1984年对利益相关者理论进行了系统的分析和阐述，把其区分为广义的利益相关者和狭义的利益相关者。广义的利益相关者是能够影响组织，也被组织影响的个人或群体，也就是利益相互依存者。狭义的利益相关者是组织为实现其目标必须依赖的个人或群体，也就是组织发展的必要条件。也有学者按照组织与利益相关者的关系，将其区分为核心利益相关者（股东、员工、客户、采购等）和间接利益相关者（社区、政府等）。Clarkson（1995）根据不同利益相关者可能对企业产生的不同影响，把利益相关者分成主要利益相关者与普通利益相关者[①]。Charkham（1992）根据利益相关者和企业之间是否具有交易性的契约关联，把利益相关者划分成契约型利益相关者和公众型利益相关者[②]。温素彬（2008）依据企业利益相关者投入资本的不同形态对利益相关者进行划分，具体分为货币资本利益相关者、人力资本利益相关者、社会责任利益相关者及生态资本利益相关者四种[③]。

3.利益相关者理论与众创空间

利益相关者理论不仅强调组织的发展离不开系统，更强调组织发展必须与系统的其他要素保持协同，也就是在自身发展的同时要照顾到其他要素的利益，否则组织将无法进行可持续地发展。众创空间作为一个生态系统而存在，其形成与良性运转的核心是众创空间、创客、政府等利益相关者能够保持良好的合作关系，能够通过合作产生较好的协同效应。如果众创空间利益相关者各自为政，没有产生互动与协同，必然会导致众创空间

---

① CLARKSON M E. A stakeholder framework for analyzing and evaluating corporate social performance[J]. Academy of Management Review, 1995, 20（1）：92-117.

② CHARKHAM J P. Corporate governance: lessons from abroad[J]. European Business Journal, 1992, 4（2）：8.

③ 温素彬，方苑.企业社会责任与财务绩效关系的实证研究：利益相关者视角的面板数据分析 [J]. 中国工业经济，2008（10）：150-160.

的混乱，从而影响众创空间的可持续发展。

利益相关者理论认为股东的利益不应居于最高地位，而应作为利益相关者之一参与治理[①]。利益相关者均具有剩余索取权和剩余控制权，这种基于双边或多边式的合作模式称为共同治理。众创空间作为一个新型平台组织，以众创、众筹、众包为主要特征，利益相关者数量多、类型复杂，需要通过构建共同治理机制协调各方利益关系，促进各方有效合作，共同促进众创空间发展。

三、开放式创新理论

1.开放式创新理论的源起

开放式创新的概念由美国加州大学伯克利分校的亨利·伽斯柏（Chesbrough H）教授在《开放式创新：新科技创造盈利方向》一书中首次提出[②]。开放式创新理论是相对于封闭式创新理论而言的。封闭式创新是指在企业内部组织技术人员进行技术攻关，而与企业外部发生信息交互，创新成为部分技术人员的专利。封闭式创新一方面是源于企业的保守思想，将技术创新作为企业核心竞争力的主要来源而不与外界进行分享；另一方面是由于创新需要较强的专业知识和专业的仪器设备，在客观上造成组织外部人员尤其是消费者等业余人员无法参与。随着科学技术的发展，互联网可以让世界各地的人轻松组建团队进行协作创新，3D打印、开源硬件等技术降低了业务爱好者参与创新的难度，从而推动了开放式创新的发展。

2.开放式创新理论的主要观点

国内外学者围绕着什么是开放式创新、如何实施开放式创新和为何实施开放式创新三个关键问题开展了丰富的研究。

①在什么是开放式创新方面，有学者基于组织视角提出，开放式创新是来自组织外的具有共识的个体聚集在创新社区中组成非正式网络，共同推动创新项目的开发（Fichter，2009）[③]。有学者从知识视角对开放式创新的概念予以界定，认为开放式创新是在组织边界内部和外部遍布整

[①] FREEMAN R E. Strategic management: a stakeholder approach[M]. Boston, MA: Pitman Press, 1984.

[②] CHESBROUGH H. Open innovation: the new imperative for creating and profiting from technology[M]. Boston: Harvard Business School Press，2003.

[③] FICHTER K. Innovation communities: the role of networks of promotors in open innovation[J]. R&D Management，2009，39（4）：357-371.

个创新流程的系统地实施知识探索、记忆和开发的过程（Lichtenthaler，2011）①。还有学者基于创新方式视角提出开放式创新是以内部的和外部的市场化途径提升企业技术能力的一种范式（Chesbrough，2006）②。

②在如何开展开放式创新方面，开放式创新理论要求组织具有一定的开放度，组织应打破现有的组织边界，从使用权和决策权两个方面实施开放，允许组织外成员使用资源和参与决策（Han et al.，2012）③。开放式创新强调组织内外多学科知识的链接和整合，需要建立基于项目的跨组织矩阵式或网络式组织结构，建立组织内外沟通机制，建立创新激励机制，避免对内部创新过度依赖，促进组织开放和跨组织合作创新（Lichtenthaler，2011）④。开放式创新是建立在共享基础上的跨组织合作创新，跨组织的沟通与信任是跨组织合作创新的基础，创新成员之间的信任对创意的形成与实施具有显著正向影响（Shazi et al.，2015）。Feller 等（2009）认为，有必要在组织间关系中注入某种规范性的制度安排，建立一种创新治理机制⑤。

③在为何开展开放式创新方面，有学者研究发现开放式创新有利于知识能力增强，有利于绩效和竞争优势的提升，这是企业采取开放式创新的主要动因。赵立雨（2016）从外部知识搜寻的视角分析了企业的开放式创新绩效，发现开放式创新使企业有更多机会参与非正式的知识交流活动，增强外部知识搜寻能力⑥。Wikhamn（2016）通过对生物医药行业中小企业调查发现，开放创新有助于企业的知识生成⑦。Gebremichael（2018）通过对埃塞俄比亚243家制药企业的调查数据研究发现，开放式创新实践对中小企业的智力资本和创新绩效具有积极而显著的影

---

① LICHTENTHALER U. Open innovation: past research current debates, and future directions[J]. Academy of Management Perspectives，2011，25（1）：75-93.

② CHESBROUGH H，CROWTHER A K. Beyond high tech: early adopters of open innovation in other industries[J]. R&D Management，2010，36（3）：229-236.

③ HAN K，WONSEOK O，IM K S，et al. Value cocreation and wealth spillover in open innovation alliances[J]. MIS Quarterly，2012，36（1）：291-315.

④ LICHTENTHALER U，ERNST H. Attitudes to externally organising knowledge management tasks: a review, reconsideration and extension of the NIH syndrome[J]. R&D Management，2010，36（4）：367-386.

⑤ FELLER J，FINNEGAN P，HAYES J，et al. Institutionalizing information asymmetry: Governance structures for open innovation[J]. Information Technology & People，2009，22（4）：297-316.

⑥ 赵立雨. 基于知识搜寻的开放式创新绩效研究 [J]. 中国科技论坛，2016（3）：36-41.

⑦ WIKHAMN B R，WIKHAMN W，Styhre A. Open innovation in SMEs: a study of the Swedish biopharmaceutical industry[J]. Journal of Small Business & Entrepreneurship，2016，28（2）：169-185.

响[1]。Nicola（2017）通过在餐饮行业实证研究发现，开放式创新成为价值创造和竞争优势的来源[2]。

3.众创空间的开放式创新

众创空间是在开放式创新的背景下产生的，众创空间就是为热爱创新的发烧友提供设备和资源，在连接资源的基础上，为创新提供便利，促进资源共享和创新实现。众创空间不是封闭的，而是向外界开放的，在开发过程中获取资源与能量，以弥补自身社会资本匮乏的缺点。刘志迎（2015）认为，众创空间就是用户利用创新平台进行的创新[3]。胡海波等（2019）通过案例探索式研究发现，众创空间的发展过程包含三种开放式创新类型，即从最初的流入开放式创新到流出开放式创新再到双向流动开放式创新[4]。

在强调大众创新重要性的当代，开放式创新平台参与用户既包括企业的利益相关者、员工、用户，更包括广泛的愿意参与到企业创新中的社会大众（宋刚和张楠，2009）[5]。众创空间作为一种开放式创新平台，能够提供数字化的服务，创新者可以自由互动，不受时间和空间限制进行合作创新（Hanerstede，2013）。在自愿原则指导下，他们主要基于共同兴趣而集聚在一起，围绕着一个共同的创新目标，寻求一种创新性的产品解决方案（Di Gangi，2009）[6]。用户既可以以分享使用服务或产品经验的方式，也可以通过直接提出改进意见、可行性方案、新产品创意的方式参与创新（Mahr，Lievens，2012）[7]。秦敏等（2015）将用户参与贡献行为划分为

---

[1] GEBREMICHAEL H S. The impact of open innovation practice on innovative performance through intellectual capital: Empirical study on SMEs[J]. African Journal of Business Management，2018，12（20）：609-619.

[2] NICOLA M，ENRICO B，FRANCESCO C，et al. Value maximization and open innovation in food and beverage industry: evidence from US market[J]. British Food Journal，2017，119（11）：2477-2492.

[3] 刘志迎，陈青祥，徐毅.众创的概念模型及其理论解析[J].科学学与科学技术管理，2015（2）：52-61.

[4] 胡海波，卢海涛，毛纯兵.开放式创新视角下众创空间创意获取及转化：心客案例[J].科技进步与对策，2019（2）：10-19.

[5] 宋刚，张楠.创新2.0：知识社会环境下的创新民主化[J].中国软科学，2009（10）：60-66.

[6] DI GANGI P M, WASKO M. Steal my idea! organizational adoption of user innovations from a user innovation community: A case study of dell idea storm[J]. Decision Support Systems，2009，48（1）：303-312.

[7] MAHR D, LIEVENS A. Virtual lead user communities: drivers of knowledge creation for innovation[J]. Research Policy，2012，41（1）：167-177.

主动贡献和反应贡献两类①。

众创空间作为一种新型开放式创新平台已经得到学术界的一致认同，开放式创新理论作为一个研究视角成为众创空间研究的未来趋势。众创空间作为中国本土化的产物，需要在开放式创新理论指导下，扎根中国众创空间发展的实际状况，对用户参与开放式创新的动机、作用、特征进行深入探索，要深入挖掘用户参与开放式创新中的互动机制、激励机制、反馈机制，揭开开放式创新过程的黑箱，丰富中国情境下的开放式创新理论。

第四节 概念界定

一、众创空间

1.众创空间的概念

从政策层面上看，众创空间是在"大众创业、万众创新"的背景下提出的。2014年9月，李克强在达沃斯论坛上提出，要激发大众创新创业热情，在中国大地掀起大众创新、草根创新、万众创业的新浪潮。"大众创业、万众创新"需要载体支持，为创新创业提供便利的、低成本的平台。国务院于2015年出台了《国务院办公厅关于发展众创空间推进大众创新创业的指导意见》②。2015年国务院发布的《关于加快构建大众创业万众创新支撑平台的指导意见》对大力推进大众创业万众创新平台建设和推动实施"互联网+"行动做出了具体部署，其中特别提到了推进创新创业平台建设的"四众"新模式，即众创、众包、众扶、众筹。

从学术层面看，众创空间的概念尚未形成学术界的一致意见，学者从不同视角对众创空间的概念进行界定。一些学者从创业运动的发展角度对众创空间进行界定，他们认为在创新民主化的背景下，需要向大众创新者提供开放式的平台与资源，从而集结众多创新者，发挥平台的集聚功能。例如，徐思彦认为，众创空间不仅是一个场所或一个工具，更是一种新文化社区，通过模块化的知识与技术提升创客的创新能力③。一些学者从孵化器的角度进行定义，他们认为众创空间是新型的企业孵化器，其主要目

---

① 秦敏，乔晗，陈良煌. 基于CAS理论的企业开放式创新社区在线用户贡献行为研究：以国内知名企业社区为例 [J]. 管理评论，2015（1）：126-137.
② 国务院办公厅关于发展众创空间推进大众创新创业的指导意见 [Z].2015-03-11.
③ 徐思彦，李正风. 公众参与创新的社会网络：创客运动与创客空间 [J]. 科学学研究，2014（12）：1789-1796.

的是为创新创业者提供资源和服务，从而帮助弱小的创业者将创意转化为产品，并将产品推向市场，从而实现其经济价值。例如，王节祥认为，众创空间是一个双边创新型平台的定位，需要具有数据资源和运营能力整合、软硬服务融合、第三方服务、引入开放策略选择、数据闭环形成五大关键行动[1]。

在以上研究的基础上，本研究认为，众创空间是指在创新2.0时代背景和大众创新万众创业的社会背景下，为包括创客在内的创新创业者提供资源支持（包含场地、设备、行业资源、导师等）和专业化服务（创新活动、创业辅导等）。众创空间是由多主体组成的纵横交错的生态网络，由内而外存在创客精神圈层、创客圈层、服务机构圈层三大圈层，其中创客精神圈层是核心，创客圈层是主体，服务圈层是保障。

2.众创空间与传统孵化器的关系

众创空间是传统孵化器的延伸与发展，众创空间与传统孵化器具有密切的联系，两者都是创新创业的平台，都具有培育、孵化创业者的功能，但两者还具有以下区别。

（1）服务对象不同

传统孵化器以没有经验、缺乏资金的初创企业为主要对象。众创空间的服务对象更为广泛，除创业者外，还服务于仅有创意还未有产品的潜在创业者。

（2）服务功能不同

传统孵化器主要以提供办公场地、资金支持、商务和知识产权等服务方式，满足初始创业者资金、资源需求，进而帮助创业者抓住市场机会，赢得利润。众创空间主要以提供开源硬件、开源软件等方式，帮助创客将创意转化为产品，进而满足市场需求。

（3）服务方式不同

传统孵化器主要依据自身资源禀赋或整合的资源为创新创业者提供服务，是一种基于供给需求的链式服务方式，服务质量取决于传统孵化器的资源供给能力。众创空间主张的是通过各主体链接和多主体参与，以众创众筹的方式为创新创业者提供服务，是一种基于多主体协同的网状式服务方式，服务质量取决于社会关系网络主体价值共创能力。

---

[1] 王节祥,田丰,盛亚.众创空间平台定位及其发展策略演进逻辑研究：以阿里百川为例[J].科技进步与对策，2016（11）：1-6.

二、创客精神

学界对创客精神的概念并未达成一致意见,存在演绎和归纳两种不同思维。

持演绎思维的学者认为,创客精神来源于西方早期的三种亚文化。第一种是 DIY 文化(Lindtner,2012)。DIY 文化起源于 19 世纪末 20 世纪初在英美两国崛起的"艺术和工艺品运动",动手制作艺术品成为一种时尚。DIY 文化在近代工业社会才开始进入普通大众,虽然表现形式包罗万象,却具有一个共同的特征,即自己动手做本来用不着亲自做的事情。因此,学者认为创客的大众生产模式与 DIY 文化具有内在一致性。第二种是反主流创新文化(Maxigas,2012)。"反主流文化"一词最早出现在美国评论家西奥多·罗斯扎克 1969 年出版的《反文化的诞生——反思技术社会及其年轻人的反叛》一书之中,意指各种对主流文化的反叛和背离现象,是生活方式的一次变革[①]。这与创客的颠覆性行为方式具有内在一致性。第三种是黑客技术文化。黑客总处在技术和时代的边缘,施展其创造和想象力,并进行发现自我的实验。黑客在很大程度上是以实际的方式与世界接触,这是一种实际操作的方法。创客使用的互联网、3D 打印、开源软件、人工智能(Kera,2012;Gershenfeld,2012)等技术体现了与黑客的关联。

持归纳思维的学者从创客实践出发,总结创客精神的特征。但因学者的视角不同而对创客精神产生不同的理解。从创客行为特征视角,有学者将创客精神看作创客群体在实践过程中,通过交流而产生的一种以互联网为驱动、以自己动手为主要特征的亚文化(Mauroner Oliver,2017)。有学者认为创客是利用互联网、桌面制造工具等技术进行个性化制造的人(Anderson,2012)。创客较为推崇自力更生、熟练劳动和创造性表达的价值观(Thilmany,Jean,2014)。有学者从创客动机特征视角认为,创客往往将参与视为一种爱好,主要由非金钱利益驱动(Markko Hamalainen,Jesse Karjalainen,2017)。创客将其行为理解为一种生活方式,一种有意义的休闲活动或提供一个欢迎和紧密联系的社区以促进创新、反文化批评,用户开放是创客的典型特征(Davies,Sarah R.,2018)。有学者从创客情感特征视角认为,创客是狂热者,如硅谷早期从事计算机行业的人(Dougherty,2012)。还有学者在田野调查的基础上,将创客精神

---

① 宋青青. 国内学者关于美国 20 世纪 60 年代青年反文化运动的研究综述[J]. 青年探索,2011(3):84-88.

归纳为开放、分享、快速迭代、共同改进等特征（Lindtner，2012）。

综上所述，本研究认为，创客精神是创客思想和观念的综合，是创客关于创新创业活动的理性认识，是创客开展创新创业活动的原动力。创客精神具有综合性、结构性和时代性等诸多特征，是由认知方式、情感体验和理想信念三个维度构成，包含共享、创新、主动、兴趣、激情、价值实现、需求满足七个主要范畴，不同时代、不同区域的创客精神内涵略有不同。

三、运行机制

对众创空间创业生态系统运行机制的描述，学者们的观点不尽相同。陈凤等（2015）指出，众创空间创业生态系统运行机制包括生态系统代谢机制、多层次创业网络嵌套机制、异构创业资源整合机制、创业能力动态提升机制和用户价值创造机制[①]。侯晓等（2016）认为其存在四个机制：信用保障机制、组织协调机制、价值创造机制和互动反馈机制[②]。汪群（2016）认为，众创空间创业生态系统通过资源获取、优胜劣汰和价值交换三大运行机制维持生态平衡[③]。

学者多是从功能性视角法分析众创空间运行机制，而对基于动态视角的众创空间生态系统形成、运营和演化的机理尚未开展系统研究。

四、运行指数

1.指数的定义

指数在不同学科领域具有不同的内涵。从数学学科看，指数是一种运算法则，是幂运算的参数。从哲学学科看，指数是数字的乘法导致由量变到质变的产物[④]。从统计学科看，指数是多种数据的叠加、综合而成的数值，是一种描述性工具，是以数值的简单形式表征复杂的现实状况[⑤]。本研究所指的指数是统计学的概念，是以数字形式体现，由多个指标数据聚合而成，具有综合系统逻辑，可比较的相对数，反映的是多个独立数据的变化引发综合指标的相对变化。

指数不同于指标。指标是反映实际存在的某个社会经济现象的某一具

[①] 陈凤，项丽瑶，俞荣建．众创空间创业生态系统：特征、结构、机制与策略——以杭州梦想小镇为例[J]．商业经济与管理，2015（11）：35-43．

[②] 侯晓，金鑫，吴靖．CAS视角下的众创空间特征及运作机制研究[J]．情报杂志，2016（10）：195-200，119．

[③] 汪群．众创空间创业生态系统的构建[J]．企业经济，2016（10）：5-9．

[④] 王建新．政治科学测量中的指数研究[D]．华东政法大学，2016．

[⑤] 孟涛．法治的测量：世界正义工程法治指数研究[J]．政治与法律，2015（5）：15-25．

体概念的数量特征的社会经济范畴。指标由名称和数值组成,是客观存在的绝对值,具有明显的数量特征。指数是反映某个经济现象若干变动程度的经济范畴。指数是相对数,是一个综合性的概念范畴,反映的是不能简单叠加的复杂经济现象的变动。

2.众创空间运行指数的定义

反映众创空间周而复始运转过程的指数被称为众创空间运行指数,是综合反映众创空间运行质量的概念性指数值。众创空间运行指数对众创空间整体运行状况进行量化评估,能够及时、准确地向政府、创客及相关利益者提供当前众创空间状况和趋势,为创客选择决策和为政府提供服务、政策制定提供参考。

众创空间运行指数具有量化的功能,借助科学的方法与工具,将众创空间运行状况抽象化为数字,精确、直观、简便地反映众创空间性质,是众创空间研究的重要工具。以色列学者古特曼将指数视为"测量社会问题的地图"[①]。众创空间运行指数的计算并不是各种数据的简单累加,而是包括指标选取、模型方法优化、指数运算在内的系统过程。众创空间运行指数是相对值,只有经过比较才具有价值和意义,按照比较参照物不同,可分为基于理想值的比较、基于不同对象的横向比较、基于历史数据的纵向比较三类。

五、评价

评价是一项系统性和复杂性的工作,是人们认识事物、理解事物并影响事物的重要手段之一[②]。评价从本质上讲是人们对某一事物的认知过程,是客观世界与主观世界连接的方式,是人们认识事物、了解事物甚至是影响事物的重要手段。正像杜威所讲的那样,人类所有的行为举止方式,只要不是盲目地仅凭情感冲动行事或知识机械地例行公事的话,似乎都包含评价[③]。评价的内涵可从内容、功能和形式三个方面来理解,评价内容是关于经验对象的条件与结果的判断,评价功能是对评价主体期望、情感和享受的形成起着调节作用的判断,评价形式是由对象的条件与结果的探究而获得的结论。

---

① GUTTMAN L. Social problem indicators[J]. The Annals of the American Academy of Political and Social Science,1971,393(1):40-46.

② 彭张林,张强,杨善林.综合评价理论与方法研究综述[J].中国管理科学,2015(增刊):245-256.

③ 杜威.评价理论[M].冯平,余泽娜,译.上海:上海译文出版社,2007.

完整的评价体系由评价指标体系、评价标准、评价方法、评价过程及评价结果分析等内容构成。评价指标体系解决"评价什么"的问题。科学的评价指标体系是有效评价的前提。评价指标是评价的核心要素和主要依据。评价指标的选取应从评价目的出发，注重选取的完备性和目的性。按照评价的指标可将评价区分为单项评价和综合评价。评价标准解决的是"什么是好坏"的问题。正如苏为华（2000）认为的"评价就是人们参照一定标准对客体的价值或优劣进行评判比较的一种认知过程"[①]，按照标准的性质不同可区分为主观评价和客观评价。评价方法解决"如何评价"的问题，是获取评价结论的途径和工具。虽然评价方法多达数百种，但可分为定性评价方法、定量评价方法，以及基于多方法融合的综合评价方法三大类。评价过程解决"评价步骤"的问题，呈现出由静态向动态转变，由结构化向半结构化和非结构化转变的趋势。

众创空间运行评价对于监控众创空间运行状态、预测众创空间发展趋势、制定有效的众创空间发展政策具有重要意义。众创空间属于新生事物，其模式、路径、标准还处于不断探索的阶段，具有较强说服力的评价指标体系尚未形成，评价过程和评价主体相当复杂而多样。众创空间运行评价，需要密切关注众创空间的最新发展，提炼众创空间的本质属性和运行逻辑，确保指标体系的科学性和评价方法的合理性。

众创空间是由多因子组成的复杂、综合的生态系统，需要从不同角度展开综合评价。为考察包括社会效益和自身运营经济效益在内的各构成要素的协调性及对现实和未来的影响，需要依据众创空间发展的协同性、可持续性等不同目标设计评价指标体系。基于众创空间属于新生事物的事实，需要用主观和客观相结合的方式确定指标权重。为提高评价的科学性，需要依据众创空间的特性优化评价流程，改进评价方法。

本 章 小 结

本章基于文献综述总结了国内外学者对众创空间的研究成果，进一步基于 CiteSpace 软件对众创空间研究现状进行图谱分析，从而了解了众创空间的研究趋势，对众创空间研究的相关理论进行了系统阐述，使研究具有坚实的理论基础。本章对研究核心概念进行界定，划定了研究边界，厘清了研究内涵的实质。

---

① 苏为华. 多指标综合评价理论与方法问题研究 [D]. 厦门大学，2000.

第一篇 众创空间要素研究

Muhammad（2013）指出，众创空间内创客数量众多、角色多元，创业资源与服务具有丰富的生态多样性，创客与各种创业资源主体间形成纵横交错的创业生态网络，不同层次的众创空间相互嵌套，空间内创业生态动态演化，具有鲜明的生态系统属性[①]。任何系统都是由若干相互联系的要素构成的有机体，离开了要素就无所谓系统。要素是众创空间生态系统的内容构成，各个要素会通过各种方式与路径影响系统的运行和绩效，是众创空间生态系统运行的基础和必要条件。从静态视角出发，厘清各个要素的内涵特征，总结生成的规律，能够深化对众创空间生态系统的认识，为基于动态视角的众创空间演化研究奠定坚实的基础。

研究现状部分对众创空间生态系统的构成进行了详细阐述。其中陈夙等人（2015）的观点最具代表性。她以杭州梦想小镇为研究案例，在系统阐述众创空间创业生态系统结构和功能的基础上，提出众创空间由创客精神、创客生态圈、资源生态圈及基础平台与创业政策构成。

从功能视角看，资源生态圈和基础平台都是为创客提供场地、资金、工商和知识产权服务的第三方机构，因此，本研究将其合并为服务机构。众创空间是多主体、多要素构成的纵横交错的生态网络，这些要素并非孤立存在，而是处于一定的位置上，起着特殊的作用。众创空间生态系统是纷繁复杂的，必须按照一定的功能标准进行分类，以便分析、研究与管理。按照各要素在生态系统中的作用与功能，众创空间自内而外存在着创客精神圈层、创客圈层、服务机构圈层、政策圈层四大圈层。其中，创客精神圈层是核心，创客圈层是主体，服务机构圈层是基础，政策圈层是保障。

创客精神是创客运动的内核，是集聚创客和资源的内在动力，是推动创客不断朝前发展的重要力量。众创空间正是基于创客精神而不断促进创客成长。众创空间正是在"开放、创新、实践、共享"的创客精神的影响下，集聚了一大批极具创意并善于创造的创客，展现出与一般孵化器不同的特征。受中国传统文化熏陶，在创新创业的时代背景下应运而生的中国创客，在实践中呈现出与西方创客不同的文化特征。因此，研究者应扎根中国创客实践，提炼创客精神内涵，发现创客精神形成的内在机理，为创客精神培育提供理论支撑。

创客是创客运动的主体，他们酷爱科技、热衷实践、共享资源，通过众创空间提供的渠道与方式分享创意、交流经验、交换信息，在众创空间

---

① MUHAMMAD R K. Mapping entrepreneurship ecosystem of Saudi Arabia[J]. World Journal of Entrepreneurship, Management and Sustaina Development，2013，9（1）：28-54.

集聚的服务机构帮助下，动手将创意转化为产品，进而将产品推向市场，实现经济价值，成为众创空间活力的源泉。不同于一般创业者，创客是科技"发烧友"，他们不仅追求经济价值，更追求技术的突破和创意的实现。众创空间分析创客行为特征，有利于深入了解创客需求，为其提供更有价值的创客服务。创客是众创空间服务的对象，创客集聚既是众创空间存在的价值，也是众创空间发挥集聚效应、降低服务成本的前提。

作为共享经济下的新型经济组织，众创空间呈现出服务的经济特征。与以自身资源为基础的传统孵化器不同，众创空间以集聚人力资源、资金、技术等服务机构的方式提供低成本、便利、全要素、开放式的创客服务。由众多服务机构构成的社会关系网络在创客服务过程中发挥着重要的资源获取和资源配置作用。由于服务机构构成的社会关系网络规模和协同作用决定了众创空间的资源优势和服务优势，因此研究众创空间服务机构合作关系网络和集聚模式有利于深化服务机构关系认识、发现服务集聚的有效模式。

相对于传统创业者，创客资源禀赋更为缺乏，仅有未经核实的人力资本，而基于高技术创新创业的特征，其资源需求更加复杂、更加迫切。众创空间可以发挥政策集聚功能，集中提供人才政策、商务政策和金融政策服务。政策是众创空间生态系统的重要因素，也是众创空间生态系统有效运行的重要支撑。对众创空间政策进行评价，发现众创空间政策的薄弱环节，对于优化众创空间政策体系，促进众创空间良性发展具有重要意义。

第三章　众创空间创客精神的结构与形成机理研究

不同于传统孵化器，众创空间是由一群具有个性化文化特征的人组成的，他们通过资源互补、合作创新、价值共创、价值共享的方式开展创新创业活动。创客精神是创客行为和特征的集中表现，具有集聚创新创业资源、塑造行为风格、形成良好氛围等重要作用，是创客运动的内核，也是众创空间生态系统的文化精髓，在众创空间生态系统中处于核心地位。从静态和动态双重视角研究创客精神的内容构成与形成过程，对于众创空间形成良好的文化氛围、增强凝聚力、促进健康可持续发展具有重要意义。

第一节　众创空间创客精神结构与特征

一、问题的提出

第二次世界大战以后，以流水线和标准化为主要特征的"福特主义"生产方式极大地提高了劳动生产率，供应能力大大提升，社会经济逐渐由"短缺经济"向"过剩经济"转型，以大众化、规模化为主要特征的传统制造业普遍发生经营困难。而摆脱这种困境的核心就是改变传统的标准化复制思维，构建以"聚焦用户、聚焦体验"为主要特征的新型商业模式，以创新产品和服务的方式满足消费者的个性化需求。

受中国传统文化熏陶，在创新创业的时代背景下应运而生的中国创客，在实践中呈现出与西方创客不同的文化特征。中国创客的价值追求不仅是创意实现的自我成就感，还要以此成就事业，进而实现中国经济的转型升级，展现出中国创客独有的家国情怀。不同于西方创客以个人自由主义为主导的伦理观，中国创客更看重社会关系构成的集体和谐及成员的认同。不同于西方创客在"求异"思维影响下形成的创客行为差异化特征，中国创客在"求同"思维影响下呈现同质化倾向。中国情景下的创客精神研究应立足中国文化场域，结合中国创客实践，理性借鉴西方创客精神，这样才能取得适应新环境、新时代的文化选择自主地位,实现费孝通先生(1997)所说的"文化自觉"[①]。

回顾关于创客精神的相关文献,虽然已有研究取得了较为丰富的成果,但仍然存在以下不足。①现有研究仅仅对创客精神的内涵与特征进行了归纳与总结,对其内在结构维度还缺乏深入探讨和理论构建。创客精神结构维度需要有效解析。②现有研究多是基于中美不同情境单独开展的创客精神研究,缺乏有效对话与比较,致使人们对于中美创客精神仅有模糊的感性认识,而缺乏基于客观、量化的理性认识。③现有研究多是单独使用质性研究或量化研究方法,缺乏融合式研究,从而对创客精神这一复杂问题缺乏全面认识。

鉴于此,本研究采取嵌入式研究思路,融合质性和量化两种研究方法,扎根中美两国创客实践,以规范质性研究的方法对创客精神内涵进行深入挖掘,对创客精神结构进行准确提炼,捕捉创客精神的内容与结构;以量化研究方法对比分析中西方创客精神异同,从而贡献不同文化情境下的创客精神理论,为实践界提升创客精神水平提供理论支撑。

创客精神是创客行为和特征的集中表现,随着创客实践的发展逐渐壮大,并逐渐成为创客运动发展的核心动力。创客精神隐匿于创客心理世界之中,为创客活动开展提供精神支持。创客精神是创客运动的内核[②],是集聚创客和创业资源的内在动力,是推动创客运动不断朝前发展的重要力量。从微观视角看,创客精神存在于创客内心,是影响其行为的源泉,是创业理念由技术供给导向向需求导向转变、创业活动由内部组织向开放集成转变的关键,对创客的创新力和创新意识的塑造,以及创客创新绩效提升[③]具有重要意义。在宏观方面,创客精神对于创新创业氛围的营造、创新创业活动的活跃具有重要作用[④],被视为重振制造业和新一轮经济创新的重要引擎[⑤]。

---

① 费孝通. 反思·对话·文化自觉 [J]. 北京大学学报(哲学社会科学版),1997(3):15-22,158.

② 陈凤,项丽瑶,俞荣建. 众创空间创业生态系统:特征、结构、机制与策略——以杭州梦想小镇为例 [J]. 商业经济与管理,2015(11):35-43.

③ 秦佳良,张玉臣. 草根创新可持续驱动模式探析:来自农民"创客"的依据 [J]. 科学学研究,2018,(8):1495-1504.

④ 刘志迎,武琳. 众创空间:理论溯源与研究视角 [J]. 科学学研究,2018(3):569-576.

⑤ LINDTNER S, LI D. Created in China: the makings of China's hackerspace community[J]. Interactions,2012,19(6):18-22.

二、创客精神理论分析

在西方创客精神的影响下,中国创客从创新创业时代背景出发,运用互联网、桌面制造工具开展个性化的创造活动,其创客精神呈现出既与国际接轨又具中国特色的发展态势。深受传统文化熏陶的中国创客在创新创业的伟大实践中形成的创业精神受历史和实践的双重因素影响。研究发现,受中国传统文化浸染,中国创客显现出显著的民族特征,不仅体现为中华民族"天下为公"的传统美德和崇高气节①,而且还体现在能促进传统文化的创造性转化、转换性传承与个性化呈现②。只有从中国文化背景中探寻创客精神的本源,才能为全民创新提供合法性的解释③。

创客概念传入中国后,创客的社会化倾向越来越突出,直接导致了以"大众创业、万众创新"为主旨的政策推动④,创客成为在众创空间创新创业者的代名词。不同于美国创客"技术+市场到政策"的演化路径,中国创客体现为"技术+政策到市场"的演化路径⑤,中国创客基于双创情境特征⑥伴随创客空间而诞生。

但是,由于西方创客精神的先入为主,中国创客存在盲目崇拜现象⑦,中国独有的创客精神精髓在他们的意识和观念中是缺失的。创客群体仍处于基于兴趣和创业激情支撑发展的起步阶段,创客群体在国内仍属小众,创客生态系统尚未形成⑧,创客精神尚未得到广泛认同和尊重,也未植入社会大众的内心⑨。

综上可见,创客精神对于创客运动的价值和作用已经得到学术界的普遍认同,对创客精神的内涵和特征也进行了归纳和总结,但对于创客精神的结构维度研究还缺乏深入探讨和理论构建。以往的研究虽然认识到不同

---

① 黄飞,柳礼泉.塑造具有中国特色的创客空间文化[J].学习与实践,2017(8):124-131.
② 林少雄.创客运动与传统文化的现代转型[J].学术研究,2017(3):43-47.
③ 汪群.众创空间生态系统的构建[J],企业经济,2016(10):5-9.
④ 刘燕.创客文化的特质与教育变革[J].中国青年研究,2016(1):79-83.
⑤ 刘志迎,陈青祥,徐毅.众创的概念模型及其理论解析[J].科学学与科学技术管理,2015(2):52-61.
⑥ 李振华,任叶瑶.双创情境下创客空间社会资本形成与影响机理[J].科学学研究,2018(8):1487-1494,1515.
⑦ 欧阳友权,吴钊.创客运动与创客群体的文化认同[J].福建论坛(人文社会科学版),2016(10):118-122.
⑧ 徐广林,林贡钦.公众参与创新的社会网络:创客文化与创客空间[J].科学学与科学技术管理,2016(2):11-20.
⑨ 李燕萍,陈武,李正海.驱动中国创新发展的创客与众创空间培育:理论与实践——2016年首届"创新发展·创客·众创空间"论坛评述[J].科技进步与对策,2016(20):154-160.

国情背景下的创客精神存在差异，但对于存在什么样的差异等深层次问题还缺乏系统分析和实证支持。为弥补先前研究的不足，本研究以中美 42 位创客为研究对象，采取以归纳为主的研究逻辑，通过扎根理论分析，构建创客精神结构维度模型，并采取量化比较方法分析中美两国创客的创客精神的异同。

三、研究方法与研究过程

1.研究方法

阐释主义和实证主义是社会科学研究中两种基本的认识论，基于阐释主义的质性研究与基于实证主义的量化研究并不存在本质差异[①]。无论是量化研究还是质性研究都是片面的认识途径，社会科学研究不应采取单一的质性或量化研究，而应将两者进行融合[②]。质性研究与量化研究的融合具有优势互补的优点，能够对数据进行更深入的挖掘，从而得出有意义的结论[③]，逐渐成为研究的主流趋势。本研究基于质性和量化研究融合的理念，采取嵌入式设计思路，将数量统计方法嵌入以扎根理论为主的质性研究之中。质性研究的目的是从鲜活的资料中把握创客精神的本质和结构，量化研究的目的是通过对中美两国创客精神范畴的原始语句条目数和案例覆盖率进行对比，分析中美两国创客在不同结构维度上的差异，发现中美两国创客精神的异同，获取创客精神深层次的解释和分析。

扎根理论是一种典型的质性研究方法，它通过事物的外在现象，采取由浅入深的研究逻辑，逐步理解和建构反映事物的本质概念，获取概念之间的逻辑关系，从而以自下而上的方式归纳建立实质理论[④]。扎根理论通过对现实存在的但不容易被注意到的行为模式进行概念化，最终形成新的概念和理论[⑤]，适合针对社会组织内部结构及外部关系进行的研究，与本研究的核心任务——探索创客精神概念结构具有较强的契合性。创客是新

[①] 张汉.质性研究与量化研究是截然对立的吗?[J].国外理论动态，2016（5）：47-57.

[②] 张英英，赵定东.论一种融合的社会研究方法论视野[J].探索与争鸣，2018（5）：98-105.

[③] COLLINS K M, ONWUEGBUZIE A J, SUTTON I L. A model incorporating the rationale and purpose for conducting mixed methods research in special education and beyond[J]. Learning disabilities: a contemporary journal, 2006，4（1）：67-100.

[④] 卡麦兹.建构扎根理论：质性研究实践指南[M].边国英，译.重庆：重庆大学出版社，2009.

[⑤] 费小冬.扎根理论研究方法论：要素、研究程序和评判标准[J].公共行政评论，2008（3）：23-43，197.

生事物，国内外对其研究刚刚起步，完整的理论模型和成熟的研究框架还较为缺乏。定性研究是在理论和文献缺乏的领域里进行理论构筑工作的有效手段，适合在中国背景下构建新的理论[①]。鉴于中美两国的文化差异，通过直接访谈难以获取信度较高的信息，为此本研究没有采取直接访谈的方式获取资料，而是通过中美两个研究团队的间接资料作为分析对象，通过编码的提取、范畴的提炼达到理论构建的目的。

2.研究对象选取

本研究选取中美两国创客作为研究对象。一方面是因为中美两国是世界上创客数量最多、创客运动发展最快的国家。美国是世界上创客运动发展较早且最为火热的国家，在车库文化、黑客文化、反主流文化运动中成长起来的硅谷创新文化成为今天创客运动的文化基因。受西方创客文化的浸润、"双创"政策的推动，以及3D打印等技术的促进等多种因素影响[②]，中国创客群体迅速成长，并日益成为国际创客运动的重要力量。中美两国创客精神研究具有较强的普遍性。另一方面，中美两国分别是东西方文化的典型代表国家，在社会制度、文化背景、经济发展水平等方面均存在较大差异。这种界限鲜明的差异覆盖了世界上多数群体，中美两国创客精神研究具有较强的代表性。

3.数据收集

本研究资料来自《创客在行动：21位创客先锋访谈录》[③]和《中关村"创客军团"》[④]，这两本著作的作者分别访谈了来自美国和中国的创客，以对话的形式记录了创客活动的过程与经历。我们在详细阅读创客故事的基础上，提取反映创客精神的内容和具体表现，整理和挖掘深层次信息，以提炼创客精神结构。两组样本虽然具有不同的社会文化背景，但都受过高等教育，都较为年轻，都从事技术含量较高的工作。两组样本相近的人口统计变量，使比较结果更能体现不同国情背景下创客精神的异同。两组样本的基本情况如表3-1所示。

---

① 许德音，周长辉.中国战略管理学研究现状评估[J].管理世界，2004（5）：76-87.
② 黄玉蓉，王青，郝云慧.创客运动的中国流变及未来趋势[J].山东大学学报（哲学社会科版），2018（5）：54-63.
③ 奥斯本.创客在行动：21位创客先锋访谈录[M].李景媛，翁恺，程晨，姚琪，译.北京：机械出版社，2017.
④ 中关村创新研修学院.中关村"创客军团"[M].北京：中国经济出版社，2016.

表 3-1　中美两国创客样本的基本情况

编号	创客姓名（中国）	从事领域	编号	创客姓名(美国)	从事领域
A	陈本峰	云适配	A	Erik Kettenburg	Arduino 兼容开发板
B	代万辉	健康平台	B	David Merrill	Sifteo 虚拟机
C	党欣	网络游戏	C	Nathan Seidle	SparkFun 交流平台
D	伏英娜	动漫图片	D	Laen	硬件网上商店
E	何剑波	在线理财	E	Zach Kaplan	硬件网上商店
F	罗旭	移动销售	F	Emile Petrone	电子市场
G	姜斐祚	3D 打印笔	G	Bunnie Huang	硬件咨询
H	姜小凡	便携空气检测	H	Natan Linder	3D 打印
I	骆轶航	Pingwest 品玩	I	Ben Heck	硬件黑客
J	邵立	互联网数据检测	J	Becky Stern	可穿戴电子设备
K	黄自力	光电	K	Eric Stackpole	新型机器人
L	王盛林	众创空间	L	Eben Upton	青少年教学用具
M	王世栋	3D 打印	M	Catarina Mota	材料交流论坛
N	熊家煜	游戏	N	Ward Cunningham	软件设计模式维基
O	肖鹏飞	新材料	O	Jeri Ellsworth	人机交互
P	肖恒	内聘网	P	Sylvia Todd	创客秀
Q	杨亮	投融资平台	Q	Dave Jones	视频博客
R	袁大伟	3D 打印	R	Bre Pettis	3D 打印机
S	张仕郎	互联网配镜	S	Eric Migicovsky	智能手表
T	张天一	餐饮	T	Ian Lesnet	开源电子
U	祝凌云	电动汽车	U	MassimoBanzi	开源硬件

四、创客精神结构维度模型构建

本部分解决的问题主要包括：①在《创客在行动——21 位创客先锋访谈录》和《中关村"创客军团"》中，哪些章句涉及创客精神？②从这些章句中可以抽取哪些具体的创客精神？③这些创客精神的具体含义是什么？④这些创客精神可以如何归类以构建结构维度模型？

为科学、系统地完成以上研究任务，4 位专注于创业管理研究的学者分成 2 个小组，单独进行编码，然后以会议形式进行研讨，对具有异议的编码进行修正，并由主负责人进行确定。编码是搜集数据和形成解释这些数据的生成机理之间的关键环节。具体编码步骤采取以 Strauss 为代表的程序化扎根理论方法，以开放编码、主轴编码和选择性编码三级编码方式，从具体资料中逐步确定核心概念的结构和维度，系统分析核心概念之间的内在关系。

1. 开放式编码

开放式编码的目的是从资料中提取概念和范畴，并确定范畴的属性和维度。开放式编码的关键是避免先入为主的个人偏见影响，以客观的态度将原始资料揉碎打散，然后进行反复比较、归纳整理。为使收集资料进行解释性的呈现，研究者需要为资料片段贴上标签，并对标签进行简短命名，以便对资料进行选择、区别和分类。

在对访谈记录详细研读的基础上，研究者采取开放的心态，努力寻找创客精神的片段，并尽量以动名词方式对反映创客精神特征的语句进行编码。编码的规则为"访谈对象编号—语义编号"，用小写英文字母对中国创客进行编号，用大写字母对美国创客进行编号。例如，a1为第一个中国创客访谈资料的第一个初始范畴，A1为第一个美国创客访谈资料的第一个初始范畴。当一个语句包含多个范畴时，则将提取不同的概念范畴。例如，原句为："在不同的地方探索东西真是太酷了，遥控机器人探索就是我的信念。"在进行编码时，可将其切分为"在不同的地方探索""探索东西真是太酷了""遥控机器人探索就是我的信念"3个片段，分别贴上"勇于探索""追求个性""创意实现信念"3个标签。编码的过程为：分别选取19位中国创客和19位美国创客资料，由3位研究者独立编码（其余4位创客资料用于理论饱和度检验），对反映创客特征的语句进行逐句贴标签，按照最大可能原则，综合3人提炼的所有初级代码，并删除出现次数较少的初始范畴（出现次数少于5次），共得到38个初始范畴，如表3-2所示。

表3-2 开放式编码举例表

编号	原始语义举例	开放式编码
a1	带领云适配团队革自己的命	自我否定
b1	我得为外婆做些什么	家人需求
c4	只有创新才能让产品拥有足够的生命力	创新思维
d6	我从来都不走别人走过的路	个性
e1	金融知识普及较低，有迫切需求	满足公众需求
f1	移动互联网是对整个传统产业的颠覆	颠覆
g7	在众创空间可以做到资源共享	资源共享
h3	一个有野心的技术控	技术兴趣
i5	孵化器提供了场地资源	场地共享
j4	对技术和数据挖掘方面有浓厚的兴趣	技术兴趣
k2	做事情认真	积极

续表

编号	原始语义举例	开放式编码
l3	愿意通过网络分享创意	观念分享
m3	办法总比困难多	不放弃
n7	游戏引擎创新	技术创新
o8	玻璃隐形防护剂	产品创新
p1	不服输的性格	接受挑战
q5	自己想要的是影响力	自我影响力
r8	对技术有着极致的追求	技术兴趣
s4	学习眼镜制造流程与工艺	自觉学习工艺
A10	在这里发帖、看帖，我为人人，人人为我	共享观点
B17	我对四轴飞行器和无线遥控直升机很感兴趣	科技产品兴趣
C7	在网上买东西真难，需要一个自己的小商店	满足自己需求
D7	循规蹈矩无法创造历史	创新意识
E10	创办 Inventalbles 以满足工业设计领域的需要	满足用户需求
F6	总是动手做这些东西	自己动手
G1	破解了 Xbox 的关键部分	技术创新
H8	我研制出带有发光体的计算机	产品创新
I7	尝试新鲜事物对我来说是一件好事	追求新鲜
J6	喜欢向其他人开放 DIY 资源	共享技术资源
K1	他把使用远距离遥控的机器人得到新发现作为自己的使命	个人使命
F1	自学成才的网络工程师，学习 Python	自学软件
M3	随意共享代码和原理图是常有的事情	共享技术
N11	一个全球性的共同改变生活方式	改变未来
O17	我就这么周而复始，直到耗尽所有资金	坚持不懈
P12	对自己做的东西充满了热情	兴奋情绪
Q13	我每天都在学习新的东西	自学知识
R5	想创造一台任何人都可以使用的 3D 打印机	公众需求
S8	我们一直在做用户需要的东西	用户需求

2.主轴式编码

开放式编码虽然已经将原始语句进行了概念范畴化处理，但这些概念范畴之间的逻辑关系尚不清晰。为使范畴的属性维度更加具体化，需要采取主轴编码方式重新排列在初始编码时杂乱而分裂的数据，以便发现和构建范畴之间的关系，使得生成的分析呈现连贯性的特征。主轴式编码为二级编码，通常按照维度①、性质②等标准寻求和提炼看似割裂分散的范畴之间的联系③。

参照国内外常见的研究范式④⑤，本书按照范畴性质，对开放式编码形成的概念范畴进行聚类分析，在不同范畴之间建立联系，形成更为精确完整的范畴。例如，经过反复的比较分析，把开放性编码形成的初始代码——"共享动机""共享意识""分享态度"作为3个亚类属归并在"共享意愿"范畴类属之下。按照同样的方法提炼出14个研究范畴。然后，按照范畴内涵的相似性进一步对范畴进行提炼。例如，"共享意愿"和"共享资源"都具有"共享"的行为特征，因此可将其进一步归类到"共享"的范畴类属之下。按照同样的方法提炼出7个主范畴，如表3-3所示。

表3-3 主轴式编码表

类型	主范畴	范畴	包含的概念
认知	共享	共享意愿	共享观点、共享动机、共享意识、观念分享
		共享资源	共享技术、共享原理、共享项目、共享软件、共享场地
	创新	创意意识	自我否定、探索、新鲜、个性、颠覆、创新思维
		创新活动	产品创新、技术创新、模式创新
	主动	主动学习	自学软件、自学技术、学习工艺
		主动实践	主动创造、自己动手、拆卸东西
情感	兴趣	技术兴趣	技术的兴趣、科技产品的兴趣、软件兴趣
		动手兴趣	喜欢捣鼓、设计嗜好、喜欢编程
	激情	积极情感	乐趣、激情、兴奋、酷、迷恋
		坚持不懈	坚持不懈、不放弃、能吃苦、始终如一、接受挑战
价值	价值实现	社会价值	中国梦、改变未来、推动社会进步
		自我价值	信仰、自我影响力、自我表达、个人使命
	需求满足	个人需求	自己需求、家人需求、朋友需求
		社会需求	公众需要、企业需要、用户需要

---

① 范铁琳，吴俊杰，吴晓波．基于扎根理论的集群共享性资源研究[J]．软科学，2012（7）：43-47．

② 张秀智，施昱年．产业园区与城乡结合部产业集群的共生关系：以北京中关村丰台科技园为案例[J]．经济管理，2012（7）：21-31．

③ 贾旭东，衡量．基于"扎根精神"的中国本土管理理论构建范式初探[J]．管理学报，2016（3）：336-346．

④ 王建明，王俊豪．公众低碳消费模式的影响因素模型与政府管制政策：基于扎根理论的一个探索性研究[J]．管理世界，2011（4）：58-68．

⑤ 范培华，高丽，侯明君．扎根理论在中国本土管理研究中的运用现状与展望[J]．管理学报，2017（9）：1274-1282．

通过对资料的详尽分析，发现 7 个主范畴之间存在一定的联系，可根据主范畴的性质对其进行进一步归类，以形成范畴之间清晰的结构关系。例如"共享""创新""主动"3 个主范畴反映了创客对创客活动的认知能力与思维方式，为创客活动开展提供了基础的智力支撑，可将其归类为认知。"兴趣""激情"2 个主范畴反映了创客对创客活动的主观态度体验，为创客活动开展提供了定向与稳定的作用，可将其归纳为情感。"价值实现""需求满足"2 个主范畴反映了创客最根本的动机，为创客活动的开展提供了持久的信念支撑，可将其归纳为价值。通过主轴式编码和反复提炼归纳，不仅发现了创客精神的丰富要素内涵，还厘清了要素之间的结构框架，使创客精神这一概念越来越清晰。

3.选择性编码

选择性编码为三级编码，其目的是发现主轴式编码之间的逻辑关系，从而构建理论模型[①]。选择性编码构建的理论模型由完整的逻辑关系和清晰的故事线组成，逻辑关系是对范畴更加细致的对比修正和确定内在联系的过程，故事线则利用范畴说明全部现象[②]。

通过对主轴式编码确定的概念范畴进一步的提炼与归纳，确定的核心范畴为创客精神。以此为基础，构建创客精神演化过程模型，如图 3-1 所示。

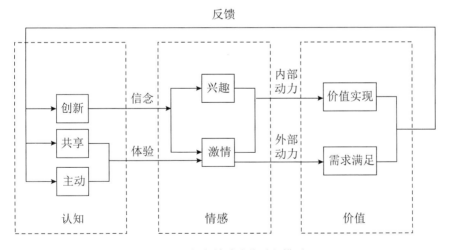

图 3-1　创客精神演化过程模型

---

① 王璐，高鹏.扎根理论及其在管理学研究中的应用问题探讨[J].外国经济与管理，2010（12）：10-18.
② 景怀斌.扎根理论编码的"理论鸿沟"及"类故理"跨越[J].武汉大学学报（哲学社会科学版），2017（6）：109-119.

研究表明，创客精神演化可分为3个类属：认知、情感和价值。认知维度包括创新、共享和主动，是创客在实践或观察过程中对创客行为产生的主观认识，在创客精神中处于较低层次。创客在创新、共享、主动的实践过程中形成了积极的情感体验，成为创客精神向高层次跃迁的前提条件。情感维度包括兴趣和激情。情感是基于价值判断的认知，一般伴随强烈的身体运动表象[①]，在创客精神演化过程中处于中间层次。兴趣和激情使创客能够克服困难，持续开展创客实践，是创客精神由认知阶段向价值阶段跃迁的中介条件。价值维度包括价值实现和需求满足。价值实现和需求满足是创客持续开展创客活动的根本动力，在创客精神演化过程中处于较高层次，实现或满足程度正反馈创客精神认知，从而使创客精神演化呈现良性正循环。

本模型包含两条较为清晰的故事线。一条是在创新信念指引下，人们对创客实践产生兴趣与激情，在内生动力激发下实现自我价值和社会价值，进而对继续开展创客实践活动产生正反馈。另一条是在共享和主动实践过程中，人们体验到创客实践的价值，进而对创客活动产生激情，在外部动力激发下从事创新创业活动，以满足个人需求或社会需求。需求的满足则会产生正激励效应，进而使创客实践持续开展。

4.饱和度检验

为检验理论模型的饱和性，研究者将剩余的2份中国创客访谈记录和2份美国创客访谈记录进行开放式编码和主轴式编码。研究发现原始语义在原有概念范畴均有体现，并没有新的概念范畴出现，概念范畴之间的关系也未发生改变。例如，中国创客第21份资料里的原始语义为"在行动方面进行突破很有意义"，可以归纳为"公众需要"，可以将其纳入社会需求类属之中。美国创客第20份资料里的原始语义为"制作了工具来帮助自己搭建无线传感器网络"，可以归纳为"自己动手"，可以将其纳入主动实践类属之中。由于对4份资料分析没有发现新的类属，至此可以认为，已经达到了理论饱和的基本要求，理论模型是饱和的。

五、中美创客精神比较分析

1.中美创客精神量化比较

扎根理论研究使创客精神的结构性认识更加清晰，但对于中美创客精

---

① HSEE C K, KUNREUTHER H C. The affection effect in insurance decisions[J]. Journal of Risk and Uncertainly，2000，20（2）：141-159.

神异同的认识还需要借助量化工具。如果一个范畴被原始语句重复的频率越高，在不同案例中的覆盖率越高，则代表该语义所描述的行为更具有普遍意义（胡兵等，2018）[①]。因此，可以通过范畴包含原始语义的数量和案例覆盖率，对中美两国创客精神开展定量化的比较（表3-4）。

表 3-4　中美两国创客精神对比分析

范畴名称	原始语义数量/条		案例覆盖率/%	
	中国	美国	中国	美国
共享意愿	8	13	33.33	42.9
共享资源	7	23	33.33	61.9
创意意识	11	6	42.9	28.6
创新活动	17	31	76.2	76.2
主动学习	13	14	33.3	52.4
主动实践	28	44	71.3	95.2
技术兴趣	19	26	66.7	81
动手兴趣	7	45	33.3	85.7
积极情感	39	49	90.5	85.7
坚持不懈	24	6	66.7	28.6
社会价值	12	6	54.2	28.6
自我价值	10	16	42.9	47.6
个人需求	3	8	14.3	33.3
社会需求	17	14	66.7	47.6

2.认知维度的中美创客精神比较分析

扎根理论研究显示，"共享、创新、主动"是中美创客共同的认知方式。对中美创客认知方式做更为细致的量化比较分析，会对中美创客的认知方式的差异性有更为清晰的认识。

（1）共享行为方式对比分析

如表3-4所示，美国创客共享行为方式的原始语义数量为36条，共享行为方式案例覆盖率为76.2%，无论是原始语句数目还是案例覆盖率均超过中国创客，这说明美国创客的共享行为特征表现得更为明显。

在共享观念方面，中美创客都表现出较为强烈的共享意识，都习惯于以互联网的方式进行交流沟通。但从强烈程度看，美国创客主动共享的意识更强，更愿意积极主动地帮助他人。例如，Erik Kettenburg 看到

[①] 胡兵，李婷，文彤.上市旅游企业社会责任的结构维度与模型构建：基于扎根理论的探索性研究[J].旅游学刊，2018（10）：31-40.

没有解决的问题，他会主动帮忙。Nathan Seidle 会请使用自己技术的人喝啤酒。

在共享资源方面，中国创客更愿意对资金、场地等资源共享，而美国创客更倾向于对技术、硬件、项目等资源共享。因此，可以看出中美两国创客具有不同的资源观，中国创客热衷于物质等对创客行为具有间接影响的资源共享，而美国创客热衷于技术等对创客行为有直接影响的资源共享。

（2）创新行为方式对比分析

中美创客的创新行为方式的原始语义数量分别为 28 条和 37 条，案例覆盖率分别为 85.7% 和 90.5%，这说明创新是中美两国创客共同的行为特征。

在创新意识方面，中国创客的原始语义数目较多，其内涵也更为丰富。美国创客更多地是基于个人层面的对新鲜事物的尝试，处于一种较为自由而随意的创新状态。而中国创客的创新意识不仅表现为个人层面的"不走寻常路"的个性，还表现为宏观层面的"颠覆传统产业"和"社会价值的创造"，体现了中国创客独有的社会责任意识。这种社会责任意识超越了个体层次，是中国创客面对社会层次提出的自我要求。

在创新活动方面，虽然中国创客与美国创客具有相同的案例覆盖率，但是美国创客创新活动的原始语义数量远远超过中国创客。这说明美国创客的创新活动更为丰富，大多数创客从事多项技术创新活动，而中国创客则更为专注，大多数创客专注于某一项技术创新。另外，中美两国创客的创新类型也存在较大差异：中国创客多是面向市场，在借鉴的基础上进行模式创新和产品创新；而美国创客则多是基于基础性、原理性的颠覆式创新，实现了很多关键技术的创建。

（3）主动行为方式对比分析

中美两国创客的彰显主动行为特征的原始语句目数都超过共享和创新的原始语句目数，这说明主动是中美两国创客最显著的行为特征。

在主动学习方面，美国创客主要体现为以技术为主要对象的自主学习。而中国创客不仅学习的内容更为丰富，而且学习的动机更为强烈。

在主动实践方面，美国创客的原始语句目数和案例覆盖率均超过中国创客的，这说明美国创客更注重对自然和科学的实践和探索。从主动实践的具体内容来看，反映美国创客主动实践的原始语句主要体现为"捣鼓硬件""制作游戏""焊接电路板"等具体的实践活动。而中国创客除了主动从事实践活动外，也体现为"没有条件，创造条件也要上""行动会让人找回自信"等主动实践的理念。这说明，中国创客具有由宏观到微观的思维方式，主动实践活动需要主动实践理念的引领。而美国创客则是由微观到宏观的思维方式，关注具体的实践活动，从而得出需要主动实践的理论。

3.情感层面的中美创客精神比较分析

扎根理论研究显示，"兴趣、激情"是中美两国创客共同的情感体验特征。对中美两国创客精神进行细致量化分析，有助于对中美两国创客的精神特征有更为清晰的认识。

（1）兴趣对比分析

中美两国创客对计算机、机器人、电子产品、比特币等前沿技术表现出浓厚的兴趣。美国创客的技术兴趣的原始语义数量和案例覆盖率均超过中国创客，说明美国创客的技术兴趣更浓。他们多使用"激动人心""酷""痴迷"等词语形容对技术的热爱，他们能从技术中获得更为强烈的心理能量。

中美两国创客在动手兴趣方面存在较大差异。美国创客的动手兴趣的原始语义数量为45条，案例覆盖率高达85.7%，远远超过中国创客。美国创客的动手兴趣特征体现更为明显。在兴趣程度方面，中国创客多用"喜欢、享受"等词语形容动手兴趣，而美国创客则用"痴迷、嗜好"等词语进行描述，这说明美国创客动手兴趣的程度要远远大于中国创客。

（2）激情对比分析

在积极情绪方面，中国创客的积极情绪主要来源于自强不息的传统文化，"对事业执着热忱""梦想带来的激情""热爱自己的事业"等都是努力向上、绝不停止、积极热忱的精神体现。而美国创客的积极情绪则来源于所从事的创意项目，他们从硬件、产品、技术研制过程中获取积极的心理能量。他们多使用"酷""有趣"等词语表达他们从事这些项目时的积极心理状态。

在坚持不懈方面，美国创客的原始语句数目远远少于中国创客的。其原因可能是美国创客基本以过程为导向开展创客活动，他们享受动手制造的过程。而中国创客大多基于目标导向开展创新创业活动，他们会遇到更多的困难，面临更多的逆境。但是面对逆境，中国创客会以"一夜无眠""躺着写代码"等方式战胜挫折，表现出了"始终如一的坚持"和"不服输"的精神。

4.价值层面的中美创客精神比较分析

理想信念是创客开展创客活动的根本目的，也是支撑其克服困难、开展活动的基石。扎根理论研究发现，价值追求和需求满足是中美创客理想信念的体现。

（1）价值追求

在社会价值方面，美国创客的原始语义数量的数目远远少于中国创客，这可能与美国的个人主义价值观有密切关系。美国创客多是追求在手工制作基础上的创意实现，强调以个人努力达到个人发展目标。而中国创客的价值追求不仅是创意实现的自我成就感，还包括以创业为目的的商业价值的实现。以此成就事业，进而实现中国经济的转型升级，展现出中国创客独有的家国情怀。"中国梦""创造社会价值""社会文明进步和环境可持续发展的重要推动者"等都是中国创客社会价值的体现。

在自我价值方面，以"好玩""过瘾"作为自己的抱负和追求，并将其作为是否成功的重要判断标准在中美两国创客身上都有所体现。从具体领域来看，美国创客往往是把"探索太空""解决直插电路板问题""远距离遥控机器人"等具体创新活动作为自己的使命，而中国创客则是将"改变未来""不辜负青春"等较为宏观的目标作为自己的使命。

（2）需求满足

在个人需求方面，虽然满足自己和家人等个人需求是中美创客共有的行为动机，但在具体来源上有所不同。中国创客的行为动机来源于"自己配眼镜受骗""我得为外婆做些什么"等生活需求，而美国创客的行为动机却大多来源于"找不到一个既便宜又适合我的技术水平的套件""在网上买实现项目的东西太难"等创客行为需求。

在社会需求方面，中国创客的原始语句数目明显多于美国创客，体现了中国创客善于从社会生活中发现机会的能力。"对接日企和有求职需求的人""外资企业调整会有比较好的机会""以前沿技术解决呼吸问题"等证明中国创客具有跳出个人社会关系网络，从创客活动之外的社会网络中寻求机会的能力。而美国创客往往是在创意实现过程中发现"需要改造出更好的设备""创办 Inventalbles 以满足工业设计领域的需要"，不同于中国创客由外而内的思维，美国创客往往是从自身活动出发，发现能够满足的社会需求。

第二节　众创空间创客精神的形成

一、创客精神形成的影响因素

创客精神是创客最本质、最内在的存在，是对创客活动本质的把握和自觉体悟。创客精神的生成是主观内在因素和客观外在因素共同作用的结果，创客精神的生成是一个复杂的精神制作过程[①]。在创客精神复杂的演化进程中，内部因素和外部因素并非孤立存在，而是相互影响并共同成为演化发展的动力[②]。如果仅靠内生因素相互作用或外生因素相互影响则无法使创客精神顺利形成。

1.内生性因素

创客精神作为人的一种意识或心理状态，其形成符合一般心理认知过程的规律。心理学认为人的认知过程包括识别、链接、运作三个阶段。识别阶段是从未知到已知的阶段，是一种主观感受。链接阶段是在识别基础上的更深入的理性认识，内化为较为稳定的认知。运作阶段是外化的体现，并在行动过程中形成新的认知。理性认知创客的价值和意义为关注创客活动提供基本动力，建立在兴趣基础上的情感认同是自觉开展创客实践的关键，只有在实践过程中积累先前经验才能真正理解和掌握创客精神的内涵并内化为个人品质。

（1）主观感知

主观感知是对创客运动的价值、功能和意义的理解和认知。按照感知价值的类型，可将主观感知划分为情感价值感知、社会价值感知、质量价值感知、价格价值感知等维度[③]。创客实践的动机是内在的，相对于经济价值，创客更注重对情感价值和社会价值的感知。创客对创客运动价值的理解有宏观和微观两个方面。伴随着创新型国家战略的实施，"大众创业，万众创新"的浪潮已经形成，大量创新、创业案例和人物被媒体广泛报道，在媒体的宣传引导下，人们逐渐认识到创客的价值和作用。现今，虽然产品极大丰富，但人的需求是复杂而特殊的。人们在生活实践中的一些个性化需求有时无法得到满足，这会让人们产生自己设计、自己制作的冲动。

---

① 韩美群. 论民族精神生成的内在逻辑[J]. 哲学动态，2009（12）：28-32.
② 蔡永生. 内外因关系新论[J]. 福建论坛（文史哲版），1998（1）：3-5.
③ SWEENEY J C, SOUTAR G N. Consumer perceived value: the development of a multiple item scale[J]. Journal of Retailing, 2011, 77（2）：203-220.

在设计和制作过程中创造的智慧和才能得以充分发挥，从而使个人价值实现和社会发展达到有机统一。创客在实践过程中，通过感知明确创客运动的价值与意义所在，具备从事创客实践的动力[1]。只有感知到创客运动的价值和意义，个体才能具有从事创客实践的动力。主观感知是创客精神生成的前提和基础。

（2）个人兴趣

心理学将兴趣定义为认识、探究某种事物的一种心理倾向，这种倾向具有稳定性和选择性的特征，内生于自然状态，而非来自外部环境刺激。杜威根据对象不同将兴趣划分为身体活动、中介工具、纯粹理智、社会四种类型[2]。霍兰德根据职业类型将兴趣划分为社会型、常规型、企业型、实际型、调研型、艺术型六种类型。杜威所指的中介工具型和霍兰德所指的实际型类似，都是具有制造和探究的心理倾向，这类个体被创造各种事物吸引，在制造各种事物的过程中表达着个人的态度和情感，也在制造各种事物的过程中体现个人价值观。哈贝马斯认为，兴趣是人类认识不可缺少的条件，兴趣不仅是对技术本身与实践过程的心理倾向，还是一种根源于日常生活中我们对自由、自主，以及从现有不合理的限制、约束中解放出来的要求，主要基于以改造世界为目的的人的反思与创新活动[3]。

创客活动主体在内心喜爱的驱动下进行自由自主创新，而不是受外在环境的强制要求[4]。Battistella 认为，大众创新的动机广泛存在的根本原因是兴趣、低成本利基、自我价值实现或者其他社会因素的综合作用[5][6]。这些具有相同兴趣的人会自发组成社区进行交流，因此，这些社区具有很强的自组织性和动态性[7]。社区里的创客从乐趣和自我实现的需要出发，主张建立非正式、网络化和共享学习的社会环境，鼓励计算机编程等新技

---

[1] 储结兵.图书馆创客激励因素识别与模型构建[J].图书馆学研究，2019（13）：58-63.
[2] 杜威.民主主义与教育[M].王承绪，译.北京：人民教育出版社，2001.
[3] 哈贝马斯.关键概念[M].杨礼银，朱松峰，译.南京：江苏人民出版社，2009.
[4] 王景全.休闲视角下创客文化的哲学思考[J].中原文化研究，2019（5）：45-50.
[5] BATTISTELLA C, NONINO F. Open innovation web-based platforms: the impact of different forms of motivation on collaboration[J]. Innovation Management Policy & Practice，2012，14（4）：557-575.
[6] BATTISTELLA C, NONINO F. Exploring the impact of motivations on the attraction of innovation roles in open innovation web-based platforms[J]. Production Planning & Control，2013，24（2-3）：226-245.
[7] OH W, Jeon S. Membership herding and network stability in the open source community: the ising perspective[J]. Management Science，2007，53（7）：1086-1101.

术的应用，探索不同领域和有别于传统之间的工作方式[①]。因此，兴趣是创客活动的根本动力。离开了兴趣，单纯的技术层面的产品制作活动就变成了无聊、机械和标准化的产品生产过程，人们的自我价值就难以得到体现，精神需求也难以得到满足。

（3）先前经验

马克思从辩证唯物主义和历史唯物主义视角出发，提出了精神来源于实践的基本论断，即："从直接生活的物质生产出发来考察现实的生产过程……阐明各种不同的理论产物和意识形式。"创客精神作为创客实践在创客头脑中的主观反应，与创客实践的历史性和时代性密不可分。创客实践不仅创造了对社会发展具有重要价值的创新性产品，还锻炼了创客们的新思想、新观念。创客实践有利于丰富创客精神的内涵，有利于人们对创客精神有更具体、更全面、更清晰的认识。创客实践具有丰富性的特征，不同区域创客实践的工具、对象、方式不同，从而产生了各具特色的创客精神与文化。例如，美国人具有利用车库闲置空间与闲置物品进行制作和个性化创新的传统，苹果、亚马逊、惠普等全球知名公司均在车库里诞生，学者将其总结为"车库文化"。再如，起源于英国的艺术和工艺品运动，热衷于动手进行设计和改良，学者将其总结为"DIY文化"。又如，热衷于探索计算机、互联网前沿技术，学者将其总结为"黑客文化"。21世纪以来，随着开源硬件和开源软件技术发展及创意经济的崛起，以"创新、动手、共享、开放"为主要内容的创客精神才逐渐得到广泛认同。

创客的先前实践经验会使创客对创客实践的价值和意义有更为深刻的理解，从而对创客实践的合意性和可行性有更为强烈的感知，先前实践经验会通过感知行为控制影响人们的意愿和目标行动[②]。创客在实践过程中会不断总结创客行为特征，并逐渐上升为精神境界，从而成为创客们的共同行为准则和思想范例。先前实践经验对于创客精神的形成具有重要作用。

2. 外生性因素

人创造环境，同样，环境也创造人[③]。创客精神的生成并非单一地由内因所决定，还受创客外部生存环境的影响和制约。我国《国家中长期教育改革和发展规划纲要（2010—2020年）》中明确指出，要把教育贯穿

[①] 徐广林，林贡钦. 公众参与创新的社会网络：创客文化与创客空间 [J]. 科学学与科学技术管理，2016（2）：11-20.

[②] AJZEN I. The theory of planned behavior[J]. Organizational Behavior & Human Decision Processes，1991，50（2）：179–211.

[③] 马克思恩格斯选集：第1卷 [M]. 北京：人民出版社，1995.

到学校、家庭和社会的各个方面,渗透于教育教学各个环节中,建立家长、学校和社会密切配合的人才培养机制[①]。家庭、学校和社会是创客生存的主要场域,共同构成了创客精神生成的外部性因素。

(1)家庭教育

儿童是价值观形成和人格特质塑造的关键时期,而家庭又是儿童成长过程中最重要的环境,家庭中父母自身的特征及与孩子的人际互动对孩子的发展都有重要影响[②]。家人的言谈举止及周围的事物都是最好的课本,使儿童在不知不觉中丰富记忆,增强判断能力[③]。父母的言行在有意或无意间传递着家人的价值观,从而对儿童价值观的形成产生渗透和影响作用。家庭教育由于能够提供的更多的是经验性认知和价值性引导,因此成为创客精神萌芽的重要影响因素。美国俄亥俄州立大学把嶙博士认为,美国创客运动的崛起是因为美国倡导自由、民主、开放的家庭教育,允许并鼓励儿童将任何创意想法付诸实施,从而使自由创新文化精神融入人们的血液之中。

亲子关系是家庭教育的逻辑起点[④],良好的亲子关系使父子或母子之间产生较多的人际互动,从而为儿童产生模仿性学习奠定基础。父母在传授生活技能的过程中,将价值观、思想观念以潜移默化的方式渗透给孩子,因而父母的价值观及行为习惯往往影响创客精神的萌芽。

(2)学校教育

受全球创客运动热潮的影响,以及"大众创业、万众创新"的时代经济发展的现实需要,创客教育逐渐引起各层次学校的高度重视。创客教育是创客运动的衍生,是创客行动与教育的结合[⑤],是一个融合创客理念的教育过程[⑥]。创客教育为学生提供平台和资源支持,使学生能够顺利将创意转化为产品,从而提升其心理效能,增强创新创造的信心。

创新与创造被认为是创客教育的重要价值体现,是以培养各类创新人才为目的的新型教育模式[⑦]。Martinez 和 Stager 认为,创客教育是一种基

---

① 国家中长期教育改革和发展规划纲要(2010—2020 年)[EB/OL].http://www.moe.gov.cn/srcsite/A01/s7048/201007/t20100729_171904.html.

② 边玉芳.充分重视家庭对儿童发展的重要作用[J].北京师范大学学报(社会科学版),2016(5):46-54.

③ 卢梭.爱弥儿[M].李平沤,译.北京:商务印书馆,2004.

④ 孟育群.亲子关系:家庭教育研究的逻辑起点[J].中国德育,2007(2):40-43.

⑤ 张伟.创客教育的价值取向与实现维度[J].中国成人教育,2017(14):27-29.

⑥ 贾旭琴,李银玲.从创客教育到教育创客:关于在师范教育中融入创客精神的若干思考[J].中国教育信息化,2018(5):36-39.

⑦ 杨现民,李冀红.创客教育的价值潜能及其争议[J].现代远程教育研究,2015(2):23-34.

于创造的学习，学习者不再是知识的被动接受者，而是要运用知识实现创新与创造[1]。因此，不同于传统灌输式教育，创客教育以培养学生的创新意识、创新思维和创新能力为目标[2]，更强调对创客的人文关怀，即培育个体的创客精神，促进个体的自我实现。创客教育以众创空间为核心素质发展提供物质基础和价值引领，通过学习方式的转变，为核心素质的形成提供路径[3]。创客教育训练了学生的创新思维能力，提高了学生的创新实践能力，激发了学生的分享和合作意愿，对创客精神的形成和塑造具有重要影响。

（3）社会关系网络

Granovetter 认为，行为主体的经济活动不能脱离社会背景而孤立行事，而是在具体、动态的社会关系中追求自身多重目标的实现。Granovetter 根据主体与社会关系网络的关系类型将嵌入分为：关系嵌入（relational embeddedness）和结构嵌入（structural embeddedness）[4]。创客也不例外，创客并非作为孤立的原子单独存在，而是在与社会关系网络互动中开展创新实践活动。创客作为基于兴趣驱动、热衷于动手实践的人群，具有相同的爱好、价值观，他们经常集聚在一起分享实践经验并吸引志同道合的人不断加入，从人际社会关系网络中汲取能量。创客要想将创意转化为产品，需要设备、原材料、工具、软件等各种支撑，由于资源禀赋匮乏，创客必须与相关厂商联系，从而结构性地嵌入供应网络之中。

创客所处的社会网络所承载的文化因子直接或间接地影响创客精神的形成。创客在人际关系网络互动中能够获得物质、信息及情感的帮助，从而降低交易成本，增强网络信任，促进交流互动，彰显开放的创客精神特征。创客所处的社会关系网络知识吸收和传播意愿会直接影响知识共享和知识吸收程度[5]。利用社会关系网络是实现知识共享和核心资源获取[6]，

---

[1] MARTINEZ S, STAGER G. Invent to Learning：Making, Tinkering, and Engineering the Classroom[M]. California:Constructing Modern Knowledge Press，2013.

[2] 祝智庭，孙妍妍. 创客教育：信息技术使能的创新教育实践场 [J]. 中国电化教育，2015（1）：14-21.

[3] 王牧华，商润泽. 创客教育促进初中生核心素养形成路径的实证研究 [J]. 中国电化教育，2019（5）：92-97, 105.

[4] GRANOVETTER M S. The Strength of Weak Ties-Social Networks[M]. Cambridge:Academic Press, 1977.

[5] TITO CASTILLO, LUIS F ALARCON, EUGENIO PELLICER. Influence of organizational characteristics on construction project performance using corporate social networks[J].Journal of Management in Engineering，2017，38（4）：779-786.

[6] KIRSTEN THOMMES，AGNES AKKERMAN. Clean up your network: how a strike changed the social networks of a working team[J].Team Performance Management: An International Journal，2018，24（1/2）：43-63.

从而提高创新水平的重要途径，因而社会关系网络对"共享""创新"等创客精神的形成具有直接影响。

本研究从内生性和外生性的双重视角系统归纳了创客精神生成的影响因素，并选取主观感知、个人兴趣、先前经验、家庭教育、学校教育和社会关系网络等因素作为前因变量，从组态视角探讨创客精神的生成机理。

二、研究方法与研究过程

1. 研究方法

本研究使用QCA探讨兴趣、认知、经验内生因素与家庭、学校、社会关系外部因素相互作用并共同影响创客精神的生成。QCA是一种定性比较研究方法，通过布尔代数和集合分析，探索自变量间相互组合的"化学反应"，从而发现等效的多个路径或解[①]。具体选择QCA分析技术，主要基于如下原因。

①精神的生成是许多规定的综合，是多方面、多层级、多样性、整体性的统一[②]。这就需要以整体思维方式研究影响因素组合与创客精神间的因果关系，而QCA正是基于整体视角，采取组态思维，将研究对象理解为相互关联的结构和实践的集群而非分单元或松散结合的实体。QCA更加符合创客精神形成因素的相互依赖性和因果复杂性。

②精神并不是一个抽象的概念，而是具有实践性和时代性意蕴的概念[③]。创客精神的理解应与创客实践相结合，即在创客的现实境遇中把握创客精神。而QCA正是依赖特定情境，以组态的视角研究，通过多个案例之间的比较确定不同因果模型的数量和特征，从而发现复杂、多样的多重并发因果关系。

③QCA具有定性分析和定量分析的双重优点：既能够体现定性研究独特性和深入性强的优点，也能够体现定量研究推广性强的优点；既避免了定性研究外部推广差的缺点，也避免了定量研究深度分析不够的缺点。定性分析与定量分析的优势互补在QCA中得到整合[④]。

[①] FISS P C. Building better causal theories: a fuzzy set approach to typologies in organization research[J]. Academy of Management Journal, 2011, 54（2）: 393-420.

[②] 赵义良. 唯物史观的精神内核及其生成逻辑[J]. 中国社会科学, 2016（7）: 65-82, 205-206.

[③] 胡海波, 卢海涛, 毛纯兵. 开放式创新视角下众创空间创意获取及转化：心客案例[J]. 科技进步与对策, 2019（2）: 10-19.

[④] 杜运周, 贾良定. 组态视角与定性比较分析（QCA）：管理学研究的一条新道路[J]. 管理世界, 2017（6）: 155-167.

2.样本选择和数据来源

在样本选取时遵循以下标准。

①在众创空间或创客空间选取创客样本,众创空间或创客空间是创客运动的物理载体,在众创空间或创客空间选取样本能够提高研究对象的真实性。

②选取上海、南京、镇江三座城市开展调查,研究对象覆盖一线、二线、三线三类城市,使研究样本具有代表性。

课题组于2019年7月15日到8月10日到上海蘑菇云创客空间、南京苏青合伙人创客空间、镇江大学创业园众创空间进行调研。上海蘑菇云众创空间是上海浦东的第一家创客空间,是由浦软孵化器提供场地支持、DFRobot提供硬件及技术支持的一家为创客服务的开放式众创空间。它是一线城市众创空间的代表。南京苏青合伙人创客空间致力于为青年大学生创新创业搭建低成本、全要素、便利化与开放式的新型创业平台。苏青合伙人创客空间依托共青团的组织协调优势与运营主体的青年人才优势,吸引有创新创业梦想的广大青年创客入驻,为其提供开放式办公工位、独立办公室、多功能会议室、高速光纤宽带、休闲餐吧、健身场所等服务设施与硬件设备,同时提供创新指导、创业孵化、管理咨询和投融资等全过程服务,促进创业者持续创业,帮助其成长为具有竞争力的创业企业。它是二线城市众创空间的典型代表。镇江大学创业园众创空间为创客提供优惠、便捷的社会化服务,已初步形成集工商、税务、商务服务、科技服务、投融资服务、中介服务、信息服务、人才资源开发、技术支撑服务、知识产权服务、智能化物管服务等为一体较为完善的创新服务体系。它是三线城市众创空间典型代表。

每次访谈均有2名以上研究者参与,一名负责主提问,另一名负责补充提问与书面记录。调研涉及的问题主要包括创客精神现状与创客精神影响因素两个类别。为获取较为丰富的细节信息,所有问题均采取开放式提问,为提高信息的全面性和深入性,必要时采取STAR(背景、任务、行动、结果)模型访谈技术进行追问。针对创客精神现状主要通过"您的特质是什么?""您是怎么理解创客这一角色的?"等问题获取,针对创客精神影响因素主要通过"您的兴趣是什么?""您难忘的经历是什么?""您从事创客实践活动的动机是什么?""家庭、学校、朋友对创客实践活动的态度是什么?"等问题获取。

访谈采取随机抽样法进行,最终获取了24份创客访谈资料。Marx和

Dusa[①]的研究证明，对于包含6个前因变量的检验，样本量最少为24个，样本达到研究要求。从24位受访者的年龄结构看，30岁及以内的14人，占比为58.3%，31～40岁的为7人，占比29.2%，41岁及以上的为3人，占比12.5%，由此可以看出，创客年轻化倾向较为明显。

3.变量测量

本研究以创客精神作为结果变量，以主观认知、个人兴趣、先前经验等内生要素和家庭、学校、社会关系网络等外生因素作为预测变量。学界大多采取问卷调查等直接评定的方式进行测量，但这种自我评定的方式会导致系统性的实质偏差，进而影响到研究的结果[②]。自我评定方式的失灵主要是由于本研究涉及的变量大多属于心理范畴，具有内隐性和深层次性特征，难以直接测量和评定，需要通过行为表现进行间接评定。基于自我评定方法出现的问题，部分学者开始尝试使用其他方法进行测量，如使用出声报告法进行实验测量[③]。

由于研究属于案例的定性比较研究，研究的有效性依赖于理论指导下的资料分析，其分析方式采取分析式归纳方法寻求概念和主题。Yin（1994）提出案例研究收集到的资料要精心地分类和编码，以便于研究者及有关人员对资料的提取和分析，并且要有确凿的证据对研究的问题进行考证[④]。

相对于问卷调查法，行为编码方法具有明显优势[⑤]，不仅可以考察变量的水平，而且可以考察各个变量在创客精神形成过程中的作用。本研究借鉴学者Pelz的研究经验，尝试着用编码的方式将定性资料量化，然后运用统计分析的方法分析数据。研究通过对访谈资料的深度分析，寻求受访者是否具有结果变量及其预测变量的证据，并将证据进行编码。编码规则：受访人编号—原始语句编号。例如，D-5代表第四个受访人的第五个原始语句。本研究的三位研究者逐词逐句对原始语句进行编码、整理、归

---

① MARX A, RIHOUX B, RAGIN C. The origins, development and application of qualitative comparative analysis（QCA）: the first 25 years[J]. European Political Science Review, 2013, 6（1）: 115-142.

② DUNNING D, HEATH C, SULS J M. Flawed self-assessment[J]. Psychological Science in the Public Interest, 2004, 5（3）: 69-106.

③ WADE S E, BUXTON W M, KELLY M. Using think-alouds to examine reader-text interest [J]. Reading Research Quarterly, 1999, 34（2）: 194-216.

④ YIN R K. Case Study Research: Design and Methods[M]. Thousand Oaks: Sage Publications, 1994.

⑤ 杨荣华，邱佩钰，戴家隽.元认知测量方法的研究进展[J].交通医学, 2011（6）: 574-576.

纳，并按照变量特征进行归类，表3-5为变量证据编码样表。

为提升测量的科学性和客观性，本研究由三位专家分别分析访谈资料，只有当三位专家均判定受访者具有相应证据时，才可能对其进行赋值。当受访者具备一个充分证据时，将其赋值为1，当受访者具备两个充分证据时，将其赋值为2，并以此类推。

表3-5 变量证据编码样表

变量名称	变量特征	编码	原始语句
创客精神	创新	H-2	我就喜欢做不同的事情，大学期间就申请了专利
	设计	L-5	三年前设计了一台自动军棋机
	共享	F-3	在众创空间讲授网页设计技术与经验
	交流	A-5	大家经常聚在一起交流经验和实践心得
主观认知	制作	N-3	正在拿着斧头、刨子做木质雕刻机
	政策激发	T-7	大学里对于创新活动有奖励政策，我就参加了
个人兴趣	生活需求刺激	S-5	我做这个程序是为解决数据重复复制带来的超大工作量
	兴趣爱好	K-10	我不为了赚钱，就是为了玩一玩
实践经验	相关经验	A-8	小时候在家里拆了不少收音机、钟表等物件
家庭教育	物质支持	J-11	爸爸有电路设计原理的书，还给我提供了报废的电台
	情感支持	C-8	父母对我比较宽松，给我做自己喜欢事情的自由
学校教育	物质支持	A-6	学校提供了实验室和必要的物品
	情感支持	E-7	通过与老师交流获得了信心
社会关系网络	物质支持	V-12	他们会帮我推荐合适的传感器，数据库技术也能向他们请教
	情感支持	U-14	朋友之间的正反馈，使我做事情更有信心

将访谈资料与变量测量方法进行比对，获取各案例的数据，变量的描述性统计见表3-6。由表3-6可知，创客精神水平具有较大差距。一些人虽然也在创客空间开展创新创业活动，但主要是基于经济利益的商业行为，对创客精神并不认同。从影响因素来看，先前实践经验次数较多，而兴趣相符度较低，这说明，完全兴趣导向的创客实践在我国体现得并不明显。很多人基于多目的性的实践活动，在干中学的过程中，通过丰富实践逐渐培育形成创客精神。

表 3-6　变量描述性统计表

变量	单位	均值	标准差	最小值	最大值
创客精神	个	2.83	1.17	0	5
主观认知	次	2	1.14	0	4
个人兴趣	次	1.88	1.42	0	4
实践经验	次	3.38	1.93	1	7
家庭教育	次	1.29	1.20	0	5
学校教育	次	2.75	1.73	1	5
社会关系网络	次	2.08	0.93	0	3

4.数据处理

（1）数据校准

定性比较分析的对象为集合而非变量，需要将原始数据进行校准，以使数据具有可被解释的集合意义。校准就是把案例赋予集合隶属的过程[①]，既需要考虑到案例间的类别差异，也需要考虑到程度差异。本研究参照 Garcia、Fiss 研究经验，将七个变量的完全隶属、交叉点及完全不隶属三个锚点分别设定为样本数据的 75 百分位、50 百分位和 25 百分位。

（2）单个条件的必要性分析

必要性检验的目的是验证是否存在某个解释变量是引起被解释变量的必要条件[②]，从而确保在纳入"逻辑余项"的解时不被剔除[③]，从而提高了条件组合的切题性。

（3）条件组态的充分性分析

条件组态的充分性分析的目的是通过不同案例之间的比较，找出解释变量和结果变量之间的因果关系。QCA 在进行条件组态的充分性分析时得到三种解：复杂解、简约解和中间解。复杂解只分析有实际观察案例的组态，简约解则包含所有逻辑余项的组态，中间解指符合理论和实际知识的逻辑余项用于分析产生的组态。QCA 通过比较三种解进行核心条件、边缘条件的判断。

---

① SCHNEIDER C Q, WAGEMANN C. Set-Theoretic Methods for the Social Sciences: A Guide to Qualitative Comparative Analysis[M]. Cambridge:Cambridge University Press，2012.

② BELL R G, FILATOTCHEV I, AGUILERA R V. Corporate governance and investors' perceptions of foreign IPO value: an institutional perspective[J]. Academy of Management Journal，2013，57（1）：301-320.

③ 里豪克斯, 拉金. QCA 设计原理与应用：超越定性与定量研究的新方法[M]. 杜运周，李永发，译. 北京：机械工业出版社，2017.

三、创客精神形成模式

1.单个条件的必要性分析结果

使用 fsQCA3.0 软件针对 24 个案例进行必要性检验,检验结果见表 3-7。

表 3-7 单个条件必要性分析表

变量	一致性	案例覆盖率
主观认知	0.645570	0.616936
~主观认知	0.687764	0.702586
个人兴趣	0.717300	0.717300
~个人兴趣	0.451477	0.440329
实践经验	0.801688	0.781893
~实践经验	0.434599	0.434599
家庭教育	0.767932	0.676580
~家庭教育	0.455696	0.511848
学校教育	0.971308	0.592078
~学校教育	0.274262	0.712719
社会关系网络	0.691983	0.616541
~社会关系网络	-2.278481	1.038462

由表 3-7 可以看出,学校教育的一致性高于 0.9,这表明学校教育是创客精神生成的不可或缺的条件。学校教育不仅通过传授知识、技能的方式提高了创客能力水平,而且通过提供训练平台、竞赛机会等方式积累了创客经验,提升了创客实践的兴趣和信心。学校教育逐渐强调塑造人的创客精神和创造能力,使创客教育功能得到进一步凸显[①]。

2.条件组态的充分性分析结果

使用 fsQCA3.0 软件分析 24 个创客案例,识别出决定创客精神的组态。遵循 Fiss 的建议,将一致性阈值设定为 0.8。为降低潜在的矛盾组态,参考杜运周等(2017)的建议,将 PRI 的阈值设定为 0.7,案例阈值设定为 1。

遵循 Ragin、Fiss 的结果呈现形式,实心圆表示条件存在,其中大圆表示核心条件、小圆表示边缘条件。含叉圆表示条件缺席。空白表示一种模糊状态,即该条件可存在亦可缺席。分析结果见表 3-8。

---

① 王志强,杨庆梅.美国教育创客空间的发展逻辑、核心议题与未来展望[J].比较教育研究,2019(7):36-43.

表 3-8　条件组态的充分性分析表

前因条件	组态 1	组态 2	组态 3
主观认知	●	●	⊗
兴趣	⊗	●	●
先前经验	●	●	●
家庭教育	●	●	●
学校教育	●	●	●
社会关系	⊗	⊗	●
一致性	0.9833	0.9286	0.8861
原始覆盖率	0.2490	0.1097	0.1793
唯一覆盖度	0.1983	0.0760	0.0449
总体解的一致性	0.9231		
总体解的覆盖度	0.6076		

由表 3-8 可知，出现 3 种组态，无论是单个解（组态）还是总体解的一致性水平均要高于可接受的最低标准 0.8，其中总体解的一致性为 0.9231，总体解的覆盖度为 0.6076，说明 3 种组态解释了 60% 以上的高创客精神出现的原因。总体解的覆盖率高于组织与管理领域的 QCA 水平。三种组态可以视为创客精神培育时的充分条件组合，现详细阐述如下。

（1）教育实践主导型

组态 1：主观认知 × 先前教育 × 家庭教育 × 学校教育，表明无论个人是否有兴趣，社会关系网络是否给予物质或情感支持，只要家庭和学校重视创客教育，创客能够认识到创客活动的价值和意义并投身于创客实践活动中去，创客精神就会养成。社会认知理论认为，个体的心理、行为与环境之间存在复杂的交互作用[①]，潜在创客通过家庭与学校教育，掌握创客所需的技能和知识，在家庭和学校的物质、情感支持下，参与相关实践，积累相关经验，在实践过程中逐渐认知到创客活动的价值和作用，并成为实现自我价值的途径与手段。

值得注意的是，当家庭和学校重视创客教育时，个体会在认知基础上积累丰富的实践经验，创客精神的培育与兴趣和社会关系网络无关。调研

---

① BANDURA A. Social Foundations of Thought and Action： A Social Cognitive Theory[M]. Englewood Cliffs, NJ： Prentice-hall，1986.

发现，潜在创客参与实践的动机存在多样性特征，有些甚至出于功利性心态。有些受访者参与学校组织的创客实践的目的仅仅是为了"丰富个人简历""获奖"或"积累科研经验"，但他们在实践过程中逐渐对创客实践产生兴趣，并激发了创新的意识，锻炼了动手能力，培养了共享思维。这在一定程度上证实了创客精神培养观，即创客精神并非少数人的天赋或与生俱来，而是可以通过后天培养和锻炼而形成。这一发现一方面为创客精神培育奠定了理论基础，另一方面为创客运动的发展注入了强大信心。创客一直被认为是基于兴趣的创新实践小众群体，从而产生教育无效的误解。创客教育通过营造创造和实践的文化，提供便利的设备设施和分享的平台，让学员体会到创造的乐趣。美国在2009年就制定了"通过教育达至创新"战略，让每个学生由消费者转变成创造者[1]。

通过三个组态对比可以发现，该组态的覆盖度远远高于其他两个组态，较大比例的创客是通过这种组态培育创客精神的。这充分说明了家庭和学校教育，以及建立在认知基础上的实践对于创客精神生成的重要性。

（2）兴趣教育主导型

组态2：主观认知 × 兴趣 × 先前经验 × 家庭教育 × 学校教育，表明无论社会关系网络是否提供支持，只要创客具有兴趣，在家庭和学校的支持下，从事创客实践活动，创客精神就会得到提高。调研发现，基于兴趣的创客实践活动具有单纯型和复合型两种类型。单纯的兴趣驱动是创客完全基于兴趣，利用政府政策和众创空间提供的设备设施，在家庭的支持下，从事创客活动，而创客活动与工作生活需要并无太多关系。创客在实践活动中，丰富个人生活，满足心理需求。例如，访谈对象中有一位电子工程师利用业余时间，制作了一台木质雕刻机，制作这台木质雕刻机并无商业目的，而纯粹是出于个人兴趣，享受制作过程中的乐趣。复合型兴趣则是创客将兴趣与工作生活需求链接，在兴趣驱使下与社会需求相结合，从而达到个人价值和社会价值的平衡。例如，访谈对象中有一位军棋爱好者，他利用擅长的自动化控制技术设计了军棋机，在解决了军棋裁判智能化的同时，获取了一定的经济收益。

该组态较好地体现了内生因素与外生因素的耦合，兴趣并非完全天生，家庭教育和学校教育在兴趣形成过程中发挥了重要作用。调研发现，家庭成员、家庭价值观和培养方式对孩子兴趣的产生具有较大影响。在家庭成

---

[1] 王志强，卓泽林.美国中小学创客教育的现状、理念与挑战[J].比较教育研究，2016（7）：27-31.

员中，父亲的职业、兴趣对兴趣生成的影响较大。多位受访者的父亲是教师或工程师，他们自小翻阅父亲的电子理论等相关书籍，模仿父亲的职业或行为，利用父亲提供的设备开展创造实践活动，从而逐渐形成兴趣。家庭较为民主的价值观，尊重个体的教育理念对其兴趣的养成也具有较大影响。家庭对个体想法的尊重，与其开展平等对话，相信个体判断，为创客兴趣的产生营造了一种宽松的氛围。调研还发现，日益盛行的创客教育培养了创客兴趣，丰富了创客经验，加深了创客认知。一些创客在中学时期就参加了学校组织的创客实践活动与创客竞赛活动。较早地开展创客实践活动，有利于学生较早增加感性认识并深化对创客活动的认识。

组态 1 和组态 2 都与社会关系网络无关，这说明主观认知、兴趣和先前经验等内生因素与家庭教育和学校教育产生耦合，却难于从社会关系网络中产生认知、激发兴趣或积累经验。这种现象由两个方面的原因引起：①创客仍然属于小众，社会关系网络中由于存在较少创客，创客的影响力较小；②我国创客运动主要来自政府层面的推动，政府通过媒体宣传、政策刺激、创客教育等方式激发创客创新创业热情，而自发式创客活动较少，创客对周围人群的感染力不够。

（3）人际关系感染型

组态 3：兴趣 × 先前经验 × 家庭教育 × 学校教育 × 社会关系，表明无论潜在创客是否认识到创客运动的价值，只要嵌入特定的社会关系网络中，在朋友、家人和学校的支持和影响下，就会从事与兴趣有关的创客实践活动，进而对创客精神产生认知，并逐步向认同阶段进行跃迁。调研发现，潜在创客嵌入以创客为主体的社会关系网络存在直接和间接两个不同路径。所谓直接嵌入，指潜在创客在创客邀请或诱导下直接参与创客正在开展的创客实践活动。所谓间接嵌入，指潜在创客由于与创客具有相同的业余爱好或较近的空间距离，拥有频繁的接触机会，在创客潜移默化影响下逐渐对创客活动产生兴趣并参与创客实践活动。

该组态对传统认知理论提出了一定的挑战。传统社会认知理论认为，认知—认同—践行是人们思想意识内化的基本规律，只有在理论认知的基础上，产生情感认同，才会产生践行的可能性。而组态 3 却发现，在家庭教育、学校教育和人际关系网络的共同影响下，通过培养个人兴趣和先前经验，即使个体对创客运动价值和作用没有主观认知，创客精神依然可以生成。也就是说，对于具有兴趣的潜在创客，创客精神的生成可以在教育和实践活动中以潜移默化的方式自发形成。对比组态 2 和组态 3 可以发现，人际关系网络可以替代主观认知。人们通过与他人的频繁交往，建立了较为稳定的信任关系，基于信任的基础，人们产生模仿与跟随等行为，从而在实践过程中逐渐生成创客精神。

第三节 众创空间创客精神培育策略

以"创新、实践、共享"为主要特征的创客精神只有被理解、接受并转化为自觉的行动，才能充分发挥作用。在深刻领会创客精神内涵、掌握创客精神形成机理的基础上，改进创客精神培育方法，优化创客精神培育路径，完善创客精神培育机制，对于创客精神的形成与发展具有重要意义。

一、改进创客精神培育方法

1.充分发挥学校教育在创客精神培育中的作用

通过对创客精神形成机理的研究发现，无论何种组合，学校教育都是创客精神生成不可或缺的条件，学校教育对于创客精神的生成具有重要意义。学校教育通过传授专业知识、提供实践操作的平台和机会等方式培育创客精神。随着科学技术水平的快速发展，尤其是3D打印、开源硬件、桌面制造技术等的出现，对创客的知识和技术提出了更高的要求。创客需要通过学校教育获取专业化的知识，为创造性的实践奠定坚实的理论基础，还需要通过学校提供的试验设备、设施将其创意变成现实。

2.发挥多要素并发作用

研究发现，创客精神生成的三个有效组态均由四个及以上要素构成，是多重要素并发协同作用的结果。创客精神培育应采取开放、包容的培育机制，吸纳多元主体参与，突破体制和地域壁垒，整合各方资源，实现要素的系统联动，激发创客精神，鼓励更多个体投身于创新、创意、创造、创业活动中去。

3.提高主体与培育方式的匹配度

基于不同的资源禀赋，应选择符合个体特征的创客精神培育方式。对于缺乏兴趣的个体，应在加强创客教育的基础上，深化其对创客活动的认识，使其深入理解创客活动的价值和作用，为自觉践行创客活动奠定思想基础。对于人际关系网络不足的个体，应通过外生因素激发其创客兴趣，使兴趣成为创客活动的原动力。对于主观认知不足的个体，则可以通过人际关系网络潜移默化地实施影响，从而使其形成创客精神。

二、优化创客精神培育路径

创客精神认知是个体获得、加工、感知创客精神内涵的心理过程，创客精神认知是创客精神认同的前提和基础，只有了解了创客精神的内涵，并经过分析、对比、筛选逐步内化，形成一种态度，才能将其主动建构为一种内在心理特征。

1.提升对创客精神的认识水平

创客精神是创客行为的内化，是推动创客运动发展的精神动力和精神支撑，是引领中国创客运动健康发展的关键性因素。中国创客与西方创客具有不同的价值追求、伦理观和思维方式，中国情境下的创客精神可能有着特殊结构。创客既要深刻领会创新、共享、主动、实践、创新等创客精神的深刻内涵，还要深入理解中国创客精神在价值实现、需求满足等方面独具的特征。对创客精神全面、深刻的理解是产生精神认同和精神践行的重要基础。

2.提升对创客精神的认同水平

创客精神认同是指个体认识到自己属于创客这一特定群体，并认识到其群体成员身份所带来的情感和价值意义。创客精神认同的形成是个复杂的过程，既包括在按照既有的价值观进行选择和取舍的基础上对创客精神内涵的理性认知，也包括对创客精神情感上的选择与认同。一种精神"只有在社会行动者将之内在化,并围绕着这种内在化过程建构其意义的时候，才能够产生认同"[1]。

3.提高对创客精神的践行水平

创客不再满足于新奇而富有情趣的想法，他们希望自己动手，亲自将创意转变成为可以触摸的实物。创客不是纸上谈兵，而是富有工匠精神，热衷于动手与实践。创客是发明家和实践家的复合体。创客精神践行是创客精神由认知、认同向实践的转变，是创客精神培育的根本性目标，是推动创客运动发展的基础。创客精神培育不能停留在"内化于心"的阶段，而要向"外化于行"的阶段转变，推动创客利用理论知识解决实际问题，推动创客在借鉴前人的基础上进行创新，推动创客之间资源、信息共享，

---

[1] 卡斯特.认同的力量[M].2版.曹荣湘，译.北京：社会科学文献出版社，2006.

推动创客之间交流合作、协同创新。

三、完善创客精神培育模式

创客精神培育具有一定的规律性,通过这些规律性的方式总结,形成固定化、结构化、可操作化的培育模式,为实践提供参考。

1.实践淬炼模式

乔布斯在自家车库与朋友一起组装了第一台电脑,贝索斯在自家车库创建了亚马逊网上书店,拉里佩奇和谢尔盖布在其房东的车库里开发搜索引擎,比尔·休利特和戴维·帕卡德在爱迪生大街367号的一间小车库里开发声频振荡器,他们在车库里开展的创新性实践不仅创造了苹果、亚马逊、谷歌、惠普等世界著名公司,更是孕育与培养出以"草根、创新、实践"为典型特征的车库文化,并成为创客精神的原始血液。

加强创客实践首先应提高创客活动的数量。从政策层面上,应从鼓励众创空间的成立向鼓励众创空间的运营转变,要充分发挥众创空间在创客活动中的组织作用,利用众创空间资源优势、平台优势,积极开展创客体验营、创客工作坊、创客嘉年华、创客挑战赛等活动,吸引更多的人加入创客队伍。在活动中激发创客创新与实践的热情,丰富创客的实践体验,使其深刻感受创客精神的内涵,领悟创客精神的要义,并与原有的创客精神概念进行对比,从而提升创客精神的认知水平。

加强创客实践还应提高创客活动的质量。当前,我国创客运动的发展还处于萌芽阶段,大多数众创空间资源比较匮乏,专业性人才比较短缺,开展的创客活动仅停留在模仿性的手工制作,创客活动的质量还比较低。因此,应加强创客活动的设计,在创客活动中实行以小组为单位的团队活动,围绕任务开展信息检索、模型构建、产品制作、修正、不断迭代等活动,充分体现创客活动的自组织性与自发性,不断提升创客活动的趣味性,在创客活动实践中形成创客的角色认知,提升创客的情感认同度。

2.舆论引导模式

当前,创客运动在中国刚刚萌芽,人们对创客精神的认识还不深刻,甚至存在着诸多误解。这需要充分发挥舆论的引导作用,使人们对创客精神有更为清晰、全面、科学的认识,进而在比较、归类的认知过程中产生创客角色的认同感,使创客成为全社会的焦点,创客精神得到广泛传播。

加强创客舆论引导应充分发挥新媒体的作用。创客生长于互联网时代，习惯于利用互联网、开源软件和开源硬件进行技术创新，也习惯于利用微博、QQ、BBS等进行分享与交流，数字网络新媒介已经成为他们生活当中不可或缺的重要组成部分，对他们的生活方式和价值观具有直接影响。因此，应充分发挥新媒体交互性与开放性强的优势，通过对典型创客事件、创客精神内涵、创客精神导向等信息进行整理编辑，再以创客易于理解的方式进行传播。另外，应充分利用新媒体互动性的优势，鼓励创客参与信息传播，成为信息发布和传播的节点，使创客在心理层面上得到尊重，使其参与积极性得到提高。

3. 教育浸润模式

创客教育的内在价值体现的是对创客的人文关怀，即培育个体的创客精神，促进个体的自我实现[1]。创客教育继承了创新教育的理念，以培养学生的创新意识、创新思维和创新能力为目标[2]。杨现民等（2015）也特别强调，创客教育是以培养各类创新人才为目的的新型教育模式[3]。创客是在解决生活问题的过程中进行的创新，强调实践过程中的大胆创新和勇于实践。创客综合运用科学技术知识，使用新技术分析与解决实践问题，创客教育有助于其学习能力、创造能力及动手实践能力的提高。创客的实践往往会用到互联网、开源软件、人工智能、3D打印等技术或设备。这些技术或设备只有在共享理念指导下才能降低成本并得以广泛应用。另外，一项创新的实现往往需要集思广益、群策群力，因此需要在开放的平台和环境中进行。创客教育训练了学生的创新思维，提高了学生的创新实践能力，激发了学生的分享意愿，对创客精神的形成和塑造具有重要影响。

加强创客教育应着重对学生的创新精神和兴趣的培养。当前创客教育出现了技术化、操作化倾向，如中小学通过开展机器人、手工等课程的方式开展创客教育，却忽略了创新精神和创新兴趣的培养。开展基于创客能力提升的创客教育会使学习者在大脑思维中无法明确"为何要创新""为谁而创新"等创客原动力问题，创新精神和兴趣的统领作用没有得到充分发挥，从而无法从根本上推动创客运动的发展。

---

[1] 张伟. 创客教育的价值取向与实现维度 [J]. 中国成人教育，2017（14）：27-29.

[2] 祝智庭，孙妍妍. 创客教育：信息技术使能的创新教育实践场 [J]. 中国电化教育，2015（1）：14-21.

[3] 杨现民，李冀红. 创客教育的价值潜能及其争议 [J]. 现代远程教育研究，2015（2）：23-34.

本 章 小 结

本章从静态与动态的双重视角对众创空间核心要素——创客精神的构成和形成进行了系统分析。研究发现：①创客精神由认知方式、情感体验和理想信念三个维度构成，包含共享、创新、主动、兴趣、激情、价值实现、需求满足七个主范畴；②创客精神的生成存在教育实践主导、兴趣教育主导和人际关系感染三个有效策略组合，其中教育实践主导是最常见的创客精神生成策略组合；③社会关系网络与主观认知之间具有替代关系，从而导致了基于目标为导向的理性创客精神生成路径与基于人际关系感染的潜移默化式创客精神生成路径。创客精神培育存在时间淬炼、舆论引导、教育浸润三种模式。

第四章 众创空间创客行为特征与集聚模式研究

众创空间存在的价值在于为创客提供低成本、便捷化、开放性的平台，从而促进创客成长。众创空间与创客之间是服务与被服务的关系。创客是众创空间的主体，是众创空间发展最根本的资源和直接原动力。研究创客的行为特征和集聚机理，对于深化创客需求认识，提高众创空间服务的针对性，发挥创客主体作用，实现创客集聚具有重要意义。

第一节 众创空间创客行为类型与特征

在创客运动蓬勃发展的过程中，呈现出以兴趣为导向和以创新创业为导向的两种不同类型的创客。以创新创业为主导的创客与以兴趣为主导的创客不同，带有明确的目的特征，其行为可能存在着特殊的现象与规律，需要理论解释。但现有研究主要关注创客解读、创客文化、创客模式应用等[1]，对创客行为的研究不多，对不同类型创客行为的对比研究就更为鲜见。为揭示不同创客行为的内在机理，本研究以网络文本分析的方法，对源于学习西方创客的兴趣型创客和源于"大众创业、万众创新"背景下的创新创业型创客的行为进行对比分析，从中发现不同概念下的创客行为特征，以期为引导创客发展提供理论依据。

一、创客行为理论分析

1.创客的概念与类型

在创客的概念方面，虽然学界并未达成一致意见，但却存在不断泛化的趋势。Anderson 最初将创客定义为：一群使用互联网和最新工业技术来进行个性化生产的人。周新旺等[1]根据创客掌握的技术不同将创客分为零基础的创客、有一定基础并进一步学习的创客和具备丰富经验而建立创客社区或组织的创客三种类型。但随着创客运动影响的不断扩大，创客概念突破原有的特定技术圈层，不断向外扩散并泛化为一切热爱技术并热衷

---

[1] 周新旺，霍国庆，张璋. 双创背景下我国创客组织的盈利模型研究 [J]. 中国软科学，2017（4）：182-192.

实践的人。例如，Gui Cavalcant[①]、Nikitina[②]、Kelty[③] 认为 hacker、tinker、inventor 与 maker 具有共同的探索、创造、分享的特征，也可称为创客。创客的初始概念的内涵或外延虽然得到扩展，但他们依然不以营利为目的，而是基于兴趣爱好利用前沿科学技术和先进设备去制作自己喜欢的东西，创意、创新、实践与共享的本质没有改变。创客的概念传入中国后，以"众创、众包、众扶、众筹"为运作模式的创客社会化倾向越来越突出，直接导致了以"大众创业、万众创新"为旨归的政策推动和文化导向[④]，创客成为在众创空间内创新创业者的代名词。例如，刘志迎等[⑤] 从"创"的内涵出发，认为"创"包含创新和创业两层含义，重在强调创新创业的过程。创新的目的是创业，创业是为了实现创新价值。从创客概念的演化脉络可以看出，学术界形成了基于兴趣的创客概念和基于创新创业的创客概念并存的局面。

2.不同类型创客产生背景的比较分析

从产生背景来看，兴趣导向创客的产生主要有技术、文化两个方面的因素。Gershenfeld[⑥] 认为，有利于创意实现的互联网技术、3D 打印技术、开源软件、人工智能是创客出现的主要原因。持文化观的学者则认为反主流、DIY、山寨等文化因素是创客出现的重要原因[⑦]。创客运动起源并兴起于欧美，与其文化基因具有密不可分的关系。欧美家庭文化允许任何创意，这种流淌在意识中的自由创新文化使创新创意活动在企业、政府、非营利组织、创意社区等无处不在，车库文化、硅谷文化、反主流文化、黑客文化都是这种创新精神的体现。互联网技术的日益成熟与数字桌面工具的出现让普通大众可以参与到创新过程之中，使酷爱科技、热衷动手的人可以轻松实现自己的创造梦想，创客运动从而风靡欧美。

---

① CAVALCANT G. Is It a Hackerspace? Makerspace? Tech-Shopor Fab Lab?[M]. Make Foundation Press，2013.

② NIKITINA S. Hackers as tricksters of the digital age: creativity in hacker culture[J]. The Journal of Popular Culture，2012，45（1）：133-152.

③ KELTY M. Two Bits: The Cultural Significance of Freesoftware[M]. America: Duke University Press，2008.

④ 刘燕. 创客文化的特质与教育变革[J]. 中国青年研究，2016（1）：79-83.

⑤ 刘志迎，徐毅，洪进. 众创空间：从"奇思妙想"到"极致产品"[M]. 北京：机械工业出版社，2015.

⑥ GERSHENFELD N. How to make almost everything: the digital fabrication revolution[J]. Foreign Affairs，2012，91（6）：42-57.

⑦ LINDTNER S, LI D. Created in China: the makings of China's hackerspace community[J]. Interactions，2012，19（6）：18-22.

创新创业导向型创客的出现除了技术和文化因素外,还有政策因素。政府高度重视创客运动的发展,多层次、普惠性政策扶持体系正在形成。在政策刺激下,创客呈现出快速增长的态势,2015年末众创空间数量是2015年初的32倍①。创客运动传入中国后,在政府号召和创新创业政策鼓励下,越来越多的青年人加入创客运动中,积极开展以用户为中心的开放式创新活动。在中国"大众创业、万众创新"的社会大背景下,创客的概念有了进一步发展,出现了以兴趣为主导的初始概念和以创新创业为主导的本土化概念并存的局面。以创新创业为主导的创客的价值追求不仅是创意实现的自我成就感,还有将其转化为产品以实现经济价值,进而以此成就事业,实现中国经济的转型升级,展现出中国创客独有的家国情怀。

3.不同类型创客行为动机的比较分析

动机即推动个人穷其心智来实现目的的过程(Herbert,1976)②,也是人们做某事或从事某种行为的原因。基于兴趣的创客概念更强调技术和兴趣,把创意实现作为唯一或最重要的目的。他们基于乐趣和自我实现的需要,主张建立非正式、网络化和共享学习的社会环境,鼓励计算机编程等新技术的应用,探索不同领域和有别于传统的工作方式③。创客往往将参与视为一种爱好,主要由非金钱利益驱动(Markko Hamalainen, Jesse Karjalainen,2017)④。创客将其行为理解为一种生活方式,一项有意义的休闲活动。用户开放是创客的典型特征(Davies,2018)⑤。创客情感特征视角认为,创客是狂热者,如硅谷早期从事计算机行业的人(Dougherty,2012)⑥。

基于创新创业的创客概念则更强调技术或创意经济价值的实现,他们通过线上线下互动分享创意和资源来共同创作并制造产品或服务,从而进

---

① 田国宝.众创空间数量年增32倍,创业的到底是谁?[EB/OL](2016-03-13)[2018-04-15]. http://www.ebrun.com/20160313/168714.shtml.

② 顾东辉.社会工作的价值观、冲突及对策[J].北京科技大学学报(社会科学版),2004(2):1-4.

③ 徐广林,林贡钦.公众参与创新的社会网络:创客文化与创客空间[J].科学学与科学技术管理,2016(2):11-20.

④ MARKKO HAMALAINEN, JESSE KARJALAINEN.Social manufacturing: When the maker movement meets interfirm production networks[J]. Business Horizons,2017,60(6):795-805.

⑤ DAVIES S R. Characterizing hacking: mundane engagement in US hacker and makerspaces[J]. Science, Technology & Human Values,2017,43(2):110-123.

⑥ DOUGHERTY D. The maker movement. innovation: technology, government, globalization[J]. 2012(3):11-14.

行创新创业①。从经济需求的视角出发，随着福特主义的终结，长尾经济的到来，需要创客进行更多的产品创造、更低的准入门槛，以满足人们多样性的需求（Anderson，2012）。正如 Cory Doctorow（2009）所说：通用电气、通用磨坊、通用汽车等大公司的时代已经终结，桌面上的钱就像无数只小小的磷虾，无数的创业机会等待着有创意的聪明人去发现、去探索。Paulo（2016）在研究中国创客时发现，产业发展需要必要的工程师和电脑人才成为中国创客运动兴起的重要原因。

4.不同创客类型行为特征的分析

创客行为是基于创客个体层面，围绕创意设计、产品开发、产品制造、市场开拓等方面开展的一系列行为。兴趣导向型创客具有开放、分享、快速迭代、共同改进的特征，以共享、开放、分散、免费和创造为核心精神②，多以自发性行为为主，自愿参与欲望强烈。适宜的外部环境、恰当的时机和良好的心情对这种行为的产生具有一定的催化作用。刘志迎等研究发现，众创空间内创客的自我效能与知识共享和创新行为具有正相关关系。众创空间的二级支持具有二级调节作用。

创新创业型创客除具有以上兴趣导向型创客的特征外，更强调创新与创业。丁大琴③从创客产生的历史基因出发，将创客所具有的特征归纳为实践、创新、创业、风投、创意、动手、开源和分享。刘燕④认为，受中国传统文化浸染，中国创客显现出显著的民族特征，突出表现在众创、众包、众扶、众筹运作模式下多方参与的协同创新。创新创业型创客的行为具有社会性行为特征，人们在交互过程中意识到创新创业的价值，产生创新创业的意愿，意愿会促进和提升创新创业行为的产生。创新创业型创客的行为还具有理性行为特征。

创客研究的核心问题并不在于描述创客现象，而是要深入创客过程，揭示创客行为的内在机理和规律。这就需要将研究的对象由创客特质转向创客行为，需要将思辨式的研究方法转向实证式的研究方法，需要将较为宏观的研究视角转向微观的研究视角。

---

① 刘志迎，曹淑平，廖素琴.众创空间创客集聚的影响因素研究：基于调查问卷和深度访谈分析[J].华南理工大学学报（社会科学版），2018（4）：56-64.
② 列维.黑客（计算机革命的英雄）[M].赵俐，等译.北京：机械工业出版社，2011.
③ 丁大琴.创客及其文化历史基因探源[J].北京社会科学，2015（8）：22-28.
④ 刘燕.创客文化的特质与教育变革[J].中国青年研究，2016（1）：79-83.

二、研究方法与研究过程

1.研究方法

本研究采取网络文本内容分析法与对比研究法开展研究。内容分析是对文献内容进行客观、系统、量化分析的一种科学研究方法[①]。这种方法的优势在于能够将碎片化的、互动交流式的信息转化为系统量化的资料，从而实现信息的挖掘、处理及知识的提炼。开放和共享是创客的典型特质，创客在开展创客活动的过程中频繁进行着信息的互动和情感的交流。基于社交网络的方便、快捷、及时等优点，创客往往会选择在微信、QQ、贴吧等平台进行信息交流。本研究借助 Rost Content Mining 6 文本内容分析软件对社交平台创客交流信息进行词频分析，以此总结创客行为特征。

为研究兴趣导向型创客行为和创新创业导向型创客行为的相似性和差异性，将采取对比分析的方法，按照一定的标准，对两种类型创客平台内容进行词频对比，以探求创客行为的普遍规律和特殊规律。

2.研究过程

（1）样本选取

本研究选取了蘑菇云众创空间的微信群作为兴趣导向型创客的分析样本。蘑菇云创客空间是上海浦东的第一家创客空间，是由浦软孵化器提供场地支持、DFRobot 提供硬件及技术支持的一家为创客服务的开放式创客空间。蘑菇云众创空间拥有独立的加工室，公共协作区域及储物、耗材商店，为硬件爱好者、程序员、设计师、DIY 发烧友等各类创客，甚至包括进行创新研发的科创团队，提供开放式的社区化会员空间。蘑菇云众创空间采取会员制的方式，用户仅需缴纳 100 元 / 月的会费就能成为会员并免费使用蘑菇云的激光切割机、3D 打印机、木工车间等设备设施。其会员大多为硬件爱好者、程序员、设计师、DIY 发烧友，他们大多都有自己的工作，只是利用业余时间带着自己的兴趣和创意来蘑菇云进行创造。他们在名为"蘑菇云搞事情小分队"的微信群里进行信息交流、成果展示及问题求助。这个微信群并不对外开放，只有会员才能在管理员的邀请下加入微信群进行交流。这个微信群的成员具有酷爱科技、热衷动手的兴趣导向型创客的特征，符合研究样本选择的标准。

研究者另选取百度创客贴吧作为创新创业型创客的分析样本。百度创

---

① KRIPPENDORFF K. Content Analysis: An Introduction to its Methodology[M]. Beverly Hills: Sage Publications, 1980.

客贴吧是为了响应"大众创业、万众创新"政策号召,由百度公司结合搜索引擎建立的一个在线开放式交流平台,让那些对创客话题感兴趣的人们聚集在一起,方便他们展开交流和互相帮助。百度创客贴吧是一个开放性交流平台,任何自认为是"创客"的人都可在上面发布个人信息或对别人的观点进行评论。因此,百度创客贴吧的内容符合创新创业型创客的概念,符合创新创业型创客样本选择的标准。

(2)网络文本内容选取

本研究首先将"蘑菇云搞事情小分队"微信群自 2017 年 8 月 12 日至 2017 年 12 月 20 日的聊天内容导入电脑,形成 word 文档,然后将一些图片及与研究无关的内容删除,以用于进一步的文本分析。

本研究将百度贴吧自建立至 2017 年底的内容导入 word 文档,然后将广告及与研究无关的内容删除并进行整理,以确保用于分析的内容符合本研究的要求。

(3)网络文本内容分析

研究者利用 Rost Content Mining 6 软件将整理好的两份 word 文档进行内容分析。首先,导入待分析的 word 文档,由软件进行自动分词处理,删除与研究无关的词汇和单个字,形成词汇频率表。其中,"蘑菇云搞事情小分队"微信群的内容共提炼出 1369 个词,"百度创客贴吧"的内容共提炼出 2304 个词。

为了更好体现分析对象的特征,避免随机信息对研究的干扰,需要从中选取高频词进行研究。Donohue(1973)提出低频词分布的齐夫第二定律,并给出高频词低频词界定公式为 $T=(-1+\sqrt{1+8I_1})/2$ [1]。我国学者孙清兰根据上述原理,提出高频词低频词的阈值为 $T=\sqrt{D}$,并将其与 Donohue 公式进行比较,发现计算结果基本一致,但更为简捷[2]。本研究采用孙清兰计算公式计算"蘑菇云搞事情小分队"和"百度创客贴吧"内容的高频词低频词的阀值分别为 37 和 48。为更好地对两个文本内容进行比较分析,本研究采取折中的方法将高频词低频词的阀值统一确定为 40。

---

[1] DONOHUE J C. Understanding Scientific Literature: A Bibliographic Approach[M]. Cambridge: The MIT Press, 1973.

[2] 孙清兰. 高频、低频词的界分及词频估计方法[J]. 情报科学, 1992(2): 28-32.

三、文本内容对比分析

表 4-1 是"蘑菇云搞事情小分队"和"百度创客贴吧"内容文本高频词分析的结果。由高频词的内容可以看出,"蘑菇云搞事情小分队"的名词主要集中在"蘑菇云、机器人、装甲、鼠标"等词,而"百度创客贴吧"的名词则主要集中在"项目、创意、互联网、技术"等词。"蘑菇云搞事情小分队"的动词主要集中在"开发、变成、打印"等词,而"百度创客贴吧"的动词则主要集中于"创业、打印、寻找、合作"等词。"蘑菇云搞事情小分队"的形容词主要集中在"强、厉害、超级"等词,而"百度创客贴吧"的形容词则主要集中在"火热、最新"等词。综合两个社交平台各 40 个高频词的内容,网络文本反映的创客特征可以归纳为以下主题:行为动机(兴趣、创业等),行为方式(问题、水管、零件、板子、切割机、3D 打印机、资金、交流、平台等),人际关系方式(小伙伴、读书会、开放夜、朋友、团队等),情感特征(强、厉害、火热、最新等)。

表 4-1　高频词分布表

排名	蘑菇云微信群(兴趣导向型)	百度创客贴吧(创新创业型)	排名	蘑菇云微信群(兴趣导向型)	百度创客贴吧(创新创业型)	排名	蘑菇云微信群(兴趣导向型)	百度创客贴吧(创新创业型)
1	机器人	创业	11	便宜	寻找	21	厉害	团队
2	装甲	项目	12	数据	中国	22	变成	大赛
3	鼠标	免费	13	比赛	合作	23	超级	北京
4	强	想法	14	时间	创新	24	板子	打印机
5	程序	创意	15	水管	平台	25	显示器	硬件
6	开放	深圳	16	问题	开发	26	错过	投资
7	智能	互联网	17	厉害	科技	27	上海	火热
8	声音	智能	18	开发	交流	28	淘宝	资金
9	玩具	技术	19	读书会	教育	29	打印	专利
10	蘑菇云	朋友	20	零件	设计	30	小伙伴	最新

研究发现,两个社交平台里"科技""智能""机器人""程序"等是使用较高的特征词,这些词汇集中反映了创客行为的科技化特征。创客有别于传统的手工爱好者,他们通过科技的手段实现自己的梦想。另外,"上海""北京""深圳"是出现频率前三的地点性词汇,说明这三座城市对创客的吸引力最大,是创客的集聚地。

1.行为动机

"蘑菇云搞事情小分队"的高频词排在前两位的为"机器人"和"装甲",而"百度创客贴吧"的高频词排在前两位的为"创业"和"项目"。从这些高频词可以看出,"蘑菇云搞事情小分队"创客行为的动机是以兴趣为导向。创客为满足好奇心,根据自己的想法和思路制作玩具等作品。他们为了制作而制作,陶醉在思考和制作的过程之中。基于兴趣的创客在活动过程中没有任务压力,也较少受外部因素干扰,可以自由选择行为对象、行为方式,能充分满足自身的心理需求。他们用自己的双手,将自己的想法变成现实,成功创造出标新立异的物品,如同打赢一局游戏一般满足自我实现的需求。他们在制作产品的过程中,与他人进行交流、分享,找到了志同道合的朋友,自己制作的产品或表现出的才能得到同行的认可与赏识,人际关系需求得到满足。这三种需求得到的满足越充分,创客越会产生强烈的行为动机。

而"百度创客贴吧"的创客行为则有明确的目的性,他们大多具有商业思维和市场导向,进行创意的目的是寻找适合商业开发的项目,以实现创业的目的。他们的价值追求不仅是创意实现的自我成就感,还要以此成就事业,推动中国经济的转型升级。技术和产品创新不是这些创客的根本目的,他们将其作为工具或手段,以实现经济价值为根本出发点,体现他们具有的实用主义价值观。在经济价值追求动机的引导下,创客热衷于发现机会、争取资源和项目、开办公司、开展创新创业活动。创新创业动机的产生往往不是由单一因素引发的,而是由包括所处社会环境在内的一系列复杂因素形成的。创业动机来自个体对外界的认知和对社会规范的理解,对个体行为具有持久的激励[①]。

2.行为方式

"蘑菇云搞事情小分队"微信群里的创客为解决技术问题而寻找水管、零件等原材料和板子、切割机、3D打印机等设备,通过软件编程的方式,对玩具、装甲、机器人等进行设计、组装和调试,其行为对象是单纯的技术问题。面对资源贫乏的问题,他们往往通过"淘宝"的方式解决。兴趣导向型创客多以年轻人为主,基于网络交流的虚拟性和自由性,他们喜欢在互联网社交平台进行沟通交流,习惯于通过网络表达情感、分享信息,

---

① DECI E L, RYAN R M. The "What" and "Why" of goal pursuits: human needs and the self-determination of behavior[J]. Psychological Inquiry, 2000, 11(4): 227-268.

遇到问题也乐于通过网络获得支持。而面对资金问题，他们往往以寻求便宜的价格作为主要行为方式。低价动机之所以在兴趣导向型创客中较为普遍，一方面是因为兴趣导向型创客多面临资源禀赋匮乏问题，无力承担较高价值的物品；另一方面是因为他们多是追求创意的实现，推向市场和实现市场价值的动机并不强烈，对原材料的功能要求不高。

"百度创客贴吧"的创客的行为对象则复杂得多，他们不仅关注技术问题，还注重技术专利的保护，关注资金、投资等创业要素。他们不局限于以个人的方式解决问题，而是更注重发挥团队的力量，以及通过交流、平台从组织外获取相关资源以弥补自身资源禀赋的匮乏。创新创业型创客行为主体已经不再局限于创客个人，而是以创业项目为中心的创新创业团队。行为的任务已经不仅仅是创意的实现，而是市场价值的实现。行为的范围已经不仅仅停留于技术层面，而是包括资金、技术、市场、管理等多个范畴。

两个社交平台里的创客普遍缺乏"需求""客户"等反映以用户为中心的创客特征。这说明他们并未重视客户需求，并未将客户纳入技术研发体系之中，客户参与创新的2.0模式并未得到体现。在开放式创新环境下，创新不再是研发人员的专利，闭门造车难以满足顾客的个性化需求。由于顾客参与可以提升产品的全新体验，增强企业与顾客的信任关系，满足顾客的个性化需求，越来越多的企业开始吸引顾客参与产品设计、新产品开发或产品反馈等活动[①]。顾客逐渐由被动的"观众"角色转换为价值创造的"主体"角色[②]。因此，创客应该积极利用有效的顾客互动平台，与顾客建立良好的社会关系，增强与顾客的紧密接触，鼓励顾客参与产品设计活动，充分利用顾客的知识贡献，满足顾客的个性化需求。

3.人际交往方式

"蘑菇云搞事情小分队"微信群里的创客互相称呼"小伙伴"，他们通过"读书会""开放夜"等创客活动进行交流和支持。他们的人际关系具有平等性和同质性的特征。所谓平等性是指这类创客将其他人视为志同道合的玩伴，没有出现因技术、财富的差异性导致的群体阶层。兴趣导向型的人际交往特征与日益普及的互联网有着密不可分的关系，互联网为个

---

① 沈蕾，何佳婧.平台品牌价值共创：概念框架与研究展望[J].经济管理，2018（7）：193-208.

② SAWHNEY M, VERONA G, PRANDELLI E. Collaborating to create:The internet as a platform for customer engagement in product innovation[J]. Journal of Interactive Marketing，2010，19（4）：4-17.

体提供了表达诉求的渠道和机遇，个人的表达权和话语权在此过程中得到充分体现和实践①。互联网的多节点、无中心设计弱化了传统的单向度权利结构，使权利呈现出多元和分化的特征，权利的去中心化意味着网络话语权日益弥散化②。在这种环境下成长的兴趣型创客人际关系呈现出平等化的特征。所谓同质性是指这类创客大多属于科技发烧友或科技达人，具有相同的兴趣、爱好和背景。他们具有相互联系、相似的特征，在同一物理空间或网络空间进行集聚，形成社会集合体。在这个集合体中，人们经常讨论共同的话题，成员之间有情感交流并形成人际关系的网络③。

"百度创客贴吧"的创客则更倾向于将其他人称为"朋友""团队"，他们通过"平台""大赛"等与其他人进行交流，以寻求项目或资金。他们的人际关系具有异质性和合作性的特征。所谓异质性是指这类创客资源禀赋存在不同，一些人具有技术资源优势，一些人具有资金资源优势，另一些人可能具有市场资源优势。所谓合作性是指这类创客为了收益最大化而采取合作的方式实现资源优势互补。他们在合作过程中给双方带来价值增值，价值增值包括经济价值、战略价值和行为价值④。双方能否实现合作过程的价值增值，取决于合作的契合性。契合性是指合作双方期望获取的利益与实际得到利益的互补性和一致性⑤。其中，互补性是指一方需求能得到另一方的有效供给。一致性是指供给方提供的产品或服务与需求方要求相一致。

两种不同类型的创客嵌入了不同的社会关系网络。兴趣导向型创客的社会关系网络以技术、兴趣为纽带，单纯而简单。创新创业型创客的社会关系网络以创新创业为导向，复杂而多样。

4.情感特征

就创客的情感特征而言，"蘑菇云搞事情小分队"使用"强""厉害"和"超级"等词语表达对创客克服困难，成功做出作品的赞扬与鼓励，更多体现了相互的支持和鼓励，具有双向互动的情感特征。赞扬与鼓励作为对他人提供社会支持的一种方式，能让他人获得关注、认可，还可让他人

---

① 任柯霓. 网民的意见表达研究 [D]. 西南交通大学，2016.
② 刘波. 人工智能对现代政治的影响 [J]. 人民论坛，2018（2）：30-32.
③ RHEINGOLD H. The Virtual Community：Homesteading on the electronic frontier[M]. revised edition. Cambridge：MIT Press，2000.
④ WILSON D T，JANTRANIA S. Understanding the value of relationship[J]. Asia Australia Marketing Journal, 2000，2（1）：55-66.
⑤ ARGYRIS C. Understanding organizational behavior[M]. Illinoin：DorseyPress，1960.

获得关爱和帮助，收获温暖，减少孤独感[①]。他们使用"错过"等词语表达对由于没有参与创客活动或亲眼目睹其他创客作品的遗憾之情。遗憾的产生：一方面是由于时间安排问题没有参加活动而不如别人的生活丰富多彩而呈现出的恐慌心理，另一方面是由于没有融入他们而产生的孤独心理。

而"百度创客贴吧"则使用"火热"来形容创新创业活动开展的盛况，使用"最新"表达创新创业产品或技术的先进性与前沿性。这表明创新创业型创客属于机会型创业，往往依靠技术或产品的先进性获取创业机会。他们凭借自身的知识资本优势，热衷于从技术层面开发创业机会，而不注重从顾客需求层面获得机会。"百度创客贴吧"创客的情感特征更多体现为情感的单向表达，情感互动较少。

第二节 众创空间创客集聚模式

一、众创空间创客集聚理论分析

1.众创空间创客集聚功能

众创空间的研究始于对创客行为的关注（Boudreau et al., 2015）。Dale Dougherty（2011）最早提出"创客"一词，用于称呼那些在 Web2.0 时代借助网络资源与 3D 打印等新型生产工具自己制造出有趣独特的科技产品的人。今天，创客泛指那些出于兴趣与爱好，努力把各种创意变为现实的人（冯锋等，2019）。创客是创客运动的主体，是众创空间发展最根本的资源和直接原动力。众创空间成员的习惯、价值观和身份是众创空间研究的热点问题（Toombs et al., 2014）。创客基于将创意转化成产品的初衷，需要有一个共同的场所，如车库、教堂、学校、博物馆、图书馆、住所甚至网络空间，创客可以在此进行思维碰撞，利用设备、工具、高科技和互联网等共同发明或修复有趣的东西（Peppler et al., 2013）。

众创空间是由创客等内部要素集聚形成的新型创新组织，在地理上的本地化集中是创新组织内部和整体双重集聚现象（Chen et al., 2010）。创客的空间集聚对于众创空间发展具有重要意义，众创空间通常会随着创客及创客团队的加入不断发展、进化、混合和交叉（Moilanen，2012）。创客的空间集聚一方面可以提高众创空间资源利用效率，降低众创空间边

---

① 胡仙, 吴江, 刘凯宇, 周梦溪, 徐雅倩. 点赞社交互动行为影响因素研究：基于微信朋友圈情境[J]. 情报科学, 2020（1）：36-41.

际成本，进而提高众创空间运营效益；另一方面可以增强创客之间交流与互动学习（Browder et al.，2019），发挥能力强的高端创客示范作用，从而提高项目孵化和创客团队孵化的成功率（王明荣，2015）。

2.众创空间创客集聚成因

创客在众创空间集聚是创客的行为特征之一，产业集群理论可以解释创客集聚现象。例如，波特认为产业集群是在某一特定领域内互相联系的、在地理位置上集中的公司和机构集合。因此众创空间可以看作一群互相联系的在地理位置（或网络空间）上集中的创客集合。产业集群可以为集群内的企业提供包括专业化培训、教育、信息研究和技术支持等服务（陈剑锋等，2002）。产业集群也被认为是知识创新的理想场所，研究表明空间集聚和企业创新结果之间存在着一定的联系，也是集群企业相对于非集群企业获取竞争优势的根本原因（王晓娟，2008）。追溯众创空间的起源，是从单个创客的 DIY 到创客运动再到众创空间的发展过程。在众创空间中，创客通过分享知识、共同工作来激发创意并创造新事物（徐思彦等，2014），实际上起到了与产业集群相同的效果。

目前，众创空间研究还处于起步阶段，大多数研究还停留在较为宏观层面的众创空间生态系统研究，未能揭示众创空间内部创客团队的创客行为（冯锋等，2019）。已有学者认识到这一问题。例如，刘志迎等（2017）对创客创新自我效能感与创新行为关系的研究，以及刘志迎等（2018）对创客空间创客集聚影响因素的研究。这些研究有助于我们深入了解创业空间内部的创客行为及其规律。与当前大多数管理学研究采用的方法一样，学者们在研究创客及创客空间时也大都采用传统的定量研究方法（如回归分析、典型相关分析、判别分析等），旨在揭示某一因素与其结果的相关或因果关系。而事实上，众创空间的创客集聚是一个受个体和情境综合影响的复杂过程，以"净效应"为主要研究视角的传统定量研究方法难以揭示其复杂成因。这些因素是创客集聚的必要条件还是充分条件，众创空间在创客集聚方面具有哪些组态，高集聚与非高集聚的原因具有怎样的非对称性特征等问题都需要从整体性研究视角予以解释。QCA 是一种基于条件集合和结果集合之间集合关系的因果推断（Vis，2012），是一种研究组态问题的研究方法，其优势在于分析多种原因共同产生结果的复杂问题（杜运周等，2017；张明等，2019）。QCA 已成为管理学、社会学、政治学等领域解决因果关系复杂性的重要工具。

二、理论模型构建

众创空间要发挥集聚效应，前提是要吸引创客加入创客空间，因此众创空间如何提高集聚能力就成为一个重要的研究课题。资源论认为特定的资源和能力是企业竞争优势的来源，学者们也认为集群的竞争优势来源于资源禀赋及集群对于资源的整合能力（蔡宁等，2002）。由此可见，众创空间的竞争优势离不开其资源禀赋。从创客的角度来看，众创空间除了提供场所以便于创客之间分享知识、激发创意，创客还有从众创空间获得服务的需求（张玉利等，2017）。基于上述分析，我们主要从资源与服务两个方面来探讨众创空间的创客集聚问题。

在资源方面，创客开展创新和创业活动离不开有形资源（如场地、设备、资金等）与无形资源（如知识、信息、技术等）。创客活动初期阶段的任务是将创意转化为产品或服务，产品制作不仅需要一定的场地放置 3D 打印机、切割机等必要设施，而且需要一定的空间方便交流与互动。创客活动后期阶段的任务是将产品或服务转化为经济价值。这个阶段以创业为主要内容，与前一阶段相比，创业阶段对资源的需求更高，因此整合和组合资源被认为是创业者的核心职能（杜运周，2019）。很多研究表明，创客对于基础设施、场地等资源具有较高需求（刘新民等，2018），特别是融资机构成为众创空间吸引创客集聚的重要影响因素（刘志迎等，2018）。

在服务方面，众创空间是全要素、专业化、低成本、开放式的新型创业服务平台，为创客服务、帮助创客成长是众创空间的价值体现（崔祥民，2019），也是吸引创客的重要因素。创新活动不仅仅是资源投入的结果，更是多样化的异质性个体互动下的系统性涌现现象（代栓平，2018），具有复杂性的特征。创意创新的实现不仅需要有形资源支持，更需要技术支持、管理支持及商业支持（M'chirgui，2018）。众创空间应建立完善的服务体系，为创客提供商业、物业、对接等诸多服务（王丽平等，2017）。研究表明，提供个性化定制服务可以提高孵化绩效，对入驻创客的发展具有重要影响（Vanderstraeten et al.，2016）。众创空间应服务于创客产品创新的全过程，研究发现有些众创空间由于没有为创客提供高质量的服务，难以吸引创客集聚，为创客提供服务成为影响众创空间健康发展的关键性因素（黄紫薇等，2016）。

综上所述，众创空间满足创客资源需求和服务需求的程度对众创空间创客集聚具有重要影响。已有的研究有助于深化人们对众创空间创客集聚的认识。然而，现有研究多是遵循还原论的哲学思想，将复杂的创客集聚现象分解为简单的自变量和因变量的相关关系加以理解和描述。这种从整体到部分、从连续到离散的研究逻辑虽然有利于加强对创客集聚因素的精确性认识，但这种割裂的思维逻辑必然与创客集聚因素的内在统一性发生矛盾，从而导致研究结论无法解释复杂的现实。众创空间的创客集聚是诸多要素组合的结果，不同的众创空间需要依据资源禀赋的异质性进行不同的组合，通过对这些组合的有效性进行验证，可为推广高效的集聚模式提供理论依据。

鉴于此，本研究聚焦于资源和服务两个因素，以组态视角研究众创空间创客集聚差异的多重并发和因果复杂机制，探讨场地、资金等资源要素和人员服务、创业导师服务、创客教育服务、创新创业活动服务等服务要素的组合对众创空间集聚的影响。我们构建了如图 4-1 所示的众创空间创客集聚影响机理模型，并采取定性比较研究方法探索实现众创空间创客集聚的有效策略组合。

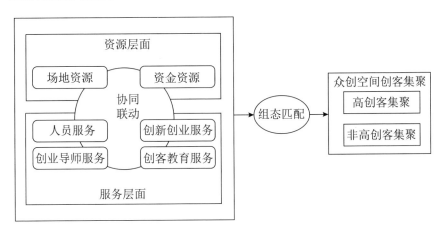

图 4-1　众创空间创客集聚影响机理模型

1.资源层面因素

资源基础理论认为，资源是组织成长的关键要素之一，是组织创新和竞争力的来源。满足创客资源需求既是众创空间的根本功能，也是众创空间获取核心竞争优势的基础。创客资源禀赋匮乏，既需要满足基本生存需求的场地资源，也需要满足发展需求的资金资源。

（1）场地资源

创客虽然富有创意、精力充沛、热衷实践，善于识别和发现机会，但却面临资源匮乏的窘境。在资源限制的背景下，他们难以顺利完成"创意—

产品—商业价值"的转化过程，因此创客急需资源支持。众创空间为满足创客资源需求，通过场地共享、资源共享、设备共享等方式，向创客提供低成本、多样化的创新创业资源。在资源需求满足和成本降低双重因素的影响下，创客具有了从车库、地下室等私人空间向众创空间集聚的动机。研究发现，创客对场地、设备等资源的预期较高（刘新民等，2018），尤其在创客运动发展的早期阶段，创客最优先考虑的是在可承受的经济范围之内找到理想的设备和场地。Morgan（2017）的研究发现，具有连贯性、复杂性、易读性、神秘性特征的众创空间更受创客欢迎，对创客集聚具有更大的吸引力。

（2）资金资源

由于创新创业收益的滞后性，创业发展初期普遍遇到"麦克米伦资金缺口"（Macmillan Gap），资金缺乏甚至成为影响创业成功的最关键要素（许朗，2004）。基于创客强烈的资金需求，资金集聚能力成为影响众创空间核心竞争力的重要因素（崔祥民，2019）。众创空间以自有资金和链接资金两种方式为创客提供资金资源。部分众创空间以雄厚的资金实力，为创客提供资金支持，帮助其成长，并在创客成长过程中获取收益。还有部分众创空间利用其开放性特征，通过社会网络嵌入资金资源，以嵌入和链接的方式为创客提供资金资源。资源嵌入能力成为众创空间平台管理的独特的职业能力之一（李燕萍等，2017）。近年来，通过在线社交网络平台融资的方式开展"互联网创客孵化项目"逐渐成为一个热点（赵坤等，2018）。

2.服务层面因素

众创空间提供有针对性的服务内容是满足创客创新需求的关键。与传统孵化器不同，众创空间服务的不是已经具有成熟创业项目的创业者，而是仅仅具有创意的创客。Slatter（2013）调查发现，学习、探索与制作等服务功能对创客发展十分重要[①]，需要通过训练、支持和培育一些有潜力的创新创业者，给予相应的支持和帮助，使他们达到经济上的自立，能够进行独立经营。众创空间不仅需要通过人员服务以满足创客办公、商务、资源对接的需求，还需要通过创业辅导、创客教育，以及创新创业活动组织的方式，提升创客的能力。

---

① SLATTER D, HOWA R D Z. A place to make, hack, and learn:makerspaces in Australian public libraries[J]. Australian LibraryJournal，2013，62（4）：272-284.

(1) 人员服务

众创空间的工作人员是为创客服务的主体，工作人员的素质决定了服务的可靠性和保证性。尽管目前很少有研究关注众创空间的人员服务问题，但从针对孵化器的研究可以发现，工作人员的综合素质和学习能力是影响孵化器服务质量的重要因素（林德昌等，2011）。工作人员的数量决定了是否能够提供细致、有针对性的高质量服务。工作人员的创业经历决定了其是否能够准确判断创客的需求，是否具有同理心，是否能够真正关怀创客。工作人员的专业化水平决定了其是否能够为创客提供准确的信息，是否能够帮助创客解决人力资源、商业机遇等难题。在多重政策刺激下，大量众创空间如雨后春笋般不断涌现，而众创空间尚属新生事物，大多数众创空间工作人员缺乏专业知识和专业经验，处于"摸着石头过河"的经验积累阶段，专业化运营管理人才匮乏严重影响众创空间的服务质量（李燕萍等，2017），进而影响众创空间的创客集聚能力。

(2) 创业导师服务

众创空间通常采取聘请创业导师的方式为创客提供服务支持。创业导师凭借其丰富的创业和行业经验能够开拓创客视野，提供准确的市场信息，弥补创客的经验不足缺陷，提高创新创业成功率。St-Jean 等（2012）通过对创业导师指导机构的实证研究发现，创业导师的指导、建议和角色榜样能有效促进创业者的认知学习和情感学习，增强其创业知识和技能、机会识别能力及创新绩效。Gravells（2006）研究发现，创业导师的服务有助于市场份额的扩大、信息的获取。Bisk（2002）研究发现，创客导师的服务有利于新创企业销售额和赢利能力的提升。众创空间内创客在创业导师辅导下获得快速成长，就会发挥榜样示范作用，激发其他创客加入众创空间的动力，提升众创空间对创客的吸引力。

(3) 创客教育服务

众创空间通过提供以内容与产品为中心的教学活动，实现知识与实践的结合、技术与设备的结合、创意与产品的结合。创客教育的技术实践、合作共享、意识形成对于提升学生核心素养，培养具有创新意识、创新思维和创新能力的创新性人才具有重要作用（何克抗，2016；王牧华等，2019）。一方面，众创空间通过开展创客教育可以激发大众创客热情，培养大众创客兴趣，从而壮大创客人群，繁荣创客群落，实现众创空间创客数量的增加。另一方面，众创空间通过鼓励资源共享、创意共享、成果共享的方式实现协作式学习，这种基于共享动机的教育方式将促使创客更愿意参与互惠学习，也更愿意加入众创空间参与更多的创客交流互动。

（4）创新创业活动服务

促进双边或多边开展交流互动，提升创客创新创业能力是众创空间的重要职能（李燕萍等，2017）。众创空间通过提供交流沙龙、项目路演、产品或作品展示、创客嘉年华、创客大赛等各项活动，促进创客之间及创客与其他主体之间交流互动。创客和其他主体的不断交流互动将促进资源互补、价值创造、知识流通和价值获取，最大限度地发挥同边和跨边网络效应（Cozzolino，2014），从而提升创客的获得感和众创空间的社会影响力，最终影响众创空间的创客集聚能力。相关研究表明，创客对投融资服务、公共技术服务、技术信息共享服务等要求很高，但这些服务是目前众创空间的短板，创客对上述服务的满意度评价较低（杜跃平等，2019），可见提供高质量的创新创业活动服务已经成为众创空间建设的迫切任务。

三、研究方法

基于以上分析，我们认为，要清晰回答"众创空间如何集聚创客"这一问题，需要开展探索性研究。我们使用 QCA 开展系统匹配和对比，系统化地比较不同案例中的集聚要素与集聚效果，以探索众创空间创客集聚的不同组态。与传统的定量分析方法相比，选择定性比较分析的方法主要有以下 3 个方面的原因。

（1）本研究的目的是基于整体性视角，探讨众创空间创客集聚组态

已有的研究表明，不同因素对众创空间创客集聚的影响并不是独立存在的，传统的"自变量—因变量"回归分析由于聚焦在分析单个自变量独特的净效应，导致基于整体视角的组合分析乏力（Ragin，2008）。而 QCA 分析旨在通过案例间的比较，找出条件组态与结果间的因果关系，能够回答"条件的哪些组态可以导致期望的结果出现"这一重要问题（杜运周等，2017），具有整体性和系统性特征。因此，采取 QCA 方法探讨组态作为一个整体对众创空间创客集聚的影响，更符合我们研究的目的。

（2）本研究的问题属于集合关系

已有的研究探讨了不同因素与众创空间创客集聚之间的相关关系，条件组态的充分性分析认为，合理的条件组合可能提升众创空间创客集聚度，不合理的条件组合可能降低众创空间创客集聚度，即条件与结果的组合是非对称性的。这与相关关系相反，即集合关系是非对称的（查尔斯，2019），能够更准确地反映现实事物之间的非对称关系。定性比较方法则

可以有效弥补传统回归方法的缺陷，更好地阐述集聚策略组合与集聚效果之间的关系。

（3）本研究的价值在于为众创空间提供透明、可复制的众创空间创客集聚组态

利用 QCA 技术的分析性、透明性、可复制性的优势（伯努瓦·里豪克斯等，2017），挖掘众创空间创客集聚的瓶颈性因素，从而发现了众创空间创客集聚的不同组态，厘清了众多影响因素之间的复杂关系，为众创空间创客集聚提供了透明、可复制的组态。

四、研究过程

1.样本选择和数据来源

研究样本数据来自江苏省科技企业孵化器协会。江苏省科技企业孵化器协会是由江苏省科技厅批准的非营利性行业自律组织，受科技厅委托负责众创空间备案及数据统计等工作。因此，本研究数据具有权威性和客观性，可以较好地代表江苏创客空间群体。同时，研究选择一个省份的样本数据，可以较好地控制其他区域与环境因素对于众创空间创客集聚的干扰。

为验证样本代表性，我们将研究样本特征与《中国众创空间白皮书（2018）》样本特征进行对比分析，发现在众创空间服务面积方面，本样本均值为 3945 平方米，白皮书均值为 4396 平方米。在创业导师方面，本样本均值为 17 人，白皮书均值为 20 人。在创新创业活动方面，本样本均值为 38 场，白皮书均值为 43 场。由以上分析可以看出，虽然变量均值在两个样本中并不完全一致，但差异较小，选取的样本具有一定代表性。

（1）结果变量

创客集聚是众创空间对创客吸引力的体现，早期的创客运动即指创客们为了把创意转化成产品而向同一目的地集聚的现象（Peppler et al.，2013）。由于资源禀赋匮乏，创客通常是以寻求合作者的方式，在低成本状态下完成首批产品小批量的生产（冯锋等，2019），众创空间因此逐步演化为更侧重于创客团队项目的孵化（王兴元等，2018）。基于创客往往以团队的形式出现的事实，本研究选取了创客团队数量作为众创空间创客集聚的结果变量。

(2) 前因条件

在理论研究的基础上，我们从资源和服务两个层面出发，选取众创空间自有的场地资源、资金资源及人员服务、创业导师服务、创客教育服务、创新创业活动服务六个前因条件。

变量定义及描述性统计如表 4-2 所示。由表 4-2 可知，众创空间集聚创客能力悬殊，集聚能力最强的众创空间拥有创客团队数量高达 376 个，而集聚能力最差的众创空间的创客团队数量为 0 个。从集聚影响因素看，也有明显差异，从资金资源来看，最多可为创客带来 1.3 亿元投资，而有的众创空间没有提供任何资金资源。

表 4-2 变量描述性统计

变量	单位	均值	标准差	最小值	最大值
创客团队	个	24	35	0	376
场地资源	平方米	3982	6906	165	80000
资金资源	千元	1424	10272	0	133510
人员服务	人	30	216	1	3000
创业导师服务	人	17	22	2	205
创客教育服务	次	14	25	1	262
创新创业活动服务	次	23	47	1	600

2.数据处理

我们研究的是众创空间集聚程度或集聚水平的变化，对于这种连续性的变化，清晰集定性比较分析方法（csQCA）无法处理，必须使用模糊集定性比较分析法（fsQCA）。这种方法（fsQCA）将定性和定量相结合以反映集合隶属的渐进性变化，具体步骤如下所示。

(1) 对连续性数据进行校准处理

校准就是把案例赋予集合隶属的过程（Schneider et al.，2012）。校准既需要考虑案例间的类别差异，也需要考虑程度差异。校准的目的是使数据匹配或符合可靠的已知标准，使得测量可以被解释和具有意义（Ragin，2008）。为使校准过程具有客观性，研究者将各连续性变量的 25 百分位、50 百分位和 75 百分位分别计为完全非隶属度、转折点和完全隶属度（Garcia et al.，2016），各校准值见表 4-3，进一步采用 Rihoux 等（2009）的直接法完成数据校准处理。

表 4-3　数据校准标准表

变量	目标集合	单位	完全不隶属	交叉点	完全隶属
创客团队	高创客集聚	个	8	17	28
场地资源	充足的场地资源	平方米	1476	2300	4000
资金资源	充足的资金资源	千元	1	50	313
人员服务	充足的人员服务	人	6	9	14
创业导师服务	充足的创业导师服务	人	8	11	18
创客教育服务	充足的创客教育服务	次	4	7	15
创新创业活动服务	充足的创新创业活动服务	次	6	12	25

（2）单个条件必要性分析

必要条件是导致结果发生必须存在的条件，但是它的存在并不能充分保证结果发生，必要条件可以被视为结果的一个超集（superset）。在进行模糊集真值表分析之前需要进行必要条件的模糊集分析。必要条件模糊集分析一方面可以帮助研究者识别单个因素对众创空间高创客集聚的约束效应，另一方面可以避免必要条件在纳入"逻辑余项"的解中被剔除的可能（伯努瓦·里豪克斯等，2017）。

（3）条件组态的充分性分析

组态是与给定条件逻辑上可能的组合，每种组态可能对应 0 个、1 个或多个案例。如果组态间仅在一个条件不同时产生了相同的结果，则可以认为区分这些组态的因果条件是不相关的，可以去掉这个条件，以创建更为简单的组合表达（Ragin，2008）。为产生更短、更简洁的表达式，需要进行布代尔最小化计算。有些组态仅在逻辑上存在，但未观察到实际的案例，称为逻辑余项。根据是否将这些逻辑余项纳入布代尔最小化计算，可产生简约解、复杂解和中间解三种类型的解。简约解是指所有逻辑余项均用于分析产生的组态。复杂解是指仅使用观察到的案例分析产生结果的组态。中间解是指符合理论和实际知识的逻辑余项用于分析产生的组态。

三种解可以帮助研究者识别影响因素的类型。若一个因素同时出现在简约解和中间解之中，则这个因素被视为核心因素，它是对结果产生重要影响的因素；若某因素仅出现在中间解，则将其记为边缘因素。

五、众创空间创客集聚模式

1.单个条件的必要性分析结果

研究使用 fsQCA3.0 软件对 383 个众创空间案例进行必要性检验,检验结果如表 4-4 所示。

表 4-4 单个条件的必要性分析表

变量	一致性	案例覆盖度
场地资源	0.646	0.654
~场地资源	0.614	0.557
资金资源	0.551	0.636
~资金资源	0.683	0.558
人员服务	0.596	0.621
~人员服务	0.619	0.547
创业导师服务	0.681	0.674
~创业导师服务	0.584	0.540
创客教育服务	0.666	0.692
~创客教育服务	0.590	0.523
创新创业活动服务	0.692	0.690
~创新创业活动服务	0.572	0.526

由表 4-4 可以看出,所有 12 个条件的一致性都小于 0.9,不构成必要条件,即不存在作为被解释结果必要条件的前因要素。也就是说,单个因素并不构成众创空间创客集聚的必要前因,这些因素可能是以组态的方式对众创空间的高创客集聚产生影响。

2.高创客集聚模式

研究以一致性为 0.80 的标准对 383 个案例样本进行条件组态的充分性分析。为降低潜在的矛盾组态,设置 PRI 一致性的最低值为 0.7,分析得到三个组态。遵循 Ragin(2008)和 Fiss(2011)的结果呈现形式,实心圆表示条件存在,大实心圆表示核心条件,小实心圆表示边缘条件,含叉圆表示条件缺席,空白表示一种模糊状态,即该条件可存在亦可缺席。分析结果见表 4-5。

表 4-5 条件组态的充分性分析表

前因条件	高创客集聚组态			非高创客集聚组态		
	组态 H1	组态 H2a	组态 H2b	组态 NH1	组态 NH2	组态 NH3
场地资源		●	●			⊗
资金资源	⊗		●	⊗		
人员服务			●		⊗	
创业导师服务	●	●		⊗	⊗	⊗
创客教育服务	●	●		⊗	⊗	⊗
创新创业活动服务	●		●	⊗	⊗	⊗
一致性	0.830	0.852	0.874	0.823	0.837	0.863
原始覆盖度	0.349	0.345	0.244	0.420	0.397	0.390
唯一覆盖度	0.076	0.019	0.017	0.027	0.015	0.016
总体解的一致性	0.830			0.814		
总体解的覆盖度	0.438			0.493		

由表 4-5 可知，高创客集聚出现两种组态，无论是单个解（组态）还是总体解的一致性水平均高于可接受的最低标准 0.8，其中总体解的一致性为 0.830。总体解的覆盖度为 0.438，同 QCA 方法在组织与管理领域的研究基本持平。

由条件组态的充分性分析可以看出，众创空间高创客集聚存在三种不同的组态，分别为服务主导型组态、场地—创客教育主导型组态和全要素型组态。

（1）组态 H1：服务主导型组态

①组态要素分析

该组态是创业导师服务、创客教育服务和创新创业活动服务三个要素的组合。该组态表明，在资金资源不充足的情况下，无论众创空间是否能够提供充足的场地、是否拥有足够数量的工作人员，只要创业导师服务较充足，开展充足的创客教育和创新创业活动，就能够实现高创客集聚。该组态中没有出现场地面积与工作人员，可能与众创空间基于互联网的开放性特征有关。不同于传统孵化器，众创空间具有开放性特征，可以在没有实体场地的情况下，以嵌入复杂、多样的社会网络的方式，链接创客与各种资源提供者，以缓解自身资源有限的缺陷，满足创客对各种资源的需求。众创空间社会关系网络链接着创新资源需求方、供给方以及其他利益相关者（肖志雄，2016），集合了知识社区、开发平台、技术市场等各项创客所需的资源（刘志迎等，2015）。众创空间的网络嵌入不仅能够拓宽创客资源流通渠道，提升自身资源的丰富度，给创客带来资源增量，还能够推动创客资源的整合进程。资源流通和知识沟通成为众创空间能够持续创新的关键所在。例如美国的创客空间Noisebridge以网络的方式向创客提供免费的创客课程。CircuitHub是世界最大的硬件社会化交流平台，创客可以直接对接供应链和制造资源。互联网降低了创新创业的门槛，创客可以通过互联网方便快速地寻找到所需的资源和工具，众创空间成为获得资助、进行批量生产和销售产品的平台（徐广林等，2016）。创客可以通过众筹方式以较低的成本获取创新创业资源，以众创方式协同各方力量创造产品，以众销方式出售定制产品。在这样一个各主体有效协同的生产组织框架下，各主体形成了以用户为核心，权力分散、边界模糊、适应性强的超级自治柔性组织。众创空间的硬件提供作用削弱，平台服务人员角色弱化，逐渐从核心组织领导地位向边缘服务地位转变。

该组态中，资金资源不仅未在有效策略中出现，资金资源不充足反而成为该策略的核心条件，这可能是由于创客仅仅是基于兴趣导向的创新实践者，其参与创客活动的目的是将其创意转化为产品，而不是实现产品的经济价值。因此，创客对资金需求不像创业者那么强烈，众创空间提供充足的资金支持服务并没有成为吸引创客的关键性因素，反而被贴上为成熟创业者提供服务的标签，从而对基于兴趣的创客产生排斥作用。

该组态不太注重物理层面的载体建设，而是利用虚拟网络开展创客教育、组织创客活动，为创客提供服务。例如，众创空间"江苏如商汇"就是利用如商同学会资源和互联网思维，为从事高科技产业、生态农业种植、绿色食品加工、智慧生态农业、长寿养生旅游和创意文化产品等方面的创新创业者提供法律、财务、科技方面的咨询、项目路演、网络推广、交流推介、技术转移、检验检测、培训辅导等一系列增值服务，从而实现如商的集聚。

该组态的业务模式主要通过开展创客沙龙、创客嘉年华、创新创业大赛等各项活动，使创客有机会动手制作产品，并提供产品展示平台，点燃创客的参与热情。例如南京蓝岛创客空间每两年举办一次创客嘉年华，它们利用机器人、热转印、陶艺、激光雕刻等工具，打造高科技产品、创意作品，提高了动手组装、操控、编程、团队合作等能力。

②组态机理分析

该组态之所以能够依靠较少要素的有效组合实现高创客集聚，主要是因为存在学习效应和关系嵌入效应。对于大多数创客而言，他们仅具有一些创意和想法，而将这些想法转化为产品并推向市场将会面临经验不足和资源匮乏等一系列难题。创业学习是解决这些难题的有效途径。创客在创业导师的指导下开展创新创业活动，不仅可以吸收相关知识和信息，获取相关资源，而且可以借鉴创业导师的成功经验，吸取失败教训。通过这种开发式学习，创客利用被证实有效的知识经验，可以有效降低创新创业风险，提高创新创业成功率。创客通过培训学习和互动交流学习，可以开阔视野，获得创新的灵感和启发，从而以这种探索性的学习方式提高创新的水平，进而提升对复杂多变环境的应变能力。

互联网日益强大的连接功能使创客之间，创客与资源提供者、产品制造者之间很容易实现资源共享与信息交流，创客不再是孤立的个体，而是嵌入由诸多主体构成的社会关系网络之中。不同于基于地缘、血缘的社会关系网络，这种社会关系网络主体更为复杂，范围更广，主体之间通过基于项目、兴趣而产生的弱连接可以帮助创客获取关键信息和稀缺资源，从而有助于技术创新和绩效提升（Mcevily et al.，2005）。随着创客群体规模不断扩大，创客已经不再局限于虚拟世界的互动交流，而是通过参加赛事、节展等方式展示自己的创意，交流产品的创造经验。2017年，全球有44个国家共开展221场制汇节活动，参与者达158万人（黄玉蓉等，2018）。创客活动将分散在世界各地的创客集聚在一起，他们在展示、交流、分享和交易过程中不断互动，建立了深厚的友谊，形成了彼此信任的关系，逐渐产生"身份认同、情感认同、行为认同、目标认同"的创客文化品格（欧阳友权等，2016），在文化感召下产生强大凝聚力（Gulati et al.，2000）。

（2）组态H2a：场地—创客教育主导型组态

①组态要素分析

该组态以场地、创业导师服务、创新创业活动服务和创客教育服务为主要要素。该组态借助充足的场地资源优势和充足的创业导师服务优势，面向包括大学生在内的公众开展创新创业培训，增强创客的创新创业意识，提高创客的创新创业能力，繁荣创客群落。不同于服务成熟创客的功能定位，此类组合充分发挥创客教育优势，以普及创客知识、激发创客精神、培育创客能力为主要任务，将具有创新创业潜质的大学生转变为具有创新思维和实践操作能力的创客，以培育和"生成"创客为手段保持创客数量增长。

该组态强调场地资源等硬件设施的提供，着重于通过资源共享的方式提高资源使用效率，降低资源使用成本，解决创客普遍遇到的资源匮乏难题。例如，南京农业大学创新创业园有5个大学生实训孵化场地，总面积达3800平方米，为创客提供免费的办公场地、公共服务设施和设备。创客还可共享报告厅、会议室、管理办公室、咨询室等功能区。该众创空间已累计孵化了50支创业团队。

该组态强调充足的导师服务和创客教育。充足的导师和创客教育能够对创客进行专业化的指导，提供专业化的培训，帮助创客解决关键技术问题。例如，南京大学科创之星众创空间利用大学众多的教室、实验室等场地资源，邀请大学教授和拥有实践经验的创业导师，在周末组织各类讲座，开展创新创业教育与实训，提供知识引导和工具，使学员在自主学习中获取知识和灵感，继而通过实践将想法转变为作品。

该组态也强调通过举办创新创业活动，营造"创意、实践、分享"的氛围，激发创客的创造热情。例如，南京大学科创之星定期举办"南京大学科创之星大学生众创空间开放日"活动。在开放日活动中，参观者们可以走进众创空间的3D打印、机器人、智能工程、VR全息、光电技术、陶艺等主题空间，专业教师通过现场讲解、实物或模型展示、虚拟现实、互动体验等多种方式，生动活泼地为参观者提供创新创业培训。具有创新创业潜质的大学生通过创新创客教育与实训、参加创新创业大赛等活动，交流创新创业心得体验，实践创新创业的奇思妙想，从而实现由潜在创客向真正创客的转变。

②组态机理分析

"场地、导师、创新创业活动、创客教育"之所以成为有效的高创客集聚组态，是因为该组态具有创客培育的功能，将具有潜质的大学生培育成具有创新、实践、共享、开放精神的创客，以"生成"创客的方式实现高创客集聚。创客是具有创新思维、批判思维，能从现实问题出发，积极参与、设计、创作并能创造性地解决问题的人。创客的培育首先需要通过启发式创客教育，培育创客拥有创新冒险的精神、动手实践的兴趣和乐于分享的习惯。创客素质的养成是创客行动和创客发展的基础。创客的成长不仅需要理念的提升和知识的积累，更需要将其创意转化为产品或服务，通过众创空间提供的必要场地和设备，他们在具有实践经验的导师指导下亲自设计模型，制作产品。制作出的产品还需要通过会展、比赛、聚会等活动公开展示，以获得大众的认知及投资人的认可，进而为产品进入规模生产环节获得资源支持和客户保障。在展示交流过程中，创客还能够获得自我成就感，进而为持续开展创客活动集聚心理能量。众创空间依靠场地、创业导师等资源，通过持续开展创客教育、创新创业活动来培育创客。培育出的创客由于与众创空间具有长时间的交流互动，深层次嵌入众创空间社会关系网络，使创客对众创空间产生心理和感情的依赖与信任，从而产生较强的共生感，成为众创空间稳定的组成部分。

（3）组态 H2b：全要素型组态

①组态要素分析

该组态包括了除创客教育外的所有要素，旨在提供全要素保障，通过全方位服务体系，全面支持创客的创新创业活动，从而达到高创客集聚的目的。不同于组态 H2a 着重于以生成的方式实现高创客集聚，该组态着重于依靠充足的资源和服务所具有的吸引力实现高创客集聚。例如，镇江创业园坐落于市中心的古运河畔，地理位置极其优越。园区功能齐全，既提供创业沙龙、创业指导、项目展示、创业孵化等"一条龙"式的创业服务，还提供创业补贴、创业奖励、创业融资等资金支持，举办创业路演、创业沙龙等一系列交流活动。创客在资源与服务的吸引下，不断在镇江创业园进行集聚，使镇江创业园空间紧张、一位难求。

与组态 H1 和组态 H2a 不同，组态 H2b 特别注重场地、工作人员和资金要素，这可能与不同类型创客需求的异质性有关。依据创客动机不同，创客具有基于兴趣导向和基于创业导向两种类型（崔祥民，2019）。基于兴趣导向的创客以解决技术问题、成功制作产品为主要行为目标，原材料、设备、技术是其主要资源需求，其资源需求类型单一且水平较低。基于创业导向的创客以实现经济价值为主要行为目标，除需要材料、设备、技术等资源外，更需要资金资源及工商、税务等服务，其需求类型复杂且水平较高。该组态通过全要素的资源供给，提供全方位的创客服务，能够满足创客成长全生命周期的资源和服务需求，对创业导向型创客吸引力较强，最终形成高创客集聚状态。

②组态机理分析

创客从事的创新创业活动投入多、风险大，又普遍面临资源匮乏和自身能力不足的窘境，通过互补合作，借力外部资源成为解决这一问题的重要途径。众创空间由于能够提供低成本、便利、全要素、开放式的服务，成为创客理想的工作场所。创客选择在不同的众创空间进行集聚的原因是众创空间存在不同的规模效应和互补效应。单个创客由于购买力有限和较高的交通运输成本，致使资源使用和服务购买的成本较高，而创客在众创空间的大量集聚，能提高众创空间场地的使用效率，降低服务和资源提供商的边际成本。服务和资源使用价格的降低又能吸引更多的创客加入，从而逐渐形成规模效应。创客在众创空间的集聚，在市场接近效应的影响下，会吸引更多类型和更多数量的资源和服务提供者加入，形成要素多样化和功能齐全化的众创空间生态系统，更能有效地弥补创客资源禀赋匮乏的缺陷。

对比三个组态的覆盖率可知，组态 H1 和组态 H2a 的覆盖率远超过组态 H2b 的覆盖率，分别解释了结果变量的 35%，即大部分创客高集聚的众创空间是采取组态 H1 和组态 H2a 的要素组合。这充分说明，服务主导型和场地—创客教育型众创空间能够满足创客需求，对高创客集聚产生深层次、强有力的影响。

3.非高创客集聚模式

由于创客集聚具有复杂的因果关系，导致高创客集聚与非高创客集聚的原因可能不一致，高创客集聚是否出现需要不同的原因组合来分别解释（伯努瓦·里豪克斯等，2017）。为更全面、深入地研究创客集聚的内在机理，研究者进一步分析了导致非高创客集聚的组态。如表 4-5 所示，众创空间创客非高集聚现象有三个组态，分别为单纯地产型组态、单纯线下投资促进型组态和单纯线上投资促进型组态。

（1）组态 NH1：单纯地产型组态

该组态由"~创新创业活动服务 +~ 创客教育服务 +~ 创业导师服务+~资金资源"要素构成。该组态表明，无论众创空间的场地是否充足、工作人员是否充足，只要创新创业活动服务、创客教育服务、创业导师服务和资金资源不充足，创客就难以在众创空间实现高集聚。这说明，以场地为主要资源、以租金为主要收益的单纯地产式众创空间难以实现高创客集聚。以知名众创空间思微（SimplyWork）为例，思微创立于 2015 年，成立初期，公司获得了创投机构东方富海的投资，并很快在新一轮融资中获得盈信国富的青睐。公司随即进行了扩张，一度拥有 9 个场地，是深圳最大的共享办公运营方。但思微在 2020 年 1 月解散了。

无法满足多样化、深层次的创客需求可能是导致该组态非高创客集聚的原因。在"大众创业、万众创新"政策的推动下，大学生、海外留学归来者、科技人才、高管人才纷纷加入创客大军，而针对创业需求及产品特征"一对一"匹配资源服务的专业化创客空间却极为鲜见（毕可佳等，2017），多样化的创客需求与单一化的服务供给呈现出不匹配状态。伴随着复杂技术个人化趋势的不断加强，3D 打印、人工智能等技术的广泛应用，创客的技术需求快速增长，而单纯地产式众创空间由于采取简单的"二房东"式运营模式，并没有满足创客复杂的资源和服务需求，无法提供有价值的服务，从而难以吸引创客集聚。

（2）组态 NH2：单纯线下投资促进型组态

该组态由"~人员服务+~创新创业活动服务+~创客教育服务+~创业导师服务"要素构成。该组态表明，无论众创空间的场地是否够大、是否能为创客提供资金资源，只要人员服务、创新创业活动服务、创客教育服务、创业导师服务不充足，创客就难以在众创空间实现高集聚。这说明，以场地为载体，以提供资金资源支持为核心竞争力的单纯线下投资促进型众创空间难以实现创客高集聚。例如，以提供金融服务为主要业务的深圳克拉咖啡馆在运营 347 天后于 2016 年 8 月 1 日停止营业。

不同于一般创业者，创客是一群酷爱科技、热衷动手的人群，他们以制作产品，将创意转化为有形产品为乐趣。他们不仅需要资金支持，还需要技术、设备支持，以及具有经验的技术专家指点，更需要通过会展、沙龙等活动展示产品与交流心得。只有当创客完成产品制作并将其推向市场时才会产生大量资金需求。单纯提供资金支持的线下投资促进型众创空间提供了过于超前的服务，与创客技术需求、设施需求及服务需求不相匹配，从而难以吸引创客集聚。

（3）组态 NH3：单纯线上投资促进型组态

该组态由"~场地资源+~创新创业活动服务+~创客教育服务+~创业导师服务"要素构成。该组态表明，无论服务人员是否充足、能否为创客提供投资服务，只要必要的场地、创新创业活动、创客教育、创业导师不充足，创客就难以在众创空间实现高集聚。这说明，不以场地为载体，而依靠人员和资金的单纯线上投资促进型众创空间难以集聚创客。该组态与组态 NH2 具有相似性，都是单纯的投资促进型，只是表现形式不同，组态 NH2 依靠线下方式，而本组态依靠互联网线上模式。本组态难以实现高创客集聚的机理同组态 NH2 一致，都是由于单纯资金供给与创客需求不匹配。

对比组态 NH1、NH2 与 NH3 可以发现，"~资金资源""~场地资源""~人员服务"三个要素存在替代关系，也就是说在创新创业活动、创客教育和创业导师不充足的情况下，无论是资金资源不充足，还是场地资源不充足、人员服务不充足都会导致创客的非高集聚。

本研究以江苏省 383 家众创空间为样本，应用组态思维和 QCA 方法，探讨影响众创空间创客集聚的多重并发因素和因果复杂机制。本研究的贡献主要体现以下三个方面。

①已有研究多是在统计回归的路径下讨论单一条件的边际净效应。本研究改变以往基于还原论的分析视角，以整体性思维为指导，采取定性比较分析方法，探讨众创空间高创客集聚的有效组态。研究发现众创空间高创客集聚存在三个不同的组态，弥补了以往研究忽视众创空间创客集聚存在多重并发的缺陷。

②以往研究主要关注众创空间创客高集聚的成因，对于非高集聚的成因则依据因果对称性的研究假设进行推导。其隐含的假设是"如果A增加导致B增加，那么A减少即导致B减少"，而这一因果对称假设与复杂的众创空间创客集聚现象并不吻合。本研究采取fsQCA方法分别探索众创空间高创客集聚与非高创客集聚的有效组态，既为众创空间实现高创客集聚提供有效策略组合，又为众创空间避免非高创客集聚提供风险提醒，从而使研究内容更为丰富，研究结论更具有现实意义。

③已有研究往往采取问卷调查的方式，探讨众创空间创客集聚影响因素，给出一个"包治百病"的对策方案，但这种基于主观感受的因素研究并未得到实践检验。本研究采取案例研究的方法，检验客观因素在创客集聚过程中的作用，揭示了众创空间创客集聚的有效组态，为众创空间依据资源禀赋特征选择高创客集聚策略提供了切实可行的参考依据。

第三节 众创空间创客群落繁荣策略

创客是集生产者、消费者、设计者、供应者于一体的载体①，是我国创新驱动发展战略的重要力量。不同于一般创业者，创客并非单独开展创新创业活动，而是依赖嵌入的社会关系网络获取知识、信息、资金等各类资源，与其他主体相互协作开展创新创业活动。培育更多的创客，繁荣创客群落，既可以增加创新创业新生力量，又可以降低创新创业成本，营造创新创业氛围。

一、创客能力提升

1. 充分发挥家庭教育作用，培育创新创业意识

父母是孩子的第一任教师，家庭是教育的第一个场所。美国创客意识的形成与其独立、开放式的家庭教育密不可分。美国家庭鼓励孩子开拓创

---

① 陈武，陈建安，梁燕，等.社会网络视角下的创客资本研究[J].科技进步与对策，2021，38（7）：1-9.

新，反对压抑孩子的个性，孩子从小就养成了在车库里拆卸玩具、焊接组装玩具的习惯。中国家庭教育应该积极支持孩子创造力的发挥，培养孩子创造、动手的爱好，塑造创新、创造、开放的精神。

2.加强创新2.0模式培养，提升创客用户思维

无论是兴趣导向型创客，还是创新创业型创客，普遍都没有重视市场需求，没有以用户为中心，没有将客户纳入创新体系之中。以开放创新、共同创新为特点的众创思想并未在创客行为中得以体现。这与以 Fab Lab 等为代表的融合"创意、设计到制造"的用户参与的创新 2.0 模式大相径庭。

应加强创新 2.0 模式培养，让创客具有用户思维，能从用户需求中发现技术创新的机会。无论是兴趣导向型创客，还是创新创业型创客，都不应将普通大众仅仅看作技术创新的被动接受者，而应将其看作创新创业的重要主体，让其参与到创新创业的过程之中，为科技创新创业贡献力量。

3.加强互动交流，提升创客之间协作能力

创客并非孤立存在，而是嵌入特定的社会关系网络之中。兴趣导向型创客嵌入的社会关系网因身份相似而具有共同的爱好、相似的价值观，具有平等性和同质性特征。由于社会关系网络资源的同质性，创客从中得到的资源相对有限，但可以从中得到肯定，其价值得到认同，从而可以汲取更多的心理能量。创新创业型创客嵌入的社会关系网络较为复杂，其嵌入的资源异质性较高，各个成员希望通过合作实现资源的优势互补。创新创业型创客嵌入的社会关系网络由于异质性的存在，在价值观上难以达成统一，相互之间更多体现为经济互利的理性关系，而情感互利的感性特征则较不明显。因此，应构建有效完善的社会互动模式以弥补兴趣导向型创客和创新创业型创客社会关系网络的缺陷。

应鼓励创客参加创新创业大赛、创客嘉年华等各项活动，鼓励创客相互合作，联合开展创客项目，在项目参与过程中提高自身能力认知、情感认知。在促进自我完善的基础上，提升创客之间的互动和分享协作能力，实现不同创客知识和能力的互补，提高与具有不同价值观、性格特点、工作经历的创客的相处能力，有效提升创客分享协作能力。

移动互联网络的出现使创客的交流合作更为便捷，创客通过网络不仅可以进行信息交换、创意共享，而且可以进行动态的协同开发。但网络沟通没有情感的符号，隔断了人与人之间的情感联系，拉远了人与人之间的

距离，不利于人际信任关系的建立。因此，应构建线上线下相结合的社会互动模式，充分发挥网络交流的便捷性和线下交流的互动性。

4.加强分类指导，弥补创客能力短板

兴趣导向型的创客基本是从个人感兴趣的技术出发，采取科学的思维方式，通过实践的手段实现自己的创意或设想，他们并不知道是否能实现其设想，也并不知道此行为的价值所在，但十分享受活动的过程。这种行为逻辑虽然有利于原始性创新，但不利于解决客户问题，不利于引起企业的重视而得到其给予创新的资源支持。因此，对于具有过程导向型行为逻辑的创客，众创空间应采取技术招标的方式，将企业服务客户过程中遇到的技术问题交给创客进行解决，并提供必要的资源支持，以提升过程导向型行为逻辑创客的创新有效性。

创新创业型的创客则采取目标导向的行为逻辑，以创办企业为目标而寻找技术与项目，以及必要的资金、人才、市场等资源。创新创业型的创客具有明确的目标，具有较强的市场敏感性，善于抓住客户需求，善于利用社会关系网络弥补自身资源禀赋的不足，但对于创新并不是十分热衷，较难取得颠覆性创新带来的荣誉感。因此，对于目标导向型行为逻辑的创客，众创空间应搭建平台与兴趣导向型的创客建立联系，以弥补其技术原创性不足。

二、众创空间创客集聚力提升

1.充分发挥众创空间创客培育功能，扩大创客群体规模

有了创客，才会产生创客需求，众创空间才有存在的价值和意义。有了一定规模的创客，创客之间才能产生协同效应，众创空间才能降低单位服务成本，才能发挥规模效应。由于创客运动在我国刚刚起步，创客还属于小众群体，众创空间在为创客提供高质量服务的同时，还需要发挥普及创客知识的作用。一方面，众创空间可采取"开放日"等活动，吸引青少年参观交流，允许他们动手操作仪器设备，鼓励他们参与讨论和产品开发过程。另一方面，众创空间可充分发挥众创空间技术优势，与中小学合作，联合开发创客课程，开展创客教育活动，鼓励学生在解决生活问题的过程中完成创新，鼓励学生在学习结束后制作出实际的作品，让学生在动手实践过程中了解"为什么要创新""为谁而创新"等问题。通过创客教育培育创客团队，为创客运动的发展提供源源不断的有生力量，也为众创空间发展奠定基础。

2.完善要素配置，提升众创空间吸引力

研究发现，全要素是创客集聚的有效组态。众创空间的要素构成主要有主体模式选择、创业团队评定、导师团队建设、项目筛选升华、专业孵化服务、创业基金引入等。这些要素中有些是众创空间必须自己去构建完成的，如主体模式选择、专业孵化服务；有些是可以通过与科技孵化中介服务机构合作完成的，如导师团队建设、创业团队评定、项目筛选升华和创业基金引入。当然，如果能力允许，众创空间是可以自行进行全要素建设的，但会面临运营成本上涨、建设周期漫长且建设效果未知的风险。链条化、专业化的科技孵化中介服务机构可以给众创空间一条更为便捷和集约化的路径，以完成众创空间的迅速组建及有效运营。通过科技孵化中介服务机构（创业导师团队引进、知识产权评估、科技项目评审、国内外技术合作、投融资及担保对接等）获取所需要的服务，不仅可以大幅节约众创空间的建设运营成本，还可在较短时间内完成众创空间全要素的高效构建。

3.优化服务环境，促进创客成长

研究发现，服务主导型是创客集聚的有效组态。提高众创空间服务质量，首先要求众创空间的服务团队和主要负责人具备一定行业背景、丰富的创新创业经历和相关行业资源，人员的知识结构、综合素质、业务技能和服务能力能够满足大众创新创业服务需求。其次，众创空间要利用互联网思维，建设线上服务平台，整合利用外部创新创业资源，开展多元化的线下活动，促进创新创业者的信息沟通交流。例如，建立创业导师工作机制和服务体系，借助以成功企业家、天使投资人和专业人士等为主的专兼职创业导师队伍，为创业者提供创业辅导、培训等服务。众创空间提高服务质量，有利于促进创客成长，从而树立良好的口碑，促进创客集聚效应的形成。

本 章 小 结

本章从静态和动态双重视角分析了众创空间的创客主体类型、行为方式及集聚机理。研究发现：①创客具有兴趣导向型和创新创业导向型两种类型；②不同类型的创客嵌入不同的社会关系网络之中；③众创空间创客高集聚存在服务主导型、自有资源—创客教育主导型、全要素型三种组态，

其中服务主导型、自有资源—创客教育主导型更能深层次、强有力地影响众创空间的创客集聚；④众创空间创客非高集聚存在单纯地产型、单纯线下投资促进型、单纯线上投资促进型三种组态，对众创空间创客非高集聚的影响基本相当。可以从创客能力提升和创客集聚能力提升两个方面繁荣众创空间的创客群落。

第五章　众创空间服务机构合作网络与集聚模式研究

不同于传统创业孵化器,众创空间属于平台型组织,旨在集聚众多服务机构的基础上,通过双边或多边互动的方式,实现资源快速聚散与迭代,从而满足创客的异质性需求,促进创客成长①。"低成本、便利化、全要素、开放式服务"既是众创空间的典型特征,也是众创空间的核心价值。众创空间核心价值实现是以吸引和集聚数量众多、类型丰富、服务专业的服务机构为前提。众多服务机构嵌入众创空间生态系统网络,与创客开展丰富多样的互动活动,为创客提供创新创业所需要的知识、资金、人才与信息等资源,帮助创客识别创新创业机会、提高创新创业能力、降低创新创业成本。研究众创空间服务机构合作机制及空间集聚机制,对于提升众创空间服务水平具有重要意义。

第一节　众创空间服务机构合作网络

不同的众创空间由于运营模式不同、发展阶段不同,其社会关系网络呈现出不一样的规模、关系、结构特性。不同类型众创空间的社会关系网络会有较大差异。绘制不同类型的众创空间服务机构社会关系网络图谱,比较分析不同类型的众创空间服务机构社会关系网络的异同,对于深化认识众创空间服务机构主体互动,总结众创空间服务机构主体互动规律具有重要意义。

一、国内外研究述评

基于众创空间属于新生事物,国内外学者的研究主要围绕传统孵化器的服务机构主体类型、服务质量与模式,以及社会关系网络的价值等方面展开。学者普遍从服务机构的功能出发,研究服务机构的主体类型。例如,

---

① 李燕萍,陈武,陈建安. 创客导向型平台组织的生态网络要素及能力生成研究 [J]. 经济管理,2017(6):101-115.

M. McAdam（2008）指出，孵化器的主要功能是以在孵企业为服务对象，通过提供人力资源、管理支持、财务、资金、营销等方面的服务帮助企业成长，入驻孵化器的企业可以确保其获得所需的创业资源和服务支持[①]。而 Smilor 和 Gill（1986）则认为孵化器应提供以下服务：物质基础服务、创业相关网络服务、社区支持相关服务[②]。随着创新创业者赖以生存的技术和市场发生日新月异的变化，孵化器除需要提供办公设备和设施等服务外，还需要提供商业服务和技术服务[③]（Schwartz，Hornych，2008），以及文化服务和管理服务等（Etzkowit，2005）[④]。

在服务质量方面，学者从服务规范视角进行分类。例如，于忠军（2005）认为，服务规范包括内容、态度、质量和效率四个方面的内容[⑤]。还有学者利用服务质量模型提出服务内容模型。例如，刘新民等（2018）借助服务质量模型，提出众创空间服务由有形性、可靠性、响应性、保证性及移情性五个维度构成[⑥]。

在服务模式方面，学者在实践基础上总结了若干有效服务模式。例如，马志强等（2014）从时间、技术、经济和信息四个维度构建了高校服务于大学生创业者的创业服务价值模型[⑦]。刘振海等（2018）构建了由"辅导—教育—投资—团队建设—产品构建—技术推广"构成的创新创业生态服务链[⑧]。陈岩松等（2018）从基于不同大学生创客需求的差异，根据创业成长规律，提出了分阶段、分类型的链式协同培育服务方式[⑨]。

---

① ALLEN V, RAHMAN N, WEISSMAN A, et al. The situational test of emotional management – brief (STEM-B): development and validation using item response theory and latent class analysis[J]. Personality and Individual Differences, 2015, 81: 195-200.

② SMILOR R, GILL M. The New Business Incubator:Linking Talent, Technology, Capital, and Knowhow[M]. Lexington, MA:D.C. Health an Company, 1986.

③ JENG J F, PAK A. The variable effects of dynamic capability by firm size:the interaction of innovation and marketing capabilities in competitive industries[J]. International Entrepreneurship & Management Journal, 2016, 12 (1): 115-130.

④ ETZKOWITZ H. The entrepreneurial university and the triple helix model of innovation[J]. Studies in Science of Science, 2009, 27 (4): 481-488.

⑤ 于忠军. 企业孵化器的可持续发展研究 [D]. 山东科技大学, 2005.

⑥ 刘新民, 王译晨, 范柳. 潜在创客需求与创客空间服务供给侧的改革研究 [J]. 科技管理研究, 2018 (20): 55-61.

⑦ 马志强, 李钊, 王剑程, 马泽君. 基于大学生创业的高校创业服务价值模型构建及实证检验 [J]. 科技进步与对策, 2014 (23): 169-174.

⑧ 刘振海, 魏永军, 董云芝, 诸华军. 高校创新创业生态服务链的建构研究 [J]. 江苏高教, 2018 (8): 88-91.

⑨ 陈岩松, 甘静娴. 大学生创业服务平台的链式协同机制研究 [J]. 江苏高教, 2018 (8): 84-87.

在众创空间服务机构社会关系网络价值方面，相对于传统孵化器，众创空间服务对象更广泛，服务周期更长，所需要的资源更多。众创空间自有资源难以满足创客需求，需要以嵌入的方式链接更多的主体参与服务。多样化的主体共同丰富了众创空间的服务体系，全面保障创新主体得到全方位、立体化的扶持与帮助[①]。众创空间需要和高校、政府、行业协会、投资机构等各类服务机构建立齐心合力的合作关系，使各类创业资源与创业者精准对接，满足创业者个性化创业需求，帮助创业企业解决资源匮乏问题，促进企业不断成长[②]。加强服务机构与创业者的互动，一方面可以使知识资源从知识性服务机构向创业企业进行传递[③]；另一方面可以增强它们之间的相互认知水平、社会情感水平和关系黏性，从而建立信任关系，促进合作的可持续性。

前人虽然在服务主体的构成、服务的模式及社会关系网络互动的重要性等方面取得丰富的研究成果，但多是定性的描述，对于社会关系网络主体之间的关系缺少定量的描述，对于不同主体在互动中的作用并不清晰，对于不同类型众创空间社会关系网络特征缺乏比较与分析。鉴于此，本研究采取社会关系网络分析方法，以众创空间为研究对象，通过绘制不同类型众创空间的社会关系网络图谱，计算不同类型社会关系网络的中心度、密度和凝聚力，从而深化对众创空间各主体之间关系的认识。

二、研究设计

1.研究方法

社会关系网络分析可以帮助研究者分析网络数据、网络图形，找出潜在的问题[④]（陈德荣，2004），可以从繁杂多样的主体分布和错综复杂的交叉关系中进行结构化、规律化、可视化的梳理，从中发现社会关系网络的类型、主体影响力及复杂关系。与其他方法相比较，社会关系网络分析主要研究社会关系网络中行动者之间直接或间接的关系，更注重考察主体之间的联系，既可从静态视角考察主体之间的结构框架，又可从动态视角考察主体之间的作用过程。众创空间的参与主体较多，关系较为复杂，

---

① 王丽平，刘小龙.价值共创视角下众创空间"四众"融合的特征与运行机制研究[J].中国科技论坛，2017（3）：109-116.
② 刘小龙.天津市众创空间运行绩效评估体系构建及实证研究[D].天津理工大学，2017.
③ WINDRUM P, TOMLINSON M. Knowledge-intensive services and international competitiveness: a four country comparison[J]. Technology Analysis & Strategic Management, 1999, 11（3）：391-408.
④ 陈荣德.组织内部社会网络的形成与影响：社会资本观点[D].中山大学，2004.

单纯依靠数字或文字的方式难以清晰直观地表达众创空间社会关系网络的特征。本研究借助可视化软件计算众创空间社会关系网络节点的中心性、网络密度、网络关系强度等指标，绘制众创空间社会关系网络图谱。UCINET软件在社会关系网络分析中应用广泛，更适于处理多重关系复杂问题的中大型数据，其综合性较强、运算功能强大、兼容性较强[1]（邓君等，2014）。因此，本研究利用UCINET软件，描述不同类型众创空间社会关系网络图谱，计算不同类型众创空间社会关系网络特征值，挖掘不同类型众创空间社会关系网络的性质。

2.研究对象

为比较分析不同类型众创空间社会关系网络异同，本研究以众创客厅·韶华工坊和ASK众创部落两家众创空间作为研究对象。韶华工坊是典型的综合性众创空间，具有公共服务区、产品展示区、项目孵化区、生活休闲服务区四个功能区，是南京建邺"012科创森林"的首期苗圃基地之一。韶华工坊提供了"0成本"创享空间、"0时差"政策护航、"0距离"贴心服务等一系列创业扶持政策，提供免费的房屋、物业、水电及创业实训等驻场服务，5G网络、会议路演、胶囊公寓、健身书吧等配套功能设施实行自助开放。

ASK众创部落是典型的专业性众创空间，专注于服务影视文化产业，打造服务全面、内容丰富、助产助销的综合服务基地和影视、设计、电商、新媒体垂直产业生态圈，以"一平两路，龙头引领，垂直生态化，投资孵化"的方式实现技术及技术成果转移，以及文创作品产业化的运营。ASK众创部落提供研发办公、财务、会议、咖啡、电商、网红直播、剪辑、设计、器材展架、道具仓库、影厅、路演厅、演播厅和展厅、图书馆、健身房、无人超市等相关服务配套设施。

3.数据来源

考虑到问卷调查具有主观性强、深入度不够等缺点，本研究采取体验式调研方式获取信息。笔者利用咨询专家身份与服务机构、创客深入交谈，观察其服务过程，加入由服务机构、创客组成的微信工作群。他们利用微信工作群提出服务需求，有效分享资讯，相互合作交流。笔者对其项目合作进行详细记录，对项目合作过程中的参与主体进行精确标识。

---

[1] 邓君，马晓君，毕强. 社会网络分析工具Ucinet和Gephi的比较研究[J]. 情报理论与实践，2014（8）：133-138.

三、服务机构合作网络图谱分析

UCINET 软件弥补了传统社会网络理论分析不直观的缺点，在服务机构合作网络各节点联系数据矩阵的基础上，运用可视化绘图技术，描绘服务机构合作网络各节点在网络中的分布情况。其中，网络节点和项目均用点表示，网络节点与项目间的联系用线表示。图 5-1 为综合性众创空间服务机构（韶华工坊）网络图谱。图 5-2 为专业性众创空间服务机构（ASK 众创部落）网络图谱。

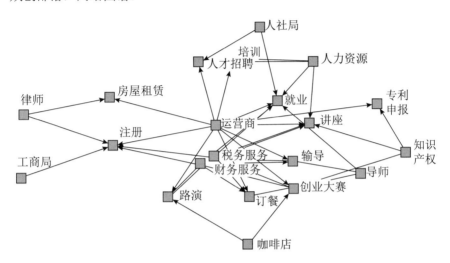

图 5-1　综合性众创空间服务机构（韶华工坊）网络图谱

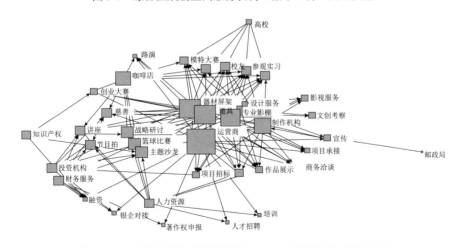

图 5-2　专业性众创空间服务机构（ASK 众创部落）网络图谱

服务机构合作网络图谱是根据网络节点间距离形成的，图中距离越近的点，表示其间的关系越紧密。由图 5-1 可以看出，综合性众创空间的运营商、税务、财务等服务机构关系紧密且处于网络中心位置，而律师、工商局、人社局、人力资源、专利申报、知识产权、导师、咖啡店等机构关系疏远且位于网络的边缘。

从图 5-2 可以看出，运营商、服务公司、道具、器材展架、专业影棚等机构关系紧密且处于网络中心位置，而财务公司、投资机构、高校、邮政局等机构关系疏远并位于网络的边缘。

通过图 5-1 和图 5-2 对比可以发现，专业性众创空间服务机构联系更为密切，更倾向于具体业务的合作，而综合性众创空间服务机构更倾向于资源供给型的合作。

四、众创空间服务机构合作定量分析

UCINET 软件生成的服务机构合作网络的图谱具有直观的优点，但这种二维图只能从表象显示服务机构合作网络的情况，并没有对服务机构社会网络进行定量的说明。

1.中心度分析

中心度是评价节点在网络中地位的重要指标，通过中心度分析能够看出各服务机构在众创空间中处于什么样的地位。中心度主要分为三种类型，分别是：点度中心度、中间中心度和接近中心度[1]。点度中心度是众创空间服务机构与其他服务机构之间联系的直接联系程度。点度中心度越高，说明该服务机构与其他服务机构联系越为紧密，在服务机构合作网络中处于更为中心的地位。中间中心度是指服务机构合作网络中一个服务机构控制其他服务机构的能力。中间中心度高的服务机构在合作网络中扮演着中间人的角色，其他服务机构必须依靠该服务机构才能取得联系，因此，中间中心度越高，对其他服务机构的控制力就越强。接近中心度是与中间中心度相反的概念，接近中心度越高，服务机构不受其他服务机构控制的程度越强。接近中心度高的服务机构可以直接与其他服务机构建立联系，而不受其他服务机构的影响。

运用 UCINET 软件对服务机构合作网络展开中心度分析的基本思路是首先将数据转换成"二部矩阵"，然后分析网络的各类中心度指标。综合性众创空间（韶华工坊）和专业性众创空间（ASK 众创部落）的分析结果如表 5-1 和表 5-2 所示。

---

[1] 张世怡，刘春茂.中文网站社会网络分析方法的实证研究[J].情报科学，2011（2）：264-252.

表 5-1　综合性众创空间（韶华工坊）服务机构合作网络中心度分析

机构	点度中心度	中间中心度	接近中心度
运营商	0.146	0.332	0.224
财务服务	0.116	0.158	0.182
税务服务	0.116	0.158	0.182
创业导师	0.088	0.068	0.145
人力资源	0.088	0.085	0.139
知识产权	0.076	0.061	0.113
律师	0.062	0.041	0.118
咖啡店	0.062	0.024	0.122
人社局	0.062	0.030	0.122
工商局	0.044	0.000	0.113

表 5-2　专业性众创空间（ASK 众创部落）服务机构合作网络中心度分析

机构	点度中心度	中间中心度	接近中心度
运营商	0.146	0.182	0.153
道具	0.131	0.106	0.129
专业影棚	0.121	0.085	0.117
器材展架	0.128	0.095	0.121
设计服务	0.111	0.069	0.107
制作机构	0.111	0.070	0.107
咖啡店	0.103	0.060	0.089
人力资源	0.086	0.053	0.085
财务服务	0.086	0.051	0.085
投资机构	0.086	0.045	0.085
影视服务	0.070	0.022	0.099
知识产权	0.076	0.030	0.081
高校	0.064	0.015	0.071
邮政局	0.029	0.000	0.062

（1）点度中心度比较分析

无论是综合性众创空间还是专业性众创空间，运营商的点度中心度都最大，这说明运营商在两种众创空间中都处于中心地位，在服务机构合作网络中发挥着核心作用。综合性众创空间中财务服务、税务服务机构点度中心度明显高于专业性众创空间，这说明通用性的基础服务在综合性众创空间更为重要。专业性众创空间中道具、专业摄影等机构点度中心度较高，这说明专业性众创空间更倾向于提供与业务直接相关的专业化服务。

（2）中间中心度比较分析

由表 5-1 和表 5-2 对比可以发现，综合性众创空间运营商的中间中心度明显高于专业性众创空间运营商，这说明综合性众创空间运营商具有更强的控制力，其他服务机构对其的依赖性更强。

（3）接近中心度比较分析

由表 5-1 和表 5-2 对比可以发现，综合性众创空间各服务机构接近中心度普遍高于专业性众创空间的，这说明专业性众创空间各服务机构不受其他服务机构控制的能力更强，自主独立运行能力更强。

2.网络密度分析

网络密度是评价服务机构合作网络联系频率的重要指标，通过密度分析能够看出众创空间各服务机构相互联系的平均程度。服务机构之间联系得越频繁、越紧密，网络密度就越大。在密度较大的合作网络中，服务机构能获取更多的信息，更多的资源共享渠道。采用 UCINET 软件对网络密度进行测量，结果如表 5-3 所示。

表 5-3　网络密度对比表

众创空间类型	网络密度	标准差
综合性众创空间（韶华工坊）	0.1024	0.3031
专业性众创空间（ASK 众创部落）	0.1134	0.3170

由表 5-3 可以看出，专业性众创空间服务机构合作网络密度比综合性众创空间的高，这说明专业性众创空间各服务机构之间联系更为紧密，互动更为频繁，信息流通更为通畅，合作氛围更为良好，服务机构的影响力也更为突出。

第二节　众创空间服务机构集聚模式

一、众创空间服务机构集聚理论分析

创客所从事的创新创业活动虽然科技含量高、技术复杂、市场前景广阔，但大多规模较小、实力较弱，普遍缺乏资金、人才、技术等资源。单独的创客无法完全掌握创新创业的全过程，在产品研发、生产、销售过程中需要其他机构的帮助与支持。在生产成本、市场接近、政策推动和知识溢出等多重效应下，众创空间集聚了大量的金融、科技、商务、人才等

服务机构，但这些机构必须团结协作，分享项目信息、共享设备设施及相关技术资源，才能发挥各自专业技术优势，共同促进创新创业活动的顺利实施。

社会关系网络理论认为，社会关系网络是企业与金融部门、研发部门、供应者、中间商、消费者之间形成的一种相互认知关系、合作关系和信用关系网络①（梁静波，2007）。集聚于众创空间相互合作的各类主体构成了开放性的、动态的社会关系网络。创业者可以通过社会关系网络获取资源、寻找创业机会、降低创业过程中的不确定性，社会关系网络成为创业型组织成长与竞争力的源泉②。合作网络不仅可以促进知识在网络中不同主体之间的流动，还可以促进网络新知识的生成。合作网络各成员在合作中不仅可以弥补知识或资源缺陷，还能够得到学习成长。对众创空间而言，尤其需要和高校、政府、行业协会、中介组织、投资机构等各类型服务机构建立广泛的合作关系，使创业者能够与创业资源提供者进行精准对接，满足创业者的各类创业需求，帮助创业者解决资源匮乏的问题，促进新创企业不断成长。

二、众创空间服务机构集聚影响因素

集聚是具有经济关联的一类企业在地理上集中的现象，也是生产要素在空间范围内不断汇聚的过程③。新经济地理学以经济活动的空间集聚与全球化为研究对象，提出地理位置、政策优势等因素仅仅是产业集聚的触发因素，产业集聚的根本动因是在循环累积因果机制的作用下，产业规模不断扩大，最终形成核心边缘的区域经济结构。循环累积因果机制的形成，主要是由于市场接近效应和生产成本效应的存在。市场接近效应是指企业在进行区位选择时，倾向于选择市场规模较大的区域，这样可以实现规模效益，降低信息搜索成本。生产成本效应是指企业的大量聚集会降低生产成本，减少运输和贸易成本。

虽然循环累积因果机制理论以系统化的视角解释空间集聚现象，改变了以往研究过于碎片化和零散化的现状，但以其解释众创空间服务机构集聚仍然存在三个不足。

---

① 梁静波. 社会网络对创业机会识别影响机理实证研究 [D]. 吉林大学，2007.
② LECHNER C, DOWLING M. Firm networks: external relationship as sources for the growth and competitiveness of entrepreneurial firms[J]. Entrepreneurship & Regional Development，2003，15（1）：1-26.
③ BALDWIN R, KRUGMAN P. Agglomeration, integration and tax harmonization[J]. CEPR Discussion Papers，2000，48（1）：1-23.

①基于创新创业经济外部性的存在与众创空间处于发展起步阶段的现状，政府普遍采取积极政策鼓励众创空间发展。政策成为众创空间生态系统的重要组成部分，成为服务机构区位选择的重要影响因素。

②基于创新创业者和服务提供商均为知识型机构的事实，创客或服务机构倾向于与关键的互动学习对象实现地理邻近，以便能够实现与其频繁交互来获取隐性知识①。知识溢出效应成为创新创业服务机构集聚的重要影响因素。

③创新创业具有较强的不确定性，而声誉可以在一定程度上缓解信息不对称问题，建立信任关系，影响服务机构的认识与决策，从而成为服务机构在众创空间集聚的重要因素。

基于以上分析，本研究拟从市场接近、生产成本、政策推动、知识溢出和声誉吸引五个方面研究众创空间创新创业服务机构集聚的影响因素，理论模型如图 5-3 所示。

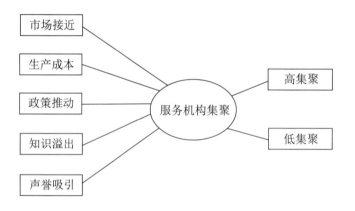

图 5-3　服务机构集聚模型

1.市场接近

市场接近效应是新经济地理学的概念，指工业企业在选择区位时，多倾向于选择市场规模更大的区域。市场接近效应是建立在企业具有规模收益递增的假设之上的，而一定的市场规模是规模效应存在的前提和基础②。市场接近效应的另一个动因是面对面的交流具有打断、反馈等功能，并可以通过肢体语言辅助理解和交流，从而减少信息传递的失真，提高沟

---

① BAPTISTA R. Do innovations diffuse faster within geographical clusters?[J]. International Journal of Industrial Organization，2000，18（3）：515-535.

② 安虎森，吴浩波. 转移支付与区际经济发展差距[J]. 经济学（季刊），2016（2）：675-692.

通质量和效率[①]，从而有利于双方建立信息关系。

创新创业服务机构作为自负盈亏的市场主体仍然以利润最大化为根本目标，利润是创新创业服务机构众创空间集聚行为的根本驱动力。市场需求的大小是影响创新创业服务机构利润最重要的因素之一。创客的数量直接决定了服务机构的潜在需求，将驱动服务机构在众创空间聚集。Baldwin 和 Okubo 在研究企业选址问题时发现，高效率的企业会选择市场规模更大的地区[②]。尽管这些区域竞争较为激烈，但在创客集聚的区域，创新创业服务机构更容易找到客户，更容易利用地缘优势达成合作意向，从而获得商业机会。创新创业服务机构在众创空间的集聚，可以帮助其嵌入众创空间社会网络，从而获得更多的与创客互动的机会。一方面可以更加准确地识别并提供精准化的服务；另一方面可以提升与创客的信任关系，从而促进创客合作关系的达成。

2.生产成本

利润是收入与成本的差额，降低生产成本是提升企业利润的重要方式。生产成本效应是指企业位于制造业集聚区，利用当地生产的中间投入品，减少了投入品进口，从而节省运输和贸易成本[③]。在利益驱使下，创新创业服务机构会以迁移的方式进行空间集聚以降低运营成本，获取经济收益。节约成本成为企业集聚经营的重要影响因素（Illeris，1996）。实证研究已经证实，企业从节约成本的角度，具有迁移到成本较低区位的意愿[④]（张亚，2012）。

场地费用和办公费用是创新创业服务机构成本的主要组成部分。众创空间通常会采取场地费用优惠的措施，吸引创新创业服务机构入驻，从而完善众创空间生态网络系统，解决创新创业者的资金、技术、市场等方面的难题，帮助创新创业者成长。场地费用优惠成为创客在众创空间集聚的重要因素。创客在众创空间的集聚拉近了创客与服务者的距离，大大降低了服务过程中的差旅费用。众创空间不仅可以帮助创新创业服务机构获得更多的商业机会，而且可以帮助创新创业服务机构降低信息搜索成本和交易成本。一方面，创客的空间集聚节约了创新创业服务机构搜寻商业机会的时间成本；另一方面，创新创业服务机构与创客的空间接近和频繁互动，

---

① 王蕾茜.中国金融业集聚动因的理论与实证研究[J].投资研究，2016（11）：68-83.

② OKUBO B T. Heterogeneous firms, agglomeration and economic geography: spatial selection and sorting[J]. Journal of Economic Geography, 2006, 6（3）: 323-346.

③ 王蕾茜.金融产业集聚机制的理论与实证研究[D].福州大学，2016.

④ 张亚.商务成本变动视角下企业迁移动因研究[D].东华大学，2012.

解决了双方的信息不对称问题，从而提升了交易的效率，降低了沟通成本。成本降低成为众创空间服务机构集聚的重要动因。

3. 政策推动

Örnek 和 Danyal（2015）强调初创企业多为技术企业，受到企业家精神和政策支持的影响，寻求国家支持和税费免除等[1]。创业带动明显的经济利益促使政府采取积极的政策支持[2]。实证分析发现，孵化中心、金融支持和知识共享平台对中小企业最为重要[3]。在国际市场一体化、全球化的背景下，将出现更多的创业孵化政策，以扩大本国投资和增加就业机会。众创空间是创新创业的新型载体，政府政策不仅是众创空间生态系统的重要组成部分，也是众创空间生态系统有效运行的重要支撑（陈夙，2015）。政策对于中国众创空间发展具有更为特殊的意义。中国众创空间不同于西方"由技术＋市场到政策"的"自下而上"的发展模式，而是"由技术＋政策到市场"的"自上而下"的发展模式[4][5]（刘志迎，2015；黄飞，2017）。政府政策对众创空间发展起着推动和激励作用。

政府政策对众创空间服务机构空间集聚不仅具有直接效应，而且具有间接效应。直接效应是政府采取拨款、资助、奖励等财政政策，鼓励服务机构在众创空间集聚，从而达到丰富众创空间物种，完善创新创业平台功能的目的。间接效应是政府采取融资奖励、专利贷款奖励、科技贷款补贴等金融政策鼓励创新创业者与创新创业服务机构开展合作，采取创客培训、人才引进奖励等措施帮助创客成长，从而扩大了服务机构的市场规模。

4. 知识溢出

众创空间的发展已经从提供空间载体和增值服务向构建网络化资源集成平台演化与升级[6]。在这种开放性、创新性的网络环境中，创新创业服务机构之间，以及创客服务者与创客之间开展各种交互合作，从而产

---

[1] ÖRRNEK A S, DANYAL Y. Increased importance of entrepreneurship from entrepreneurship to techno-entrepreneurship（startup）: provided supports and conveniences to techno- entrepreneurs in turkey[J]. Procedia-Social and Behavioral Sciences, 2015, 195: 1146-1155.

[2] O'CONNOR A. A conceptual framework for entrepreneurship education policy: Meeting government and economic purposes[J]. Journal of Business Venturing, 2013, 28（4）: 546-563.

[3] TSAI W H, KUO H C. Entrepreneurship policy evaluation and decision analysis for SMEs[J]. Expert Systems with Applications, 2011, 38（7）: 8343-8351.

[4] 刘志迎，徐毅，洪进. 众创空间：从"奇思妙想"到"极致产品"[M]. 北京：机械工业出版社，2015.

[5] 黄飞，柳礼泉. 塑造具有中国特色的创客空间文化[J]. 学习与实践，2017（8）: 124-131.

[6] 张力. 企业孵化器研究前沿与突破方向探析[J]. 外国经济与管理，2010（6）: 17-22, 30.

生类似于生物群体的共生行为，进而产生相互促进的关系[1]。产生这种相互促进关系的原因有以下两点。一是由于较大的网络规模有利于差异化关系的管理[2]（Kugot，Zander，1992）和多样化资源的获取[3]（张玉利，2008），使集聚于众创空间的服务机构在资源共享、知识传递等方面更具优势。二是由于高度信任的网络关系，有利于资源和信息的共享，从而促进创客的技术交流与技术创新。创客依靠嵌入众创空间的服务机构，能够以较低的成本获取突破性的创新资源，产生知识溢出效应。知识溢出是指主体间通过信息交流而获取智力成果，并且不给知识的创造者以补偿，或者给予远小于智力成果价值的补偿[4]（Caniels，2000）。

一般均衡搜索理论认为，知识交换与集聚具有交互关系[5]（Berliant，2006），拥有差异化知识的企业通过寻找搭档的方式交换思想、创造知识，进而提高技术水平，由此导致机构的集聚。众创空间服务机构间通过高效的竞争与合作，组合资源优势并形成高度灵活的专业化服务协作联盟[6]。Forni 和 Paba（2002）证实，知识溢出与产业内和产业间的动态联系促进了产业的集聚[7]。Giusti 等（2020）的研究表明，不同类型知识的交换是开发式创新网络形成的基础[8]。创客和服务提供者在众创空间的集聚促进了主体间的互动交流，推动了行业的细化分工，专业人员的服务因业专而日进，知识和经验加速积累[9]，为知识溢出提供了更多的可能，进一步促进了众创空间集群的发展与创新的产出。知识溢出与众创空间服务机构集聚形成内生互动关系。

---

[1] CHESBROUGH H. Business model innovation: opportunities and barriers[J]. Long Range Planning，2010，43（2-3）：354-363.

[2] KUGOT B, ZANDE R U. Knowledge of the firm, combinative capabilities and the replication of technology[J]. Organization Science，1992，3（3）：383-397.

[3] 张玉利，杨俊，任兵.社会资本、先前经验与创业机会：一个交互效应模型及其启示[J].管理世界，2008（7）：91-102.

[4] CANIELS M C. Knowledge Spillovers and Economic Growth: Regional Growth Differentials Across Europe[M]. Northampton, Massachusetts：Edward Elgar，2000.

[5] BERLIANT M, ROBERT R, REED, et al. Knowledge exchange, matching, and agglomeration[J]. Journal of Urban Economics，2006，60（1）：69-95.

[6] 王缉慈.创新的空间：企业集群与区域发展[M].北京：北京大学出版社，2005.

[7] FORNI M, PABA S. Knowledge spillovers and the growth of local industries[J]. Journal of Industrial Economics，2010，50（2）：151-171.

[8] GIUSTI J, ALBERTI F, BELFANTI F. Makers and clusters. Knowledge leaks in open innovation networks[J]. Journal of Innovation & Knowledge，2020，5（1）：20-28.

[9] 汪艳霞.大学科技园科技服务合作治理模式研究：以重庆北碚国家大学科技园为例[J].科技进步与对策，2018（1）：9-14.

5.声誉吸引

人们通常对企业各项特征进行感知和了解,这些感知及了解形成了企业声誉[1]。声誉是描述成员表现和价值差别感知的经济学概念[2],是外部成员及机构网络结构嵌入的主要影响因素。声誉之所以成为主体行为决策的重要影响因素,是因为声誉发挥着信号和网络的双重作用。声誉作为一种信息载体,能够提供更高的声誉担保,对于建立信任关系、降低网络嵌入的合法性门槛和获取外部资源具有综合性作用[3]。良好的声誉作为情感连带对于消费群体具有一定的凝聚作用,良好的声誉有助于培养老客户的黏性,进而形成"锁定效应"[4]。

在创新创业情境下,众创空间与具有不同特征要素的创客、服务机构等主体合作,形成声誉信号,从而为网络成员互动提供决策参考。服务机构与创客合作,交易双方存在信息不对称的现象。尤其是中小型高科技企业,它们有大量的无形资产但缺乏信息记录,所以增加了创业投资机构对其价值评估的难度[5]。声誉机制通过提供关于成员间合作信任度和意愿度的信号来降低行动的不确定风险,增加网络集合整体或个体间互动的有效性[6]。声誉越好的众创空间可以为服务机构提供越大的客户群体,从而吸引越多的服务机构加入。声誉越好的众创空间,创客成功孵化的概率越高,创客购买力越强,与服务机构合作的可能性越高。声誉越好的众创空间资源整合能力越强,政策优惠力度越大,创客及服务机构对其信任程度越高,进而影响这些主体在众创空间的集聚意愿。

由以上分析可知,众创空间服务机构集聚具有明显的多因性特征,市场接近、生产成本、政策推动、知识溢出和声誉吸引五个要素均与众创空间服务机构集聚息息相关。这些因素并非独立对众创空间服务机构

---

[1] HALL R. The strategic analysis of intangible resources[J]. Knowledge & Strategy, 1992, 13(2): 135-144.

[2] LEE P M, JIN K. The contingent value of venture capitalist reputation[J]. Strategic Organization, 2011, 9(9): 33-69.

[3] 谈毅,徐研.创业投资机构介入、声誉信号与创新网络的动态演化[J].研究与发展管理, 2017(1): 32-41.

[4] 汪旭晖,张其林.平台型电商声誉的构建:平台企业和平台卖家价值共创视角[J].中国工业经济, 2017(11): 174-192.

[5] OZMEL U, REUER J J, GULATI R. Signals across multiple networks: how venture capital and alliance networks affect interorganizational collaboration[J]. Academy of Management Journal, 2013, 56(3): 852-866.

[6] 卢福财,胡平波.网络组织成员合作的声誉模型分析[J].中国工业经济, 2005(2): 73-79.

集聚产生影响，而是多因素互动对众创空间服务机构集聚产生作用。因此，本研究采取整体性视角，研究五个变量之间的交互效应对众创空间服务机构的影响，并力求揭示众创空间服务机构集聚存在的多重并发和非对称性因果关系。

三、研究方法

本研究运用定性比较方法探索众创空间服务机构集聚路径主要有以下三个方面的原因。

①众创空间服务机构集聚是一个复杂的因果关系。空间集聚作为一种现象存在，具有一定的统一性，但其形成原因却不尽相同，具有一定的差异性。相同的结果，其原因却各不相同，空间集聚是多个不同的因素共同作用的结果。这就要求研究者摒弃单变量效应叠加的定量分析思维，采取整体思维方式，以集合的逻辑关系，研究不同要素组合对众创空间服务机构集聚的影响力。

②本研究的任务不仅是揭示众创空间服务机构集聚的机理，而且还要提供有效模式，为众创空间服务机构集聚提供参考。基于理性分析范式的集聚机理研究，虽然能够揭示自变量与因变量之间的关系，但以严谨为特征的理论理想性和现实的资源禀赋匮乏性发生矛盾，导致研究结果越来越难以应用，偏离生活[①]（Guba，Lincoln，1982）。定性比较研究方法通过整体分析和案例比较，能够找到影响众创空间服务机构集聚的有效策略组合，为众创空间依据资源禀赋特征选择可行措施提供了切题的方案。

③本研究的目的不仅是为众创空间实现服务机构高集聚提供有效的策略，而且还要帮助众创空间避免服务机构非高集聚。传统研究往往认为，服务机构高集聚的非集就是非高集聚的组合，这是一种对称性思维假设，而这种非对称性并未经过实证检验。因此，研究者需要采取定性比较方法，分别研究服务机构高集聚和非高集聚的组态，以更加全面地揭示服务机构集聚的复杂的因果关系。

---

① GUBA E G, LINCOLN Y S. Epistemological and methodological bases of naturalistic inquiry[J]. Educational Communication & Technology Journal，1982，30（4）：233-252.

四、研究过程

1.变量测量

（1）服务机构

众创空间平台组织是为促进双边或多边开展交流互动，以提升参与者创新能力并满足其异质性需求为目标，在互联网背景下构建的一种能够对资源进行快速聚散与迭代的生态网络[①]。众创空间服务机构不仅在物理空间集聚，而且可以通过互联网实现与创客的链接。因此，本研究以在众创空间入驻或在平台注册的服务机构数量确定服务机构数量。

（2）市场接近

创客既可以作为个体存在，也可以作为团队存在。创客数量越多，从事的创客项目越多，对金融、科技、商务等服务需求也越大。创客团队包含的创客人数越多，一方面说明创客项目运作越成熟，创客项目由创意向市场价值转化的可能性越高，对服务需求量也就越大；另一方面也说明创客团队越具有实力，越有能力购买服务，从而越有可能成为服务机构的准客户。因此，本研究从创客团队数量和创客人员数量两个方面测量市场接近。

（3）成本费用

虽然理论界多从会计学的角度对成本进行分类并准确测量，但是这些准确数据很难获取，并且不是所有会计数据都与服务机构集聚关系具有紧密联系。因此，本研究从众创空间降低服务机构成本的实际情况出发，从降低场地费用和商务费用两个方面衡量成本费用降低情况。

（4）政策推动

一方面，支持众创空间与扶持创新创业的政策，内容较为丰富，结构较为复杂，难以准确测量；另一方面，服务机构个体并非是所有政策的受益者，因此没有必要测量所有政策。本研究从个体感知影响个体行为的角度，以主观感知的视角测量政策推动的作用。

（5）知识溢出

学者多以低成本获取商业信息、专利技术（Jaffe，1986）、合作交流（张扬，2009）等测量知识溢出程度。本研究借鉴前人研究成果，结合众创空间特征，采取从其他服务机构低成本获取信息和从创客低成本获取信

[①] 李燕萍，秦书凝，陈武.众创平台管理者创业服务能力结构及其生成逻辑：基于创业需求—资源分析视角[J].江苏大学学报（社会科学版），2017（6）：62-72.

息两个方面测量知识溢出程度。

（6）声誉吸引

政府认定是众创空间身份认同的重要标志，也是众创空间综合实力的象征。政府认定级别越高，众创空间声誉就越高。成功孵化创客数量是众创空间的重要绩效指标，也是众创空间价值的重要体现，成功孵化创客以口口相传的方式，提升众创空间社会声誉。本研究采取众创空间级别、成功孵化企业数量测量声誉吸引能力。

2.问卷调查

本研究利用线上线下相结合的方式开展问卷调查。线上调查是在中国创客和众创空间微信群开展的有奖答题问卷调查。中国创客和众创空间微信群是众创空间研究者和负责人的交流群，群里有334名成员，遍布全国各地，利用该微信群开展问卷调查覆盖面广。线下调查是在江苏省孵化器协会协助下开展的抽样调查,采取实地考察和电话调查相结合的方式进行，以保证调查的有效性。

本次调查自2019年12月19日开始，至2020年3月29日结束，共收集问卷104份，其中有效问卷98份，问卷有效率为94.2%。调查对象特征描述见表5-4，样本在不同级别、不同面积、不同成立时间都有分布，具有代表性。

表5-4　样本特征表

指标分布	级别			面积/平方米			成立时间		
	国家级	省级	其他	2000以内	2001~3000	3001以上	2年以内	3~5年	6年以上
数量/个	27	62	9	43	28	17	16	68	14
比例	27.6%	63.3%	9.2%	43.9%	28.6%	17.3%	16.3%	69.4%	14.3%

3.数据处理

QCA是一种集合分析方法，需要将前因变量和结果变量校准为案例隶属度，才能分析条件的组合对结果的影响。变量校准就是依据理论知识或经验标准，设置三个临界值：完全隶属、交叉点和完全不隶属。众创空间级别由于具有显著的标准，因此采取理论校准法，将国家级定义为完全隶属，省级定义为交叉点，其他定义为完全不隶属。其他变量由于缺乏公认的标准，则参照Garcia等人的（2016）研究经验，将连续变量的25百分位、50百分位和75百分位分别计为完全不隶属、交叉点和完全隶属。

五、众创空间服务机构集聚模式

1.单个条件的必要性分析

单个条件的必要性分析是单个变量对结果变量的影响进行度量的一种方法。单个条件的必要性分析是条件组态的充分性分析的前置步骤，以避免必要条件在纳入逻辑余项的解中被剔除。本研究使用 fsQCA3.0 软件，对 98 个众创空间服务机构集聚案例进行必要性检验，检验结果如表 5-5 所示。

表 5-5 单个条件的必要性分析表

变量	一致性指数	案例覆盖度
fs 市场接近	0.666869	0.679226
~fs 市场接近	0.474227	0.474611
fs 成本节约	0.661815	0.645123
~fs 成本节约	0.470588	0.492699
fs 政策优惠	0.691328	0.680732
~fs 政策优惠	0.468567	0.485344
fs 声誉	0.689913	0.650219
~fs 声誉	0.563776	0.612832
fs 知识溢出	0.680210	0.597691
~fs 知识溢出	0.406307	0.482015

由表 5-5 可知，必要性分析的一致性指数为 0.40～0.69，全部小于 0.9，不构成必要条件。这说明，单个变量对众创空间服务机构集聚影响力较低。众创空间服务机构集聚并非受单因素影响，而是多因素综合作用的结果，因此有必要对众创空间服务机构集聚进行条件组态的充分性分析，以发现高服务机构集聚的策略组合。

2.众创空间服务机构高集聚模式

本研究将众创空间服务机构高集聚作为结果变量，使用 fsQCA3.0 软件对真值表进行数据处理，原始一致性高于 0.8，PRI 一致性高于 0.7 的案例编码为 1，否则编码为 0，进行前因组态识别。

由表 5-6 可知，有三个组态的一致性系数均大于 0.8 的临界标准，也就是说这三个组态均能促进服务机构高集聚。

表 5-6 条件组态的充分性分析表

前因条件	高服务机构集聚组态			非高服务机构集聚组态	
	组态 H1	组态 H2	组态 H3	组态 NH1a	组态 NH1b
市场接近	●		●	⊗	⊗
成本节约	●	●	⊗	⊗	⊗
政策推动	●	●	⊗	⊗	⊗
知识溢出		⊗	●		⊗
声誉吸引		●	●	⊗	
一致性	0.8567	0.8763	0.8392	0.8795	0.8434
原始覆盖率	0.3806	0.2048	0.1878	0.3114	0.2098
唯一覆盖度	0.1987	0.0671	0.0891	0.1896	0.08799
总体解的一致性	0.8852			0.8515	
总体解的覆盖度	0.5369			0.3993	

（1）组态 H1：政策推动经济效益主导型

组态 H1 由市场接近、成本节约和政策推动三个核心条件组成。该组态表明，无论知识溢出和声誉吸引条件是否具备，只要具有充足的客户资源、具有吸引力的成本优势及政策推动，众创空间就能实现服务机构高集聚状态。该组态的三个核心要素均能给服务机构带来直接的经济效益，可将该组态总结为经济效益主导型。该组态的案例覆盖率最高，说明众创空间更倾向于选择经济利益作为吸引服务机构集聚的策略。

该组态之所以能够成为服务机构集聚的主要组态，与我国目前服务机构发展现状密切相关。我国创业服务机构大多处于发展的初期阶段，人员较少、资源不足、实力较弱，获取订单、降低成本、赚取利润以确保机构的生存与发展仍然是当前服务机构的主要任务。众创空间集聚的创客数量和质量既可为服务机构提供有效订单，还能降低服务机构信息搜索成本。在政策支持下，降低的办公和商务成本也间接提高了服务机构利润水平，对于服务机构集聚具有相当大的吸引力。

（2）组态 H2：成本声誉主导型

组态 H2 由成本节约、政策推动和声誉吸引三个核心条件组成。该组态表明，在知识溢出不具备的条件下，无论市场接近是否具备，只要具有较高的声誉、较大的成本优势和政策推动，众创空间就能实现服务机构高集聚状态。对比组态 H1 和组态 H2 可以发现，声誉吸引与市场接近具有一定的替代作用。服务机构对众创空间集聚的创客数量和质量信息具有一定的不对称性，当服务机构难以准确获取此信息时，可通过众创空间的级别、成功孵化企业数量等间接信息进行推断。

声誉是众创空间过去行为及其结果的综合性产物，好的声誉向服务机构传递了众创空间能力强、实力雄厚、发展良好等信息。声誉传递的这些信息可以减少服务机构信息挖掘成本，减少众创空间及其创客的机会主义行为，拓宽交易范围和可能性，良好的声誉能够吸引服务机构、创客及相关资源集聚。

（3）组态 H3：市场接近知识溢出主导型

组态 H3 由市场接近、知识溢出和声誉吸引三个核心条件组成。该组态表明，在成本节约和政策推动不具备的情况下，只要具有较大的市场规模、较高的声誉及较高的知识溢出水平，众创空间就能实现服务机构的高集聚。该组态说明服务机构更看重市场规模和发展前景，成本节约和政策推动所带来的经济效益与市场收益相比并不具有吸引力。不同于依赖政策和房租吸引服务机构的做法，这类众创空间更倾向于依赖市场化的手段集聚创客，持续不断地提升市场声誉，从而吸引服务机构的入驻。

服务机构大多属于知识密集型企业，其成员大多具有很高的专业知识水平，集群网络内非正式交流可以为企业带来市场信息和管理经验等，从而可以产生创意和技术。众创空间声誉越高，创客与资源集聚能力越强，市场规模越大，成员越多，社会网络中蕴含的异质性资源和信息就会越多，成员之间交流知识的溢出效应也就越大。在知识溢出效应作用下，服务机构基于知识资本增值的动机，会自觉向众创空间进行集聚。知识溢出与服务机构集聚并非线性关系，而是通过与市场接近、声誉吸引等要素互动协同的方式发挥作用。

3.众创空间服务机构非高集聚模式

为验证众创空间服务机构集聚是否存在对称性因果关系，本研究以众创空间服务机构非高集聚作为结果变量，使用 fsQCA3.0 软件，采用与众创空间服务机构高集聚条件组态的充分性分析相同的标准与方法进行条件组态的充分性分析，分析结果如表 5-6 所示。研究发现，众创空间服务机构非高集聚存在两个二阶等效组态。这两个组态并非是服务机构高集聚的非集，这证实了众创空间服务机构集聚是非对称的因果关系，无法从服务机构的高集聚组态去推断非高集聚组态。

（1）组态 NH1a：经济利益声誉缺失型

组态 NH1a 由市场接近、成本节约、政策推动和声誉吸引四个条件的非集构成。由于前三个条件均与服务机构经济利益密切相关，因此，将其命名为经济利益声誉缺失型。当众创空间既无法满足服务机构经济利益，也没有声誉效应时，该众创空间一定无法实现服务机构高集聚。经济利益的非集在两个非高组态中均出现，这说明经济利益是服务机构入驻众创空间的根本性动机。

（2）组态 NH1b：经济利益知识溢出缺失型

组态 NH1b 由市场接近、成本节约、政策推动和知识溢出四个条件的非集构成，将其命名为经济利益知识溢出缺失型。当众创空间既无法满足服务机构经济利益，也没有知识溢出效应时，该众创空间一定无法实现服务机构高集聚。

对比非高集聚的两个组态，可以发现声誉吸引的非集和知识溢出的非集存在替代效应。在众创空间无法满足服务机构经济利益时，无论是缺失声誉吸引还是缺失知识溢出，都一定会导致众创空间服务机构非高集聚。

第三节　众创空间服务机构发展策略

为创客提供高质量的服务是众创空间的核心功能。与传统孵化器主要扮演构建者的角色、利用自身资源提供服务不同，众创空间在扮演构建者角色的同时，还扮演着链接者的角色，以集聚服务机构的方式为创客提供多样化的高质量服务，在创客和服务机构之间充当桥梁和纽带。

一、加强服务主体能力建设

1.构建"五位一体"的服务机构主体系统，满足创客多元需求

相比于一般创业者，创客资源更为匮乏，所需要的服务支持更为迫切。应以政府为引导、服务运营商为主力、科技中介机构为纽带、高校院所为支撑、金融风投为辅助，打造众创空间服务机构主体系统，为创客提供场地、资金、技术等多方面的服务，从而满足创客多元化的需求。加强服务机构主体建设：首先，应该充分发挥众创空间资源链接的功能，从创客需求出发，吸引数量丰富、类型多样的服务机构入驻众创空间；其次，众创空间还应该采取"只为所用，不为所有"的灵活方式，链接更多服务机构为创客服务。

2.提高服务机构的服务质量，高质量地满足创客需求

众创空间服务机构的服务质量直接关系到创客能否克服资源和能力障碍，实现创意向产品、产品向市场的转换，是影响众创空间运营绩效的最重要的要素。众创空间提高服务质量，首先应加强服务机构遴选，应从服务团队、服务价格、服务水平、服务市场口碑等方面确定遴选标准，在对服务能力进行详尽调查和慎重评估后，与服务机构签署相应的服务协议，并对服务机构提供的服务质量进行有效管控。其次，众创空间还应该扶持服务机构成长，给予服务机构一定的扶持政策，减轻服务机构的成本负担，帮助服务机构开拓服务市场，促进服务机构的服务能力提升和服务绩效提高。

二、加强服务机构的合作互动

1.建立和完善众创空间内资源共享体系，提高服务资源供给能力

众创空间运营商应本着风险共担、利益共享、优势互补、共同发展的原则，建立和完善促进创客发展的资源共享体系，积极引导和帮助创客充分利用高校和研究机构的科技资源、金融机构的资金资源、商业服务机构的市场资源，实现由小到大、由弱到强的转变。众创空间进行资源共享体系的构建：首先应形成明确的利益分配机制，利益分配不均衡是资源共享的经济性障碍，应明确各方的权利和义务，在服务的收费标准、收费方式等方面达成共识，保护各方利益；其次，众创空间应形成服务精准对接机制，信息不对称是影响资源共享的技术性障碍，应发挥运营商的协调作用，集中收集创客需求并向服务机构精准推送，同时集中收集服务信息向创客精准推送，打破众创空间的"信息孤岛"，实现信息顺畅传递。

2.构建多维合作网络，提高服务效率

通过多维合作网络，服务机构可以实现联系更加紧密、互动更为频繁、信息更为畅通、合作更为高效的目标。众创空间构建多维度合作网络，首先应加强服务机构与创客之间的合作。服务机构与创客之间合作越多，越容易理解创客需求，越容易产生彼此信赖，从而提高服务有效性，降低沟通成本。其次，服务机构应加强与运营商之间的合作。运营商处于众创空间的中枢，是信息和资源的集聚地，服务商与运营商的合作越多，越容易发现商机，越容易产生规模效应，降低服务成本。最后，服务机构之间也应加强合作。服务机构之间合作越多，不仅可以实现资源共享，还可以提高合作默契度，从而减少不同机构之间的摩擦，提升为创客服务的效率。

3.提升合作意愿，降低合作成本

在快速多变的内外部环境下，服务机构面临的最大挑战是单凭拥有的资源和能力，无法把握发展机会。服务机构不仅要注重自身竞争优势的培养，还要加强与其他服务机构互动合作，以提升市场机会的把握能力。服务机构应该以创客需求为出发点，以良好的创客体验为重要发展目标，围绕创客与其他服务机构进行价值要素的组合，组成一个有价值的服务网络。在这个服务网络之中，各服务机构在降低交易成本的基础上实现共生共荣，相互激励。服务机构只有处于一个强大的、多元的合作网络体系之中，才有存在的价值，并能在众创空间生态系统中具有竞争力。

三、提升众创空间服务机构吸引力

1.加强品牌化建设

研究发现，众创空间良好的声誉向服务机构传递了实力雄厚、发展良好的信号，是吸引服务机构加入的重要因素。加强品牌化建设，首先应该积极引进运营能力强、创新资源多的科技服务机构或知名企业创办众创空间，它们可以利用强大的号召力和影响力吸引大量的服务机构加入。其次，众创空间应具有准确的市场定位，采取圈层化的手段，围绕某一个群体开展专业化的创客服务，在某个领域形成比较优势，从而吸引特定的服务机构加入。

2.加强专业化建设

业务和经济收益既是服务机构存在的经济基础，也是其根本追求。追求经济利益是服务机构加入众创空间的最根本动机。众创空间要在精准产业定位的基础上，延伸产业链条，推动上中下游产业垂直整合，把更多的精力用在产品研发、工艺改进、品牌建设、市场营销、供应链管理等方面，从而提升众创空间在行业内的影响力和综合竞争能力，提升对创客及服务机构的吸引力，实现以创客集聚吸引服务机构集聚和以服务机构集聚吸引创客集聚的良性循环。众创空间只有以市场需求为导向，围绕价值链各个环节，深度参与到价值创造过程之中，才能为加入众创空间的创客和服务机构创造市场机会，才能形成价值共创、利益共享的良好局面。研究发现，依靠场地和政策优势，提供简单服务的众创空间难以吸引服务机构加入。众创空间需要加强专业化建设，深度参与到价值创造中去，为服务机构带来经济收益，才能真正吸引服务机构加入，才能增强众创空间的黏性，才能集聚更多服务机构。

本 章 小 结

本章借鉴循环累积因果机制理论，从市场接近、成本节约、政策推动、知识溢出和声誉吸引五个方面分析了众创空间服务机构集聚的影响机制。采取fsQCA方法，以98个众创空间为样本，实证分析了众创空间服务机构集聚的多重并发和非对称因果关系。研究发现：①众创空间服务机构高集聚存在政策推动经济效益主导型、成本声誉主导型和市场接近知识溢出主导型三种组态；②声誉吸引和市场接近在众创空间服务机构高集聚过程中具有一定的替代效应；③众创空间服务机构集聚存在非对称性因果关系；④众创空间服务机构非高集聚存在经济利益声誉缺失型和经济利益知识溢出缺失型两种组态；⑤声誉缺失和知识溢出缺失在众创空间服务机构非高集聚过程中存在一定的替代效应。

第六章 众创空间政策文本研究

本章从众创空间的价值属性、生命周期属性及政策工具功能出发，构建三维分析框架，对中央与省级众创空间政策进行文本分析，发现当前众创空间政策的薄弱环节，进而提出完善众创空间政策体系的建议。

第一节 众创空间政策文本分析框架体系

一、众创空间政策的价值

政府政策不仅是众创空间生态系统的重要组成部分，也是众创空间生态系统有效运行的重要支撑（陈夙，2015），对于中国众创空间发展具有特殊的意义，政府政策对众创空间发展起着引领和激励作用。

政策在本质上是一个有着规范性意图的行动计划，经由该计划对政策的构成要素进行安排，以实现特定的目的、价值和利益[①]。政策意图是否能够得以实现取决于各级政府对众创空间政策功能的理解，取决于各级政府对众创空间发展路径的分析。研究发现，我国众创空间政策的发展虽然取得了一定成效，但在政策的连续性、权威性、金融支持力度方面还存在问题[②]。出现这些问题的原因在于众创空间属于新鲜事物，其政策的制定还处于"摸着石头过河"的阶段，无论是政策制定者、受益者，还是学术界对于相关政策的内容、结构和作用机理都缺乏深刻的理论认识。这无疑将影响政策的科学性与有效性，不利于政策作用的发挥，不利于众创空间的长远发展。

众创空间政策是政府推动创客运动发展，营造"大众创业、万众创新"氛围，推动创新驱动发展的重要手段和工具。众创空间政策的目标是通过发挥众创空间低成本、便利化、全要素、开放式的作用，为创客提供良好的平台和服务。

---

① 朱伟.西方政策设计理论的复兴、障碍与发展[J].南京社会科学，2018（5）：75-81，88.
② 陈章旺，黄惠燕.区域众创空间绩效评价：基于因子分析角度[J].科技管理研究，2020（2）：73-78.

二、众创空间政策分析框架

众创空间政策能否实现其目标，与这些政策的内容、结构有密切关系。作为政府政策体系的重要组成部分，众创空间相关政策的内容与结构完整、各部分之间达到动态平衡，是政策发挥效用的前提和基础[①]。众创空间政策反映了主体间的互动与对话，以实现众创空间、创客及政府之间利益的协同。基于上述认识，本节以政策工具的视角开展文本分析研究。政策工具理论遵循严格的目标—手段理性，强调政策实现政策目标的过程。基于政策工具的视角进行众创空间政策文本分析，不仅需要从内容结构的视角出发，考察政策工具的类型是否完备，而且需要从价值链的视角出发，考察政策作用于众创空间的价值属性，还要从生命周期的视角出发，考察政策作用于众创空间的阶段。因此，本研究构建了一个三维度的政策分析框架，对国内不同层次的众创空间政策进行文本分析，识别相关政策存在的问题，为众创空间政策的完善提供理论参考。

1. X维度——政策工具内容结构维度

任何政策都具备工具属性，学者从不同视角出发，形成不同的政策工具结构。例如，瓦当根据政府资源对受众影响强弱将政策工具划分为管制性工具、经济性工具和信息性工具三类。Howlett（2006）根据强制性程度，将政策工具划分为强制性工具、自愿性工具和混合性工具三类[②]。Rothwell 和 Zegveld（1985）按照作用方式将政策工具区分为供给性政策工具、需求性政策工具和环境性政策工具三类[③]。

众创空间作为创新创业的重要载体，为创新创业提供的基础性与专业性的服务是其价值的体现。中国众创空间作为一种自上而下的政策先导性行为，使创客群体仍处于基于兴趣和创业激情支撑发展的起步阶段。

[①] DUN W N. Methods of the second type: coping with the wilderness of conventional policy analysis[J].Review of Policy Research 7.4，1988，7（4）：720-737.

[②] HOWLETT M, KIM J, WEAVER P. Assessing instrument mixes through program-and agency-level data: methodological issues in contemporary implementation research[J]. Review of Policy Research，2006，23（1）：129-151.

[③] ROTHWELL R, ZEGVELD W. Reindustrialization and Technology[M]. London: Longman Group Limited，1985.

创客群体在国内仍属小众（蒋作君，2014），创客生态系统尚未形成[①]（徐广林、林贡钦，2016），创客精神尚未得到广泛认同和尊重，也未植入社会大众的内心[②]（李燕萍等，2016）。众创空间的发展，一方面需要依靠政府鼓励政策的支持来提升兴办众创空间的积极性，另一方面也需要扶持创客的发展，以避免众创空间出现闲置状况，再一方面需要营造良好的创新创业环境，为众创空间发展营造良好的氛围。因此，众创空间政策文本分析需要供给性政策、需求性政策和环境性政策的配合，以实现众创空间供给和创客需求之间的动态平衡。基于以上考虑，本研究采取 Rothwell 和 Zegveld（1985）的研究思路，将供给性工具、需求性工具和环境性工具纳入众创空间政策分析的 X 维度进行考察（见图 6-1）。

众创空间供给性政策工具是指政府通过人才、资金、场地、技术等支持鼓励众创空间创建，提升众创空间服务水平，增强众创空间盈利能力，有效增加众创空间服务对市场的有效供给。众创空间需求性政策工具是指政府通过降低创新创业门槛、鼓励开展创新创业培训、鼓励开展创新创业活动等方式激发大众创新创业热情，壮大创新创业人群，使众创空间提供的设施和服务得以有效使用，避免闲置、浪费现象发生，为众创空间提供有效的市场需求。众创空间环境性政策工具是指政府通过制定规划、提供平台、营造氛围等方式间接支持众创空间与创新创业活动的开展。

虽然供给性工具、需求性工具和环境性工具都是众创空间政策工具的重要组成要素，但作用并不相同。供给性工具起推动作用，需求性工具主要起拉动作用，环境性工具主要起间接性作用。理想的众创空间政策体系需要保持供需的动态平衡，当供大于求时，就会出现众创空间闲置现象，当供小于求时则会影响创新创业活动发展。

[①] 徐广林，林贡钦. 公众参与创新的社会网络：创客文化与创客空间 [J]. 科学学与科学技术管理，2016（2）：11-20.

[②] 李燕萍，陈武，李正海. 驱动中国创新发展的创客与众创空间培育：理论与实践——2016 年首届"创新发展·创客·众创空间"论坛评述 [J]. 科技进步与对策，2016（20）：154-160.

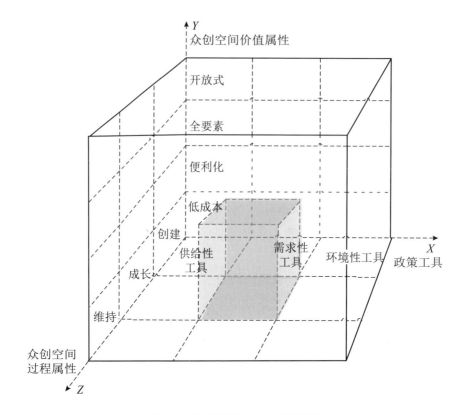

图 6-1 众创空间政策分析框架图

2.Y维度——众创空间价值属性维度

威廉·N. 邓恩认为政策评价就是对政策的价值做出判断[①]。众创空间是具有低成本、便利化、全要素、开放式特征的新型创新创业服务平台。众创空间政策的制定目的是激励、引导众创空间的创建与发展，提升众创空间为创新创业者服务的能力与水平，因此，低成本、便利化、全要素、开放式是众创空间价值的重要体现。本研究将众创空间的价值属性纳入政策分析框架的 Y 维度进行考察（见图 6-1）。

低成本是指众创空间比传统孵化器门槛更低，能为创新创业者提供低成本的工作空间、工作设施及技术服务。便利化是指众创空间集聚了诸多科技、金融、工商、人力等机构，能够提供便利化的创新创业服务。全要素是指众创空间能够提供创新创业所需要的设施、资金、技术、人力、市场等各种要素资源。开放式是指众创空间资源共享、技术共享、信息共享，

---

① 威廉·N. 邓恩. 公共政策分析导论 [M].2 版. 北京：人民大学出版社，2002.

吸纳各类人群积极参与。理想的众创空间政策体系需要从上述四个方面提升众创空间的价值，确保众创空间帮助创新创业者弥补资源禀赋匮乏的缺陷，降低创新创业门槛，促进创新创业者迅速成长。

3. Z维度——众创空间过程属性维度

众创空间不仅是一种空间存在，而且作为一个独立的市场经济主体，它也需要获取一定的收益，以维持其生存与发展，并持续地为创新创业者提供高价值的服务。因此，众创空间也存在生命周期的问题，需要从时间的维度考察政策是否覆盖众创空间生命周期的全过程。

从生命周期的角度看，众创空间具有创建、成长与维持三个阶段。创建阶段政策工具的任务是激发各主体创建众创空间的热情，引导各主体投身于众创空间创建工作中。成长阶段政策工具的任务是加强众创空间的内涵建设，提升为创新创业者服务的水平和能力。维持阶段政策工具的任务是帮助众创空间解决资金缺口问题，提升盈利能力。

本研究将众创空间的三个阶段纳入政策三维分析框架的Z维度（见图6-1）。理想的众创空间政策体系不仅能激发各主体创办众创空间的热情，而且能帮助众创空间提升盈利能力和抗风险能力，使众创空间健康发展，持续不断地为创新创业者提供服务。

第二节 众创空间政策文本分析过程

在政策文本分析方面，学者研究发现，文本挖掘和数据统计分析可以细致分析政策的结构特征、内部关系，显示出政策的演化趋势[①]。本研究将遵循深度分析基础上的定性研究范式，即在全面把握政策文本内容材料的基础上反思现有政策体系，从而对政策现状和理论框架进行双向阐释。因此，本研究遵循的政策分析的逻辑是：选取分析样本，建立政策分析数据库，人工精读政策并依据分析的维度对政策文本进行编码及分类，最后计算统计分析结果。

---

① 张骁，周霞，王亚丹. 中国科技服务业政策的量化与演变：基于扎根理论和文本挖掘分析[J]. 中国科技论坛，2018（6）：6-13.

一、样本选择

本研究的研究目的是考察众创空间政策内容及其结构的合理性，考虑到《国务院办公厅关于发展众创空间推进大众创新创业的指导意见》（国办发〔2015〕9号）是促进众创空间发展的第一个指导性文件，因此，选取从该文件发布之日起至2017年12月31日之间，国务院及各部委与各省级政府出台的促进众创空间发展的政策文件为分析样本。样本是通过查阅国务院办公厅、各部委及各省政府网站的方式获得，均属于公开的文件资料。研究者通过对收集的政策内容进行详细阅读、认真筛选，剔除相关度不高或已失效的政策文本，共搜集到43份政策文件作为研究对象，其中，国家及部委层面的文件4份，地方政府层面的文件39份。

二、内容编码

首先，根据本研究构建的众创空间政策三维分析框架，确定政策内容文本分析的类目。其中，X维度分为供给、需求与环境三个类目，Y维度分为低成本、便捷性、全要素和开放性四个类目，Z维度区分为创建、成长、维护三个类目。为保证类目的效度，本研究对类目进行了界定并确保类目之间的互斥性。

其次，阅读政策文本，对政策内容进行分析，抽取促进众创空间发展的文本信息并按照"发文单位—文件序号—条款序号"的规则进行编码，形成促进众创空间发展的政策文本编码表。在对43份文件进行详细阅读的基础上，共抽取了200条促进众创空间发展的条款。

三、政策文本属性分析

对已经编码的政策文本进行逐条分析，由表及里、由内而外，深入理解政策内容的深层次意义（如表6-1所示）。按照是否反映其类目特征，从政策工具属性、价值属性和过程属性逐一进行判断，再根据内容抽取出政策工具并进行筛选和整理。由于一些政策条目的表述具有综合性，因此，在进行判断时采取多项选择的方式，按其实际反映的类目特征情况独立进行判断，不受其他类目的干扰。

表 6-1 政策文本编码表

文件名称	政策文号	发文部门	文本内容分析单元	编码号	工具属性			价值属性				生命周期		
					供给	需求	环境	低成本	便捷性	全要素	开放性	创建	成长	维护
国务院办公厅关于发展众创空间推进大众创新创业的指导意见	国办发〔2015〕9号	国务院办公厅	（一）加快构建众创空间，构建一批低成本、便利化、全要素、开放式创新创业门槛	国-1-1	1	0	0	1	1	1	1	1	0	0
			（二）降低创新创业门槛	国-1-2	0	1	0	1	0	0	0	1	0	0
			（三）鼓励科技人员和大学生创业，为大学生创业提供场所、公共服务和资金支持，以创业带动就业	国-1-3	0	0	0	1	0	0	0	0	1	0
			（四）支持创新创业公共服务，为创业搭建高效便利的服务平台	国-1-4	1	0	1	0	0	1	0	1	1	0
陕-1	陕政发〔2016〕10号	山西省政府办公厅	（一）减免规费	陕-1-1	1	0	0	1	1	0	0	0	1	0
			（二）完善市场准入制度，放宽市场准入条件，降低行业准入门槛	陕-1-2	1	1	1	1	0	0	0	0	1	0
甘-1	甘科计〔2015〕4号	甘肃省科技厅	（一）对经认定的众创空间，按照规模和实际建设需要给一次性财政补助，用于初期开办费用和运行补贴	甘-1-1	1	0	0	0	0	0	0	0	1	0
			（二）鼓励各众创空间之间资源共享	甘-1-2	0	0	1	0	0	0	1	1	0	0
苏-1	苏科协发〔2015〕132号	江苏省科学技术协会	（一）创新发展科技社团，激发各类人才创新创业活力	苏-1-1	0	1	0	0	0	0	0	1	0	0
			（二）深入实施能力提升计划，增强创新创业服务能力	苏-1-2	1	0	0	0	0	0	0	0	1	0
			（三）厚植科技创新文化，营造创新创业良好生态	苏-1-3	0	0	1	0	0	0	1	0	1	0

第三节 众创空间政策文本分析结果

一、基于工具属性视角的众创空间政策分析

我们对 200 条政策文本条款进行供给、需求和环境三种属性判断，结果显示：供给性条款共计 70 条，占比为 35%；需求性条款共计 62 条，占比为 31%；环境性条款共计 50 条，占比为 25%（见图 6-2）。

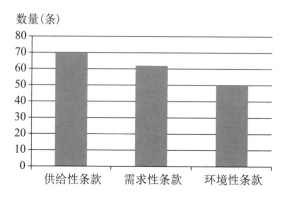

图 6-2　工具属性视角众创空间政策分析图

由分析结果可以看出，供给性条款数量最多。众创空间作为创新创业的载体，提高众创空间的市场供给是促进众创空间发展最直接、最有效的政策手段，也是促进"大众创业、万众创新"局面形成的基础性工作。但供给性政策过多也会导致众创空间盲目发展，尤其是在经验较少、专业人士缺乏的众创空间发展初期阶段，在政策诱导下会出现"套利现象"，从而导致劣质众创空间的出现。科技部数据显示，截至 2016 年年底，仅纳入"火炬计划"的众创空间数量就达 4298 家，但入驻率仅为 30%，有些众创空间成为"空间"[①]，供给性政策呈现出过溢现象。从供给性政策的类型来看，大多政策采取资金支持、税收优惠、整合共享资源等方式增加众创空间的市场供给的数量，而在专业人才引进与培养、经营模式创新等关于众创空间的市场供给质量方面的政策明显不足。

从需求性条款的数量来看，略微少于供给性条款的数量，处于中等水平。众创空间作为一个生态系统而存在，必须实现供给与需求的平衡。需求性政策小于供给性政策会导致众创空间供大于求，从而造成众创空间剩余。从需求性条款的类型来看，主要是通过提供资金支持降低创业门槛、

---

① 众创空间成"空"间：平均入驻率仅 30%，有些已关门倒闭 [EQ/OL]. http://tech.sina.com.cn/i/2017-03-09/doc-ifychhus0155620.shtml.

提供创业辅导、创新创业人才培养、支持科技人员创业等方式提高创新创业人群数量，使众创空间的需求有显著提高。由于众创群体不同于一般的创新创业者，他们大多是基于兴趣和技能，依赖社区协作而从事创新创业活动，具有很高的自组织性和动态性[1]，因此，鼓励兴办各类兴趣社团、举办各类创意竞赛和创意产品展示活动，引导企业和消费者关注并购买个性化的创意产品才是增加众创空间需求的有效方式。

从条款的数量来看，环境性条款数量最少。大量的研究表明，先动性、创新性和风险性的创业活动往往面临着"合法性缺陷"[2]，社会文化、经济、政治和获取创业帮助等创业环境因素对个体创业行为有着重要影响[3]。环境性条款较少使"大众创业、万众创新"缺乏良好的发展土壤，也使众创空间难以可持续地健康发展。从环境性条款的内容来看，政策主要通过文化氛围的营造、完善市场准入制度、资源共享与区域合作等方式改善环境。而有利于创客成果保护的知识产权保护政策，有利于创客相互学习的交流互动政策，有利于创客成果转化的创意交易促进政策则较少。

二、基于价值属性视角的众创空间政策分析

从低成本、便利化、全要素、开放式四个维度，我们对200条政策文本条款进行价值属性判断。结果显示：低成本性条款71条，占比35.5%；便利化条款34条，占比17%；全要素条款18条，占比9%；开放性条款42条，占比21%（见图6-3）。

低成本性条款数量最多，占比最大。成本是创新创业的重要约束性因素，初始资本少于创办企业所需储蓄门槛时，就会陷入"贫困陷阱"[4]（Buera，2009）。以提供场所支持、资金支持、财政支持、税收优惠等多种方式降低创业的成本，降低创新创业门槛，激发创客的积极性成为众多众创空间吸引创客的策略选择。但低成本政策的实施使资源的筛选作用大大降低，大量不具备创新创业能力和条件的人在低成本的诱导下加入创

---

[1] OH W, JEON S. Membership herding and network stability in the open source community: the ising perspective[J]. Management Science，2007，53（7）：1086-1101.

[2] 李雪灵，马文杰，刘钊，等. 合法性视角下的创业导向与企业成长：基于中国新企业的实证检验[J]. 中国工业经济，2011（8）：99-108.

[3] 张玉利，陈立新. 中小企业创业的核心要素与创业环境分析[J]. 经济界，2004（3）：29-34.

[4] BUERA F J. A dynamic model of entrepreneurship with borrowing constraints：theory and evidence[J]. Annals of Finance，2009，5（3/4）：443-464.

新创业队伍，使众创空间的创客呈现良莠不齐的现象。因此，众创空间需要引入甄别筛选机制，对于定位不明确、竞争力较弱、提供服务针对性较差的主体应予以风险提示，避免不具备条件的主体盲目进入，也避免资源浪费。

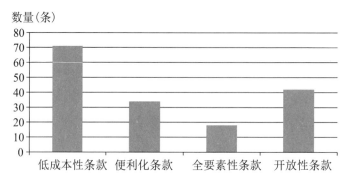

图 6-3　价值属性视角众创空间政策分析图

全要素性条款数量最少、占比最低。众创空间作为一个生态系统存在，应能为创客提供全方位的服务以帮助其成长与发展。鼓励众创空间提供全要素服务的政策较少会使企业没有动力加强服务能力建设，从而使众创空间服务水平不高。因此，政策应鼓励众创空间加强内涵建设，丰富众创空间功能，提升众创空间为创客提供服务的质量和水平。

便利化条款和开放性条款居于中等水平，说明各级政府重视资源与服务的集聚和共享，不仅使创客开展各项创客活动更为便捷，而且通过资源共享的方式使创客有机会获得所需要的关键稀缺资源，弥补其资源禀赋匮乏的缺陷。

三、基于生命周期视角的众创空间政策分析

从创建、成长、维护三个维度，我们对 200 条政策文本条款生命周期属性进行判断。统计结果显示：创建型政策条款 121 条，占比 60.5%；成长型政策条款 58 条，占比 29%；维护型政策条款 18 条，占比 9%（见图 6-4）。

众创空间作为新生事物，为打消创建者顾虑，激发更多主体参与众创空间建设，各级政府制定较多的创建型政策具有一定的合理性。众创空间创建的意义在于能够持续地为创客提供服务和支持，而持续提供服务的前提就是众创空间本身能获取一定的收益、能获得成长，以弥补为创客服务过程中的资源消耗。因此，各级政府应采取积极的金融政策，鼓励社会资

本参与众创空间的建设，帮助众创空间孵化项目的发展，为众创空间及创客发展注入能量。

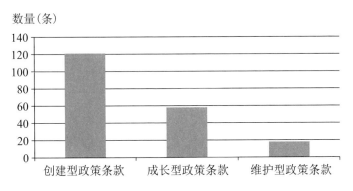

图 6-4　生命周期属性视角众创空间政策分析图

另外，众创空间作为新生事物没有太多经验可以借鉴，具有较大的风险和不确定性。即使是一些规模较大的众创空间，如空间地库、孔雀机构、MadSpace 等都无力支撑，关门歇业①。因此，在鼓励众创空间创建的同时，在众创空间发展遇到困难时，各级政府还应给予一定的政策支持，以帮助众创空间渡过难关，避免因众创空间倒闭造成资源浪费。但占比仅为 9% 的维护型政策表现出政府对众创空间维护工作的力度不够，难以保证众创空间的可持续发展。因此，政府应实施兜底型政策，建立众创空间发展基金为经营暂时遇到困难，又有发展潜力的众创空间提供支持。

本研究从政策工具、价值属性和生命周期三个维度对当前的众创空间政策进行文本分析，发现众创空间政策体系覆盖了供给、需要和环境三个层面，具有低成本、便利化、全要素、开放式四个价值属性，贯穿了创建、成长和维护三个环节，是一个覆盖面广、针对性强的政策体系。但该政策体系存在重视供给和需求，忽视环境氛围的营造；重视低成本，忽视全要素；重视众创空间创建，忽视众创空间成长和维护等诸多问题。

第四节　众创空间发展政策建议

政策是众创空间生态系统的重要构成要素，在众创空间尚属于新生事物的发展初期阶段尤为重要。从完善政策设计和强化政策落实两个方面提

---

①　吴立涛. 我国众创空间的发展现状、存在问题及对策建议 [N]. 中国高新技术产业导报，2017-02-20（007）.

出政策优化措施，对于促进众创空间可持续发展具有重要意义。

一、完善政策设计

1.提高环境型政策供给，营造良好的氛围

我国以规范为特征的家庭教育阻碍了学生创造力的发挥（把嶙，2016）。同时，我国创客是在政策推动下伴随众创空间的出现而诞生的，缺乏自发而生的创客所应有的创新精神（宋之杰，王浩，2016）。此外，创客环境有待进一步改善，创客氛围也有待进一步加强。供给型和需求型政策虽然可以迅速调动众创空间和创客的积极性，使创客运动迅速呈现繁荣的景象，但要使众创空间获得可持续发展，使创客精神真正深入人心，还需要环境和氛围的营造。政府相关机构可以定期组织一批优秀的团队进入社区、校园，与大众分享成功的创业和自主创新经验，还可以积极组织、举办创业交流大会、创业人才导师专项创业沙龙等活动，营造创新创业的良好氛围。通过环境影响人们的认识、改变人们的行为，从而使人们真正热爱创新、热衷创业，加快形成"大众创业、万众创新"的生动局面。

2.提高全要素型众创空间激励力度，为创客提供全方位的服务

创客需要的是能为其提供全方位服务的众创空间，而成长性差、功能性低的众创空间的大量出现，不仅无法满足创客需求，而且会造成众创空间数量过剩，导致资源浪费。过于重视低成本而忽略全要素的政策现状，不利于众创空间质量的提高，不利于创客的成长与发展，从而影响众创空间的可持续发展。政府加大全要素型众创空间激励力度，采取"扶优、扶强、扶特"的原则，给予更多的资金支持、政策支持，大力发展实力强、服务全的众创空间，对于提高服务质量，促进创客成长具有重要意义。

3.提高成长和维护型政策供给，促进众创空间可持续发展

在多重政策刺激下，大量众创空间如雨后春笋般不断涌现，而众创空间尚属新生事物，大多数众创空间缺乏专业人才和专业经验，处于"摸着石头过河"的经验积累阶段。支持众创空间加强内涵建设，加大众创空间成长的政策供给，会提高众创空间的服务能力，促进众创空间的成长。另外，由于众创空间没有太多成熟经验可以借鉴，在建设过程中，面临的不确定性和风险性较大，众创空间的可持续发展还需要一定的恢复力。J. R.

Kar(1986)等认为,如果一个生态系统受到外界干扰时具备自我恢复能力,那么这个生态系统就是健康的①。恢复力是衡量系统受到外界胁迫时,克服压力及反弹恢复的容量。提高众创空间维护政策供给,有利于提升众创空间的抗风险能力,促进众创空间的可持续发展。

二、强化政策落实实效

1.加强政策监管

建立健全众创空间监管制度体系,首先应建立科学的众创空间评估指标体系。众创空间考核应由单纯重视建筑物的面积向重视专业化的设备设施、系统化的服务内容转变,应由重视拥有资产和人才数量向重视嵌入的资源和人才数量转变,应由重视投入性指标向重视投入产出效率指标转变。其次,政府相关部门应加强信用体系建设,政府相关部门应推动各部门信用信息的共享,建立众创空间各主体信用档案,加大对不诚信企业的惩罚力度,让诚信成为众创空间各主体的普遍共识,改善众创空间信用环境。再次,政府相关部门应加强众创空间动态检查,采取自查、现场核查、抽查等多种手段对众创空间运行情况进行检查,对运行良好的予以奖励和宣传,对于运行出现的问题及时予以帮助,对于难以为继的众创空间及时予以关停。最后,政府机构还应采取科技化手段提高监管的效率,充分利用大数据手段分析众创空间运行状态,在提高监管科学性的同时,减少现场监督检查带来的负担。

2.加强政策协同

建立完善的政策协同机制,首先应该确保各个政策之间的相互支撑、相互协同,避免出现矛盾、重复的现象。要确保政策之间的协同,各相关机构应该建立联动机制,科技局、工信局、发改委、财政局及园区等众创空间业务管理部门能够定期交流,制定政策时能够相互通气,执行政策时能够合理分工,从而及时处理众创空间发展过程中面临的重大疑难问题,提高政策执行效率。其次,各相关机构还应注重时间维度的政策协同,不同时期出台的政策之间应该相互衔接,保持政策的相对稳定性,提高政策的公信力,从而提升政策执行的效果。

---

① KARR J R, FAUSCH K D, ANGERMEIER P L, et al. Assessing bio-logical integrity in running waters: a method and its rational[A]. Champaigre: Illinois Natural History Survey[C]. Illinois: Special publieation, 1986.

3.加强公共参与

政府应转变观念，积极引导众创空间、创客、服务机构参与到政策制定过程之中，建立听证制度、民意调查制度、社会公示制度等，完善信访制度，加强网络参与制度的建设，从而畅通相关主体的利益表达渠道，积极吸纳相关主体的意见，提高政策制定的开放性和民主性。加强相关主体的公共参与，一方面可以提高政策的针对性和有效性，使政策供给与相关主体需求实现有效匹配，满足相关主体需求，从而发挥政策效能；另一方面可以提高政策执行力，相关主体的参与可以提高政策的认同感，从而提高政策宣传、政策执行、政策监督的积极性和主动性，进而取得良好的效果。

本 章 小 结

本章从政策工具、价值属性和生命周期三个维度构建了众创空间政策分析框架，并运用该分析框架对四个国家部委和39个省级众创空间政策文件进行分析评价。研究发现，众创空间政策体系覆盖了供给、需要和环境三个层面，具有低成本、便利化、全要素、开放式四个价值属性，贯穿了创建、成长和维护三个环节，但存在忽视环境氛围的营造、全要素价值属性体现不足、没有重视众创空间成长和维护等问题。为促进众创空间可持续发展，政策体系应更加注重政策的协同性、适度性，更加注重激发市场活力。

第二篇 众创空间运行机理研究

众创空间生态系统具有开放性、动态性和演化性的特征，要充分认识众创空间就必须研究众创空间的动态性。动态性使众创空间生态系统具有了生命周期。基于静态视角的要素构成研究，主要关注系统的状态特征，不足以理解众创空间生态系统的运行模式和状态变化。众创空间生态系统研究需要从动态视角出发，借助科学的方法，揭示其形成、运行与演化过程中的规律和作用机理。本篇的研究目标是窥视众创空间形成、运行与演化的全过程，揭示众创空间形成、运行与演化的路径与规律，发现众创空间形成、运营和演化的关键影响因素与作用机理。本篇在本书中起到承上启下的作用。

伴随着蓬勃发展的创客运动和不断加码的政策支持，各要素迅速向众创空间集聚。在各要素的相互作用下，众创空间生态系统基于一定的规律逐渐形成，并遵循生命周期发展演化过程，不断由无序到有序、由不成熟到成熟、由低级到高级演化。众创空间生态系统具有典型的阶段性特征。处于不同阶段的众创空间生态系统具有不同的发展任务，存在不同的演化规律，需要在详细分析要素构成、要素互动的基础上予以分别揭示。

众创空间生态系统形成的逻辑起点为各主体之间的互动，进而在互动过程中发生联系，产生社会关系网络。这种社会关系网络成为信息、资源流通的主渠道，并对各主体产生吸引和依赖作用。各主体在空间上集聚，众创空间生态系统开始形成。因此，需要在充分分析各项驱动因素的基础上，结合期望理论、双加工理论，分析创客、众创空间、政府等主体的互动协同，进而发现众创空间生态系统形成的有效路径。

众创空间的运行是在各种要素共同耦合作用下实现的。各要素之间的耦合匹配是影响众创空间运营绩效的重要原因。为取得良好的运营绩效，众创空间需要对外界环境变化和政策更新及时做出响应，并通过战略转型、能力提升、商业模式创新等方式实现自组织更新，以达成与外界环境政策和内部服务对象的多层次耦合。因此，从"战略—能力—商业模式"的逻辑框架出发，采取匹配性的视角，探讨众创空间运营绩效的有效模式，对于发现众创空间运行机理、提高众创空间运营绩效具有重要意义。

良性发展的众创空间会随着相关主体数量的大幅增加，规模逐步扩大，相关主体之间的交流互动会更加频繁，系统功能会更加强大。众创空间相关主体之间的关系逐渐稳定，价值目标更加一致，协作更加和谐。价值共创与共生演化成为众创空间生态系统演化的趋势。众创空间的运营者通过迭代思维不断进行服务创新，使组织协同创新能力不断增强，资源共享价值不断体现，既满足了创客的异质性需求，又提升了运营效益，在开放智能平台的框架下进行价值共创。一个相对稳定、良性循环的众创空间生态系统，需要经历一个由简单线性结构向复杂网络结构转变的过程，这个过程是各主体形成互惠共生的过程。因此，在系统分析众创空间生态系统价值共创和共生演化影响因素的基础上，构建演化模型，分析演化特征、演化规律，揭示演化机理，对促进众创空间生态系统的良性可持续发展具有重要意义。

第七章　众创空间生态系统形成机理研究

第一节　众创空间生态系统形成理论分析与概念模型构建

一、众创空间生态系统形成理论分析

众创空间不是由单一因素形成的，而是物理空间与社会空间、精神空间的融合体（王国华，2016）。众创空间在新创企业的不同发展阶段扮演着构建者、推动者、供给者和联结者的角色，为其提供硬件支持、技术支持、商业支持和网络支持等不同类型的服务（卫武等，2021）[1]。众创空间内的丰富创业生态资源，经过自然选择、优胜劣汰，资源自发缔结网络并动态演化，无论是资源的多样性还是组织方式，都具有自组织的生态学属性[2]（Muhammad，2013）。陈凤等（2015）认为，众创空间是由众创精神、创客生态圈、资源生态圈和基础平台与众创政策构成的创业生态系统[3]。戴春等（2015）认为，众创空间是由政策、市场、人力资本、金融、文化和支持六大要素构成的一种相对稳定的创业生态系统[4]。对于众创空间具有生态系统属性的结论在学界已达成共识。

从众创空间的实践来看，众创空间的发展并非一帆风顺，而是出现了同质化、空心化（董弘毅，2016）的问题。其本质是创业生态系统的破坏与失衡，主要体现为以下三个方面。①由于创客精神的缺失，我国创客群体仍处于基于兴趣和创业激情支撑发展的起步阶段，创客群体在国内仍属小众（蒋作君，2014），创客生态系统尚未形成[5]（徐广林，林贡钦，

---

[1] 卫武，杨天飞，温兴琦．基于初创企业发展周期的众创空间服务与角色 [J/OL]．科学学研究：1-19.[2021-08-13]. https://doi.org/10.16192/j.cnki.1003-2053.20210610.001.

[2] MUHAMMAD R K. Mapping entrepreneurship ecosystem of Saudi Arabia[J]. World Journal of Entrepreneurship, Management and Sustaina Development，2013，9（1）：28-54.

[3] 陈凤，项丽瑶，俞荣建．众创空间创业生态系统：特征、结构、机制与策略——以杭州梦想小镇为例 [J]．商业经济与管理，2015（11）：35-43.

[4] 戴春，倪良新．基于创业生态系统的众创空间构成与发展路径研究 [J]．长春理工大学学报（社会科学版），2015（12）：77-80.

[5] 徐广林，林贡钦．公众参与创新的社会网络：创客文化与创客空间 [J]．科学学与科学技术管理，2016（2）：11-20.

2016），仍然缺乏创客的基因①（刘志迎，2015）。创客数量不足，导致部分众创空间出现工位闲置现象。②由于主要依靠政府推动和政策拉动，众创空间发展呈现政绩指标化倾向②（毛大庆，2016）。不同于美国"技术+市场"的发展模式，中国众创空间呈现出"技术+政策"（刘志迎等，2015）的特征，自然选择、优胜劣汰的市场机制发生扭曲。众创空间过度依赖政府补贴，孵化效率亟待提高（王海花等，2021）③。③由于专业人才供给落后于飞速发展的众创空间的人才需求，多数众创空间仅能提供基本的场地、设施、政策等服务，而对于金融资源对接、产品策划、团队辅导等专业服务显得力不从心（张力，2015）。

综上可见，众创空间是一个生态系统，生态系统的破坏与失衡是影响众创空间可持续发展的主要原因已得到学界的认同。但以往的研究存在以下两个方面的不足。①从研究内容来看，以往的研究属于静态的描述性研究，对于众创空间生态系统的形成过程、驱动因素、系统演化等动态问题还需要进一步深化，对于众创空间形成过程中各因素之间的交互作用和作用机理还需要进一步探究。②从研究方法来看，以往的研究属于宏观理论分析，是基于生态系统理论的描述性研究。而众创空间作为一个市场主体的存在，是众创空间的创建者在对外部环境、自身条件综合判断基础上的决策行为。基于众创空间创建者的微观视角，以案例研究的方法，窥视众创空间形成过程、探索众创空间形成的内在机理的研究还比较欠缺。因此，本章将在众创空间生态系统理论研究的基础上，采取案例研究的方法，探索众创空间生态系统的动态形成机理。

二、众创空间生态系统形成概念模型的构建

众创空间生态系统主体选择参与众创空间创建的过程就是众创空间生态系统形成的过程。众创空间生态系统主体的参与动机能够帮助我们理解众创空间生态系统形成的过程。双加工理论认为，创办众创空间是具有风险性的决策行为，创办者的思维和决策必然会受到情绪（如害怕失败）的影响。创办者的决策是理性和情感交互作用的结果，需要从熟虑和冲动的双重视角探讨其创办众创空间的行为。熟虑系统是理性决策的结果，是行

---

① 刘志迎，徐毅，洪进.众创空间：从"奇思妙想"到"极致产品"[M].北京：机械工业出版社，2015.
② 毛大庆.中国众创空间行业发展蓝皮书：中国众创空间的现状与未来[M].杭州：浙江人民出版社，2016.
③ 王海花，赵鹏瑾，周位纱，周洁.地理邻近性与众创空间成长[J/OL].科学学研究：1-20.[2021-08-13].https://doi.org/10.16192/j.cnki.1003-2053.20210629.003.

为主体在衡量得失的基础上，经过深思熟虑发生的行为。冲动系统是由情感负荷、有说服力的情境特征所驱动，利用由相似性或相近性构成的联结，自动或在潜意识中发生。因此，众创空间生态系统的形成不仅需要资源和动力，还需要诱因促使其由意向向行为转变。

综上，我们提出以下概念模型，如图7-1所示。

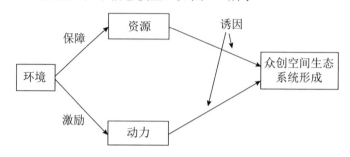

图7-1　众创空间生态系统形成概念模型图

1.环境

众创空间生态系统的形成是主体与环境共同作用的结果，其形成离不开技术和政策的支持。按照双因素动机理论，环境对众创空间创办者的影响主要表现为保障和激励两大作用。①便捷的交通、完善的产业布局、鼓励创新的氛围等为创客数量、创客活跃度，以及技术和物资设备提供了坚实的保障。②政府对创办众创空间的资金扶持、税收优惠政策及政府领导的现场指导增加了创办者的经济收益，满足了创办者的个人成就感，对众创空间创办者起到很大的激励作用。众创空间生态系统为创业者提供的价值共创、交流共享等机制已经成为创业成功的必要保障（项国鹏，钭帅令[①]，2019；胡海波等[②]，2020；刘睿君，唐璐乔[③]，2021）。在环境方面，我们主要考察政策环境（高涓，乔桂明[④]，2019）、产业环境和创新氛围等（Feldmann[⑤]，2020）。

---

①　项国鹏，钭帅令.核心企业主导型众创空间的构成、机制与策略：以腾讯众创空间为例[J].科技管理研究，2019，39（17）：1-6.

②　胡海波，卢海涛，王节祥，黄涛.众创空间价值共创的实现机制：平台视角的案例研究[J].管理评论，2020，32（9）：323-336.

③　刘睿君，唐璐乔.商业生态系统视域下众创空间构建策略[J].科技与创新，2021（3）：61-64，67.

④　高涓，乔桂明.创新创业财政引导政策绩效评价：基于地方众创空间的实证检验[J].财经问题研究，2019（3）：75-82.

⑤　FELDMANN M，LUKES M，UHLANER L. Disentangling succession and entrepreneurship gender gaps: gender norms, culture, and family[J]. Small Business Economics, 2020: 1-17.

2. 资源

根据资源基础理论，与创办新企业一样，能否成功创办并运营众创空间的可能性同样取决于创办者掌握的资源，创办者的经验、人际关系、资金、技术、物资设备等都可能对众创空间的创办产生影响。资源不仅是众创空间生态系统形成的重要条件，而且与众创空间类型具有一致性。例如，具有资金资源优势的主体往往创建投资型众创空间，具有房地产开发经验的主体往往创建地产型众创空间。在资源方面，我们主要考察技术资源、人际社会网络、资金和人才资源等（陈武等，2021）[①]。

3. 动力

期望理论认为，人们从事某项行为的动力（激励力量）取决于期望值和效价。对众创空间创办者来说，成功创办众创空间是个人需求的一种满足，需求可以分为经济需求和精神需求。获取经济收益以满足物质需求和用个人兴趣以满足精神需求是创办众创空间的双重动力（陈戈，石瑾，2020）[②]。以追求精神需求和社会效益为主的主体往往创建公益性众创空间，而以追求物质需求为主的主体往往创建营利性众创空间。在动力方面，我们主要考察个人兴趣和经济利益。

第二节 众创空间生态系统形成机理的案例分析

一、研究方法

案例研究注重回答"如何"与"为什么"的问题，强调现象所处的现实情境并能够对其进行丰富描述（Eisenhardt，Graebner，2007）。本研究的任务是探索众创空间生态系统的形成驱动因素，这些因素是如何相互作用的，是如何影响众创空间生态系统的形成的。这些属于探索性研究问题，具有较强的情境性特征，因此，我们选取案例研究的方法开展研究。研究遵循 Yin（2004）所提出的案例研究方法，收集包括新闻报道、内部资料在内的各种文本，进行归纳和总结，以期从中确定众创空间生态系统形成的驱动因素的维度，分析因素之间的逻辑关系，从而对概念模型进行验证。

[①] 陈武，陈建安，梁燕，等. 社会网络视角下的创客资本研究 [J]. 科技进步与对策，2021，38（7）：1-9.

[②] 陈戈，石瑾. 独立动机与主观规范对创业动机的影响机制 [J]. 科研管理，2020，41（5）：269-278.

本研究收集的资料具有信息量大、内容繁杂、无结构化等特征。为使这些资料转化为可识别、可处理的信息，需要采取文本研究的方法，将这些资料按照一定的维度和结构呈现出来。本研究从时间和空间两个维度出发，系统阐述深圳柴火创业空间的创办者、时间、地点及社会背景等，以充分挖掘案例信息。

二、案例选择

众创空间生态系统既能为创客提供培训辅导、融资对接、活动沙龙等服务，实现孵化创业者的目标，还能获取一定的经济收益维持自身运营。深圳柴火创客空间成立于2011年，寓意于"众人拾柴火焰高"。柴火众创空间的理念是为创客们提供一个好的场所，让来自各界的各有所长的人碰撞出更多的火花，再加些催化剂，把这火花炸得更欢腾，让普通大众能够看到、能够感受到、能够喜欢。创客来源于生活但不拘泥于生活。归根结底，柴火众创空间一直都想把不甘寂寞的人变为创客，让创新创业变为他们不甘寂寞的一种宣泄。柴火创客空间是我国成立时间较早、发展良好、具有很高知名度的众创空间。

选择深圳柴火众创空间作为案例对象，是因为其已经发展成为由创客、众创空间、政府三大主体构成的具有良性互动特征的生态圈（见图7-2）。从创客子系统看，柴火众创空间吸引了将近6000名创客会员，已经形成由玩家、创新者和创业者构成的庞大创客群体。玩家以个人兴趣和爱好为主要驱动力，单纯为了休闲而从事手工制作活动。虽然玩家具有不稳定性和业务性，但可以营造创意创新创业的氛围，可以培育创新者和创业者。创新者不仅是为了消遣，而且还要将创意变成产品。创业者更需要将产品推向市场，实现其经济价值。从众创空间子系统看，深圳柴火众创空间自2015年李克强到访后的两年多的时间里，共接待海内外来访人员12万人次，举办了超过200场创客活动，已与全国47所中小学共建了校园众创空间。2017年，柴火众创空间又获得新发展，在深圳南山区万科云城成立设计公社，占地面积超过2000平方米。柴火众创空间不仅提供3D打印、激光切割等硬件设施，通过举办各类活动营造创意创新创业氛围，还通过创客教育活动塑造创客文化，培育更多的创客，实现了创客与众创空间的良性互动。从政府子系统看，深圳市作为年轻人最青睐的城市，每年吸收大量毕业生，为创客数量奠定了较大的人口基数。世界级创新中心的战略更为创客和众创空间营造了良好的创新氛围，相关鼓励创客运动发展的政策则为创客和众创空间发展提供了政策支持。

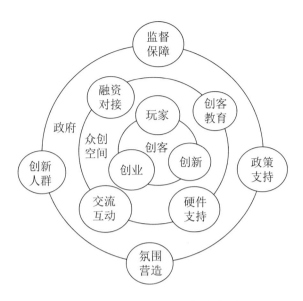

图 7-2 深圳柴火众创空间生态圈

选择深圳柴火众创空间作为案例分析对象的另一个原因是相关资料较多，便于研究者多角度、全方位地分析。2015 年李克强访问柴火众创空间后，让其名声大噪，受到媒体和公众的广泛关注，仅知网上就有相关文章 12 篇，其他各大网站的相关报道有 19 篇。为开展更深入研究，本研究还关注了柴火众创空间的微信公众号，并注册成为其会员，对其进行了长时间的跟踪研究。

三、众创空间生态系统形成机理的案例分析

1. 柴火众创空间形成的环境分析

（1）从柴火众创空间成立的社会环境来看

深圳 2006 年 1 月颁发"1 号文件"——《关于实施自主创新战略，建设国家创新型城市的决定》，2008 年成为创建国家创新型城市试点城市。在《关于加快建设国家创新型城市的若干意见》《深圳国家创新型城市总体规划（2008—2015）》等一系列政策刺激下，深圳创新型城市建设取得了优秀的成绩，研发投入占 GDP 的比重超过 4%，高科技企业数量和产值、国际专利申请量在国内各大城市居首位。2018 年年底，深圳商事主体数达 311.9 万户，是全国唯一超过 300 万户商事主体的城市。按 2018 年常住人口计算，深圳每千人有商事主体 239.4 户，每平方公里有商事主

体 1561.9 户，创业密度连续多年全国第一①。正是由于其浓厚的创新氛围，使深圳成为年轻人青睐的城市，高达 22.53% 的年轻人净增长率，使其年轻指数远远高于其他城市②。

2014 年，深圳市政府成为 Maker Faire（创造者大会）的赞助商，使深圳成为世界上第七个举办 Maker Faire 的城市。2014 年底，深圳市政府与行业协会联合全球创客，发表《全球创客深圳宣言》。Maker Faire 的成功举办，既为创客提供了创意和产品的展示平台，也为他们提供了技术、信息和经验的交流平台，对于营造创意创新创业氛围，塑造和传播创客文化具有重要意义。李克强对柴火众创空间的访问吸引了众多创客的关注和积极加入，为创客注入了一支强心剂，大大激发了创客的创意热情。同年，深圳出台了《关于促进创客发展的若干措施》《深圳市科技企业孵化器和众创空间管理办法》，给予众创空间最高 200 万元人民币的资金支持，大大激发了社会力量创办众创空间的热情。

从以上资料可以看出，良好的创新氛围，点燃了创客的创新创业的热情。为满足广大创客的创新创业活动对资源、工具和平台的需求，需要创办具有低成本、便捷化、开放性特征的众创空间，在市场需求拉动下，众创空间具有良好的发展前景。日益完善的众创空间发展政策和日益加大的众创空间扶持力度，大大激发了众创空间创办者的积极性。

（2）从柴火众创空间成立地点来看

深圳华侨城创意园是在老厂房改造基础上成立的融合创意、设计、艺术于一身的文化创意产业园区，每年都会举办创意节和多场创意活动，有着浓厚的创新创意氛围，集聚了一大批创新创意人才。创新创意人才既是众创空间服务的对象，也是众创空间得以出现和发展的基础。另外，从柴火众创空间到深圳华强北电子市场仅 10 公里的距离，大约半小时的车程。深圳华强北电子市场是亚洲规模最大、品种最全的电子市场，是世界中小型电子企业的采购批发中心，创客们在这里能比较轻易地买到所需要的各种零配件和工具，这为创客活动的开展奠定了坚实的物质基础。

从以上资料可以看出，创客倾向于自己动手制作产品，参与创新，而工具和材料则是其创新活动开展的基础。由于创客的创意五花八门，偏好也多种多样，工具和资源需求也呈现出复杂多样的特征。柴火众创空间具有良好的创意创新创业氛围，集聚了大量创意创新创业人才，提供了丰富

---

① 五方面解析深圳营商环境 [EQ/OL].http: //www.sznews.com/news/content/ 2019-05/23/content_22017710.htm.

② 2016 全国城市年轻指数报告 [EQ/OL].http: //www.cctime.com/html/2016-5-4/1167270.htm.

的设施设备和材料,为创客活动的开展提供了人才资源和物质资源保障。

2. 柴火众创空间成立过程分析

(1)从柴火众创空间创办人的个人经历看

2008年,潘昊成立了矽递科技。矽递科技是一家专门从事开源硬件的公司,为国外创客提供模块化的快速开发工具,帮助他们实现由创意到产品的转换。在当时国内创客氛围尚不浓厚、创客尚属小众群体的情况下,潘昊就已经开始为国外创客提供产品与服务,既嵌入了国外创客的人际关系网络,又积累了大量的创客经验。矽递科技为深圳柴火众创空间的成立提供技术支撑、资金支持和资金保障。从业务类型来看,矽递科技作为一家从事开源硬件的公司,如果希望打开国内市场,就必须培养国内的客户。而成立众创空间,为创客提供载体,是推动创客运动发展的重要方式。从潘昊的个人经历来看,他从小就喜欢捣腾各种硬件,多次参加各类DIY创意大赛,成立矽递科技和柴火众创空间也是在满足其兴趣。

从以上资料可以看出,柴火众创空间成立之前,创始人就已经积累了创客技术、经验、人际关系网络和资金等资源,这些资源提高了其创办众创空间的自我效能,增强了创办众创空间的信心。

另外,众创空间的成立具有双重动机倾向,既被个人兴趣驱使,也被经济效益驱使。兴趣是一种行为动机,是推动众创空间创办的直接动力,是一种基于情感的非理性因素。经济利益动机是一种物质利益欲望,是一种较为理性的行为动机。创办众创空间可以帮助潘昊完善原有产业链条,培养国内创客,开拓国内开源硬件市场,从而带来更为持久的经济利益。

(2)从柴火众创空间成立时间来看

2010年,潘昊参加了由美国Make杂志社举办的全球最大的DIY聚会——Maker Faire,期间参观了有"美国创客教父"之称的Mitch Altan创办的众创空间Noisebridge。潘昊被热闹非凡的场景和琳琅满目、别有用心的创意作品深深打动。2011年,他将位于深圳华侨城创意园的旧办公室改造成了众创空间。

从以上资料可以看出,在Noisebridge的所见所闻是一个关键事件,对潘昊的心理产生很大的触动,而这个心理的触动影响了他对众创空间的态度,进而对其创立众创空间的行为产生影响。众创空间的成立由意向向行为转变,不仅需要资源保障和动力推动,还需要关键事件的激发。关键事件是一个重要的应急源,能够引发潜在的众创空间成立者的情感心理反应,其情感反应进一步影响创办众创空间的行为选择。

四、众创空间生态系统形成理论模型的修正

通过对柴火众创空间形成过程的深入分析,不仅验证了众创空间生态系统形成的概念模型,而且对变量的内涵有了更为深入的认识。为使理论模型更清晰,更能指导众创空间实践活动,本研究将理论模型做出如图 7-3 所示的修正。

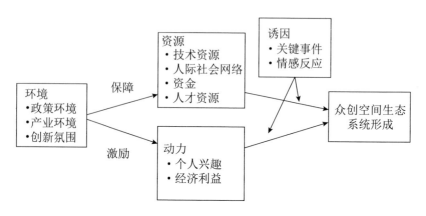

图 7-3 众创空间生态系统形成修正模型图

五、研究结论

本研究从众创空间形成的驱动因素出发,依据期望理论、双加工理论和双因素理论构建了众创空间生态系统形成机理模型,并以深圳柴火众创空间的形成作为案例对模型进行了验证,得出以下结论。

(1) 众创空间生态系统的形成是综合作用的结果

众创空间生态系统的形成是环境、资源、动力、诱因等诸多要素综合作用的结果,需要创客、众创空间、政府等利益相关者的协同互动,需要构建多主体协同治理的机制。单纯依靠任何一方力量,众创空间生态系统都无法形成。创客需要众创空间提供必要的场所、设施、设备以及辅导和支持,需要政府给予一定的政策鼓励。众创空间需要一定规模的创客群体、必要的经费资源。政府在支持创客运动发展的同时,也需要创客为科技发展、创业就业做出一定的贡献。

(2) 众创空间生态系统的形成驱动要素存在相互作用的关系

众创空间生态系统的形成驱动要素包括环境、资源、动力、诱因四大类别,这些要素对于生态系统发挥着不同的作用。其中,环境对众创空间生态系统的形成发挥着间接性的作用,它通过对资源的保障作用和对动力的激励作用间接影响众创空间生态系统的形成。诱因发挥着调节作用,

影响着众创空间生态系统形成的速度。资源与动力既对众创空间生态系统的形成具有直接影响作用，还发挥着连接环境与众创空间生态系统的中介作用。

第三节 促进众创空间生态系统形成对策

众创空间生态系统形成机理模型显示，众创空间的形成是环境、资源、动力、诱因四类要素综合作用的结果。促进众创空间生态系统的形成，需要多维推进、多主体联合，抓住核心要素，激发内在动力。

一、多维推进，营造良好发展环境

研究发现，环境虽然是众创空间生态系统形成的间接因素，但对资源与动力因素均具有重要影响。环境是多维度概念，既包括政策环境，也包括产业环境和创新氛围，营造良好的众创空间发展环境，需要从多维度推进。首先，营造良好的政策环境。众创空间发展政策既要考虑到运营商、创客、服务机构各个相关主体的政策需求，又要考虑到从创意萌生、产品制作到市场化、产业化，由小到大，由弱到强的各个发展阶段的政策需求。其次，营造良好的产业环境。创客的产品只有融入产业体系，才具有生命力，才能顺利实现经济价值，与当地产业环境明显脱节的创客项目，难以找到客户，难以获得需要的各项资源。最后，营造良好的创新氛围。创客从事的创新创业活动是具有风险性的活动，需要一个开拓创新、包容失败的环境，这样才能激发其创新热情，使创新活动能够克服一次又一次的失败而持续不断地开展下去。

二、多主体联合，提高资源集聚能力

研究发现，资源是众创空间生态系统形成的重要保障。众创空间应该充分发挥平台功能，为创客链接到人力、设备、资金、市场、技术等各类服务机构，实现资源在众创空间的集聚，从而减少创客的搜寻成本，促进创客与服务机构的合作共赢。为提升资源集聚能力，众创空间应做到以下几点。第一，应加强基础设施建设，加快建设基于5G技术的网络全覆盖，提供完备的创客共用性设施，提升整体的基础设施水平。第二，创客空间还应培养专业化的运营人才团队，提高服务的专业化水平。第三，众创空间应举办对接服务活动，如举办沙龙、嘉年华等，创造创客与服务机构对接的机会，吸引金融、知识产权、商务服务、人力资源等众多服务机构落

户众创空间，为创客提供资金、人力等资源。第四，加大宣传力度，增强众创空间的知名度，从而提升吸引力，吸引更多的人才加入众创空间。第五，众创空间还应创新服务机构集聚方法，可以发挥现代信息技术在信息发布、在线服务、互动交流等方面的优势作用，实现网络空间的集聚。

三、抓住核心要素，提升支持有效性

研究发现，良好的创新氛围、大量具有创新创业热情的创客出现是众创空间形成的人才基础。创新工具和创新材料则是创新活动开展的物质基础。众创空间发展应该抓住这些核心要素，从过去以房租补贴、场地供应为主的政策向以氛围营造和设施提供为主的政策转变。政府应采取政策引导，鼓励创客文化的培育和传播，全民体验创客文化，营造创新创业氛围。较好的方法有两种。①建立创客产品展示中心。在人流集中的商业中心和旅游景点，利用现有商场和景点空间，进行创客产品的展示活动，让群众切身体验创新的力量。②媒体宣传，渲染创新创业氛围。加大媒体宣传力度，在重要刊物设立创客专栏，定期出版，加大对众创空间和创客活动的报道力度，打造支持创新创业的舆论氛围。

政府为方便创客的创新创业活动，一方面要鼓励在产业集群、园区和大型器件批发市场等创办众创空间，方便创客获取必要的工具和材料；另一方面，在众创空间购置 3D 打印机、车、铣、刨、磨、镗、焊接等设备时给予一定的政策支持，并在审核或考核众创空间发展绩效时将其作为重要指标。

四、发挥标杆榜样作用，激发内在动力

众创空间的成立具有双重动机倾向，既被个人兴趣驱使，也被经济效益驱使。对众创空间的成功创办者进行宣传，详细报道其创办众创空间的过程、取得的成绩、积累的经验，对于营造创新创业氛围，点燃创客的热情具有重要意义。众创空间还可建立独特的品牌号召力，打造一批具有影响力的众创空间，以先发展带动后发展的方式带动周边众创空间的发展，为众创空间的发展树立标杆榜样作用。

内在动力的激发可从以下两个方面进行。①基于个人兴趣层面，众创空间应当重视创客文化的塑造与传播，即大力发展创客教育，提供创客技术学习机会，激发创客的个人兴趣。②基于经济效益层面，政府可以建立一定的激励机制，设立技术成果奖项，对具有价值和意义的创新创业项目予以奖励。

五、事件触发，引发积极情感

研究发现，由关键事件和情感反应构成的诱因对于众创空间生态系统的形成发挥着重要的调节作用。众创空间应加强与成功人士的群际接触，加强理想、信念教育，给潜在的运营商、创客、服务机构注入正能量，使其获取兴奋、自信等积极情感体验，发挥积极情感的催化作用，点燃激情。构建具有试验性质的发展平台，允许各类主体进行低成本的尝试，使其在尝试过程中获得更多的体验，以克服对于未知世界的恐惧，进而产生加入众创空间的勇气。

本 章 小 结

众创空间是一个生态系统，生态系统的破坏与失衡是影响创客空间可持续发展的主要原因。本研究以深圳柴火众创空间为研究对象，通过案例分析，得出以下结论。第一，众创空间生态系统的形成是环境、资源、动力、诱因四类要素综合作用的结果，需要创客、创客空间、政府等利益者的协同互动，需要构建多主体协同治理机制。第二，资源与动力既对众创空间生态系统的形成具有直接影响作用，还发挥着连接环境与创客空间生态系统的中介作用。诱因对众创空间生态系统的形成发挥着调节作用，影响着众创空间生态系统形成的速度。要促进创客空间的健康发展，应多维推进、多主体联合，抓住核心要素，激发内在动力。

第八章 众创空间商业模式匹配对运营绩效的影响机理研究

众创空间运营绩效既是众创空间运行的结果，也是其未来可持续健康发展的基础。探索众创空间运营绩效的影响机理，发现众创空间高绩效的有效模式，对于众创空间可持续发展具有重要意义。为此，我们将在本章探讨战略、能力和商业模式三者的匹配模式对众创空间运营绩效的影响，从而为众创空间实现高绩效运营奠定理论基础。

第一节 众创空间商业模式匹配对运营绩效影响理论分析

一、众创空间运行商业模式的内涵

我国的众创空间可以看作"创客空间+孵化器"的结合体。国外典型的创客空间产出的是创新产品，是帮助创客把创意变成现实；孵化器产出的是新创企业，是帮助创业者把创新产品商业化。我国的众创空间涵盖了从创新到商业化的全过程。在政府推动众创空间发展的相关政策中，众创空间被看作是一类低成本、便利化、全要素、开放式的新型创业服务平台，最终服务于新企业的创建（杨琳，屈晓东，2019）[1]。因此可以认为，众创空间是孵化器的一种新形态（冯锋，曹阳，2019）[2]。

已有很多研究探讨了众创空间（孵化器、创客空间）的商业模式问题。例如，有的学者根据孵化器的发展阶段，对孵化器进行了代际划分，这种代际划分是众创空间在不同阶段采用不同商业模式的体现（许治等，2019）[3]。有的学者总结并提出了国内孵化器在发展早期出现的三种主

---

[1] 杨琳，屈晓东.众创空间研究综述：内涵解析、理论诠释与发展策略[J].西安财经学院学报，2019（3）：121-128.

[2] 冯锋，曹阳.众创空间创客团队的"ITEM"融合模式与循环迭代：基于青创迭代创空间案例研究[J].华南理工大学学报（社会科学版），2019（3）：29-38.

[3] 许治，黄攀，陈朝月.不同代际科技企业孵化器孵化绩效差异比较：基于广东省的实证研究[J].管理评论，2019（5）：100-108.

要运营模式：完全事业型孵化器、事业企业型孵化器、企业型孵化器（梁云志，司春林，2010）[①]。也有学者对孵化器商业模式的构成要素进行了分析（吴瑶，葛殊，2014）[②]。具体到众创空间，徐思彦和李正风（2014）[③]认为，创客空间有别于一般孵化器，并没有固定的模式与主题。但可以将众创空间归纳为几种形态：社区型众创空间（数量最多的一种形态）、微观装配实验室、商业型机器商店。林祥等（2016）[④]根据不同的维度，把众创空间（创客空间）分为"自己玩"型与"集体玩"型、兴趣型与创业型、综合型与专业型、无配套型与有配套型。不同类型的众创空间无疑对商业模式有重要影响。基于众创空间提高的服务，概括出了四类商业模式：工具服务＋社交服务＋知识服务＋创投服务，众创空间+购物中心，众创空间＋实验室，众创空间＋互联网。刘伟等（2014）[⑤]从产品、客户群体、资源整合能力、成本收益模式四个方面描述了商业孵化器实现盈利的逻辑。

可以看出，尽管学者们做了很多探讨，但正如DaSilva和Trkman（2014）所提到的，未来的研究如果只是为了提供一个新的关于商业模式的要素结构，或是对商业模式的构成成分进行更准确的描述，只能给现在已有的文献增加数量，而不会对理论和实践有更多帮助。

二、"战略—能力—商业模式"理论框架

尽管商业模式引发了大量研究，但人们对"商业模式到底是什么"并没有统一的认识。Zott等（2011）[⑥]认为，对商业模式基本概念界定得不清晰导致相关研究呈现出极度离散和碎片化的特征。很多研究在核心现象、边缘现象、理论视角和研究方法上都存在极大差异（Klang et al.,

---

[①] 梁云志，司春林.孵化器的商业模式研究：理论框架与实证分析[J].研究与发展管理，2010（1）：43-51，67.

[②] 吴瑶，葛殊.科技企业孵化器商业模式体系构建与要素评价[J].科学学与科学技术管理，2014（4）：163-170.

[③] 徐思彦，李正风.公众参与创新的社会网络：创客运动与创客空间[J].科学学研究，2014（12）：1789-1796.

[④] 林祥，高山，刘晓玲.创客空间的基本类型、商业模式与理论价值[J].科学学研究，2016（6）：923-929.

[⑤] 刘伟，黄紫微，丁志慧.商业孵化器商业模式创新描述性框架：基于技术与资本市场的创新[J].科学学与科学技术管理，2014（5）：110-119.

[⑥] ZOTT C, AMIT R, MASSA L. The business model: recent developments and future research[J]. Journal of Management, 2011, 37（4）: 1019-1042.

2014）[1]。学者们不仅对商业模式的概念存在众多不同的解读，而且关于商业模式的构成要素也从"三要素"到"九要素"说法不一（原磊，2007[2]；李会军等，2019[3]）。此外，在很多文献中，商业模式与战略这两个概念往往被混淆，人们习惯于把商业模式作为一种战略变革。这导致实务界过于看重商业模式的独特性，把商业模式作为重要的竞争优势。

针对商业模式研究存在的混乱状况，DaSilva 和 Trkman（2014）[4]进行了反思，认为过多的定义和混乱的要素构成，无论是对企业实践还是学术研究都是不利的。两位学者基于资源论和交易成本理论，梳理了商业模式与其他类似概念（战略、商业理念、收入模式/盈利模式/经济模式、业务流程模式）的异同，厘清了战略、动态能力和商业模式之间的逻辑关系，提出战略—动态能力—商业模式的逻辑关系，如图8-1所示。

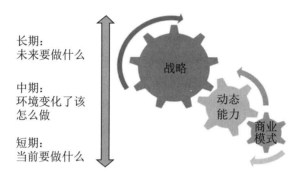

图 8-1 DaSilva 和 Trkman 提出的"战略—动态能力—商业模式"框架

DaSilva 和 Trkman 认为，战略是一个长期概念，动态能力是一个中期概念，而商业模式是一个短期概念。企业长期的战略塑造了企业的动态能力，而动态能力使企业能够根据当前的情境设计适合的商业模式。换句话说，战略是回答"企业未来如何经营"的问题，商业模式是回答"企业当前如何经营"的问题，商业模式是企业战略和动态能力在当前的体现。两位学者认为，任何企业都可能有不止一种商业模式，但并不是每个企业都有明确的战略。因为战略是长远规划，而商业模式反映的是企业在某一时

---

[1] KLANG D, MARIA WALLNÖFER, HACKLIN F. The business model paradox: a systematic review and exploration of antecedents[J]. International Journal of Management Reviews，2014，16（4）：454-478.

[2] 原磊. 商业模式体系重构[J]. 中国工业经济，2007（6）：70-79.

[3] 李会军，席酉民，王磊，等. 从离散到汇聚：基于批判实在论与多重范式视角的商业模式研究框架[J]. 管理评论，2019（9）：207-218.

[4] DASILVA C M, TRKMAN P. Business model: what it is and what it is not[J]. Long Range Planning，2014，47（6）：379-389.

刻的情况。

我们认为，DaSilva 和 Trkman（2014）对商业模式、能力和战略三个概念之间关系的论述有助于人们理解这三个重要概念的界限。在这一逻辑框架下对商业模式进行研究，能避免陷入已有研究的混乱状态，也更有助于发挥理论研究对企业管理实践的指导意义。为此，我们将借鉴 DaSilva 和 Trkman（2014）的"战略—能力—商业模式"框架来探讨众创空间的商业模式问题。

三、众创空间商业模式匹配对运营绩效影响概念模型

在企业的实践中，经常存在战略、能力与商业模式不匹配的问题，这是同样的商业模式在不同的企业会有成功和失败的差别的原因。基于上述分析，我们把众创空间的商业模式研究纳入 DaSilva 和 Trkman 提出的"战略—能力—商业模式"逻辑框架中，考察众创空间的战略、能力和商业模式的匹配关系，解释众创空间运营绩效存在的差异。

根据 DaSilva 和 Trkman 提出的"战略—能力—商业模式"逻辑框架，我们认为，众创空间在思考商业模式时，应该关注战略、能力和商业模式的匹配。换句话说，没有最优的商业模式，只有最合适的商业模式。单纯模仿所谓的最佳商业模式很难有好的效果。由此，本研究的分析框架如图8-2所示。

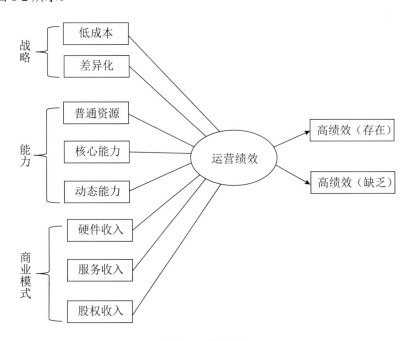

图 8-2　研究框架

1. 战略

战略是关于一个组织"做什么"和"如何做"的问题。企业的目标是生存并盈利,因此,战略管理的学术论文往往把绩效、企业绩效作为战略管理的直接目的(谭力文,丁靖坤,2014)[①]。企业要生存并盈利,需要在市场竞争中占据优势,竞争优势、资源论、核心能力、组织学习等战略理论旨在指导企业如何去做。虽然任何一个理论都是清楚明了的,但要对某个具体企业的战略加以描述,可能有一定难度。有的企业战略相对清晰。例如,Ryanair航空公司的战略就是低成本战略(DaSilva,Trkman,2014)。联想集团在早期确定的目标是成为中国IT产业的旗帜,做一个高科技、国际化的有规模的大公司。华为的战略远景是成为世界级的通信企业,海尔则提出成为世界名牌家电企业。有的企业则很难简单清晰地概括其战略目标。武亚军(2009)认为,以我国本土企业为例,其战略复杂性源于企业在中国转型发展环境下,生存和发展需要同时应对多个战略性维度及其内在的矛盾性冲突。

众创空间与一般企业存在一定差异。尤其在我国,众创空间的出现虽然是自发的,但其发展受到政府导向的影响,在对其战略进行分析描述时,需要考虑这种差异。结合已有的文献(包括孵化器及众创空间),我们仅把两类可以明确区分的战略纳入分析框架,即成本领先战略和差异化战略。低成本战略体现在众创空间以低收费作为主要的竞争战略。差异化战略则体现在众创空间寻求特色优势、提供有别于其他竞争者的个性化服务上。

2. 能力

DaSilva和Trkman(2014)在理论框架中用的是"动态能力"。动态能力是指企业对其有形或无形资源的开发、组合、保护及重整等的能力,通过对资源的有效利用,得以预见、塑造和把握未来的机会,避免威胁。动态能力强调企业能否在环境变化时做出应有的响应。企业应能够通过整合、建立与重构内外部竞争力来适应环境的快速变化,甚至是引导环境变化。除了动态能力,与能力相关的概念还有很多,如核心竞争力。资源基础理论认为企业的资源和能力是竞争优势的来源,但并不是任何资源和能力都可以产生竞争优势,只有那些独特的资源和能力才能给企业带来竞争优势。核心竞争力就是企业拥有的那些稀有的、难以模仿的和难以替代的

---

① 谭力文,丁靖坤. 21世纪以来战略管理理论的前沿与演进:基于SMJ(2001—2012)文献的科学计量分析[J]. 南开管理评论,2014(2):84-94,106.

资源与能力。一般认为，核心竞争力不同于动态能力，核心竞争力可能是暂时性的，当环境发生变化后，原有的核心竞争力可能已经不再具有竞争力，需要企业重构新的核心竞争力，这需要企业具有动态能力（Teece et al.，1997）[1]。

具体到众创空间，既要考察其是否拥有相应的资源、是否具备整合外部资源的能力，以及所拥有资源和能力的独特性，还要考察其面对外界环境的变化是否具有应对变化的动态能力。

3. 商业模式

如前所述，学者们对商业模式有各种不同的理解。例如，商业模式是解释企业如何运作的故事（Magretta，2002）[2]。商业模式是为了创造价值所设计的通过利用商业机会进行交易的内容、结构和治理的活动系统（Amit，Zott，2001）[3]。学者们先后采用概念化、要素化和模型化等不同表达方式来描述商业模式（王雪冬，董大海，2013）[4]。这些观点一方面可以帮助人们更全面地理解商业模式，另一方面却给研究的可操作性增加了困难。为此，我们采用简化的方法，不去对比或判断哪种观点更合理或更科学，也不可能提出一个更完美的商业模式要素结构。我们选择从可操作的角度出发，只对众创空间的某些或某部分商业模式进行研究。

基于上述分析，我们选择相对容易区分的收入模式进行研究，如场地设施租金收入、提供服务收入、股权收入等。

第二节 研究过程与研究方法

一、研究方法

我们的研究将采用一种新的验证因果关系的技术与方法。传统方法（如回归分析法）假设自变量相互独立，自变量与因变量之间是单向线性关系，并且因果关系是对称性的（即如果高的 A 导致了高的 B，那么低的

---

[1] TEECE D J, PISANO G, SHUEN A. Dynamic capabilities and strategic management[J]. Strategic Management Journal，1997，18（7）：509-533.

[2] MAGRETTA J. Why business models matter[J]. Harvard business review，2002，80（5）：86-92，133.

[3] AMIT R, ZOTT C. Value creation in E-business[J]. Strategic Management Journal，2001，22：6-7.

[4] 王雪冬，董大海. 国外商业模式表达模型评介与整合表达模型构建[J]. 外国经济与管理，2013（4）：49-61.

A 将导致低的 B）。本研究采用的新方法被称为组态比较研究法（qualitative comparative analysis，QCA），该方法最早由美国社会学家查尔斯·拉金（Charles C. Ragin）提出（1987）[①]，已在社会科学研究中获得了广泛应用，主要集中在政治学、社会学、经济学领域（Marx et al.，2014[②]；唐睿，唐世平，2013[③]；毛湛文，2016[④]；黄扬，李伟权，2019[⑤]）。与传统方法的假设不同，组态比较研究法认为现实中的因果关系往往是多重并发的，即多个相关条件（ABC）组合在一起引起了结果（E），不同的条件组合（如 AHF 等）也可以产生相同的结果（E）。由于这种方法尤其适用于因果关系具有高度复杂性的场景，因此越来越受到管理研究领域的重视（杜运周，贾良定，2017[⑥]；Furnari et al.，2020；Douglas et al.，2020[⑦]）。我们认为，众创空间运营绩效是战略、能力和商业模式等互相组合匹配的结果，所以采用这一新的分析方法将比传统方法更合适。

二、数据收集

在正式开展数据收集之前，我们对位于南京江宁区的三家众创空间进行了探测性调研，调研包括现场考察、负责人访谈和负责人填写问卷三项内容。但在分析相关资料后，我们发现这种方法很难获得准确的信息，原因可能是多方面的，如负责人偏向于提供有利于正面形象的信息、填写问卷不够准确严谨以至于出现互相矛盾的答案等。因此，我们改变了原定的方法，而采用收集网上信息并进行内容分析的方法。网上信息包括众创空间的网站、股权转让系统上线企业发布的年度报告、科技部每年公布的国家级众创空间备案/取消备案公告，以及有关媒体的新闻报道等。最后共

---

① CHARLES C. RAGIN The comparative method. Moving beyond qualitative and quantitative strategies[R]. Los Angeles: University of California Press, 1987.

② MARX A, DUSA A. Crisp-Set qualitative comparative analysis（csQCA）, contradictions and consistency benchmarks for model specification[J]. Methodological Innovations Online, 2011, 6（2）: 97-142.

③ 唐睿，唐世平. 历史遗产与原苏东国家的民主转型：基于 26 个国家的模糊集与多值 QCA 的双重检测[J]. 世界经济与政治, 2013（2）: 39-57, 156-157.

④ 毛湛文. 定性比较分析（QCA）与新闻传播学研究[J]. 国际新闻界, 2016, 38（4）: 6-25.

⑤ 黄扬，李伟权. 网络舆情下间断—均衡模型如何更好解释中国的政策变迁？——基于 30 个舆情案例的清晰集定性比较分析[J]. 情报杂志, 2019（3）: 100, 114-120.

⑥ 杜运周，贾良定. 组态视角与定性比较分析（QCA）：管理学研究的一条新道路[J]. 管理世界, 2017（6）: 155-167.

⑦ DOUGLAS E J, SHEPHERD D A, Prentice C. Using fuzzy-set qualitative comparative analysis for a finer-grained understanding of entrepreneurship[J]. Journal of Business Venturing, 2020, 35（1）: 105970.

收集到 40 家众创空间的有效数据。

三、变量设计与选择

我们采用内容分析法来确定变量取值，如表 8-1 所示，具体方法如下。

表 8-1 变量的赋值标准和赋值结果

变量名称及代码		赋值标准	赋值
战略	战略（ZL）	差异化：有不同于其他众创空间的发展规划	1
		低成本：主要采用低收费吸引入驻者	0
能力	核心能力（HXNL）	拥有的资源和能力有独特性	1
		资源和能力不具有独特性	0
	动态能力（DTNL）	针对环境变化调整发展策略及方向	1
		未发现与动态能力有关的描述	0
收入模式	服务收入（FWSR）	提供服务并收费	1
		收取硬件使用费，未提及服务收费	0
	股权收入（GQSR）	有股权出资	1
		未提及股权出资	0
运营绩效	运营绩效（YYJX）	倒闭/取消备案/网站停止更新	0
		未发现上述情况	1

1. 战略

如前所述，我们选择了比较容易识别的两种战略进行划分，即成本领先战略和差异化战略。基于对众创空间现状的了解和收集到的相关资料，我们把战略变量设置为"是否采用差异化战略"，即如果采用则赋值为"1"，不采用则赋值为"0"（即采用成本领先战略）。成本领先战略是大部分处于初级阶段的众创空间采用的战略，具体表现为以较低的场地租金来吸引创客入驻。典型案例如 2019 年 5 月宣布破产清算的某众创空间，尽管其规模很大，曾经有 30 多家分店，但其身份实际是"二房东"，即用租来的房子转手出租，入驻企业也以传统小企业为主。在房价居高不下的热点地段，该众创空间甚至会以高价租入低价租出的方式来维持运营。差异化战略则强调向入驻创客提供专业化的支持，通常这种专业化支持是其他众创空间不具备的（或本身具有很强的比较优势）。典型案例如启迪之星，其依托清华大学的创新能力和产业优势，以创新链、产业链、金融链为线索，为入驻创客打造有效转化与聚变的生态增长极。

2.能力

根据 DaSilva 和 Trkman（2014）的理论框架，能力概念强调的是动态能力，即快速应对环境变化甚至引导环境变化的能力。如前所述，资源论认为核心竞争力是竞争优势的主要来源。我们认为，很多成立时间还很短的众创空间，可能只具备一定的资源，这些资源也不一定是稀有或独占的。因此，我们选取"一般资源、核心能力、动态能力"作为观测变量。与一般资源相比，核心能力强调独特的资源和能力，即竞争对手难以模仿和替代的资源与能力，动态能力强调应对外部环境变化的能力。所以，我们把能力变量分为两个指标，第一个是"是否具备核心能力"，具备则赋值为"1"，不具备则赋值为"0"（即只有一般资源）；第二个是"是否具备动态能力"，具备则赋值为"1"，不具备则赋值为"0"。具备核心能力的典型案例如海尔创客实验室，其利用独有的海尔生态产业资源，为高校青年创客提供从创意、研发到营销的全生态交互服务。具备动态能力的典型案例如蒜泥众创空间，面对创新创业大环境的变化，该空间积极拓宽业务维度，通过与西安经开区管委会深度合作，共同建设运营西部首个创业综合体——西安创业大街，打造集创意办公、成果展示、联合实验、投融资对接、人才培养、休闲娱乐等核心功能于一体的第三代创新创业资源聚集型服务平台，使其成为城市创业 CBD。

3.商业模式

如前所述，我们选择相对容易区分的收入模式来替代 DaSilva 和 Trkman（2014）理论框架中的商业模式。国内众创空间主要的收入来源可以分为三大类。①硬件设施方面的收入，如厂房、办公场所、生产或办公用设施的租金 / 使用费等。②服务方面的收入，包括基本的物业服务、增值服务等。③类股权收入，是众创空间通过投资入驻企业以后转让股权获得的收入。这三类收入模式对众创空间的能力要求存在很大差别。硬件收入对众创空间的能力没有要求，只需要具备相应资源。服务收入尤其是增值服务收入需要众创空间具备整合内外部资源的能力。股权收入则需要众创空间具备投资人的战略和眼光，还要具备更大规模的资本。考虑到上述三种收入模式，我们把收入模式变量分为两个指标，第一个是"是否依赖服务收入"，是则赋值为"1"，否则赋值为"0"（即依赖硬件收入）；第二个是"是否有股权收入"，是则赋值为"1"，否则赋值为"0"。一般而言，租金和硬件收入是众创空间的基本收入，依赖服务收入的会包含租金和硬件收入，同理，有股权收入的也可能有前两类收入。依靠股权收入的典型案例如苏河汇，其是投资型孵化器，并于 2015 年登陆"新三板"。

4.运营绩效

众创空间与一般企业存在较大差异，在相关资料中很难找到收入、利润等数据指标。为此，我们采用相对极端但又容易判断的测度方法，把运营绩效设置为"是否倒闭/取消备案/网站停止更新"（取消备案指被科技部取消国家级众创空间备案），即如果倒闭或取消备案，近 2~3 年网站不再更新则赋值为"0"，相反则赋值为"1"。这种测量方法避免了主观判断可能带来的偏差，又比较容易获取相关资料信息。典型案例如地库众创空间的倒闭。

40 家众创空间的原始数据如表 8-2 所示。

表 8-2　40 家众创空间的原始数据表

案例编号 ALBH	案例代码 ALDM	战略 ZL	核心能力 HXNL	动态能力 DTNL	服务收入 FWSR	股权收入 GQSR	运营绩效 YYJX
1	ASK	1	0	1	0	1	1
2	NLF	1	0	1	1	0	1
3	DS	1	0	1	1	0	1
4	CXGC	1	0	1	1	0	1
5	LXZX	1	1	0	0	1	1
6	QDZX	1	0	1	0	1	1
7	CHCK	1	0	1	1	0	1
8	NB	1	0	1	1	0	1
9	SN	1	0	1	1	0	1
10	SZDK	0	0	0	0	0	0
11	JMKJ	0	0	0	0	0	0
12	JD	0	0	0	0	0	0
13	KQJG	0	0	0	0	0	0
14	SHH	1	0	1	0	1	0
15	SXGD	1	1	0	0	1	1
16	XM	0	0	0	0	0	0
17	3W	1	0	0	1	0	0
18	WES	1	0	1	1	0	1
19	CP	0	0	0	1	0	0
20	MXXZ	1	1	0	0	1	1
21	ZC	1	1	0	1	0	1
22	C+	1	0	0	1	0	0
23	ASQ	0	0	0	0	0	0

续表

案例编号 ALBH	案例代码 ALDM	战略 ZL	核心能力 HXNL	动态能力 DTNL	服务收入 FWSR	股权收入 GQSR	运营绩效 YYJX
24	TL	1	1	0	0	0	1
25	NC	0	0	0	0	0	0
26	XABD	1	1	0	1	0	1
27	DXQ	1	1	0	1	0	1
28	UPT	1	1	0	0	1	1
29	HE	1	1	0	1	0	1
30	WZ	0	0	0	1	0	0
31	JY	1	1	0	0	1	1
32	ZLYY	1	1	0	0	1	1
33	WK	1	1	0	1	0	1
34	CM	0	1	0	1	0	1
35	NSKJ	0	1	0	1	0	1
36	YFLD	1	0	0	0	1	0
37	LCH	0	0	0	1	0	0
38	CANN	1	1	0	1	0	1
39	OLWL	1	1	0	1	0	1
40	LBK	0	1	0	1	0	1

第三节 研究结果

一、构建真值表

使用 TOSMANA 软件，将表 8-2 的数据转换为真值表，如表 8-3 所示。

表 8-3 真 值 表

战略 ZL	核心能力 HXNL	动态能力 DTNL	服务收入 FWSR	股权收入 GQSR	运营绩效 YYJX	频数
0	0	0	0	0	0	7
0	0	0	1	0	0	3
0	1	0	1	0	1	3
1	0	0	0	1	0	1
1	0	0	1	0	0	2
1	0	1	0	1	C	3
1	0	1	1	0	1	7
1	1	0	0	0	1	2

续表

战略 ZL	核心能力 HXNL	动态能力 DTNL	服务收入 FWSR	股权收入 GQSR	运营绩效 YYJX	频数
1	1	0	0	1	1	5
1	1	0	1	0	1	7
合计						40

可以发现，其中有三组矛盾组态（运营绩效为C）。Rihoux 和 Ragin（2009）[①] 两位教授认为，矛盾组态并不意味着研究失败，而是需要重新审视相关案例，对案例做更深入的了解，并由此提出了解决矛盾组态的多种方法。在极端情况下，Ragin 建议将所有矛盾组态的结果值重新编码为"0"，或者从数据表中删除涉及矛盾的案例，再单独对这些案例进行具体的定性分析。为此，我们再次检查了运营绩效为C的某公司（从理论上看，该矛盾组态中绩效为1属于正常情况），发现该公司绩效赋值为C，是因为 2020 年被科技部取消了国家备案众创空间。该公司是较早在"新三板"上市的众创空间，查看 2018 年和 2019 年的年报，发现没有发生亏损，但 2018 年年报被出具了保留意见审计报告，2019 年年报审计更换了会计师事务所，2019 年年报审计意见为无保留意见。考虑到该公司较为复杂的情况，我们将在后面的分析中选择删掉矛盾组态的策略。

二、单个条件的必要性分析

完成真值表后，运行 fsQCA3.1 软件对变量进行必要性分析，包括两个指标的测度：一致性指标和覆盖率指标。一致性指标用于判断是否有某个单一条件变量与结果变量存在充分或者必要的关系。覆盖率指标反映了条件变量对结果变量的解释力度。结果如表 8-4 所示。

表 8-4 单个条件的必要性分析表

变量名称	一致性	覆盖率
战略	0.884615	0.851852
核心能力	0.653846	1.000000
动态能力	0.346154	0.900000
服务收入	0.653846	0.736842
股权收入	0.269231	0.818182

---

① RIHOUX B, RAGIN C C. Configurational Comparative Methods:Qualitative Comparative Analysis（QCA）and Related Techniques[M]. Thousand Oaks：Sage Publications，2009.

从表 8-4 可以看出，5 个条件变量的一致性指标都在 0.9 以下，意味着没有任何单一条件变量可以成为结果变量的必要条件（Schneider，Wagemann，2012）[①]。也就是说，单一变量无法解释结果变量出现的原因，众创空间运营绩效应该是多因素共同作用的结果，需要对条件变量进行组合分析。

三、条件组合分析

在完成上述单一变量必要性分析之后，我们运用 fsQCA3.1 软件进行条件组合分析。首先以默认标准（一致性门槛值为 0.8，案例频数门槛值为 1）删除不符合要求的案例，然后选择标准分析，得到三个解：复杂方案、简单方案和中间方案。根据 QCA 的分析原理，那些既在简单方案又在中间方案中出现的条件为核心条件，只在中间方案中出现的条件为边缘条件（杜运周，贾良定，2017）。中间方案和简单方案如表 8-5、表 8-6 所示。

表 8-5 中间方案最优组合路径提取表

原因组合（代码）	原覆盖率	净覆盖率	一致性
ZL+HXNL+~DTNL+ ~FWSR	0.269231	0.269231	1
HXNL+~DTNL+FWSR+ ~GQSR	0.384615	0.384615	1
ZL+~HXNL+DTNL+FWSR+ ~GQSR	0.269231	0.269231	1

表 8-6 简单方案最优组合路径提取表

原因组合（代码）	原覆盖率	净覆盖率	一致性
HXNL	0.653846	0.653846	1
DTNL+~GQSR	0.269231	0	1
DTNL+FWSR	0.269231	0	1

结合本研究的简单方案和中间方案，分别得到高运营绩效的条件组合构型、低运营绩效的条件组合构型，如表 8-7 所示。

[①] SCHNEIDER C Q, WAGEMANN C. Set-Theoretic Methods for the Social Sciences：A Guide to Qualitative Comparative Analysis[M]. Cambridge:Cambridge University Press，2012.

表 8-7 条件组合构型

变量	高绩效条件组合			低绩效条件组合		
	组态 H1	组态 H2	组态 H3	组态 NH1	组态 NH2	组态 NH3
战略	●		●	⊗		●
核心能力	●	●	⊗	⊗	⊗	⊗
动态能力	⊗	⊗	●	⊗	⊗	⊗
服务收入	⊗	●	●		●	⊗
股权收入		⊗	⊗	⊗	⊗	●
一致性	1	1	1	1	1	1
原覆盖率	0.269231	0.384615	0.269231	0.714286	0.357143	0.0714286
净覆盖度	0.269231	0.384615	0.269231	0.5	0.142857	0.0714286
总体解的一致性		1			1	
总体解的覆盖度		0.923077			0.928571	

注：遵循 Ragin，Fiss（2008）和 Fiss（2011）的结果呈现形式。●代表条件存在，⊗代表条件不存在；大圆代表核心条件，小圆代表边缘条件；空白代表条件无关紧要，也就是条件可能存在或是不存在。

四、有效组态讨论

1.高运营绩效条件组态的充分性分析

从表 8-7 可以看出，达成高运营绩效的条件组态共有三种，分别为"差异化战略 × 核心能力 × 非动态能力 × 非股权收入（组态 H1）""核心能力 × 非动态能力 × 服务收入 × 非股权收入（组态 H2）""差异化战略 × 非核心能力 × 动态能力 × 服务收入 × 非股权收入（组态 H3）"。根据出现在组态中的条件差异，可以把这三种组态命名为"差异化战略 + 核心能力"匹配模式、"核心能力 + 服务收入"匹配模式、"差异化战略 + 动态能力 + 服务收入"匹配模式。

（1）"差异化战略 + 核心能力"匹配模式

如表 8-7 中的组态 H1 所示，该模式包括一个核心条件"核心能力"和三个边缘条件"差异化战略""非动态能力"和"非服务收入"，"股权收入"为无关紧要条件。这说明该模式在收入方面主要依赖硬件收入。根据"战略—能力—商业模式"理论框架，该模式也可以称为"差异化战略 + 核心能力 + 硬件收入"模式。可以看出，在不依赖动态能力和服务收入的情况下，众创空间也可以通过"差异化战略+核心能力"模式获得硬件收入来维持高运营绩效。

该模式主要通过核心能力来支持其差异化战略，核心能力成为众创空间获得竞争优势的核心要素。与其他企业一样，众创空间作为营利组织，必然要形成自身的核心竞争力。在具备核心竞争力的基础上，众创空间仅仅依靠硬件设施收入也足以维持高运营绩效。典型案例如铜陵新能众创空间，其依托母体企业的资源优势，拥有完备的加工设施设备和一流的互联网环境。硬件单元包括：①众创工作坊，可供创客进行科技产品及创意产品的研发和设计；②众创实验室，有完备的实验设备、安全的防护措施，满足创客的实验需求；③加工操作坊，供科技研发区和创意产品设计区的创客们动手操作，将自己设计的产品做成可触可感的样品。需要注意的是，在此种模式下，核心资源是众创空间持续获得硬件收入的关键保障，没有核心资源，同质化的硬件设施（如厂房、工具等）将面临越来越大的竞争，很难维持众创空间的长期发展。此外，这种模式的众创空间也提供基础创业服务，但往往是免费或仅收取少量服务费。在硬件收入的基础上，挖掘增值服务的价值，使众创空间更具竞争力，是这一模式未来的发展方向。

（2）"核心能力+服务收入"匹配模式

如表8-7中的组态H2所示，该模式包括三个核心条件——"核心能力""服务收入"和"非股权收入"，一个边缘条件——"非动态能力"，"战略"为无关紧要条件。根据"战略—能力—商业模式"理论框架，该组态也可以称为"核心能力+服务收入"模式。可以看出，无论采用成本领先战略还是差异化战略，众创空间都可以依赖核心能力获得服务收入来维持高运营绩效。

该模式下，众创空间采取的无论是成本领先战略还是差异化战略，都需要具备核心能力，核心能力不仅可以带来硬件收入，而且要获得持续的服务收入，更需要核心能力来保障。"非股权收入"意味着在当前的大多数众创空间中，能够有足够资本进行股权投资并且获得回报的还很少。这也与我国众创空间尚处于发展初期，投资型众创空间还未发展成熟有关。典型案例如海尔创客实验室，它依托海尔生态产业资源，面向高校青年创客提供包括研发、供应链、营销等交互服务，以实现企业与高校、产业与科研、创业实践与教育等密切结合，助力高校创新创业工作。其核心能力体现在母体企业所拥有的产业资源上，通过对接高校创新创业活动，形成新型产学研合作平台，目前已在清华大学、南京大学、华中科技大学等80多所高校挂牌成立海尔创客实验室。此外，海尔创客实验室还通过创新创业课程开发、创客夏令营、创新创业比赛等多种活动，为高校青年创客提供全方位服务。在该模式下，母体企业可以通过资本优势，以股权投资支持创新创意商业化。把收入模式拓展到股权收入，是这一模式未来的发展方向。

（3）"差异化战略＋动态能力＋服务收入"匹配模式

如表 8-7 中的组态 H3 所示，该模式包括三个核心条件——"动态能力""服务收入"和"非股权收入"，两个边缘条件——"差异化战略"和"非核心能力"。根据"战略—能力—商业模式"理论框架，该组态也可以称为"差异化战略＋动态能力＋服务收入"模式。可以看出，在差异化战略下，众创空间可以通过动态能力获得服务收入来维持高运营绩效。

该模式下，不需要股权收入，动态能力就可以支持众创空间的差异化战略，从而获得服务收入。与核心能力相比，动态能力对管理的要求更高，它是企业在外界环境变化时持续形成核心能力的能力。因为环境是变化的，如果不具备动态能力，企业当前的核心能力在环境变化后将丧失竞争优势。因此，动态能力对众创空间有同样重要的意义。典型案例如柴火众创空间，成立之初作为机器科技的工作坊，聚焦于为创客快速实现"产品原型—样品—小批量制造—大批量制造"全过程提供服务。随着环境变化，柴火众创空间推动空间升级，落户深圳万科云设计公社，旨在搭建连接创客创新与传统产业、承载新生产关系的开放性科技创新平台。2018 年开始，柴火众创空间结合不同城市的发展生态，聚焦不同的空间主题，落户东莞、石家庄等地，促进全球创客社区资源与当地传统产业的对接。可以看出，柴火众创空间根据社会对创新创业发展的需求变化，不断升级调整发展策略，整合社会资源，保持了良好的发展态势。该模式尽管没有股权收入，但通过适应环境变化，不断升级和完善众创空间服务体系，开拓发展空间和服务领域，在硬件收入基础上组合多种服务收入，从而获得相应的竞争优势。

2.低运营绩效条件组态的充分性分析

根据 QCA 理论的非对称假设，期望结果的出现（如高绩效）与不出现（如低绩效）的原因是不一样的，即 A 条件是高绩效的原因，但缺乏 A 条件不一定是低绩效的原因。同样，在某一组态中起作用的条件，在其他组态中可能不起作用或者起相反的作用（Rihoux，Ragin，2009）。因此，在分析了高运营绩效条件组态之后，也有必要分析低运营绩效组态的情况，以便更加全面地理解影响众创空间运营绩效的条件变量及其组合。

在表 8-7 中列示了导致低绩效的条件组合（为避免篇幅过长，我们没有把低绩效的中间方案和简单方案一一列出，只在表 8-7 中列出了最终结果），共有三种组态，即"成本领先战略＋非核心能力＋非动态能力＋非股权收入"（组态 NH1）、"非核心能力＋非动态能力＋服务收入＋非股权收入"（组态 NH2）和"差异化战略＋非核心能力＋非动态能力＋非服务收入＋股权收入"（组态 NH3）。

（1）"成本领先战略＋非核心能力＋非动态能力＋非股权收入"模式

如表 8-7 中的组态 NH1 所示，该模式包括两个核心条件——"非核心能力"与"非动态能力"，两个边缘条件——"非差异化战略"和"非股权收入"，"服务收入"为无关紧要条件，"非差异化战略"等同于"成本领先战略"，"非核心能力＋非动态能力"等同于"一般资源"。根据"战略—能力—商业模式"理论框架，该组态也可以称为"成本领先战略＋一般资源＋硬件收入（服务收入）"模式。可以看出，即便在成本领先战略下，众创空间仅有一般资源并不能保证足够的硬件收入（服务收入）来维持良好的运营。这也代表了绝大多数众创空间经营不善的基本情况，尤其在我国众创空间发展的初期，很多众创空间以"免费入驻"或"低收费"作为吸引创客入驻的优势。一部分众创空间可能因各种原因以较低的价格拥有了一定的资源，在初期可以依靠低收费战略维持运营，但随着环境变化，运营成本逐渐增加，低价模式很难持续，缺乏核心资源和能力的成本领先战略将面临很大困境。那些以高价租入低价租出方式运营的众创空间显然更是不可持续的。

（2）"非核心能力＋非动态能力＋服务收入＋非股权收入"模式

如表 8-7 中的组态 NH2 所示，该模式包括两个核心条件——"非核心能力"与"非动态能力"，两个边缘条件——"服务收入"和"非股权收入"，"战略"为无关紧要条件，"非核心能力＋非动态能力"等同于"一般资源"。根据"战略—能力—商业模式"理论框架，该组态也可以称为"成本领先战略／差异化战略＋一般资源＋服务收入"模式。可以看出，无论采用何种战略，众创空间仅有一般资源并不能保证足够的服务收入来维持良好的运营。如前所述，当前我国很大比例的众创空间还处于发展初期，缺乏核心资源与能力，主要收入来源是硬件收入或价值较低的服务收入。与仅仅依靠硬件收入类似，缺乏高价值的服务收入也是这类众创空间普遍面临的问题。

（3）"差异化战略＋非核心能力＋非动态能力＋非服务收入＋股权收入"模式

如表 8-7 中的组态 NH3 所示，该模式包括两个核心条件——"非核心能力"与"非动态能力",三个边缘条件——"差异化战略""非服务收入"和"股权收入","非核心能力+非动态能力"等同于"一般资源"。根据"战略—能力—商业模式"理论框架,该组态也可以称为"差异化战略+一般资源+股权收入"模式。可以看出,在差异化战略下,众创空间仅有一般资源并不能保证足够的股权收入来维持良好的运营。如前所述,股权收入需要充足的资本条件及丰富的投资经验,当前能够进行股权投资并获得回报的众创空间还很少,在股权收入无法成为主要收入来源时,如果众创空间没有其他的核心资源和能力来获得硬件及服务收入,要维持长期发展依旧很困难。

五、研究结论与不足

1.研究结论

本研究基于 DaSilva 和 Trkman 提出的"战略—能力—商业模式"理论框架,运用 QCA 定性比较方法对 40 家众创空间的信息进行了分析,探讨影响众创空间运营绩效的多重并发因素和复杂因果关系,得到如下研究结果。

第一,众创空间高运营绩效存在"差异化战略+核心能力"匹配模式、"核心能力+服务收入"匹配模式、"差异化战略+动态能力+服务收入"匹配模式三种组态。这一发现对实践的指导意义在于:①众创空间要向差异化发展,必须塑造自身的核心能力(动态能力),缺乏核心竞争力将使差异化战略失去依托;②在现阶段,硬件收入和服务收入是众创空间主要的收入来源,提供高价值的服务收入对众创空间的长远发展至关重要。

第二,众创空间低运营绩效存在"低成本战略+非核心能力+非动态能力+非股权收入"模式、"非核心能力+非动态能力+服务收入+非股权收入"模式和"差异化战略+非核心能力+非动态能力+非服务收入+股权收入"模式三种组态。该发现对采用成本领先战略的众创空间有重要的参考意义:成本领先战略也需要重视核心资源和能力,越来越激烈的竞争将使缺乏核心竞争力的众创空间难以维持。这也是很多面临倒闭的众创空间的普遍状况。

第三,现阶段,我国众创空间的战略与能力之间可能不是战略决定能力的单向关系,而是战略与能力互相影响的双向关系,甚至是能力决定战略的反向关系。DaSilva 和 Trkman 提出的"战略—能力—商业模式"理论认为战略处于决定地位,这对于成熟企业是合理的。但我国众创空间还处于发展的初期阶段，如同新创企业一样，在资源和能力严重不足的情况下，无法像成熟企业一样采用战略先行的常规模式，而是基于资源（能力）定战略，类似于"有限资源的创造性利用（bricolage）"的行为（Baker，Nelson，2005）[①]。无疑，这种关系模式在众创空间发展的初期是可以理解的，但从长远来看，决策者应该有远期的战略规划，根据战略整合配置资源和能力，而不能把"资源决定战略"作为一以贯之的管理准则。

2.存在不足

首先，我国众创空间数量虽然很多，但开设网站的众创空间很少，很多众创空间网站上的信息也不够详细，给研究带来一定的困难，也影响到所选取样本的代表性。虽然QCA适用于处理中小数量规模的研究样本，但样本数量过少也限制了研究者对条件变量的选择。

其次，我国现阶段众创空间的发展受政府大力扶持的影响，所以众创空间的运营绩效不完全是商业行为的结果。由于我们无法获得相关数据信息，因此没有将政府补贴等因素纳入条件变量。

第四节　促进众创空间运营绩效提升对策

众创空间本身具有显著的社会性、外部性与公益性。随着时代的发展，众创空间的投资主体、硬件载体、发展环境及服务模式都在发生转变。研究发现，与战略能力相匹配的商业模式和能力是影响众创空间运营绩效的重要因素。众创空间一方面需要根据自身状况和外部商业环境为自己量身设计一套行之有效的商业模式，另一方面需要制定与能力水平和市场前景相匹配的发展战略，保持核心竞争优势，从而有效提高运营绩效。

一、基于资源禀赋的商业模式选择

1.政府依赖型众创空间商业模式

依靠政府政策和政府支持兴办的众创空间，可以通过效率提升的商业模式实现经济价值。在基础设施管理方面，此类众创空间可以通过政府支持与大型企事业单位建立合作关系，以大型企业捐赠或共享的方式，降低设施设备的使用管理成本。在业务管理方面，此类众创空间可以通过业务

---

① BAKER T, NELSON E. Creating something from nothing:resource con-struction through entrepreneurial bricolage[J]. Administrative Science Quarterly，2005，50（3）：329-366.

外包的方式将非核心业务进行外包，降低运营成本。在组织管理方面，此类众创空间可以通过扁平化管理、信息化管理等方式减少部门之间的沟通障碍，提高信息交流效率。

2. 市场型众创空间商业模式

市场型众创空间可以通过提高价值创造的方式实现经济价值，应重点关注客户界面和收入来源。市场型众创空间需要密切关注客户需求，通过提供满足客户需求差异化的产品和服务，帮助创客成长，进而实现自身价值。为深入了解客户需求，市场型众创空间需要深入创客实践之中，需要参与创客讨论、产品制作、产品销售、资金募集等环节，从而消除信息的不对称性，建立紧密的客户关系，在交流互动中，实现知识碰撞、信息交流、业务合作，从而提高创客服务的针对性和有效性。

3. 高校型众创空间商业模式

高校型众创空间可以通过关注经济价值和社会价值的方式实现自身价值。在客户层面，高校型众创空间可以通过对特定对象免费的方式增加客户群体，在实现收入增加等经济价值的同时，实现了创客教育等社会功能。在运营管理层面，高校型众创空间可以充分发挥学校资源优势，吸纳志愿者参与到众创空间的运营管理之中，既节省了运营管理成本，又为学生提供了实践锻炼的机会。在业务管理层面，高校型众创空间可以发挥校友优势，为创客提供资金支持，为创客产品提供销售渠道，在为创客创造价值的同时，使校友间交流交往更加密切，加深校友与学校的感情。

二、基于能力与市场的战略选择

1. 能力优势突出和市场前景良好的众创空间战略选择

处于该状态下的众创空间可以采取首先进入市场战略，利用自身技术、资源优势，运用目标导向逻辑，在充分分析竞争对手的基础上，制订详细的技术发展和商业发展计划，在最短的时间内，尽可能实现多领域的领先地位。此类众创空间可以采取领先性的技术创新策略，利用技术优势和市场机会，不断进行技术创新，向创客持续推出新产品或新服务，保持在技术领域的主导地位，使众创空间处于市场领先位置，形成门槛效应，从而难以被超越。

2. 能力优势突出和市场前景不明的众创空间战略选择

处于该状态下的众创空间可以选择探索性的市场进入战略，利用手段导向逻辑在多个领域进行探索性的技术创新,并在不断试错与不断迭代的基础上,逐渐清晰发展的重点领域,以实现对不确定环境的控制。处在此情景下的众创空间需要集中资源与技术优势,提供某一细分领域的新产品和新服务,满足该细分领域的创客需求,争取成为该细分领域的市场领先者,以塑造较为持久的竞争优势。

3.能力一般和市场前景良好的众创空间战略选择

处于该状态下的众创空间可以采取跟随型发展战略,应密切关注首先进入市场的众创空间。当这些众创空间研发出满足创客需求的产品或服务,探索出成熟的发展模式后,对自己提供的产品、服务进行改良,对商业模式进行完善,以提供更加优质的服务,发挥后发优势,实现反超。在采取跟随型发展战略时,众创空间需要采取措施吸纳更多专业人士加盟,积累更多技术和运营经验,为实现反超奠定人才和技术基础。

4.能力一般和市场前景不明的众创空间战略选择

处于该状态下的众创空间需要采取晚进市场战略,先期可以进行一些论证性的研究工作,总结众创空间发展规律,分析众创空间发展趋势,当发现良好的市场机会时再采取市场跟进策略。对于已经贸然进入市场的众创空间,则需要采取转让或关闭的方式退出该领域,以防止陷入"沉没成本"的谬误。

本 章 小 结

为探讨众创空间高运营绩效的有效模式,本章借鉴"战略—能力—商业模式"理论框架,采取QCA研究方法,实证分析了众创空间高绩效匹配模式和低绩效匹配模式。研究发现:众创空间高运营绩效存在"差异化战略+核心能力"匹配模式、"核心能力+服务收入"匹配模式、"差异化战略+动态能力+服务收入"匹配模式。众创空间低运营绩效存在"低成本战略+非核心能力+非动态能力+非股权收入"匹配模式、"非核心能力+非动态能力+服务收入+非股权收入"匹配模式和"差异化战略+非核心能力+非动态能力+非服务收入+股权收入"匹配模式。众创空间运营绩效的提升可以从基于资源禀赋的商业模式选择和基于能力与市场的战略选择两个方面展开。

第九章 众创空间生态系统演化机理研究

众创空间生态系统内各主体频繁进行互动，并与外部环境相互呼应，促使系统结构和运行状态发生变化而处于不断演化的过程之中。本章重点对价值共创和系统共生两个系统演化理想状态的影响因素、演化特征、演化规律进行系统分析，从而揭示众创空间生态系统演化机理。

第一节 众创空间生态系统价值共创演化机理

一、众创空间生态系统价值共创理论分析

为鼓励社会力量参与众创空间建设，政府采取税收优惠、财政补贴、金融支撑等各项政策，在政策刺激下，众创空间数量获得爆发式增长，2018年全国众创空间总量已达5739家[①]。众创空间数量虽然庞大，但质量并不让人满意，仅有22%的创业企业对众创空间非常满意[②]。众创空间经营困难、关门歇业的现象频有发生。当前众创空间出现问题的根本性原因是各主体参与价值共创的积极性不高，面对不确定性和较高风险，往往采取房租等较为保守的收益方式，参与创新创业活动的深度不够。通过政策设计，激发各主体深入参与价值共创活动的积极性，对于加速众创空间功能升级、提升众创空间发展质量、打造良好的众创空间生态系统具有重要意义。为寻找众创空间多主体参与价值共创的有效路径，本研究试图构建众创空间运营商、创新创业者和政府参与价值共创的三方演化博弈模型，借助被广泛应用于数值模拟仿真的MATLAB仿真分析方法，以计算推理赋予外生变量初值，模拟众创空间价值共创过程中各主体的策略变化及交互影响，旨在为政府提升众创空间服务能力提供政策参考。

[①] 习近平. 在中国科学院第十九次院士大会、中国工程院第十四次院士大会上的讲话[N]. 人民日报，2018-05-29.

[②] 刘新民，孙向彦，吴士健. 政府规制下众创空间创业生态系统发展的演化博弈分析[J]. 商业经济与管理，2019（4）：71-85.

1.众创空间生态系统价值共创必要性分析

随着信息技术发展,创新范式发生根本性变化,用户成为重要创新主体,分布式创新和开放式创新逐渐成为主流[①],大众参与成为新时代创新创业发展的必然趋势。在新工具、社区、开源文化、众筹、创客文化的共同合力下,DIY 不仅意味着自己动手,也意味着依靠社区与公众的支持,任何人都可以做出能够推向市场的产品[②]。以独立提供硬件及服务的传统孵化器已无法满足创新 2.0 时代的新要求。不同于传统服务器,众创空间具有服务主体多元化、服务方式多样化的特征。众创空间具有多主体参与、多因素协同的特征,是由创新创业主体、创新资源、创新环境等种类繁多的要素组成的生态系统[③],形成了由不同创新创业主体和要素组成的多层次镶嵌结构[④]。众创空间不仅通过硬件及服务供给方式提供创新创业服务,而且还发挥着接口的功能,以网络方式链接和集聚了资金、技术、市场等资源,以及创业辅导、资本对接等服务,实现了创新创业服务功能的融合和有机链接。众创空间融合了创新主体功能和创新环境功能,与空间内各类创新主体和要素进行紧密联系和充分互动,形成一种多层次创新生态系统[⑤]。

众创空间提供了从创意构思到创意产品化再到产品市场化的全链条服务,承担了创新孵化和创业辅导的双重责任。在服务过程中,众创空间运营商与政府部门、科研机构、创新创业企业、中介组织和投融资机构紧密合作、频繁互动、建立信任,共同推动创新创业发展。众创空间运营商、创新创业者、政府是众创空间生态系统的重要主体,是众创空间服务价值创造必不可少的参与者。由于众多主体提供的资源或服务都需要转化为最终的服务价值[⑥],价值共创引起了管理者的高度重视。只有激发各主体价值共创的积极性,共同将资源、时间、信息和能力的投入转化为服务产出,

---

① 解学芳,刘芹良.创新 2.0 时代众创空间的生态模式:国内外比较及启示[J].科学学研究,2018(4):577-585.

② DOUGHERTY, D. The making of make[J]. Make Magazine,2005(1):7-8.

③ SHAW D R, ALLEN T. Studying innovation ecosystems using ecology theory[J]. Technological Forecasting and Social Change,2018(136):88-102.

④ 陈夙,项丽瑶,俞荣建.众创空间创业生态系统:特征、结构、机制与策略——以杭州梦想小镇为例[J].商业经济与管理,2015(11):35-43.

⑤ 裴蕾,王金杰.众创空间嵌入的多层次创新生态系统:概念模型与创新机制[J].科技进步与对策,2018(6):1-6.

⑥ OSBORNE S P, RADNOR Z, STROKOSCH K. Co-production and the co-creation of value in public services: a suitable case for treatment[J]. Public Management Review,2016,18(5):639-653.

才能够降低服务成本①,提高服务对象的满意度和服务效益。各主体是否具有参与众创空间价值共创的动机对于价值共创行为的产生及价值共创行为效益具有重要影响。

众创空间多主体参与虽然得到理论界的普遍认同,但在多主体参与情况下,众创空间联盟主体间的运行效果、具体发展策略及理论构建有限②,多主体协同治理机制应由所有利益相关者共同参与构成③。传统经济学认为,经济利益最大化是人的普遍追求,人们参与价值共创的原因是能够获取超额经济利益以弥补参与所花费的时间和精力④。然而,创新创业过程存在环境不确定、行为不确定、结果不确定等诸多风险,价值共创的参与者难以准确计算收益。在不确定性背景下,各个主体存在信息不对称现象,在这种情境下,无论政府、众创空间及创业企业均会产生机会主义行为⑤(刘新民,2019)。

2.众创空间运营商价值共创行为分析

伴随着科技创业孵化形态的不断发展,孵化器的功能和作用也在不断演化。孵化器经过以提供空间载体为主和以提供增值服务为主的两代模式演化,当前已进入以构建网络化资源集成平台为主要特征的第三代阶段⑥。孵化器的组织能力⑦、价值链及网络合作伙伴⑧、组织战略与资源的链接关系⑨均是在孵企业的重要需求。众创空间发展过程中的策略选择遵循"平台策略—交易策略—服务策略"逻辑,所扮演的角色从"创意集市""二

---

① OSBORNE S P, STROKOSCH K. It takes two to tango? Understanding the co‐production of public services by integrating the services management and public administration perspectives[J]. British Journal of Management,2013,24(Supplement S1):S31-S47.
② 李燕萍,陈武.中国众创空间研究现状与展望[J].中国科技论坛,2017(5):12-18,56.
③ GLANSDORFF P, PRIGOGINE I. Thermodynamics of Structure, Stability and Fluctuations[M]. New York: WileyInterscience,1971.
④ JOHN ALFORD. Engaging Public Sector Clients: From Service-delivery to Co-production[M]. Basingstoke: Palgrave Macmillan,2009.
⑤ 刘新民,孙向彦,吴士健.政府规制下众创空间创业生态系统发展的演化博弈分析[J].商业经济与管理,2019(4):71-85.
⑥ 冯海红,曲婉.社会网络与众创空间的创新创业:基于创业咖啡馆的案例研究[J].科研管理,2019(4):168-178.
⑦ BRAX S A, JONSSON K. Developing integrated solution offerings for remote diagnostics: a comparative case study of two manufacturers[J]. International journal of operations & production management,2009,29(5):539-560.
⑧ COVA B, SALLE R. Co-creating value with customer network actors[J]. Industrial Marketing Management, 2008(37):270-277.
⑨ SL NEWBERT. Treating stakeholders fairly[J]. Business&Professional Ethics Journal,2007,26(1):55-70.

房东"向"创新经纪人"进行转变①。众创空间运营模式和行为策略选择主要基于成本（cost based）、基于资源（resource based）与基于理性（rational based）②的综合考量。共同生产理论认为，参与共同服务的动力不仅取决于服务的收益，还取决于服务的重要性或特点。有效的共同生产需要同顾客的需求保持一致，这首先要求组织了解顾客的需求从而激励他们共同生产③。相对于传统孵化器，众创空间向创业服务链的前端延伸，兼具交易和创新的双重属性，所扮演的角色已不仅仅是"中间商"或"传递者"，而是直接参与创业企业与外部服务商多边协同创新全过程④。

3.创客价值共创行为分析

新型创客不同于传统创新创业者独自开展实验和研究，而是利用开源软硬件或开放式空间实现知识信息共享、灵感碰撞、相互合作，利用周围工具和设施共同开展研究。分享逐渐成为一种趋势，创客在分享知识帮助他人的同时，也需要他人帮助⑤。一项关于图书馆创客空间的研究发现，创客参与图书馆建设的目的之一是提升自身知识储备，提高解决问题能力⑥。因此，知识收益是创客参与知识分享的重要原因。共同生产理论认为，参与共同生产的便捷性也会影响主体参与的意愿⑦。众创空间提供易于交流互动的办公空间，可以共享使用的设备设施及现代化互联网通信技术，为创客参与价值共创提供了便利，使得价值共创更容易进行。

4.政府价值共创行为分析

政府在经济社会活动中处于特殊地位，起到协调各方利益的重要作用，虽然本身并不直接参与创业活动，但政府在众创空间的演进过程中

---

① 胡海波，卢海涛，毛纯兵.开放式创新视角下众创空间创意获取及转化：心客案例[J].科技进步与对策，2019（2）：10-19.

② CAPDEVILA I. Coworkers, makers, and fabbers-global local and internal dynamics of innovation in localized communities in Barcelona[D]. University of Montreal，2014.

③ VERSCHUERE B, BRANDSEN T, Pestoff V. Co-production: the state of the art in research and the future agenda[J]. Voluntas International Journal of Voluntary & Nonprofit Organizations,，2012，23（4）：1083-1101.

④ 娄淑珍，项国鹏，王节祥.平台视角下众创空间竞争力评价模型构建[J].科技进步与对策，2019（6）：19-25.

⑤ 张茂聪，秦楠.再论创客及创客教育[J].教育研究，2017（12）：81-88.

⑥ 施涛，姜亦珂，陈倩.网络问答社区用户知识创新行为模式的影响因素：基于扎根理论的研究[J].图书情报知识，2017（5）：120-129.

⑦ PESTOFF V. Co-production and third sector social services in Europe: some crucial conceptual issues[A]. In New Public Governance, the Third Sector, and Co-production. New York: Routledge. 2013：31-52.

却有着其他行为主体无法比拟的作用①。政策内容是政策制定主体处理事务的行为轨迹②。政府通常通过政策制定参与众创空间价值创造。徐示波（2019）按照政府介入的强弱度和创业价值实现过程两个维度构建了众创空间政策分析框架。研究发现："财政资金投入"和"平台建设"运用最为频繁，而部分参与型政策工具使用不足；价值发现阶段政策较多，而企业初创和成长阶段的政策工具使用不足。崔祥民（2019）从政策工具、价值属性和生命周期三个维度构建了众创空间政策分析框架，研究发现：环境氛围的营造、要素价值属性体现不足，众创空间成长和维护政策力度不够。杜宝贵和王欣（2019）采取动态视角分析双创政策演化历程发现，"服务"取代"管理"成为高频词，并且强调多主体的参与③。

综上可见，各主体参与众创空间生态系统价值共创的重要性已经得到学界的普遍认可。虽然学界对各主体参与众创空间价值创造的方式进行了系统阐述，也对参与价值共创的影响因素进行了深入剖析，但仍然存在一些不足。首先是先前的研究多是从个体视角探讨各主体参与众创空间生态系统价值共创的原因。而组织中主体间关系是互为导向的（Johanson，Mattsson，1987）④，多个具有适应性的主体构成一个复杂适应系统，这些主体与其他主体进行着不断的互动，不断进行着演化学习，根据学到的经验改变自身结构和行为方式⑤。因此需要以互动视角，用演变博弈的方法分析各主体参与价值共创策略选择的相互作用。其次是前人多采取思辨研究方法探讨价值共创参与问题，对于某一主体策略选择对其他主体及众创空间生态系统的影响仅有定性表述，缺乏定量分析。因此需要采取数值仿真分析的研究方法，对数量进行描述和精准刻画，从而深化不同主体行为策略影响认识。

---

① 张玉利，白峰.基于耗散理论的众创空间演进与优化研究 [J].科学学与科学技术管理，2017（1）：22-29.
② 黄萃，任弢，张剑.政策文献量化研究：公共政策研究的新方向 [J].公共管理学报，2015（2）：129-137，158-159.
③ 杜宝贵，王欣.科技企业孵化器政策变迁研究：基于政策文本的量化分析 [J].中国科技论坛，2019（2）：11-21.
④ JOHANSON J，MATTSSON G. Interorganizational relations in industrial systems: a network approach compared with the transaction-cost approach[J]. International Studies of Management and Organization，1988，18（1）：34-48.
⑤ 霍兰.隐秩序：适应性造就复杂性 [M].周晓牧，等译.上海：上海科技教育出版社，2000.

二、演化模型的构建与模型分析

1.基本假设

假设1： 在不考虑其他因素影响的情景下，视众创空间运营商、创客、政府构成一个完整的创业生态系统。假设各主体均为有限理性的参与个体，且之间存在信息不完全对称性现象。众创空间运营商、创客、政府参与价值共创的意愿分别为 x,y,z，且 $x,y,z\in[0,1]$，均为时间 t 的函数，初始意愿分别为 x_0,y_0,z_0，随着时间的推移，三方动态调整自身策略选择。

假设2： 创客独自开展创新创业活动可获得保留收益 R_2，同时需要支付日常开支等支出 C_2。在政府、众创空间运营商都不参与创业生态系统价值共创时，创客仍然可以自发与服务机构或其他创新创业者开展业务合作，此时获得收益为 ΔR_2。众创空间运营商或政府参与价值共创时，创客参与价值共创获取的收益分别为 $\Delta R_2'$ 与 $\Delta R_2''$，且 $\Delta R_2'>\Delta R_2$，$\Delta R_2''>\Delta R_2$。在众创空间运营商与政府都参与价值共创时，创客参与价值共创的收益为 $\Delta R_2'''$，且 $\Delta R_2'''>\Delta R_2'$，$\Delta R_2'''>\Delta R_2''$。

假设3： 众创空间运营商参与价值共创时，需要支付额外成本 ΔC_1，可按比例 β 从创客价值共创产生的额外收益获取一定的收益。由于 β 一般较小，因此众创空间收益对创新创业者收益影响甚微。

假设4： 政府在不直接参与价值共创时，通过财政补贴等激励性政策鼓励众创空间及创客发展，所支付的成本分别为 F_1，F_2，在直接参与价值共创时，需要另外支付成本为 F_3。政府按照税率 k 对创新创业者收取生产收入税收，众创空间运营商一方面相对于创客数量较少，另一方面多受政策支持[①]，政府从中获取众创空间运营商的收益可忽略不计。

上述有关参数与函数见表9-1。

表9-1 主要参数含义表

符号	含义	符号	含义
R_1	众创空间运营商获得房租、物业管理等固定收益	$\Delta R_2''$	政府参与价值共创时，创客参与价值共创获取额外收益
F_1	政府给予众创空间财政补贴	$\Delta R_2'''$	众创空间与政府同时参与价值共创时，创客参与价值共创获取额外收益
C_1	众创空间运营商日常固定支出	C_2	独自经营日常固定开支

---

① 李燕萍，李洋.科技企业孵化器与众创空间的空间特征及影响因素比较[J].中国科技论坛，2018（8）：49-57.

续表

符号	含义	符号	含义
ΔC_1	众创空间运营商参与价值共创额外支出	ΔC_2	创客参与价值共创时的额外支出
R_2	创客在不参与价值共创时保留收益	F_3	政府参与价值共创时的支出
ΔR_2	创客自发参与价值共创时额外收益	k	税率
$\Delta R_2'$	众创空间运营商参与价值共创时,创客参与价值共创获取额外收益	β	众创空间运营商参与价值共创获取额外收益比例
F_2	政府给予创客财政补贴		

2. 众创空间生态系统价值共创三方博弈支付矩阵

根据以上假设,构建众创空间运营商、创客和政府三方博弈收益支付矩阵,如表9-2和表9-3所示。

表9-2 政府不参与下众创空间、创客和政府收益支付矩阵

创客策略	众创空间策略	众创空间收益	创客收益	政府收益
参与	参与	$R_1 + F_1 - C_1 - \Delta C_1 + \beta(1-k)\Delta R_2'$	$(1-k)R_2 + F_2 - C_2 + (1-k)(1-\beta)\Delta R_2' - \Delta C_2$	$k(R_2 + \Delta R_2') - F_1 - F_2$
参与	不参与	$R_1 + F_1 - C_1$	$(1-k)R_2 + F_2 - C_2 + (1-k)\Delta R_2 - \Delta C_2$	$k(R_2 + \Delta R_2) - F_1 - F_2$
不参与	参与	$R_1 + F_1 - C_1 - \Delta C_1$	$(1-k)R_2 + F_2 - C_2$	$kR_2 - F_1 - F_2$
不参与	不参与	$R_1 + F_1 - C_1$	$(1-k)R_2 + F_2 - C_2$	$kR_2 - F_1 - F_2$

表9-3 政府参与下众创空间、创客和政府收益支付矩阵

创客策略	众创空间策略	众创空间收益	创客收益	政府收益
参与	参与	$R_1 + F_1 - C_1 - \Delta C_1 + \beta(1-k)\Delta R_2'''$	$(1-k)R_2 + F_2 - C_2 + (1-k)(1-\beta)\Delta R_2''' - \Delta C_2$	$k(R_2 + \Delta R_2''') - F_1 - F_2 - F_3$
参与	不参与	$R_1 + F_1 - C_1$	$(1-k)R_2 + F_2 - C_2 + (1-k)\Delta R_2'' - \Delta C_2$	$k(R_2 + \Delta R_2'') - F_1 - F_2 - F_3$
不参与	参与	$R_1 + F_1 - C_1 - \Delta C_1$	$(1-k)R_2 + F_2 - C_2$	$kR_2 - F_1 - F_2 - F_3$
不参与	不参与	$R_1 + F_1 - C_1$	$(1-k)R_2 + F_2 - C_2$	$kR_2 - F_1 - F_2 - F_3$

3. 动态复制方程及求解

（1）众创空间运营商收益分析

众创空间运营商参与价值共创时收益为

$$E_X = R_1 + F_1 - C_1 - \Delta C_1 + (1-z)y\beta(1-k)\Delta R_2' + zy\beta(1-k)\Delta R_2'''$$

众创空间运营商不参与价值共创时收益为

$$E_{1-X} = R_1 + F_1 - C_1$$

众创空间运营商平均期望收益为

$$E_{CP} = xE_x + (1-x)E_{1-x}$$

众创空间运营商动态复制方程为

$$U_x = \frac{d_x}{d_t} = x(1-x)\{y\beta(1-k)[z\Delta R_2''' + (1-z)\Delta R_2'] - \Delta C_1\}$$

根据众创空间运营商动态复制方程可知，众创空间稳定状态分界线为 $y\beta(1-k)[z\Delta R_2''' + (1-z)\Delta R_2'] - \Delta C_1 = 0$，若 $y\beta(1-k)[z\Delta R_2''' + (1-z)\Delta R_2'] - \Delta C_1 > 0$，则存在 $U'(0) > 0 \cap U'(1) < 0$，此时众创空间参与价值共创为稳定状态，不参与价值共创为不稳定状态。若 $y\beta(1-k)[z\Delta R_2''' + (1-z)\Delta R_2'] - \Delta C_1 < 0$，则存在 $U'(0) < 0 \cap U'(1) > 0$，此时众创空间不参与价值共创为稳定状态，参与价值共创为不稳定状态。

由众创空间运营商参与价值共创的稳定性条件可知，众创空间运营商参与价值共创获取收益比率，创客与政府参与价值共创比例。三者同时参与及众创空间运营商与创客参与价值共创时，创客获取的额外收益都对众创空间运营商参与价值共创产生正向影响。价值共创成本对众创空间运营商参与价值共创造成负面影响。

（2）创客收益分析

创客参与价值共创时收益为

$$E_y = (1-k)R_2 + F_2 - C_2 - \Delta C_2 + (1-x)(1-z)(1-k)\Delta R_2 + x(1-z)(1-k)(1-\beta)\Delta R_2' + (1-x)z(1-k)\Delta R_2'' + xz(1-k)(1-\beta)\Delta R_2'''$$

创客不参与价值共创时收益为

$$E_{1-y} = (1-k)R_2 + F_2 - C_2$$

创客平均收益为

$$E_{IE} = yE_y + (1-y)E_{1-y}$$

创客动态复制方程为

$$U_y = \frac{d_y}{d_t} = y(1-y)\{-\Delta C_2 + (1-x)(1-z)(1-k)\Delta R_2 + x(1-z)(1-k)(1-\beta)\Delta R_2' +$$

$(1-x)z(1-k)\Delta R_2''+ xz(1-k)(1-\beta)\Delta R_2'''\}$

根据创客动态复制方程可知，创新创业者稳定状态分界线为 $-\Delta C_2+(1-x)(1-z)(1-k)\Delta R_2 + x(1-z)(1-k)(1-\beta)\Delta R_2' + (1-x)z(1-k)\Delta R_2'' + xz(1-k)(1-\beta)\Delta R_2'''= 0$。若 $-\Delta C_2+(1-x)(1-z)(1-k)\Delta R_2+x(1-z)(1-k)(1-\beta)\Delta R_2' + (1-x)z(1-k)\Delta R_2''+xz(1-k)(1-\beta)\Delta R_2''' > 0$，则存在 $U'(0)>0 \cap U'(1)<0$，创客动态复制方程参与价值共创为稳定状态，不参与价值共创为不稳定状态。若 $-\Delta C_2 + (1-x)(1-z)(1-k)\Delta R_2 + x(1-z)(1-k)(1-\beta)\Delta R_2' + (1-x)z(1-k)\Delta R_2''+ xz(1-k)(1-\beta)\Delta R_2''' < 0$，则存在 $U'(0)<0 \cap U'(1)>0$，此时创新创业者不参与价值共创为稳定状态，参与价值共创为不稳定状态。

由创客参与价值共创的稳定性条件可知，无论何种情况下创客参与价值共创获得的额外收益、政府和众创空间的参与率均对创新创业者参与价值共创产生正向影响，价值共创成本对众创空间价值共创造成负面影响。

（3）政府收益分析

政府参与价值共创时收益为

$$E_z = kR_2 - F_1 - F_2 - F_3 + xyk\Delta R_2''' + (1-x)yk\Delta R''$$

政府不参与价值共创时收益为

$$E_{1-z} = kR_2 - F_1 - F_2 + (1-x)yk\Delta R_2 + xyk\Delta R_2'$$

政府平均期望收益为

$$E_{Gv} = zE_z + (1-z)E_{1-z}$$

政府动态复制方程为

$$U_z = \frac{d_z}{d_t} = z(1-z)\{xyk(\Delta R_2'''-\Delta R_2') + (1-x)yk(\Delta R_2''-\Delta R_2) - F_3\}$$

根据政府动态复制方程式可知，政府稳定状态分界线为 $xyk(\Delta R_2'''-\Delta R_2') + (1-x)yk(\Delta R_2''-\Delta R_2) - F_3 = 0$。若 $xyk(\Delta R_2'''-\Delta R_2') + (1-x)yk(\Delta R_2''-\Delta R_2) - F_3 = 0$，则存在 $U'(0)>0 \cap U'(1)<0$，政府参与价值共创为稳定状态，不参与价值共创为不稳定状态。若 $xyk(\Delta R_2'''-\Delta R_2') + (1-x)yk(\Delta R_2''-\Delta R_2) - F_3 = 0$，则存在 $U'(0)<0 \cap U'(1)>0$，此时政府不参与价值共创为稳定状态，参与价值共创为不稳定状态。

由政府参与价值共创的稳定性条件可知，政府参与下的创客参与收益对政府参与价值共创产生正向影响，创客参与价值共创比例对政府参与价值共创产生正向影响。政府不参与情况下的创客参与收益及政府参与价值共创成本对政府参与价值共创产生负面影响。

4. 众创空间生态系统三方博弈稳定性分析

根据演化博弈理论，令 $U(x)=0 \cap U(y)=0 \cap U(z)=0$，即

$$\begin{cases} U'(x) = x(1-x)\{y\beta(1-k)[z\Delta R_2'''+(1-z)\Delta R_2']-\Delta C_1\} = 0 \\ U'(y) = y(1-y)\{-\Delta C_2 + (1-x)(1-z)(1-k)\Delta R_2 + x(1-z)(1-k)(1-\beta)\Delta R_2' + \\ \quad (1-x)z(1-k)\Delta R_2'' + xz(1-k)(1-\beta)\Delta R_2'''\} = 0 \\ U'(z) = z(1-z)\{xyk(\Delta R_2'''-\Delta R_2') + (1-x)yk(\Delta R_2''-\Delta R_2) - F_3\} = 0 \end{cases}$$

则在实数域 $R=\{(x, y, z)x, y, z \in [0, 1]\}$ 上存在 8 个均衡点，根据 Ritzberger 等① 提出的结论，所有内部演化轨迹都将无限访问其顶点，得到该复制动态组的 8 个均衡点分别为 $E_1=(0,0,0)$、$E_2=(0,0,1)$、$E_3=(0,1,0)$、$E_4=(0,1,1)$、$E_5=(1,0,0)$、$E_6=(1,0,1)$、$E_7=(1,1,0)$、$E_8=(1,1,1)$。

基于 Friedman 等② 研究结论，雅可比矩阵 J 的特征值为负时，对应的均衡点为该系统的演化稳定策略（ESS）。复制动态方程的雅可比矩阵为

$$J = \begin{bmatrix} J_1, J_2, J_3 \\ J_4, J_5, J_6 \\ J_7, J_8, J_9 \end{bmatrix}$$

其中，

$$\begin{cases} J_1 = (1-2x)\{y\beta(1-k)[z\Delta R_2'''+(1-z)\Delta R_2']-\Delta C_1\} \\ J_2 = x(1-x)\beta(1-k)[z\Delta R_2'''+(1-z)\Delta R_2'] \\ J_3 = x(1-x)y\beta(1-k)[\Delta R_2'''-\Delta R_2'] \\ J_4 = y(1-y)[(z-1)(1-k)\Delta R_2 + (1-z)(1-k)(1-\beta)\Delta R_2' - z(1-k)\Delta R_2'' + \\ \quad z(1-k)(1-\beta)\Delta R_2'''] \\ J_5 = (1-2y)\{-\Delta C_2 + (1-x)(1-z)(1-k)\Delta R_2 + x(1-z)(1-k)(1-\beta)\Delta R_2' + \\ \quad (1-x)z(1-k)\Delta R_2'' + xz(1-k)(1-\beta)\Delta R_2'''\} \\ J_6 = y(1-y)[(x-1)(1-k)\Delta R_2 - (1-k)(1-\beta)\Delta R_2' + (1-x)(1-k)\Delta R_2'' + \\ \quad x(1-k)(1-\beta)\Delta R_2'''] \\ J_7 = z(1-z)[yk(\Delta R_2'''-\Delta R_2'-\Delta R_2''+\Delta R_2)] \\ J_8 = z(1-z)[xk(\Delta R_2'''-\Delta R_2') + (1-x)k(\Delta R_2''-\Delta R_2)] \\ J_9 = (1-2z)\{xyk(\Delta R_2'''-\Delta R_2') + (1-x)yk(\Delta R_2''-\Delta R_2) - F_3\} \end{cases}$$

将均衡点代入矩阵 J，求得各均衡点对应的特征值如表 9-4 所示。

---

① RITZBERGER K, WEIBULL J W. Evolutionary selection in normal-form games[J]. Journal of the Econometric Society，1995（6）：1371-1399.

② FRIEDMAN D. A simple testable model of double auction markets[J]. Journal of Economic Behavior & Organization，1991，15（1）：47-70.

表 9-4 均衡点特征值表

均衡点	特征值 1	特征值 2	特征值 3
$E_1=(0,0,0)$	$-\Delta C_1$	$\Delta R_2-\Delta C_2$	$-F_3$
$E_2=(0,0,1)$	$-\Delta C_1$	$(1-k)\Delta R_2''-\Delta C_2$	F_3（+）
$E_3=(0,1,0)$	$\beta(1-k)\Delta R_2'-\Delta C_1$	$-(1-k)\Delta R_2+\Delta C_2$	$k(\Delta R_2''-\Delta R_2)-F_3$
$E_4=(0,1,1)$	$\beta(1-k)\Delta R_2'''-\Delta C_1$	$-(1-k)\Delta R_2''+\Delta C_2$	$F_3-k(\Delta R_2''-\Delta R_2)$
$E_5=(1,0,0)$	ΔC_1（+）	$(1-k)(1-\beta)\Delta R_2'-\Delta C_2$	$-F_3$
$E_6=(1,0,1)$	ΔC_1（+）	$(1-k)(1-\beta)\Delta R_2'''-\Delta C_2$	F_3（+）
$E_7=(1,1,0)$	$-\beta(1-k)\Delta R_2'+\Delta C_1$	$-(1-k)(1-\beta)\Delta R_2'+\Delta C_2$	$k(\Delta R_2'''-\Delta R_2')-F_3$
$E_8=(1,1,1)$	$-\beta(1-k)\Delta R_2'''+\Delta C_1$	$-(1-k)(1-\beta)\Delta R_2'''+\Delta C_2$	$-k(\Delta R_2''-\Delta R_2')+F_3$

由表 9-4 可知，$E_2=(0,0,1)$、$E_5=(1,0,0)$、$E_6=(1,0,1)$ 均存在特征值为正，因此不可能为稳定演化策略，仅需讨论 $E_1=(0,0,0)$、$E_3=(0,1,0)$、$E_4=(0,1,1)$、$E_7=(1,1,0)$、$E_8=(1,1,1)$。

（1）$E_1=(0,0,0)$ 讨论

由于 $-\Delta C_1<0$，$-F_3<0$，因此当 $\Delta R_2-\Delta C_2<0$ 时，$E_1=(0,0,0)$ 成为系统稳定演化策略。也就是说，当创客自发参与价值共创时产生的额外收益如果小于其成本，系统一定会向 $E_1=(0,0,0)$ 演化。这说明，创客参与价值共创效益是众创空间生态系统价值共创演化的内因，如果创客价值共创的投入无法产生理想收益，则政府和众创空间也没有动力参与价值共创。

（2）$E_3=(0,1,0)$ 讨论

当 $\begin{cases}\beta(1-k)\Delta R_2'-\Delta C_1<0\\-(1-k)\Delta R_2+\Delta C_2<0\\k(\Delta R_2''-\Delta R_2)-F_3<0\end{cases}$ 时，$E_3=(0,1,0)$ 成为系统稳定演化策略。也就是说，当创客自发参与价值共创创造的收益大于成本，而众创空间运营商或政府单独与创新创业者一起参与价值共创创造的收益无法弥补其花费成本时，系统会向 $E_3=(0,1,0)$ 演化。这说明，众创空间与政府收益是众创空间生态系统协同价值共创的必要条件。

（3）$E_4=(0,1,1)$ 讨论

当 $\begin{cases}\beta(1-k)\Delta R_2'''-\Delta C_1<0\\-(1-k)\Delta R_2''+\Delta C_2<0\\F_3-k(\Delta R_2''-\Delta R_2)<0\end{cases}$ 时，$E_4=(0,1,1)$ 成为系统稳定演化策略。也就是说，当创客与政府协同参与价值共创，创客获取的收益大于成本，政府获取的税收增值大于参与支出，而众创空间运营商获取收益比例过低使收益难以抵消成本时，系统会向 $E_4=(0,1,1)$ 演化。这说明，合理的利益分

配是众创空间运营商参与价值共创的基础。

（4）$E_7 = (1,1,0)$ 讨论

当 $\begin{cases} -\beta(1-k)\Delta R_2' + \Delta C_1 < 0 \\ -(1-k)(1-\beta)\Delta R_2' + \Delta C_2 < 0 \\ k(\Delta R_2''' - \Delta R_2') - F_3 < 0 \end{cases}$ 时，$E_7 = (1,1,0)$ 成为系统稳定均衡

策略。也就是说，当众创空间运营商和创客一起参与价值共创，双方获得的收益均大于成本，政府加入创造的额外收益并不足以支付成本时，政府就会存在"搭便车"现象。这说明，政府参与价值共创需要产生超额效益，否则就没有参与的动机。

（5）$E_8 = (1,1,1)$ 讨论

当 $\begin{cases} -\beta(1-k)\Delta R_2''' + \Delta C_1 < 0 \\ -(1-k)(1-\beta)\Delta R_2''' + \Delta C_2 < 0 \\ -k(\Delta R_2''' - \Delta R_2') + F_3 < 0 \end{cases}$ 时，$E_8 = (1,1,1)$ 成为系统稳定均衡

策略。也就是说，众创空间运营商、创客和政府三者一起参与价值共创给众创空间和创新创业者带来的收益足以支付其成本的同时，政府加入创造的额外收益也大于成本时，系统会向 $E_8 = (1,1,1)$ 演化。这说明，政府参与价值共创的动机不单是能否取得一定的参与收益，而是获得比不参与情况下的收益还要大的超额收益。

三、系统仿真分析

为了更直观地体现众创空间、创客与政府三方主体参与价值共创的演化过程与规律，我们运用 Matlab 软件对价值共创过程进行仿真分析。在考虑现实价值共创的基础上，对模型中的参数进行初始赋值，设众创空间参与价值共创额外支出 ΔC_1 为 15，创客参与生产时的额外支出 ΔC_2 为 30，政府参与生产时的支出 F_3 为 10，创客自发参与价值共创时额外收益 ΔR_2 为 10，众创空间参与价值共创时创客参与价值共创获取额外收益 $\Delta R_2'$ 为 100，政府参与价值共创时创客参与价值共创获取额外收益 $\Delta R_2''$ 为 80，众创空间与政府同时参与价值共创时创客参与价值共创获取额外收益 $\Delta R_2'''$ 为 200，众创空间参与价值共创获取额外收益比例 β 为 30%，政府税率 k 为 20%。具体参数赋值如表 9-5 所示。

表 9-5 参数初始值赋值表

参数	ΔC_1	ΔC_2	F_3	ΔR_2	$\Delta R_2'$	$\Delta R_2''$	$\Delta R_2'''$	β	k
数值	15	30	10	10	100	80	200	30%	20%

1.众创空间运营商获取额外收益比例变化仿真分析

图 9-1 是在其他参数不变的情况下,众创空间运营商参与价值共创获取额外收益比例的变化对三方主体参与价值共创影响的仿真。由图 9-1 可知,众创空间参与价值共创获取额外收益比例的临界值为 0.15~0.17。当众创空间参与价值共创获取额外收益比例小于该临界值时,由于众创空间运营商初始合作意愿较低,且最终各参与主体价值共创意愿都趋向于(0,0,0),此时随着众创空间运营商参与价值共创获取额外收益比例的逐渐升高,众创空间运营商、创客与政府收敛于(0,0,0)的速度减缓。当众创空间参与价值共创获取额外收益比例大于该临界值时,期初众创空间参与价值共创的意愿由于自身参与意愿低会有一段小幅度的下降,但由于众创空间参与价值共创获取额外收益比例的增大,所能分配到的收益增加,最终会选择参与价值共创,众创空间、创客、政府参与价值共创的意愿都趋向于(1,1,1)。随着众创空间参与价值共创获取额外收益比例的逐渐升高,众创空间、创客与政府收敛于(1,1,1)的速度加快。这是由于随着众创空间运营商参与价值共创获取额外收益比例逐渐升高,众创空间运营商参与生产后所能获得收益越来越多,参与意愿增强。在政府参与价值共创后,三者价值共创的额外收益大幅度增加,众创空间运营商、创客收益增加,促进了政府税收收益的增长。仿真结果表明,众创空间参与价值共创获取额外收益比例的提升有利于促进众创空间运营商、创客、政府参与价值共创的意愿。

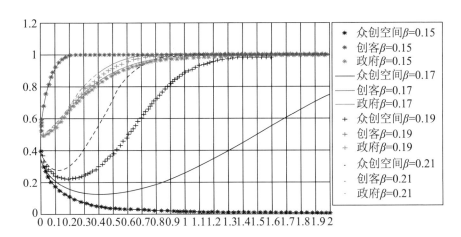

图 9-1 众创空间参与价值共创获取额外收益比例变化演化图

2.众创空间运营商参与价值共创额外支出变化仿真分析

图 9-2 是在其他参数不变的情况下,众创空间运营商参与价值共创成

本的变化对三方主体参与价值共创影响的仿真。由图9-2可知，众创空间运营商参与价值共创成本的临界值为30~35。当众创空间参与价值共创投入小于该临界值时，由于众创空间运营商一开始的投入较低，众创空间运营商更愿意选择参与价值共创以获得收益，最终各参与主体价值共创意愿都趋向于（1，1，1）。随着众创空间运营商参与价值共创时成本投入的增大，众创空间运营商、创客与政府收敛于（1，1，1）的速度减缓。当众创空间参与价值共创投入比例大于该临界值时，由于获得的收益不能满足价值共创时的投入，众创空间最终选择不参与价值共创。同时，由于众创空间的不参与，政府与创客双方价值共创的总收益下降，导致双方价值共创意愿均有所下滑。仿真结果表明，众创空间参与价值共创投入成本的增加降低了众创空间参与价值共创的意愿，同时由于其不参与价值共创，在一定程度上影响了政府与创客的参与意愿。

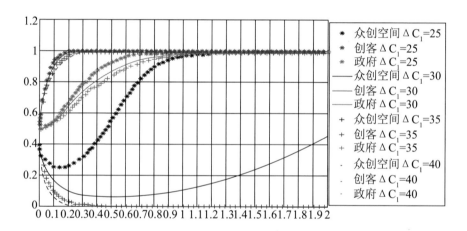

图9-2　众创空间运营商参与价值共创时成本投入变化演化图

3.众创空间运营商、政府参与意愿变化

图9-3是在其他参数不变的情况下，众创空间运营商与政府参与价值共创意愿的变化对三方主体参与价值共创影响的仿真。由图9-3（a）可知，在创客参与比例较高的情况下，无论政府和众创空间运营商期初的参与意愿是否大，都会快速提升，最终各参与主体价值共创意愿都趋向于（1，1，1）。初始参与意愿越高，增长的速度越快，达到（1，1，1）均衡点的时间越短。

由图9-3（b）可知，在创客参与比例较低的情况下，如果政府和众创空间运营商参与比例也较低，最终三方主体的参与意愿都趋向于（0，0，0）。随着政府和众创空间运营商初始参与意愿的逐步提升，最终收敛时参与比例会出现提升。由于只有众创空间运营商和政府参与时,价值共创的总收益较低,因此众创空间与政府参与意愿会有一段小幅度的下降。随着时间的推移,双方都参与价值共创时,众创空间与政府的参与意愿逐渐增强。当众创空间与政府的初始参与意愿逐渐升高时,可以发现,双方小幅度下降的趋势越来越小,增长趋势越来越强,三方主体收敛于(1,1,1)的速度加快。仿真结果表明,众创空间与政府参与价值共创意愿的增加加快了三方参与价值共创的进程。

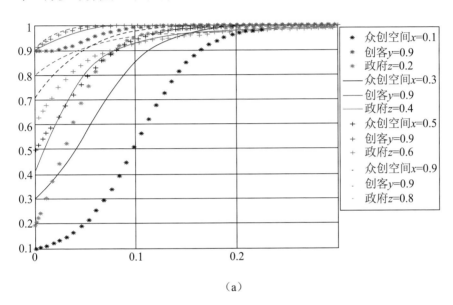

(a)

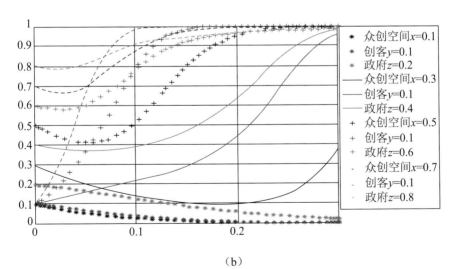

(b)

图 9-3　创客低参与情况下众创空间运营商、政府参与意愿变化演化图

4.创客参与意愿变化

图9-4是在其他参数不变的情况下,创客参与价值共创意愿的变化对三方主体参与价值共创影响的仿真。由图9-4(a)可知,在众创空间运营商和政府参与比例较高的情况下,无论创客期初的参与意愿是否大,都会快速提升,最终各参与主体价值共创意愿都趋向于(1,1,1),初始参与意愿越高,增长的速度越快,达到(1,1,1)均衡点的时间越短。

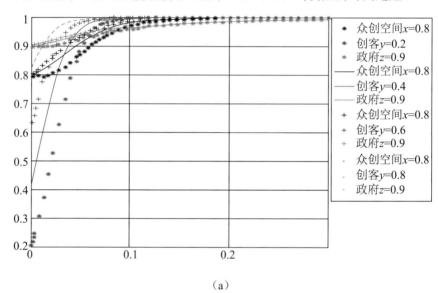

(a)

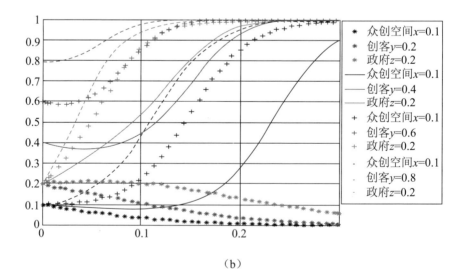

(b)

图9-4 运营商和政府低参与情况下创客参与价值共创意愿变化演化图

由图9-4（b）可知，在众创空间运营商和政府参与比例较低的情况下，如果创客初始值也较低，三方会向（0，0，0）进行演化。但当创客初始值达到0.4以后，最终收敛时参与比例出现提升，当创客初始值达到0.6时，最终各参与主体价值共创意愿都趋向于（1，1，1），初始参与意愿越高，增长的速度越快，达到（1，1，1）均衡点的时间越短。

5.政府税率变化仿真分析

图9-5是在其他参数不变的情况下，政府税率的变化对三方主体参与价值共创影响的仿真。由图9-5可知，政府税率的临界值为0.15~0.17，当政府税率比例小于该临界值时，由于税率低，政府所能获得的价值共创收益并不能弥补其价值共创时的投入，因此期初政府选择不参与价值共创。同时因为政府不参与价值共创，仅有众创空间与创客参与生产时，其合作生产的收益大幅下降，所以众创空间的参与意愿不强。当政府税率逐渐提升，政府由于税率的提高能获得的税收越来越多，参与意愿也逐渐变强。此时由于政府参与价值共创，生产的总收益大幅度提升，刺激了众创空间的参与意愿，使得各主体的参与意愿均有所上升。当政府的税率增长较大时，虽然政府能获得的收益增多，但是由于众创空间与创客需要缴纳更多的税收，导致他们参加价值共创的意愿有所下降。仿真结果表明，税收的小幅度提高有利于刺激各主体参与价值共创的意愿，但是税率过大反而对主体的参与意愿起反作用。

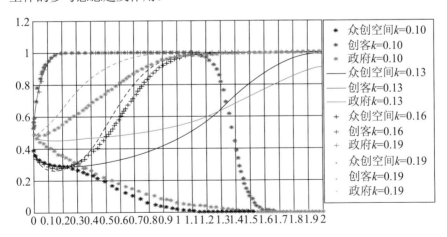

图9-5 税率变化三方演化图

6.研究结论

创新创业是激发经济新动能的重要引擎，是驱动国家经济发展的重要力量。众创空间作为创新创业的新型载体,以整合社会资源的方式,为创客提供低成本、便利化、全要素、开放式的服务,对于推动"大众创业、万众创新"具有重要意义。作为对以往研究的补充,本研究考虑了众创空间运营商、创客与政府三方主体,建立了三方主体价值共创的博弈支付矩阵,通过演化博弈方法求得了价值共创的博弈均衡解,分析了均衡解的稳定条件,并重点研究了众创空间的额外收益比例、政府税率、主体参与意愿等不同变化对三方主体价值共创意愿的影响,得到如下结论。

①众创空间额外收益比例的提升有利于促进众创空间、创客、政府参与价值共创的意愿。众创空间参与价值共创时,额外收益比例的增加使得其参与意愿逐渐增强。由于众创空间的参与,三方主体价值共创的总收益大幅度增加,在一定程度上刺激了各方的参与意愿。因此,在三方主体共同参与生产时,应建立相应的收益分享契约,修订合适的收益分配比例,从而促进三方主体参与价值共创的意愿。

②三方主体的参与意愿对政府税率的变化比较敏感。当政府税率小幅度增长时,政府的参与意愿逐渐增强,带动了众创空间参与价值共创的意愿。然而政府税率增长过快,只能使得政府的收益增加,在一定程度上损害了众创空间与创客的收益,将导致双方的参与意愿下降。因此,政府在参与价值共创时,应该制定合理的税收政策,在不影响众创空间与创客收益的前提下,适当增加税率。政府在参与价值共创后,可以从多方面对生产项目进行扶持,尽量避免大额的资金直接支持。

③众创空间与政府参与价值共创意愿的增加加快了三方参与价值共创的进程。众创空间与政府参与价值共创的意愿增加时,可以促进对方参与价值共创的意愿,缩短三方决策的时间,加快了三方参与价值共创的进程。因此,在生产项目建设初期,创客可在一定程度上刺激众创空间、政府参与价值共创的意愿,使之引导外部资金的投入以降低自身的成本投入,实现价值共创。

第二节 众创空间生态系统共生演化机理

一、众创空间生态系统共生演化理论分析

众创空间具有自组织的生态学属性(Muhammad, 2013),能够提供互动交流界面,是基于互联网背景构建的一种能够对资源进行快速聚散与迭代的生态网络(陈武,李艳萍,2018)。不同于传统孵化器,众创空间

强调创新与创业结合，强调线上与线下结合，强调客户需求与资源供给结合，强调物理空间与网络空间结合，是一个利用互联网和开源技术构建的开放式生态系统。在这种网络化、开放式的环境中，创客、资源和服务提供机构、平台提供者等诸多主体之间交互合作产生类生物群体的共生行为[1]。共生意味着创客与其他主体能够在资源汇聚、价值交换、平衡协调等机制作用下[2]，实现资源与知识的共享和价值共创行为，从而满足各自价值获取目标和生态系统整体目标[3]。本节在对众创空间生态系统构成与特征系统论述的基础上，结合共生理论，将众创空间生态系统共生单元划分为创客和创新创业服务机构，阐述众创空间生态系统的共生关系类型，利用 Logistic 方程探讨众创空间生态系统中创客与创新创业服务机构两大种群的相互作用规律，探讨共生演化的均衡点和稳定条件，通过计算机仿真分析创客和服务机构共生演化过程、共生演化模式及共生演化的均衡状态，从而找到影响众创空间共生演化的关键因素，为促进众创空间生态系统良性发展，实现众创空间各主体共生提供坚实的理论基础。

1.众创空间共生系统的概念

共生原本属于生物学领域，指不同生物种群之间存在的一种彼此确实都无法分开的依存关系。生物界这种相互依赖、相互依存、相互促进的种群关系，在创业领域也较为普遍。创业者由于资源禀赋匮乏，需要与其他主体进行资源互补、信息交换，创业者无法作为单独主体而存在于经济体系之中。创业生态系统的共生是主体间基于共同价值创造的愿景形成的相互作用、彼此依赖、共同发展的关系[4]。

共生概念的范围具有狭义和广义之分，狭义的共生是指种群之间的互惠共生关系，按照互惠双方的受惠大小，可将互惠共生区分为非对称性互惠共生和对称性互惠共生[5]。广义的共生泛指种群之间存在的诸多联系，除互惠共生外，还包括偏离共生、寄生共生等关系。按照种群之间的关系性质，可将共生关系分为中性关系、正性关系和负性关系。中性关系是指

---

[1] 赵志耘, 杨朝峰. 创新范式的转变：从独立创新到共生创新 [J]. 中国软科学, 2015（11）: 155-160.

[2] 林嵩. 创业生态系统：概念发展与运行机制 [J]. 中央财经大学学报, 2011（4）: 58-62.

[3] 戴亦舒, 叶丽莎, 董小英. 创新生态系统的价值共创机制：基于腾讯众创空间的案例研究 [J]. 研究与发展管理, 2018（4）: 24-36.

[4] PELTONIEMI M. Preliminary theoretical framework for the study of business ecosystems[J]. Emergence:Complexity & Organization, 2006, 8（1）: 10-19.

[5] 欧忠辉, 朱祖平, 夏敏, 陈衍泰. 创新生态系统共生演化模型及仿真研究 [J]. 科研管理, 2017（12）: 49-57.

种群之间相互作用较小，各种群按照自身规律各自发展。正性关系是指种群一方或多方在相互作用中获取收益。负性关系是指种群之间存在相互抑制性的关系。

众创空间生态系统被认为是由创客、资源提供者、外部环境构成的有机整体，它们通过复杂的交互作用，完成资源的供需匹配，从而提高创新创业水平。不同于传统孵化器，众创空间通过互联网和开源技术实现更多主体的信息互动，通过物联网终端采集数据[①]，使众创空间突破物理空间限制，向更加开源和共享的方向发展。Sá[②]（2012）认为，它的最核心功能是帮助在孵企业建立合作网络，通过构建一种环境生态，让其主体能够相互作用，实现众创空间地带信号识别与创业资源积聚，创业能力构建与创业孵化等功能[③]。这种有益的社会网络比直接提供服务更有效[④]。众创空间生态系统存在和发展的根本原因是各类主体之间能够资源共享、功能互补、和谐共生。众创空间生态系统并非是各主体的简单拼凑，而是基于共同愿景，围绕机会识别、资源共享、技术合作、新产品开发等活动实现价值共创的目的。各类主体扮演着不同角色，发挥着不同的功能作用，以相互合作、相互依赖的方式共同促进众创空间发展。因此，众创空间生态系统共生的关系是众创空间的创客、服务机构等主体基于价值共同创造目标而形成的相互依赖的和谐共生关系。

2.众创空间生态系统共生关系的构成

有学者认为共生系统由共生单元、共生环境和共生模式三个要素构成，三个要素之间相互影响、相互作用，影响着共生体的动态演化及规律。也有学者认为共生系统包括共生单元、共生基质、共生界面、共生环境四个基本要素[⑤]。

共生单元是共生系统的主体。众创空间生态系统由各类主体构成，集

---

① DAX J, PIPEK V. Making and Understanding. In Proceedings of the International Joint Conference on Knowledge Discovery, Knowledge Engineering and Knowledge Management[M]. SCITEPRESS-Science and Technology Publications，Lda. 2016.

② Sá C, LEE H. Science, business, and innovation： understanding networks in technology-based incubators[J]. R&D Management，2012，42（3）：243-253.

③ 李万，常静，王敏杰，朱学彦，金爱民. 创新 3.0 与创新生态系统 [J]. 科学学研究，2014（12）：1761-1770.

④ SOETANTO D P, JACK S L. Business incubators and the networks of technology-based firms[J]. The Journal of Technology Transfer，2013，38（4）： 432-453.

⑤ 赵志耘，杨朝峰. 创新范式的转变：从独立创新到共生创新 [J]. 中国软科学，2015（11）：155-160.

聚了创客、金融服务提供机构、商务服务提供机构、创新创业教育者、众创平台提供者等众多组织。我们从角色和功能视角将众创空间生态系统中的共生单元界定为创客和服务机构两个类别。创客出于创意产品开发和创意价值实现的需求，招募新员工、引进新技术、开发新产品，是创新创业活动的主体。在众创空间环境下，创客不是依靠自身力量孤立进行创新创业活动的主体，而是需要整合外部资源以实现企业成长。服务机构出于弥补创客资源和知识的匮乏，为创客提供技术、资金、人才等资源，以及信息加工、技术开发、管理咨询等服务，从而间接参与创新创业活动，推动众创空间生态系统的演化与发展。

共生单元在由产业、政策、文化等构成的宏观环境和众创空间微观环境下，发生着交互作用。我国具有强大的制造业生态体系和丰富的人力资源，为创客、服务提供机构等主体成长提供了肥沃的土壤，以"创新、个性"为主要特征的创客运动与我国建设创新型国家的战略任务相契合，"大众创业、万众创新"的文化氛围及创新创业鼓励政策成为推动创客运动发展的重要因素。众创空间具有一系列涵盖开源软、硬件等要素相关的治理过程与价值观[1]。众多合作者包括研究园区、研究驱动的大公司、创业者、大学、投资者和孵化器等，共同构建区域知识生态，并催生创新生态系统的新模式和新形态[2]。众创空间具有资源共享的特征[3]，创客通过众创空间能够探索所热爱的有创意的东西[4]。众创空间创造的共享、开放、便捷的环境便于创客和服务机构实现信息交流和物质交换，是两者共生的基础。

共创共享利益是共生关系形成的物质基础，是共生关系形成的向心力。这种共生关系形成最根本性的机制称为共生基质。共生基质是通过共生单元之间以接触、互动的方式而形成的，这种接触、互动的方式称为共生界面。按照接触、互动的载体不同，共生界面可分为资源共享机制、物质交换机制和利益分配机制。众创空间发挥资源集聚优势，既实现了办公场地、设备设施等有形资源，又实现了知识、信息等无形资源的共享，以共享的方式配置资源，既提高了资源的使用效率，又降低了资源使用成本。众创

---

[1] KERA D. NanoŠmano lab in Ljubljana: disruptive prototypes and experimental governance of nanotechnologies in the hacker-spaces[J]. Journal of Science Communication，2012，11（4）：37-49.

[2] KOMNINOS N, PALLOT M, SCHAFFERS H. Special issue on smart cities and the future internet in europe[J]. Journal of the Knowledge Economy，2013，4（2）：119-134.

[3] BAUWENS M, MENDOZA N, IACOMELLA F, et al. A Synthetic Overview of the Collaborative Economy[M]. Orange Labs and P2P Foundation，2012.

[4] MITCH ALTMAN. What's Hackerspace[EB /OL]. http: //makezine.com /2011 /09 /07 / What's a hackerspace mitch altman explains video，2011.

空间生态系统中创客、服务机构等主体只有通过价值交换，实现物质循环和能量交换，才能补偿互动合作中的资源消耗，形成良性循环，促进系统平衡。价值共创是众创空间生态系统追求的目标，而实现这个目标的关键是利益分配机制。各主体获取一定的利益是形成共生关系的基础，以合理的利益分配方式实现利益均衡。

3.众创空间共生系统的演化

共生系统的形成并非一朝一夕，而是在相关主体的不断互动过程中逐渐形成。共生演化就是系统从要素的简单堆砌到协同优化组合，从功能简单到功能完善，从共栖到互利共生，从无序到有序的动态过程。学者围绕着演化阶段、演化影响因素、演化衡量等内容开展研究。

Reed（2015）研究发现，创业生态系统共生演化存在种子期、初创期、成长期、成熟期、衰退期五个时期，不同阶段的创业者对资源、政策有着不同的需求[①]。Chertow（2012）等提出产业共生系统的共生演化过程分为三个阶段：萌芽阶段、揭示阶段和嵌入与制度化阶段[②]。边伟军认为核心企业主导型创新生态系统的演化过程包括四个阶段，即形成、发展、成熟、衰落与更新[③]。

学者从内因和外因辩证关系出发论证共生系统演化的影响因素。企业资源、知识、市场机会需求是寻求共生关系的内因，主体间资源的专门性和互补性是共生存在的基础[④]。经过长期互动形成利益共同体，建立比较稳固的共生关系[⑤]。外因主要包括市场竞争驱动和政府支持驱动，主体需要调整自身行为以适应外部环境的变化。学者普遍采取 Logistic 生长函数对具有相互依赖、共生合作关系的种群进行研究，以发现影响共生演化的稳定条件和稳定均衡点[⑥]。还有学者采取计算机仿真技术对共生演化的路径、稳定均衡点、影响因素进行量化分析，以更加形象的方式描述共生演

[①] O'CONNOR A, REED G. South Australia's entrepreneurial ecosystem: Voice of the customer research report，2015.

[②] CHERTOW M, EHRENFELD J. Organizing self-organizing systems[J]. Journal of Industrial Ecology，2012，16（1）：13-27.

[③] 边伟军.核心企业主导型技术创新生态系统形成、运行与演化机理研究[D].青岛科技大学，2017.

[④] 宋晓洪，丁莹莹，焦晋鹏.创业生态系统共生关系研究[J].技术经济与管理研究，2017（1）：27-31.

[⑤] NIKOLAOU I E, NIKOLAIDOU M K, TSAGARAKIS K P. The response of small and medium-sized enterprises to potential water risks: an eco-cluster approach[J]. Journal of Cleaner Production，2016，112（5）：4550-4557.

[⑥] 宋姗姗.创业生态系统的共生形成及演化研究[D].吉林大学，2018.

化的路径，以及各因素对系统演化造成的影响。

4. 文献述评

① 众创空间生态系统由创客、服务提供机构等主体构成。创客之间通过信息共享、资源互换等方式在共创价值的同时获得更多的经济收益，创客集聚能够吸引更多创客加入。针对这种种群自身的集聚对生态系统共生的影响却较少有研究者涉及。

② 众创空间具有推动技术创新、孵化创业企业、增加就业机会、推动经济转型升级、增加政府税收等诸多外部性，各地政府纷纷采取资金支持、提供融资便利等措施支持众创空间发展。不同于自发式生态系统的形成模式，中国众创空间生态系统的形成具有"筑巢引凤"的特点，而针对这种生态系统共生演化的研究并不多。

③ 学者采取 Logistic 生长函数和计算机仿真技术，虽然可以动态模拟生态系统共生演化的过程，但缺乏模型的验证，使研究停留在理论层面，影响了理论研究的实践价值。

鉴于以上分析，本研究结合平台型生态系统特征，借鉴 Logistic 方程探讨众创空间复杂主体的共同演化过程，比较不同性质众创空间的演化规律，通过计算机仿真分析不同参数对系统演化的影响，并通过案例对模型进行验证，从而发现推动系统互惠共生的演化机制和路径，为改善众创空间生态系统提供理论支撑。

二、众创空间生态系统共生演化模型构建

1. 概念模型

众创空间共生系统由共生单元、共生模式和共生环境构成，如图 9-6 所示。共生单元为共生系统的主体型要素，众创空间共生系统的共生单元由创客和服务提供机构构成。创客与服务提供机构是服务与被服务的关系。服务提供机构通过为创客提供金融资本、人力资源、技术、工商等服务，在帮助创客解决创新创业难题和实现由创意向产品转化、实现产品市场价值的同时获取经济收益。创客因众创空间提供类型多样、数量丰富的服务而集聚，创客在地理空间的集聚不仅为服务提供机构提供了数量众多的客户资源，也降低了服务提供机构的信息搜寻成本，创客与服务提供机构形成共生关系。

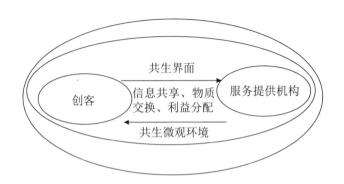

图 9-6　众创空间共生系统模型

　　众创空间共生系统的共生模式是指创客与服务提供机构相互作用的方式。利益一致性是创客和服务提供机构共生关系建立的物质基础。创客数量的增加为服务提供商提供商业机会，创客的成长有利于服务提供商收益的实现。服务提供商数量的增加弥补了创客资源匮乏的缺陷，提升了其创新创业的效率和成功率。共创共享成为创客和服务提供机构共同的价值追求。信息共享、物质交换和利益分配是创客与服务提供机构互动的主要方式。由于明显的双边网络效应的存在，创客和服务提供机构在空间上大量汇集，众创空间共生主体的规模越大，共生基质就越丰富。丰富的共生基质意味着众创空间中蕴含大量的资源和信息，有利于创业企业弥补自身资源匮乏的不足，促进创客与服务提供机构之间的共生行为[①]。创客和服务提供机构在频繁互动中形成高度信任的关系，信任促进创客之间以及与服务提供机构建立更加稳固的合作关系和更加完善的资源流动渠道，有效减少共生阻力，使服务提供机构更加便捷地为创客输出信息、技术、资金等资源，增加共生主体之间的资源流动[②]。高度信任的关系也使共生主体之间利益分配的方式更加多样化，服务提供机构与创客可以实施基于契约的利益分配机制，也可以实施基于股权投资的利益分配机制。

　　众创空间共生环境是众创空间共生系统存在和发展的外部因素，在网络化、开放式的环境中，共生行为更容易发生[③]。众创空间共生环境包括微观的共生环境和宏观的共生环境。微观的共生环境是指众创空间内部的环境，齐全的设施、便利的服务、良好的氛围使创客可以低成本、便捷地

---

　　① 王庆金，李如玮. 众创空间网络嵌入与商业模式创新：共生行为的中介作用 [J]. 广东财经大学学报，2019（3）：34-42.

　　② JONES G R, GEORGE J M. The experience and evolution of trust: implications for cooperation and teamwork[J]. Academy of Management Review, 1998, 23（3）: 531-546.

　　③ 赵志耘，杨朝峰. 创新范式的转变：从独立创新到共生创新 [J]. 中国软科学，2015（11）：155-160.

开展创新创业活动。宏观的共生环境是指众创空间所在区域的经济环境、技术环境和政策环境。较为发达的制造体系、日新月异的技术进步和日益完备的政策体系对于点燃创客的创新创业热情，激发创新创业活力具有重要意义。

2.众创空间共生演化模型

（1）研究假设

假设1：众创空间共生系统由 i 个从事创新创业活动的创客和 j 个从事创新创业服务提供机构构成，创客和服务提供机构的种群数量受空间、资源等条件限制，其成长存在规模限制。由于创客与服务提供机构之间存在服务与被服务关系，创客属于中小型组织，因此，被服务者数量大于服务提供机构数量时，服务提供机构才会有盈利可能。因此，假设创客的最大规模 N_1 大于服务提供机构的最大规模 N_2。

假设2：服务提供机构的成长服从 Logistic 成长规律。由于众创空间的空间、资源有限，因此在长时间的动态演化过程中，服务提供机构的增长率受到密度的影响，即随着服务提供机构密度的增加，服务提供机构增长率下降。

假设3：创客的成长受密度和集聚效应的双重影响。创客的成长也服从 Logistic 成长规律，其增长率也会随着密度的增加而降低。但众创空间创客由于资源共享、知识溢出等现象的存在，规模越大，汇集的主体越多，创造的效益越多，其吸引力更强，增长速度就越快，因此，创客的成长受密度和集聚效应的双重影响。

假设4：当创客或服务提供机构的边际产出等于边际投入时，创客或服务提供机构停止增长，达到最大规模。

（2）众创空间共生演化模型构建

设 $x_1(t)$、$x_2(t)$ 分别为 t 时刻创客和服务提供机构的规模，r_1、r_2 分别为创客和服务提供机构的自然增长率，N_1、N_2 分别为空间、资源约束条件下的创客和服务提供机构的规模最大值。创客和服务提供机构演化动力学的方程组为

$$\begin{cases} \dfrac{dx_1}{dt} = r_1 x_1 \left(1 - \dfrac{x_1}{N_1} + \alpha \dfrac{x_1}{N_1} + \beta_{21} \dfrac{x_2}{N_2}\right), x_1(0) = x_{10} \\ \dfrac{dx_2}{dt} = r_2 x_2 \left(1 - \dfrac{x_2}{N_2} + \beta_{12} \dfrac{x_1}{N_1}\right), x_2(0) = x_{20} \end{cases} \quad (9\text{-}1)$$

其中，x_{10}、x_{20} 分别为创客和服务提供机构的初始规模。$1 - \dfrac{x_1}{N_1}$、

$1-\dfrac{x_2}{N_2}$ 是 Logistic 系数，分别表示由于创客和服务提供机构对有限资源的消耗而产生的对其本身规模增长的阻滞效应。$\alpha\dfrac{x_1}{N_1}$ 表示创客由于规模的增大而产生的本身规模增长的集聚效应。$\beta_{21}\dfrac{x_2}{N_2}$、$\beta_{12}\dfrac{x_1}{N_1}$ 分别表示服务提供机构规模增大，对创客规模增加产生的共生效应和创客规模增大对服务提供机构规模增加产生的共生效应。

（3）众创空间共生演化模型分析

根据参数不同取值范围，对创客和服务提供机构相互作用的 Logistic 方程及其共生模式进行分析。

①独立共存模式

当 $\beta_{12}=0$，$\beta_{21}=0$ 时，创客与服务机构独立发展互不影响，双方不存在共生关系。当众创空间运营商不进行任何产业定位，以场地出租为主要目的，盲目招商，不提供任何服务，主体之间不存在任何业务关联时，这种独立共存模式才有可能发生。

②竞争共存模式

当 $\beta_{12}<0$，$\beta_{21}<0$ 时，创客与服务提供机构之间呈现竞争关系，不存在共生关系。由于创客和服务提供机构属于服务与被服务的关系，双方利益目标一致，资源异质性较为突出，互补性较强，双方竞争关系基本不存在，因此这种情况在众创空间生态系统中较少出现。

③寄生共生模式

当 $\beta_{12}<0$，$\beta_{21}>0$ 时，创客对服务机构提供的服务无偿使用，所以创客收益，而服务提供者受损。这种情况一般出现在政府主导型众创空间。为鼓励创新创业，支持创客发展，政府主导型众创空间采取财政补贴方式，无偿提供场地等资源及辅导培训等服务，不追求短期收益，期望获取就业、税收等未来收益。

④偏利共生模式

当 $\beta_{12}=0$，$\beta_{21}>0$ 时，服务提供机构虽然无法从服务创客的过程中获取额外收益，但毕竟没有受到损失，而创客通过共生关系获得发展。这种情况一般出现在非营利性众创空间，出于公益和社会责任的动机，承担起服务创客的责任，但在服务过程中期望获得应有的回报，否则难以可持续发展。

⑤互惠共生模式

当 $\beta_{12}>0$，$\beta_{21}>0$ 时，创客与服务提供机构互惠互利、相互促进，形成规范有序的互惠共生关系。当 $\beta_{12} = \beta_{21}$ 时为对称性互惠共生关系，当 $\beta_{12} \neq \beta_{21}$ 时为非对称性互惠共生关系。不同参数取值决定了系统演化方向，应通过动态演化方程的均衡点和稳定条件分析探究这两类共生单元的演化结果。

令 $\dfrac{dx_1}{dt} = 0$，$\dfrac{dx_2}{dt} = 0$，得到创客和服务提供机构动态演化的 4 个局部均衡点，$E_1(0,0), E_2(0, N_2), E_3\left(\dfrac{N_1}{1-\alpha}, 0\right), E_4(x_1^*, x_2^*)$，其中，$x_1^* = \dfrac{(1+\beta_{21})N_1}{1-\alpha-\beta_{12}\beta_{21}}$，$x_2^* = \dfrac{(1-\alpha+\beta_{12})N_2}{1-\alpha-\beta_{12}\beta_{21}}$。动态演化的雅可比矩阵为

$$J = \begin{bmatrix} r_1\left(1 + \dfrac{2\alpha-2}{N_1}x_1 + \beta_{21}\dfrac{x_2}{N_2}\right), & r_1\beta_{21}\dfrac{x_1}{N_2} \\ r_2\beta_{12}\dfrac{x_2}{N_1}, & r_2\left(1 - 2\dfrac{x_2}{N_2} + \beta_{12}\dfrac{x_1}{N_1}\right) \end{bmatrix} \quad (9\text{-}2)$$

雅克比矩阵的行列式和迹分别记为 Det(J) 和 Tr(J)、Tr（J）。当系统均衡点使得 Det(J) > 0，且 Tr(J) < 0 时，则它就是稳定的均衡点。系统各均衡点的稳定性分析如表 9-6 所示。

表 9-6 系统分析稳定性分析表

均衡点	Det(J)	Tr(J)	稳定条件
$E_1(0,0)$	r_1r_2	r_1+r_2	不稳定
$E_2(0, N_2)$	$-r_1r_2(1+\beta_{21})$	$r_1(1+\beta_{21})-r_2$	$\beta_{21} < -1$
$E_3\left(\dfrac{N_1}{1-\alpha}, 0\right)$	$-r_1r_2\left(1+\dfrac{\beta_{12}}{1-\alpha}\right)$	$r_2\left(1+\dfrac{\beta_{12}}{1-\alpha}\right)-r_1$	$\beta_{12}-\alpha < -1$
$E_4(x_1^*, x_2^*)$	$\dfrac{r_1r_2(1+\beta_{21})(1-\alpha+\beta_{12})}{1-\alpha-\beta_{12}\beta_{21}}$	$\dfrac{r_1(1-\alpha)(1+\beta_{21})+r_2(1-\alpha+\beta_{12})}{-(1-\alpha-\beta_{12}\beta_{21})}$	$1-\beta_{12}\beta_{21} > \alpha > 0$

三、众创空间共生演化仿真

本研究利用 Matlab R2016a 进行仿真，探讨在 β_{12}、β_{21} 和 α 的不同取值条件下，创客与服务提供机构之间是如何相互作用、演化共生的。

本研究基于 Lotka-Volterra 模型进行数值仿真，其中假设创客与服务提供机构的自然增长率分别为 0.5 和 0.8，两类共生单元在资源和环境允许情况下的最大成长规模 $N_1^*=1000$，$N_2^*=200$，迭代周期 t 设为 50，仿真结果如图 9-7 至图 9-12 所示。

1. 独立共存模式

当 $\beta_{12}=0$，$\beta_{21}=0$ 时，创客与服务提供机构之间共生系数为 0，两个共生单元之间互不影响，独立发展。由图 9-7 可知，虽然两类共生单元成长速度仅受自身增长影响，但由于创客具有集聚效应，其成长速度与路径有别于服务提供机构，创客增长速度随着规模的增大而逐渐加快，而服务提供机构增长速度随着规模的增大而逐渐减缓并且稳定在一定的规模。创客集聚效应对其成长速度以及达到最大规模值的时间具有较大影响，集聚效应越大，增长速度越快，达到最大规模的时间就越短。

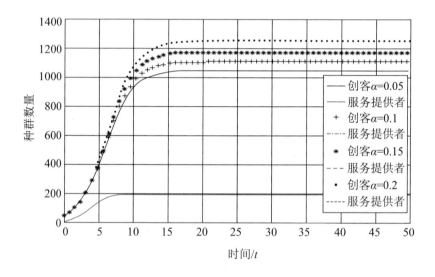

图 9-7 独立共存模式演化趋势图

2. 偏利共生模式

创客与服务提供机构的共生系数一个等于 0，另一个大于 0。例如，当 $\beta_{12}=0.1$，$\beta_{21}=0$，$\alpha=0.1$ 时，服务提供机构的成长速度加快，规模上限大于独立发展的最大规模，如图 9-8 所示。当 $\beta_{12}=0$，$\beta_{21}=0.1$，$\alpha=0.1$ 时，创客者的成长速度加快，规模上限大于独立发展的最大规模，如图 9-9 所示。由图 9-8 和图 9-9 对比发现，由于创客集聚效应的存在，有利于创客的偏利模式产生变化的幅度大于有利于服务该机构的偏利模式。这说明服务机构对创客提供的技术、信息、资金等支持能使创客数量迅速增加。

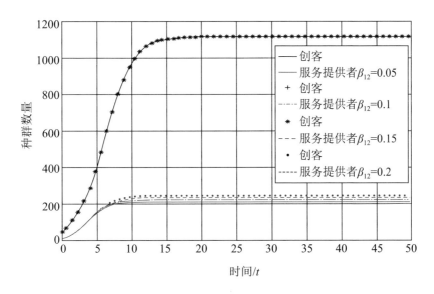

图 9-8 创客对服务提供机构偏利共生模式演化趋势图

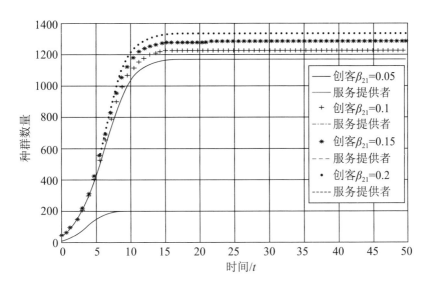

图 9-9 服务提供机构对创客偏利共生模式演化趋势图

3.非对称性互惠共生

非对称性互惠共生是指创客与服务提供机构共生系数均为正,但大小不同。当创客对服务提供机构共生系数较大时,如图 9-10（$\beta_{12}=0.1$，$\beta_{21}=0.05$，$\alpha=0.1$）所示,服务提供机构增长速度较快,且规模上限超过独立发展最大规模。而当服务提供机构对创客共生系数较大时,如图 9-11

（$\beta_{12}=0.05$，$\beta_{21}=0.1$，$\alpha=0.1$）所示，由于创客集聚效应的存在，创客增长速度更快，且规模上限超过独立发展最大规模。在非对称性互惠共生模式下，虽然双方对互惠产生的收益存在不均衡现象，但相对于独立共存和偏离共生模式，实现了一定的互惠效应，为众创空间生态系统向良性发展奠定了坚实的基础。

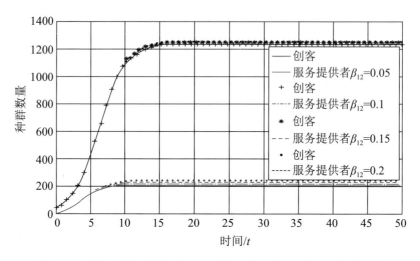

图 9-10 创客对服务提供机构共生系数较大互惠共生模式演化趋势图

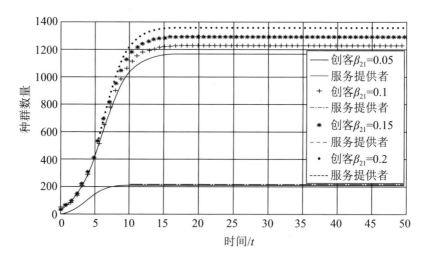

图 9-11 服务提供机构对创客共生系数较大互惠共生模式演化趋势图

4.对称性互惠共生模式

对称性互惠共生模式是指创客与服务提供机构共生系数均为正，且大小相同，两者的系统规模上限均超过独立发展的最大规模。由于创客集聚效应的存在其增长速度较快,其规模上限超出独立发展最大规模的幅度较大,如图 9-12($\beta_{12}=0.1$,$\beta_{21}=0.1$,$\alpha=0.1$)所示。在对称性互惠共生模式下,随着创客不断发展壮大,其技术、信息需求不断增大,支付能力不断增强,服务提供机构获得的市场规模也不断扩大,利润不断提升,从而吸引更多服务提供机构加入,使群体规模不断扩大。在这种模式下,创客与服务提供机构资源共享、相互依赖、紧密合作、相互促进,产生良好的协同效应。

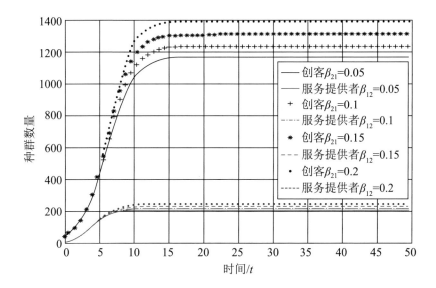

图 9-12 对称性互惠共生模式演化趋势图

第三节 促进众创空间生态系统演化对策

各单元只有与其相关主体通过资源互补建立持续的合作关系才能在众创空间生态系统中占据有利地位,并最终推动众创空间不断演化。众创空间生态系统各单元应采取价值共创和演化共生的激励策略,使系统向价值共创和互惠共生的高效行为模式演化。

一、众创空间生态系统价值共创演化的激励措施

价值共创是指服务提供者与服务接受者共同参与服务创新过程,若服务接受者的需求在使用服务后得到满足,价值终被创造[1]。在传统组织中

---

[1] VARGO S, LUSCH R. Service-dominant logic:continuing the evolution[J]. Journal of the Academy of Marketing Science,2008,36(1):1-10.

服务者与被服务者角色分明，服务提供者是价值创造的主体，被服务者是价值交换的重要主体，但并不参与价值创造。而众创空间作为新型孵化组织，服务者与被服务者角色逐渐模糊，被服务者通过资源共享、开放协作等机制参与到价值创造过程中去，多方合作满足各自的价值所需，被服务者称为价值创造的重要主体之一。

1.资源共享机制

创客的创新创业过程包括创意产生、技术研发、技术产品化、产品商业化的全部过程[①]。创客的创新创业成功，不仅需要研发与创新相关的核心技术和知识，还需要推动创新产品商业化的知识、市场、资金资源，以及支持创新过程相关活动的服务等资源[②]。创客资源禀赋越匮乏，越倾向于通过资源共享的方式获取资源。

众创空间应利用社会关系网络优势，集聚和链接资源，通过众包的方式将分散在不特定空间和不同主体处的科技研发资源、人力资源、物力财力等生产要素、创新要素与创客进行深入对接[③]。众创空间利用这种方式将各个主体纳入创新创业生态系统，实现了资源互补，提高了众创空间各个主体掌控和使用资源的范围和能力。

众创空间将各个网络相互嵌套，在实现资源互补的同时，也提升了主体数量、丰富了主体类型。资源虽然仍然是某个主体的私有资产，但其使用范围更为广泛，从而大大提高了资源的利用效率，降低了使用者的成本。

2.产品共同生产机制

创客仅有未经核实的人力资本无法独立完成产品生产的全过程，在将创意转化为生产力，开发出产品或服务的过程中，在将产品推向市场与转化为市场价值的过程中，都需要其他主体共同参与，共同完成。大众不仅仅是产品或服务的消费者，还要参与到产品设计、产品生产过程中去。

众创空间要有效推动产品共同生产，首先应进行组织制度设计，清晰界定组织边界，制定与众创空间匹配的规则，制定解决各行为主体冲突的

---

① THANASOPON B, PAPADOPOULOS T, VIDGEN R. The role of openness in the fuzzy front-end of service innovation[J]. Technovation，2016，47：32-46.

② TEECE D. Profiting from technological innovation: implications for integration, collaboration, licensing and public policy [J]. Research policy，1986，15（6）：285-305.

③ 王丽平，刘小龙．价值共创视角下众创空间"四众"融合的特征与运行机制研究 [J]. 中国科技论坛，2017（3）：109-116.

方案，有效规范共同生产行为，使共同生产有序进行。其次，众创空间应构建激励机制，采取内外激励相结合的方式，在保证各参与主体经济利益的同时，塑造民主参与的价值观，激发各主体参与的热情，有效推动各主体的开放式协作。最后，众创空间应积极利用科技手段，提高共同参与的便捷性。例如，构建开放式的信息系统，将参与主体纳入信息管理体系，减少共同参与生产的障碍。

二、众创空间生态系统互惠共生演化的激励措施

众创空间生态系统应采取共生演化激励机制，促进众创空间生态系统向互惠共生模式演化。

1.提升创客和服务机构之间的契合度

众创空间应提高创客和服务提供机构的互补性和交互机会，从而为价值共创提供可能。提升共生单元的契合度，需要提供专业化的研发设计、检验检测、模型加工、中试生产等研发、生产设备设施和厂房，并提供符合行业特征专业领域的技术、信息、资本、供应链、市场对接等个性化、定制化服务，提高服务机构的专业化、精准化水平，推动科研院所、人力资源、金融机构等服务机构资源的高效配置和精准服务，实现服务提供机构与创客多方协同。

2.提高创客集聚效应

创客群体的数量和质量对众创空间的可持续发展至关重要。创客数量的集聚能够加速创新项目的孵化，高质量的创客人才能够增加众创空间的创新活力，开创更多创新项目。众创空间要提高创客集聚效应主要可从以下两点展开。①通过优惠福利政策吸引大学生、科研人员及企业专业人才加入众创空间，通过创客群体的治理支持提升孵化项目的质量。②建立创新创业信息互享平台，吸引创客集聚，以优质的信息资源为创客拓展信息互通渠道，提升创客之间的业务关联性和知识共享性，促进创客之间良性互动，形成上下连接、互联互通的创客培育体系。

众创空间应加强顶层设计，聚焦细分产业领域，围绕产业链开展创客招引工作，提升创客之间的业务关联性和知识共享性，促进创客之间良性互动，形成上下连接、互联互通的创客培育体系。

3.优化共生环境

政府和众创空间运营商应制定激励众创空间互惠共生演化的政策，加

强信息平台建设，为创客和服务提供机构提供透明、快捷的信息服务，减少互动过程中的信息不对称现象。政府和众创空间还应加强信用体系建设，建立联合激励与惩戒制度，让各方力量共同参与、共同维护、共同受益，提升众创空间整体信任水平，降低共生主体的机会主义行为。

本 章 小 结

本章从众创空间生态系统特征出发，借鉴价值共创理论和共生理论构建众创空间生态系统演化模型，利用 MATLAB2014 对不同参数下的系统演化进行仿真分析，对不同演化模式的趋势进行预测。研究发现：①众创空间额外收益比例的提升有利于促进众创空间、创客、政府参与价值共创的意愿；②三方主体的参与意愿对政府税率的变化比较敏感；③众创空间共生系统是由共生单元、共生模式和共生环境构成的复杂共生系统，创客和服务提供机构在这个复杂系统中相互作用，共同开展价值创造和价值获取活动；④创客和服务提供机构之间的共生系数决定了众创空间生态系统共生演化的模式，各自为政和过分依赖都无法真正促进创业生态系统的良性循环；⑤互惠共生是众创空间生态系统演化的理想模式，是众创空间政策制定的目标和方向。

第三篇　众创空间运行评价指数研究

众创空间作为开放式创新生态系统，具有多主体、多功能、多要素的特征，需要依靠行之有效的多元评价指标体系，对众创空间的运行进行全面、科学、深入的刻画，以发现众创空间运行的薄弱环节，提高风险预警能力，推动众创空间健康可持续发展。

一套科学、系统的评价指标体系需要以严密的逻辑思路为架构，创业生态系统递进评估模型就是在这个背景下建立的。创业生态系统递进评估模型认为，应该根据创业发展进程，根据每个阶段的相关因素和绩效表现进行评价，并进一步提出三步递进评估模型，从创业前的决定因素、创业过程中的绩效表现和创业产生的社会效益三个方面评价创业生态系统[1]。众创空间作为市场经济的主体，只有拥有核心竞争能力才能保持竞争优势。核心竞争能力是提供优质创客服务的源泉，为众创空间可持续发展输送养分、提供支撑，是众创空间可持续发展的决定性因素。绩效是众创空间运行的直接表现，既是核心竞争力的体现，也是为利益相关者创造价值的基础。为更科学合理地衡量众创空间运行绩效，评价指标体系不仅应考虑产出因素，还应考虑投入因素，只有投入效率的提升，才能体现众创空间的高质量发展。众创空间生态系统由运营商、创客、政府、服务机构等诸多主体构成，众创空间需要满足各个利益相关者的利益，实现各个主体、各个圈层的协同健康发展，才具有可持续性。主体协同和圈层健康是衡量众创空间社会效益的重要指标。基于以上分析，本篇从众创空间生态系统特征出发，在借鉴创业生态系统递进评估模型（Mason，Brown，2014）的基础上，结合众创空间系统互动与系统平衡特征，提出由核心竞争力指数、效率指数、协同发展指数和健康发展指数构成的众创空间运行指数体系。

众创空间核心竞争力的根本功能是为创客创造价值。由于创客在发展的不同阶段具有不同的资源和服务需求，因此众创空间只有具备满足创客各个阶段需求的能力，能参与创客创新创业全过程，为创客提供有价值的支持和服务，才能赢得竞争优势。众创空间通过准确的战略定位和经验丰富的运营团队吸引创客进入，以资源集聚能力和基础服务能力帮助创客链接资源和提升能力，将创客的创意转化为产品或服务，最后以规模化生产支持等成长助推服务将产品推向市场，帮助创客实现创意的经济价值。因此，本篇从众创空间价值链出发构建由战略定位、营运团队、资源集聚、

---

[1] MASON C, BROWN R. Entrepreneurial ecosystems and growth-oriented entrepreneurship[R]. Paris: Final Report to OECD, 2014.

基础服务和成长助推服务 5 个维度、13 个指标构成的核心竞争力评价指标体系。

效率是指在特定时间内，各种投入与产出的比例关系，是衡量众创空间运行绩效的重要标志。有效率的众创空间能够提供高价值的创客服务，能够孵化更多的创业项目，解决更多人的就业问题。本篇在构建由人力、物力、财力和创业培训构成的投入系统和由就业机会和服务创业团队构成的产出系统的基础上，基于 C^2R 模型和超效率模型对众创空间运行的综合效率、纯技术效率、规模效率与超效率进行计算，探寻影响众创空间运行效率的因素。

众创空间生态系统由运营商、创客、政府等多主体构成，这些主体围绕"大众创业、万众创新"的共同目标，相互交流、相互协作、相互影响，产生协同机制。协同机制促进众创空间系统由无序到有序，由简单到复杂，由低级到高级进行演化。本篇基于协同理论，构建由众创空间、创客、政府构成的复合系统协同度模型，分别对众创空间、创客、政府之间的两两协同度及三者的协同度进行实证研究，以发现众创空间主体协同存在的问题，提出促进众创空间协同发展的对策建议。

众创空间具有生态群落的特征，是相互关联的创客、资源与服务提供机构等不同层次的组织及宏观环境通过资源整合、网络嵌入等方式，实现创意诞生、创新孵化和创业支撑等功能。基于众创空间生态系统的层次性，本篇在借鉴 VOR 理论和创业生态系统三层次评估框架的基础上，构建了由圈层和内容构成的二维众创空间生态系统健康评价指标体系，利用 TOPSIS 方法计算众创空间综合健康指数，利用 Theil 方法计算众创空间各圈层之间的不均衡指数。

第十章 众创空间核心竞争力指数研究

核心竞争能力是众创空间赖以生存与发展的基础，是可持续发展的关键。因此迫切需要建立科学的众创空间核心竞争力评价指标体系与评价方法，以帮助众创空间客观评估自身能力，认识自身优势与不足，从而挖掘潜力、发挥优势，在激烈的市场竞争中得以存身立命。本研究的任务就是在借鉴核心竞争力评价理论的基础上，构建一个适合于众创空间特征的核心竞争力评价指标体系，选择一种适合众创空间核心竞争力的评价方法，为众创空间的可持续发展提供参考。

第一节 核心竞争力评价指标体系设计

一、核心竞争力研究综述

Prahalad 和 Hamel 于 1990 年在《哈佛商业评论》中提出核心竞争力的概念，并将其定义为"组织中积累的学识"[1]，核心竞争力研究得到学术界的高度关注。学者从不同角度对核心竞争力进行界定。Nonaka（1991）是知识观的代表，他认为核心竞争力是能够持续不断地创造知识的能力[2]，Barton（1992）也将核心竞争力定义为知识体系[3]。秉承资源观的学者则认为，核心竞争力是组织拥有的独特人力资源、物资资源、组织资源和协调性资源[4]（Romanelli，1994）。还有学者基于整合的视角提出，核心竞争力是技能、知识和技术的整合。

---

① PRAHALAD C K, HAMEL G. The core competence of the corporation[J]. Harvard Business Review，2010，68（3）：275-292.

② NONAKA I. A dynamic theory of organizational knowledge creation[J]. Organization Science，1994，5（1）：14-37.

③ BARTON. Capital and the Distribution of Income[M]. Amsterdam and Oxford： North-Holi and Publishing Company，2013.

④ ROMANELLI E. Environments and strategies of organization start-up： effects on early survival[J]. Administrative Science Quarterly，2011，34：369-387.

核心竞争力评价研究作为从认识到实践的关键一环，一直是核心竞争力研究的热点。从评价描述方法来看，核心竞争力评价分为定性评价和定量评价，学者们先后提出"五力""九宫图"等定性评价模型，因素评价法、对比差距法、模糊分析法等定量评价方法。从评价指标来看，学者从竞争优势和价值增值（林志扬，2013）、时间跨度和价值增长（康荣平，2001）等维度构建核心竞争力评价指标体系。价值性是企业核心竞争力的本质属性，企业的核心竞争力来自价值链的增值活动。也就是说，并不是所有的价值链环节都能带来增值，只有特定的环节能够带来增值，这些能带来增值的环节称为价值链战略环节。企业运用好这些战略环节，即可获得强于竞争对手的差异化的竞争优势[1]。价值链理论为分析核心竞争力提供了良好的理论视角。

丰富的核心竞争力评价研究成果为我们的研究奠定了坚实的基础，但仍有一些问题需要进一步探究。从核心竞争力评价对象来看，目前的研究主要集中于企业等经济组织与高校等社会组织。而众创空间既不同于一般的经济组织，也不同于一般的社会组织，是低成本、便利化、全要素、开放式的新型创业服务平台[2]。其评价指标体系的构建需要将众创空间作为分析对象，从核心竞争力的形成角度，采取根本原因分析的方法，从众创空间的使命和特征出发进行重新设计。从核心竞争力评价方法来看，作为新兴的社会组织，其指标优劣标准及指标对核心竞争力影响的权重都无历史数据可参考，也无太多经验可借鉴，需要对原有评价方法进行改进。

二、基于价值链理论的众创空间核心竞争力评价逻辑框架

Porter（1985）最早在《竞争优势》中提出，企业价值链是由一系列满足客户需求的价值创造活动组成，涵盖产品设计与开发、设备与原料采购、生产、销售、服务等各个环节[3]。Rayport 和 Sviokla（1995）认为，在信息时代，价值创造组织需要在基于物质世界的实物价值链上构造基于数据信息的虚拟价值链，以反映实物世界的价值创造活动所传递出来的信息[4]。吴海平和宣国良（2003）提出，系统内不同主体各自形成的价值

---

[1] 王腊银.基于价值链的建设工程承包企业核心竞争力分析与研究[D].西安建筑科技大学，2010.

[2] 科技部关于印发《发展众创空间工作指引》的通知[EQ/OL].http://www.most.gov.cn/mostinfo/xinxifenlei/fgzc/gfxwj/gfxwj2015/201509/t20150914_121587.htm.

[3] PORTER, M.E.Competitive Advantage [M].New York：Free Press, 1985.

[4] RAYPORT, J F, SVIOKLA, J J.Expoiting the virtual value chain [J]. Harvard Business Review，1995（11/12）：75-85.

链，通过交叉融合，形成价值网①。价值网思想打破了传统价值链价值创造的线性思维，价值主体由企业单一主体变为系统多元主体②（胡大立，2006），为思考众创空间系统价值创造活动的多维立体配置开拓了思路。价值网具备内部集成功能，即价值网具有灵活性、价值性和系统性等特征，使其能够将不同主体形成的价值链分解成单个价值活动，并根据不同的内容、性质、层级和功能进行筛选和有机融合，形成核心价值链（吴海平，宣国良，2000）。

众创空间是众多创客、创新创业活动、创新创业资源等要素在特定地理空间的集聚。这些要素在集聚过程中存在着自然选择、优胜劣汰的现象，各个主体之间也发生着自发缔结网络并动态演化的过程③（Muhammad，2013）。创新创业要素之所以在某一众创空间集聚是因为众创空间能够为创客创造超出成本的价值。众创空间能够为创客创造价值是由于其为创客提供了设施服务、技术服务、金融服务、运营服务。众创空间与创客存在交互关系，众创空间以满足创客需求为价值主张，与创客、金融、技术、人力资源等中介机构构成高度协同网络。众创空间作为新型孵化器主要参与创客创新活动等早期创业投资行为④（Kera，2012）。创客的创新创业活动存在从创意到产品的创新行为和由产品到企业的创业行为两个阶段。众创空间参与了创客创新创业的全过程⑤，并为创客由创新行为向创业行为转变提供支持和服务。众创空间的支持和服务构成了众创空间的价值链，众创空间正是通过其价值链的活动赢得竞争优势。因此，从价值链的角度分析众创空间核心竞争力评价指标体系是十分可行的研究路径。

众创空间是由空间运营团队、创客、融资平台、政府机构、人才机构、信息技术平台等多元主体构成，围绕着创新创业这个核心，将不同主体的价值链进行分解和整合，形成了"创客进入—创意实现—价值实现"的核心价值链，如图10-1所示。其中吸引创客进入，形成昂扬向上的创新创业精神氛围是实现系统核心价值的前提。创意实现是指辅助创客实现从创意到产品的跨越，是实现系统核心价值的基础性环节。价值实现是指辅助

---

① 吴海平，宣国良．价值链系统构造及其管理演进[J]．外国经济与管理，2003（3）：19-23．
② 胡大立．基于价值网模型的企业竞争战略研究[J]．中国工业经济，2006（9）：87-93．
③ MUHAMMAD R K. Mapping entrepreneurship ecosystem of Saudi Arabia[J]. World Journal of Entrepreneurship, Management and Sustaina Development，2013，9（1）：28-54．
④ KERA D. Hackerspaces and DIY bio in Asia:connecting science and community with open data, kits and protocols[J]. Journal of Peer production，2012（2）：1-8．
⑤ 黄紫微，刘伟．价值网视角下创客空间与创客协同创新的三阶段演化[J]．科技进步与对策，2016（14）：6-9．

创客实现从产品发明到创办企业，是核心价值的全面体现。

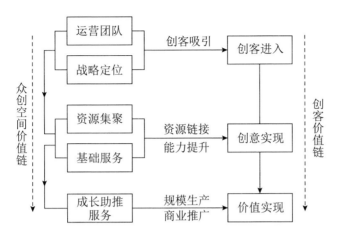

图 10-1　众创空间价值链模型

三、众创空间核心竞争力评价指标体系

1. 创客进入维度指标

众创空间通过自身的战略定位和运营团队的性质、能力吸引创客进入。从众创空间的功能来看，其存在的价值不仅是技术商业化问题，还是通过众创、众包、众筹的方式解决创新的源泉问题。众创空间要实现技术商业化、科技创新的功能，进而推动创客运动的发展，就需要吸引数量多、质量高的创客以实现创客在空间的集聚，为创客交流、创客互动进而实现众创奠定基础。创客在选择众创空间时，首先考虑的是众创空间的战略定位。例如，众创空间的行业定位是否与创客擅长的技术相一致，众创空间的区域定位是否有相应的产业和政策支撑。其次，创客考虑的是众创空间的团队能力。例如，是否有经验丰富、热爱创新创业事业、具有一定号召力的负责人是众创空间可持续发展的关键。另外，结构合理、素质较高的运营团队是帮助创客筹集资源、协同创新的关键性因素。

2. 创意实现维度指标

在创意实现环节，众创空间通过资源集聚帮助创客形成资源链接，通过提供基础服务提升创客的创新创业能力，最终促使创客将创意转化为产品。众创空间无论要素构成多么复杂，其存在的价值从创新集聚理论的观点来看就是由集聚产生资源的可获得性，以及各创客之间的追赶和知识溢出效应。众创空间不一定要直接参与项目，但可以通过线上线下两种途径，通过会员认证、会员活动等多种方式将各项资源实现资金、技术等的有效链接，实现知识创新的跨界互补。众创空间作为多元创新主体价值创造平台，汇集创新创业理念、创新创业资源，为实现创意、人员、物资的共享，以及资金和项目的共享提供必要支撑[1]。众创空间正是由于其资源的汇集及多主体开放，使其具备了共享性、草根性及较低的准入门槛等特征[2]，从而成为推动"大众创业、万众创新"的支撑平台。

拥有创意或创新技术的创客有可能缺乏资源禀赋，而且在团队管理、企业运营等方面也可能存在能力较弱、经验不足等缺陷。一个具有核心竞争力的众创空间要能够帮助创客将其创意商业化，实现技术的商业价值，就需要根据创客所处的发展阶段，为创客提供所需要的基础服务。基础服务主要包括提升创客的创新创业技能、构建创新创业社会关系网络等，其功能主要是帮助创客将创意想法演变成具体的创新产品。创新创业能力是创客成长的核心和关键，是创客的安身立命之本，众创空间需要通过创新创业教育等方式为创客描绘出市场愿景和具体路径，也为创客创新创业计划实施提供具体的方法指导。创客掌握的资源有限，需要借助众创空间实现与其他资源的链接，与创新创业社会关系网络相互嵌套在一起，从而利用资源的整合和优化配置。

3.价值实现维度指标

在价值实现环节，成长助推服务主要是帮助创客形成规模生产和进行商业推广，实现从产品到企业的跨越，促进创业价值的全面实现。成长助推服务主要包括提供融资渠道、支持规模化生产、搭建开发式销售平台，以及提供人力资源、知识产权、工商等企业运营服务，其功能主要是技术的商业化，实现创意与技术的经济价值。众创空间借助以众筹为代表的互联网金融工具具有的草根特性和缝隙市场特性，将无人问津的小额、分散、个性化的金融业务聚合起来，以满足创客将产品推向市场时的资金需求。不同于传统产品将重点放在以需求拉动产品研发上，创客的产品需要通过展示和发布等供给推动方式推向在线技术市场，需求者通过网络来搜寻和识别有价值的产品。众创空间搭建开放式销售平台是实现产品销售的重要方式。创客仅具有单独开发产品、零件、接口标准和产品架构的能力，必

---

[1] 王丽平，刘小龙.价值共创视角下众创空间"四众"融合的特征与运行机制研究[J].中国科技论坛，2017（3）：109-116.

[2] MOILANEN J. Emerging hackerspaces-peer-production generation[C]. IFIP International Conference on Open Source Systems. Springer Berlin Heidelberg, 2012：94-111.

须通过众创空间的帮助，才能实现大规模定制化生产与商业化[①]。众创空间集中提供人力资源、知识产权、工商等企业运营服务，可以充分发挥众创空间的规模优势，降低创客企业的运营成本。

综合以上分析，本文以价值链理论为基础，以创客进入、创意实现、价值实现三个战略环节为对象，采取层级分解的方法，逐层提炼众创空间核心竞争力构成要素，构建基于价值链的众创空间核心竞争力指标体系，见表10-1。

表10-1 基于价值链的众创空间核心竞争力指标体系

价值功能	一级指标	二级指标
创客进入	战略定位	行业定位一致性
		区域定位一致性
	运营能力	众创空间负责人
		众创空间管理团队
创意实现	资源集聚	创客集聚能力
		金融资源集聚能力
		技术创新资源集聚能力
	基础服务	提升创新创业技能
		构建创新创业社会关系网络
价值实现	成长助推服务	提供融资渠道
		支持规模化生产
		搭建开发式销售平台
		企业运营服务

第二节 核心竞争力指数计算方法与步骤

众创空间核心竞争力的5个一级指标和13个二级指标大多属于定性指标，难以用精确的数字予以准确描述，定量性的精准型评价模型也难以适应众创空间核心竞争力的评价。鉴于以上考虑，我们采取灰色关联度评价法对众创空间的核心竞争力进行评估。灰色关联度评价法是我国学者邓聚龙于1982年提出的，是一种研究少数据、贫信息、不确定性问题的方法[②]。灰色关联度评价法通过计算各评价对象与理想点之间的关联度对众

---

① 李继尊. 关于互联网金融的思考 [J]. 管理世界，2015（7）：1-7，16.
② 刘思峰，杨英杰，吴利丰. 灰色系统理论及其应用 [M].7版. 北京：科学出版社，2014.

创空间的核心竞争力进行衡量，适合众创空间核心竞争力指标的模糊性，对样本量及其分布也无要求，便于对比分析核心竞争力评价指标与理想指标之间的差距[①]，为培育与提升众创空间核心竞争力提供重要参考。

众创空间属于新鲜事物，各个指标的优劣标准还不是十分的清晰，各个指标对核心竞争力的影响度还没有经过权威的检验，专家法确定的权重的准确性还有待检验，需要对这种主观赋权法进行适当的改进。本研究采取熵值赋权法对主观赋权进行适当调整，使权重设定更为科学。

众创空间灰色关联度评价步骤如下。

（1）建立指标数据矩阵

假设评价对象为 m，评价指标数量为 n，则指标数据矩阵为

$$\begin{bmatrix} x_{11} & x_{12} & \cdots & x_{1n} \\ x_{21} & x_{22} & \cdots & x_{2n} \\ \vdots & \vdots & \vdots & \vdots \\ x_{m1} & x_{m2} & \cdots & x_{mn} \end{bmatrix}$$

（2）确定最优样本

从 m 个评价对象中找出各个指标的最优值，由于众创空间核心竞争力评价指标全部为正向指标，因此最优值为 $x_{0j}=\max(x_{ij})$，$i=1, 2, \cdots m$。

（3）进行原始数据标准化处理

由于原始数据计量单位不同，无法互相比较，需要进行标准化处理。本研究采取直线型标准化处理方法进行处理。

$$x'_{ij} = \frac{x_{ij}}{x_{0j}} \qquad (10\text{-}1)$$

（4）计算关联系数矩阵

①计算各个指标标准值与最优值之间的绝对差

$$\Delta_{ij} = \left| x'_{ij} - 1 \right| \qquad (10\text{-}2)$$

②求两极最大差和两极最小差

$$\Delta(\max) = \max_{\substack{1 \leq i < m \\ 1 \leq j < n}} (\Delta_{ij}) \qquad (10\text{-}3)$$

$$\Delta(\min) = \min_{\substack{1 \leq i < m \\ 1 \leq j < n}} (\Delta_{ij}) \qquad (10\text{-}4)$$

③按照以下公式计算关联系数

---

① 范莉莉，高喜超，叶常发. 企业核心竞争力的灰色关联度评价方法 [J]. 管理学报，2011（12）：1859-1865.

$$\varepsilon_{ij} = \frac{\Delta(\min) + \rho\Delta(\max)}{\Delta_{ij} + \rho\Delta(\max)} \qquad (10\text{-}5)$$

式中：ρ 为分辨系数，一般情况下 ρ 在 0.1~0.5 间取值。

④计算关联系数后，得到关联系数矩阵

$$\begin{bmatrix} \varepsilon_{11} & \varepsilon_{12} & \cdots & \varepsilon_{1n} \\ \varepsilon_{21} & \varepsilon_{22} & \cdots & \varepsilon_{2n} \\ \vdots & \vdots & \vdots & \vdots \\ \varepsilon_{m1} & \varepsilon_{m2} & \cdots & \varepsilon_{mn} \end{bmatrix}$$

（5）权重确定

权重确定方法主要有主观权重法和客观权重法。主观权重法主要通过专家经验确定对权重的影响。客观权重法通过各指标本身的差异确定对权重的影响。本研究采取主观和客观相结合的方法确定指标权重。首先以层次分析法进行主观赋权，然后用熵值法计算指标的变异程度，最后对主观赋权进行调整以确定各个指标权重。由于层次分析法较为成熟，本研究不再赘述。假设以层次分析法确定了各个指标的权重为 w_i^1，将按以下步骤计算主观权重的调整系数。

①计算第 j 个指标，第 i 个评价对象指标值的比重

$$p_{ij} = \frac{\varepsilon_{ij}}{\sum_{i=1}^{m} \varepsilon_{ij}} \qquad (10\text{-}6)$$

②计算第 j 个指标值的熵 e_j

$$e_j = -k \sum_{i=1}^{m} p_{ij} \ln p_{ij}$$

式中，$k=1/\ln m$。 $\qquad (10\text{-}7)$

③计算第 j 个指标值差异性因数 g_j

$$g_j = 1 - e_j \qquad (10\text{-}8)$$

g_j 越大，该指标的重要性越大，其权重也就越大。

④权重调整

首先，计算新的权重值 w_j^2。

$$w_j^2 = w_j^1 \times g_j \qquad (10\text{-}9)$$

然后，对新调整的权重进行标准化处理。

$$w_j^3 = \frac{w_j^2}{\sum_{j=1}^{n} w_j^2} \qquad (10\text{-}10)$$

（6）计算关联度

按照以下公式计算第 i 个被评价对象序列与最优参考序列间的关联度。

$$r_i = \sum_{j=1}^{n} w_j^3 \varepsilon_{ij} \qquad (10\text{-}11)$$

第三节 实证分析与评价比较

一、样本选取

1. 研究样本

镇江高度重视众创空间发展，通过盘活资产和政策引领，促使众创空间呈现出快速增长的态势。在镇江市科技局的支持与协调下，项目组对万舟创客汇、江苏东恒空港众创空间、镇江科航创新工场、镇江翼咖啡、躬行众创空间、创客方舟众创空间、合金工坊、五洲创客、"圆梦湖畔"、中企信星、模具汇众创空间、圈子咖啡、智产汇、福地创吧、新城众创15家众创空间进行了考察。为了保护众创空间的商业机密，本研究在信息披露时进行匿名处理。

2. 数据收集

项目组在进行信息收集和实地调研的基础上，对其核心竞争力数据进行了梳理。战略定位为定性指标，本研究采取李克特10级量表对其战略定位进行衡量，1表示行业地位与本地创客资源十分不一致、区域地位与本地产业政策十分不一致，10表示行业地位与本地创客资源十分一致、区域地位与本地产业政策十分一致。运营团队指标是根据学历、经验等状况进行定量评价，大专学历为每人1分，本科学历为每人2分，硕士研究生及以上学历为每人3分；相关工作经验每增加1年，每人增加1分。资源集聚评价则按资源集聚的数量，即众创空间集聚的创客、金融机构、技术服务机构数量直接赋值。在基础服务评价方面，由于创新创业培训是提升创客创新创业能力的主要手段，举办的技术交流会、产品展销会、技术沙龙等创新创业活动是社会网络构建的主要手段，因此分别用创新创业教育次数和创新创业活动次数来衡量众创空间的创新创业提升能力和社会网络构建能力。在成长助推服务评价方面，以融资数量来衡量融资能力，以链接的规模化企业、能提供规模化生产服务的园区数量来衡量规模化生产支持能力，以链接的网络销售平台、销售渠道的数量来衡量开放式销售平台能力，以提供工商、税务等中介结构的数量来衡量企业运营服务能力。原始数据如表10-2所示。

表10-2 原始数据表

一级	战略定位		营运团队		资源集聚			基础服务		成长助推服务			
二级	行业定位	区域定位	负责人	团队	创客集聚	金融集聚	技术集聚	技能提升	网络构建	融资	规模生产	销售平台	运营服务
单位	分	分	分	分	人	家	家	次	次	万元	家	个	个
1	8	9	7	26	107	8	6	10	10	370	7	8	5
2	5	7	4	40	5	2	3	2	0	0	5	6	1
3	6	8	8	32	40	4	4	4	2	105	4	5	8
4	9	6	7	25	5	10	8	8	9	1950	5	4	0
5	5	8	5	29	18	1	6	7	11	0	3	5	11
6	3	7	6	35	15	2	12	6	12	8150	8	8	3
7	10	6	5	22	200	8	5	5	12	1950	6	5	2
8	7	8	4	26	52	7	2	5	5	2385	5	5	5
9	6	6	6	21	70	6	3	3	2	1200	6	7	7
10	8	5	8	26	107	4	2	10	7	300	5	5	5
11	2	4	9	15	80	2	2	2	0	50	2	1	1
12	6	5	4	45	180	3	2	8	5	30	5	2	0
13	4	2	3	25	25	1	2	1	1	10	3	3	3
14	8	6	7	60	362	6	6	7	5	305	6	6	5
15	3	5	4	20	30	1	2	6	6	0	2	1	1

3.灰色关联度评价

根据灰色关联理论，将（10，9，9，60，362，12，8，10，12，2385，8，8，11）作为最优集，并根据公式10-1对原始数据进行标准化处理，得到表10-3的数据。

表 10-3 标准化数据表

一级	战略定位		营运团队		资源集聚			基础服务		成长助推服务			
二级	行业定位	区域定位	负责人	团队	创客集聚	金融集聚	技术集聚	技能提升	网络构建	融资	规模生产	销售平台	运营服务
1	0.80	1.00	0.78	0.43	0.30	0.67	0.75	1.00	0.83	0.05	0.88	1.00	0.45
2	0.50	0.78	0.44	0.67	0.01	0.17	0.38	0.20	0.00	0.00	0.63	0.75	0.09
3	0.60	0.89	0.89	0.53	0.11	0.33	0.50	0.40	0.17	0.01	0.50	0.63	0.73
4	0.90	0.67	0.78	0.42	0.01	0.83	1.00	0.80	0.75	0.24	0.63	0.50	0.00
5	0.50	0.89	0.56	0.48	0.05	0.08	0.75	0.70	0.92	0.00	0.38	0.63	1.00
6	0.30	0.78	0.67	0.58	0.04	1.00	0.38	0.60	1.00	1.00	1.00	0.50	0.27
7	1.00	0.67	0.56	0.37	0.55	0.67	0.63	0.50	1.00	0.24	0.75	0.63	0.18
8	0.70	0.89	0.44	0.43	0.14	0.58	0.75	0.50	0.42	0.29	1.00	1.00	0.27
9	0.60	0.67	0.67	0.35	0.19	0.50	0.38	0.30	0.17	0.15	0.75	0.88	0.64
10	0.80	0.56	0.89	0.43	0.30	0.33	0.25	1.00	0.58	0.04	0.50	0.63	0.45
11	0.20	0.44	1.00	0.25	0.22	0.17	0.25	0.20	0.00	0.01	0.25	0.13	0.09
12	0.60	0.56	0.44	0.75	0.50	0.25	0.38	0.80	0.42	0.00	0.63	0.50	0.00
13	0.40	0.22	0.33	0.42	0.07	0.08	0.25	0.10	0.08	0.00	0.38	0.38	0.27
14	0.80	0.67	0.78	1.00	1.00	0.58	0.50	0.70	0.42	0.00	0.75	0.63	0.73
15	0.30	0.56	0.44	0.33	0.08	0.08	0.25	0.60	0.50	0.00	0.25	0.13	0.09

按照公式 10-2 到公式 10-5 的计算步骤，取 ρ 为 0.5，计算关联系数后，得到关联系数矩阵

0.71	1	0.69	0.47	0.42	0.6	0.67	1	0.75	0.34	0.8	1	0.49
0.5	0.69	0.47	0.6	0.34	0.38	0.44	0.38	0.33	0.33	0.57	0.67	0.35
0.56	0.82	0.82	0.52	0.36	0.43	0.5	0.45	0.38	0.34	0.5	0.57	0.65
0.83	0.6	0.69	0.46	0.34	0.75	1	0.71	0.67	0.40	0.57	0.5	0.33
0.5	0.82	0.53	0.49	0.34	0.35	0.67	0.63	0.86	0.33	0.44	0.57	1
0.42	0.69	0.6	0.55	0.34	1	0.44	0.56	1	1	1	0.5	0.41
1	0.6	0.53	0.44	0.53	0.6	0.57	0.5	1	0.40	0.67	0.57	0.38
0.63	0.82	0.47	0.47	0.37	0.55	0.67	0.5	0.46	0.41	1	1	0.41
0.56	0.6	0.6	0.43	0.38	0.5	0.44	0.42	0.38	0.37	0.67	0.8	0.58
0.71	0.53	0.82	0.47	0.42	0.43	0.4	1	0.55	0.34	0.5	0.57	0.48
0.38	0.47	1	0.4	0.39	0.38	0.4	0.38	0.33	0.33	0.4	0.36	0.35
0.56	0.53	0.47	0.67	0.50	0.4	0.44	0.71	0.46	0.33	0.57	0.5	0.33
0.45	0.39	0.43	0.46	0.35	0.35	0.4	0.36	0.33	0.33	0.44	0.44	0.41
0.71	0.6	0.69	1	1	0.5	0.67	0.63	0.46	0.34	0.67	0.57	0.65
0.42	0.53	0.47	0.43	0.35	0.35	0.4	0.56	0.5	0.33	0.4	0.36	0.35

4.权重计算

首先采取层次分析法，对一级指标和二级指标进行赋权，如表 10-4 所示。由于篇幅所限，本研究对赋权过程不再赘述。

表 10-4 基于层次分析法的指标权重表

一级	战略定位		营运团队		资源集聚			基础服务		成长助推服务			
权重	0.244		0.162		0.244			0.085		0.265			
二级	行业定位	区域定位	负责人	团队	创客集聚	金融集聚	技术集聚	技能提升	网络构建	融资	规模生产	销售平台	运营服务
权重	0.5	0.5	0.25	0.75	0.5	0.375	0.125	0.25	0.75	0.412	0.235	0.294	0.059

将一级指标权重和二级指标权重进行综合，计算各个二级指标总权重，如表 10-5 所示。

表 10-5 基于层次分析法的权重合成表

二级	行业定位	区域定位	负责人	团队	创客集聚	金融集聚	技术集聚	技能提升	网络构建	融资	规模生产	销售平台	运营服务
权重	0.122	0.122	0.041	0.122	0.122	0.092	0.031	0.021	0.064	0.109	0.062	0.078	0.016

按照公式 10-6 到公式 10-8 的计算步骤计算各个指标的差异性因数 g_j，如表 10-6 所示。

表 10-6 各指标差异性系数表

二级	行业定位	区域定位	负责人	团队	创客集聚	金融集聚	技术集聚	技能提升	网络构建	融资	规模生产	销售平台	运营服务
g_j	0.074	0.044	0.084	0.097	0.212	0.154	0.180	0.080	0.115	0.406	0.096	0.074	0.141

按照公式 10-9 到公式 10-10 计算调整后的权重，并将调整后的权重进行标准化，如表 10-7 所示。

表 10-7 调整后的权重表

二级	行业定位	区域定位	负责人	团队	创客集聚	金融集聚	技术集聚	技能提升	网络构建	融资	规模生产	销售平台	运营服务
调增权重	0.063	0.038	0.024	0.083	0.181	0.099	0.039	0.012	0.052	0.310	0.042	0.041	0.016

5.核心竞争力合成评价

按照公式 10-11 计算每个评价对象核心竞争力的综合得分，如表 10-8 所示。

表 10-8 核心竞争力综合得分表

对象	1	2	3	4	5	6	7	8	9	10	11	12	13	14	15
得分	0.54	0.42	0.44	0.52	0.45	0.73	0.55	0.52	0.45	0.46	0.39	0.46	0.38	0.62	0.38

根据计算结果可以看出，镇江市 15 家众创空间核心竞争能力参差不齐，呈现出正态分布的态势。有 2 家众创空间与最优参考序列的关联度高，分别为 0.73、0.62，有 3 家众创空间与最优参考序列的关联度低于 0.40，其余 10 家众创空间与最优参考序列的关联度为 0.4~0.6。

序号 6 的众创空间核心竞争力与最优参考序列的关联度高达 0.73，主要是由于其金融机构集聚、网络构建、融资和规模生产等指标具有明显优势，已达到最优参考序列的水平。序号 14 的众创空间核心竞争力与最优参考序列的关联度达到 0.62，主要是因为在众创空间管理团队和创客集聚两个指标上已达到最优参考序列的水平。

序号 13 和序号 15 的众创空间核心竞争力与最优参考序列的关联度只有 0.38 的原因主要是在创客资源集聚、金融机构集聚、网络构建与融资等指标上与最优参考序列存在较大差距。将关联度较高的众创空间影响因素和关联度较低的众创空间影响因素进行对比，可以看出，创客资源集聚、金融机构集聚、网络构建、融资等因素成为影响众创空间核心竞争力的重要因素，需要众创空间加强建设。

第四节　众创空间核心竞争力提升对策

核心竞争力是众创空间生存与发展的基础，众创空间应围绕价值链，通过制定清晰的战略规划、打造专业的运营团队、完善基础设施、提高服务水平等提升核心竞争力。

一、制定清晰的战略规划

1.依托行业产业，打造特色型众创空间

众创空间的发展需从自身资源禀赋出发，依托当地经济结构和行业产业的实际情况，发挥地方优势产业的光环效应与虹吸效应，突出自身优势，打造具有地方特色的众创空间。众创空间生态系统内部的主体与外部产业存在着正式和非正式的交互联系。从微观层面上看，众创空间使用主体的需求和偏好会影响行业产业供给。从宏观层面上看，各类行业产业为众创空间的长久发展提供了系统的服务，有利于众创空间形成特色品牌。

2.优化孵化模式与孵化链条

合理的孵化模式能够促进众创空间健康发展。因此，众创空间孵化模式设计应当综合考虑自身基础、行业发展特征与区域经济发展程度三类因素，还可以将线上线下模式进行有机结合，形成有特色的孵化模式，提高孵化成功率。在孵化链条方面，众创空间可依托园区或周边的孵化器、加速器，打造"众创空间—孵化器—加速器"创业孵化链条，发展成为与孵化器、加速器相匹配的众创空间，实现创业项目从众创空间到孵化器、加速器的无缝对接，使众创空间成为创业孵化链条中重要的一环，最终实现创业服务价值。

3.实行差异性战略，形成局部优势

在提倡众创空间高质量发展的背景下，众创空间应当避免同质化，加强定制设计，实施差异化发展战略。众创空间应注重与地方产业相融合，以某一项或几项优势，如将媒体集聚、投融资对接、规模化、细分项目行业、细分行业专业服务等方面作为自身的核心竞争力。各地区的众创空间可以根据不同的城市规划和市场需求形成差异化的战略定位，整合政府、企业、高校等优势资源，凝聚发展特色，打造新型创新创业文化基地。不同的众创空间还可以配套个性化的服务，并不断发展、提升，以达到区域行业领先地位，从而不被市场淘汰。

4.实行高质量战略，提高核心能力

随着"大众创业、万众创新"战略的不断深入，创客对服务内容的要求越来越多，对服务品质的要求越来越高，众创空间高质量发展的时代已经来临。众创空间需要立足于高质量发展战略，围绕国家对众创空间制定的科学发展规划，确定众创空间的目标定位、总体思路、重点任务和保障措施，为众创空间的高质量发展提供战略依据[①]。众创空间应制定既符合客观规律又符合自身发展特色的战略规划，保证纵向的统一和横向的协调，增强高质量发展的意识，提炼核心价值，加大宣传力度，让服务质量深入人心。

二、打造专业的运营团队，助推众创空间高质量发展

专业化的团队是高质量服务的保证。专业化的服务团队不仅了解创客需求，掌握创新创业企业成长规律，而且能够提供丰富的设施场地和周到的服务，更具有一定的行业背景，能够实现资源的高效配置和精准对接。专业化的服务团队不仅能够提供办公场所、税务、工商、人力资源、知识

---

① 薛俊义，战炤磊.双循环新发展格局下众创空间高质量可持续发展的动因与路径[J].学术论坛，2021，44（2）：84-92.

产权、融资等共性服务，而且能够提供联合招商、产品设计、投标、业务分包等个性服务，更懂得垂直业务生态圈的构建和优化，从而真正实现"众包、众筹、众创"的发展格局。

三、完善基础设施，满足多功能需要

1.优化众创空间的空间设计

不同于传统的孵化器，众创空间主要服务于富有创意且希望将创意变为现实的创客。他们处于创业初期，人员规模较少，对办公空间要求不大。他们大多利用众创空间嵌入的机构和资源协同开展创新创业活动，还需要一定的共享空间开展交流与展示活动。众创空间不是单一的建筑主体，具有多样性、包容性及功能需求完整性的特征，各种各样的创客都能在众创空间找到他们的办公空间，并能够与其他主体开展面对面交流，建立良好的人际关系。

众创空间应包括研发、生产、商业、后勤等多种功能，空间设计应表达出协同、多元、开放的创新文化，通过物理上的混合激发不同主体之间的合作，从而将不同主体集聚在一起并参与到对话中来，创造一个开放包容的空间。众创空间在设计上应采取灵活宽敞的流线设计，以便创客与其他主体能在行走中交流，增加创客或其他主体之间交流的机会，体现开放式办公环境的随机性与交流性，随时为人们的交流和分享提供空间[1]。

2.提供专业化的设施设备

众创空间不仅是为创客提供办公与交流的场所，也是为创客提供制作便利，使创客将创意转化为产品的场所。众创空间根据所服务创客类型不同，一般提供不同硬件设备设施及专业数据等服务，供创客在创新创业活动中使用。由于创客具有知识性、创新性和小型化的特征，众创空间提供的设备应以知识型、设计型为主，可以让创客在有限的空间内通过数字化设备最大限度地发挥其创造能力和创新能力[2]。众创空间通常还应提供最全的设计软件及功能强大的图形工作站和全方位的数字化输出工具[3]。

---

[1] 王益飞.众创空间功能要素集成与空间共享设计[J].建筑科技，2019（3）：17-19.
[2] 蔡晓峰.谈图书馆众创空间的发展举措[J].长江丛刊，2016（18）：78-79.
[3] 殷建文.公共图书馆众创空间的设备组成及服务[J].河南图书馆学刊，2018（4）：14-15.

服务于一般大众的众创空间，只需要一些比较常规的设备即可。而专业化的众创空间，则需要有与创客所从事行业十分相关的专业化设备。例如，ASK众创部落是一家影视制作专业众创空间，提供了摄影棚、化妆间等专业化设施和策划、设计、拍摄等专业化的服务支持，形成联合投标、设计、营销的完整成长链，吸引聚集了一大批设计师、导演和影视创作团队。

四、提高服务水平，彰显众创空间核心功能

1. 加强创新创业活动举办

众创空间的核心价值不在于办公场地、设施设备等硬件的提供，而在于通过举办创新创业活动，满足创客需求，帮助创客不断成长。创新创业活动主要包括以下类别。

①氛围营造类，通过举办嘉年华活动，吸引众多创客加入，营造良好的创新创业氛围。

②资源对接类，通过举办路演、项目发布、招聘会等活动，为创客链接人才、资金等资源。

③辅导类，通过举办培训、沙龙等活动介绍创业经验。

④业务提升类，通过举办招商会、联合项目投标等活动，争取更多的项目，获得更大的订单。

⑤团建类，通过举办篮球赛、围棋赛、聚餐等活动，加强不同主体之间的互动交流，提升众创空间整体凝聚力。

⑥公益类，通过举办慈善捐赠等活动反哺社会。

2. 加强初学者的引导

为激发创客的创新创业热情，众创空间需要帮助他们分析经济发展形势，介绍创新创业的相关鼓励政策，解除创客的顾虑，引导其树立正确的创新创业观和坚定的创新创业信心。众创空间还应发挥示范作用，以参观、参与的方式，让创客融入创新创业活动中，使其在活动中积累兴趣，从而实现"认知—认同—践行"的不断跃迁。众创空间还应聘请创业导师，定期对项目进行分析、评价和建议，鼓励创客参加创新创业大赛，帮助他们解决技术、资金、客户开发、项目申报等难题，从而帮助他们树立信心，使其成长。

本 章 小 结

为创客服务、帮助创客成长是众创空间的价值体现。本章从众创空间价值链出发构建由战略定位、营运团队、资源集聚、基础服务和成长助推服务5个维度、13个指标构成的核心竞争力评价指标体系，能够较为全面、科学地反映众创空间核心竞争力状况。实证分析发现，众创空间核心竞争力呈现正态分布态势，创客资源集聚、金融机构集聚、网络构建、融资等是影响众创空间核心竞争力的重要因素。众创空间应围绕价值链，制定清晰的战略规划，通过打造专业的运营团队、完善基础设施、提高服务水平等方式提升众创空间的核心竞争力。

第十一章 众创空间运行效率指数研究

2018年9月18日，国务院印发《国务院关于推动创新创业高质量发展打造"双创"升级版的意见》（国发〔2018〕32号），文件对创新创业的高质量发展提出了新的要求，不再以数量与面积增长作为众创空间质量的评价标准。众创空间的发展正式由增量进入提质增效的发展阶段。构建众创空间运行效率评价指标体系，计算众创空间运行效率指数，有利于发现众创空间运行存在的问题，提出具有针对性的策略体系，对推动众创空间高质量发展具有非常重要的作用。本章采用江苏省288家众创空间作为研究对象。

第一节 众创空间运行效率评价指标体系

一、众创空间运行效率研究综述

近年来，众创空间受到国内外学者广泛关注，研究主要围绕评价指标、评价方法、评价结果等方面展开。

在构建评价指标方面，Chirgui 等从人力、财力、物力及政府扶持等角度构建了评价指标体系，并对科技企业孵化效率进行评价[1]。李燕萍等基于扎根理论从社会影响力、创新创业服务内容、创新创业服务能力、创新创业服务成效、创新创业服务环境、特色服务与品牌建设六个方面建立众创空间质量指标体系[2]。李洪波等从投入、产出两个大指标，创新创业培训、资金技术服务、创业集聚能力与创新创业成效四个小指标对众创空间效率进行评价[3]。

---

[1] CHIRGUI M, LAMINE W, MIAN S, et al. University technology commercialization through new venture projects: an assessment of the French regional incubator program[J]. The Journal of Technology Transfer, 2018, 43（5）：1142-1160.

[2] 李燕萍，陈武. 基于扎根理论的众创空间发展质量评价结构维度与指标体系开发研究[J]. 科技进步与对策，2017（24）：137-145.

[3] 李洪波，史欢. 基于DEA方法的国内众创空间运行效率评价[J]. 华东经济管理，2019（12）：77-83.

在评价方法上，Sung 运用韩国七家企业孵化器的有关资料，运用统计方法建立线性模型及非线性模型对孵化器进行评价[1]。张静进等采用三阶段 DEA 模型方法，选取政府补贴、外部融资、服务人员、创业导师等作为环境变量对我国众创空间的创新创业效率进行实证分析[2]。赵铮等认为传统 DEA 模型只能判断 DEA 有效、DEA 弱及 DEA 无效三种效率状态，但在判断多个 DEA 有效单位时无法得出哪个有效单位相对效率较高，故采用规模可变的 DEA 超效率模型来进行分析[3]。田剑等基于省域数据，不仅运用 DEA 分析方法对众创空间运行效率进行实证分析，而且运用探索性空间数据分析方法得出众创空间综合效率的空间关联类型，为区域资源差异的战略调整提供指导依据[4]。

从效率评价结果看，魏建良等将众创空间分为政府主导型、国企主导型、民企主导型及民办非企业主导型四类并进行分区评价。研究发现，杭州等城市处于高效率区，且民营主导型众创空间是决定城市总体效率的主要因素[5]。张静进、陈光华等采用三阶段 DEA 模型，在剔除环境因素和随机误差因素的基础上得出我国整体的众创空间平均效率较调整之前有所上升，且我国东中西区域的众创空间综合效率呈梯度递减。综上所述，尽管众创空间研究在不断深入和完善，但大部分学者基于描述现象角度进行研究，鲜少有学者基于整体和区域角度对众创空间效率的全局进行把控。

二、众创空间运行效率评价指标体系构建

效率是指在特定时间内，各种投入与产出之间的比率关系。效率与投入成反比，与产出成正比。新古典经济学中对效率的定义是使资源配置达到最优。经济学家帕累托对这种最优的解释是资源分配从一种状态转变为另一种状态时，在没有导致任何人境遇变坏的情况下，使至少有一个人变好，此时资源配置是最优的。但现实生活中这种最优方式难以达到，因此采用投入产出效率作为评价众创空间是否处于最优状态的标准之一（邓

---

[1] SUNG T K, GIBSON D V, KANG B S. Characteristics of technology transfer in business ventures: the case of Daejeon, Korea[J]. Technological Forecasting and Social Change, 2003, 70 (5): 449-466.

[2] 张静进，陈光华. 基于 DEA 模型的众创空间创新创业效率及投入冗余比较研究 [J]. 工业技术经济, 2019 (9): 26-34.

[3] 赵峥，刘杨，杨建梁. 中国城市创业孵化能力、孵化效率和空间集聚——基于 2016 年中国 235 座地级及以上城市孵化器的分析 [J]. 技术经济, 2019 (1): 112-120.

[4] 田剑，尹祥信. 基于省域数据的众创空间运行效率及其空间关联分析 [J]. 江苏科技大学学报（社会科学版）, 2019 (2): 82-87.

[5] 魏建良，蒋芬，纪浩. 浙江省众创空间运行效率评价与发展策略研究 [J]. 今日科技, 2019 (10): 47-50.

欣，2019）①。众创空间投入产出效率是指在一定的技术条件下，众创空间根据投入要素实现产出最大化的状态。根据众创空间的投入要素与有效产出，并结合现有研究成果中学者选取的指标，依据科学性、有效性和适用性原则，充分考虑数据的可获得性选取指标（徐莉等，2019）②，建立了基于投入指标和产出指标两个方面的众创空间运行效率评价指标体系，如表11-1所示。

表11-1 众创空间运行效率评价指标体系

一级指标	二级指标	三级指标
投入	人力投入	创业导师队伍（X_1）
		众创空间累计创业团队数量（X_2）
	物力投入	众创空间总面积（X_3）
	财力投入	团队及企业当年获得的投资总额（X_4）
	创业培训	创新创业活动（X_5）
		开展创业教育培训（X_6）
产出	就业机会	众创空间就业人数（Y_1）
	创业集聚力	当年服务的创业团队数量（Y_2）

1.投入指标

众创空间是一个经济系统，其正常运转的投入要素包括人力、物力、财力（程洪漪，2020）③及创业培训（李洪波，2019）④四个方面。人力、物力、财力三种投入是众创空间的基本要素投入，而创业培训是创客获取知识和经验的来源，也是衡量众创空间服务水平的有效指标。在本研究中，专业性较高的导师团队是衡量众创空间质量的重要指标，以创业导师队伍（X_1）来衡量。具备创新精神的高素质人才是众创空间有效运行的来源，以众创空间累计创业团队数量（X_2）来衡量。众创空间场地需要容纳创业人员、创业设备等，在一定程度上反映了该众创空间的需求与劳动力、设备等要素投入的数量，以众创空间总面积（X_3）来衡量。众创空间的财力投入来源于多个对象，主要包括内部资金注入、政府财政补贴（Fontichiaro，

---

① 邓欣.湖南科技投入产出效率研究[D].湖南农业大学，2019.
② 徐莉，胡文彪，张正午.基于区域创新能力的众创空间运行效率评价：以我国30省份的众创空间为例[J].科技管理研究，2019，39（17）：71-81.
③ 程洪漪，阮博，杨诗炜，罗嘉文.广东省科技企业孵化器发展现状与运行效率评价[J].科技管理研究，2020，40（11）：29-37.
④ 李洪波，史欢.基于DEA方法的国内众创空间运行效率评价[J].华东经济管理，2019，33（12）：77-83.

2016）[1]及企业的天使投资等。由于数据的可获得性，因此以团队及企业当年获得的投资总额（X_4）来衡量。创业培训既可以通过开展创业教育培训活动等直接的方式进行，也可以通过创新创业交流等间接的方式进行。本研究以创新创业活动（X_5）、开展创业教育培训（X_6）两个指标衡量创业培训情况。

2.产出指标

众创空间设立的最终目标是服务入驻的创业企业，通过创业企业要素的投入产生一定的社会成果、孵化成果等（许亚楠等，2020）[2]。社会效益主要是指众创空间新增的就业岗位数，众创空间作为"大众创业、万众创新"的新型载体，为广大"草根"创业者及学生、专家提供创新创业平台，不仅为广大创客提供了就业机会[3]（李洪波，史欢，2019），也为城市的创新发展凝聚了丰富的人才和资源，满足人们的岗位需求。故众创空间吸纳的就业人数是衡量众创空间的重要产出指标，以众创空间就业人数（Y_1）来衡量。孵化成果主要是指众创空间孵化出的具有创新性人才及团队。创客之间通过建立紧密的联系网络形成服务团队，能够产生更多创新成果，因此采用当年服务的创业团队数量（Y_2）来衡量众创空间的孵化成果。

第二节 众创空间运行效率指数计算方法与步骤

一、计算方法

1.DEA-C^{2}R模型

DEA方法是一种非参数效率评价方法[4]，通过评价每个研究主体的综合效率、纯技术效率及规模效率，将评价主体分为DEA有效和DEA无效。对于DEA无效的评级主体，可通过投入要素的相应增减来达到DEA有效。数据包络分析方法可以评价江苏省288家众创空间的DEA有效数量，并且能够分析出影响这些众创空间运行效率高低的主要因素。

---

[1] FONTICHIARO, K. Sustaining a Makerspace[J]. Teacher Librarian, 2016, 43（3）: 39-41.
[2] 许亚楠，黄钟仪，王艺，向玥颖.中国众创空间运营效率评价及影响因素研究[J].科技管理研究，2020, 40（4）: 80-87.
[3] 李洪波，史欢.基于DEA方法的国内众创空间运行效率评价[J].华东经济管理，2019, 33（12）: 77-83.
[4] CHARNES A, COOPER W W, RHODES E. Measuring the efficiency of decision making units[J]. European Journal of Operational Research, 1979, 2（6）: 429-444.

众创空间是一个多投入、多产出的研究系统。研究以江苏省的每个城市为一个决策单元（DMU），每个 DMU 有 m 种投入和 s 种产出，其投入主要包括投入资金、培训及土地面积等要素，产出主要包括就业人数、创业团队数量等要素。第 j 个区域的众创空间投入为 $(x_{1j}, x_{2j}, \cdots, x_{mj})$，产出指标为 $(y_{1j}, y_{2j}, \cdots, y_{mj})$，用 v_i 表示第 i 个投入的权重，u_r 表示第 r 个产出的权重，对第 j_0 个区域进行效率评价 $(1 \leqslant j_0 \leqslant n)$，最优化模型为

$$x_0 = x_{j0}, y_0 = y_{j0}$$

$$\max h_{j0} = \frac{\sum_{r=1}^{s} u_r y_{rj0}}{\sum_{i=1}^{m} v_i x_{ij0}} \quad (11\text{-}1)$$

$$\text{s.t.} \begin{cases} \sum_{r=1}^{s} u_r y_{rj} - \sum_{i=1}^{m} v_i x_i x_{ij} \leqslant 0 \quad (j=1,2,\cdots,n) \\ v = (v_1, v_2, \cdots, v_m)^T \geqslant 0 \\ u = (u_1, u_2, \cdots, u_s)^T \geqslant 0 \end{cases}$$

其中，i 和 r 为投入和产出指标的编号，u 和 v 为权重，对应到每个区域的众创空间效率评价指数为 $h_j = \frac{u^T y_j}{v^T x_j}$，$h_{j0}$ 为第 j 个区域众创空间的 C^2R 效率值。引入非阿基米德无穷小量 ε，可写成如下对偶规划模型。

$$\min \theta - \varepsilon (\sum_{i=1}^{m} s_i^- + \sum_{r=1}^{s} s_i^+)$$

$$\text{s.t.} \begin{cases} \sum_{j=1}^{n} \lambda_j x_{ij} + s_i^- = \theta x_{i0} & (i=1,2,\cdots,m) \\ \sum_{j=1}^{n} \lambda_j y_{rj} + s_r^+ = y_{r0} & (r=1,2,\cdots,s) \\ \lambda_j, s_i^-, s_r^+ \geqslant 0 & (j=1,2,\cdots,n) \end{cases} \quad (11\text{-}2)$$

若该规划的最优解为 λ^*、s^{-*}、s^{+*}、θ^*，则有：① $\theta^* = 1$，则第 j_0 个 DMU 为弱 DEA 有效；② $\theta^* = 1$，且 $s^{-*} = 0$、$s^{+*} = 0$，则第 j_0 个 DMU 为 DEA 有效；③ $\theta^* < 1$，则第 j_0 个 DMU 为 DEA 无效。对于 DEA 无效的地区，可通过投入要素的相应增减来达到 DEA 有效。

2.超效率分析

为弥补 C^2R 模型不能将众创空间效率评价指数为 1 的决策单元进行排序的缺陷，Andersen 和 Petersen 提出超效率 DEA 模型[①]。超效率 DEA 模型将有效决策单元构成有效前沿面，并对有限决策单元进一步排序。其基于投入引入阿基米德无穷小量的超效率 DEA 模型如下。

$$\min \theta^{super} = \theta_{j0} - \varepsilon(\sum_{r=1}^{s} s_r^+ + s_i^-)$$

$$\text{s.t.} \begin{cases} \sum_{j,j \neq j_0} \lambda_j x_{ij} + s_i^- = \theta_{j0} x_{ij0} \\ \sum_{j,j \neq j_0} \lambda_j y_{rj} + s_r^+ = y_{rj0} \\ \lambda_j, s_i^-, s_r^+ \geq 0 (j=1,2,\cdots,n) \end{cases} \quad (11\text{-}3)$$

该模型将前沿面上的有效决策单元排除在外，将非有效决策单元进行投入产出重建，从而构成新的有效前沿面。新的有效前沿面称为"投影"，进一步计算每个决策单元的超效率得分。超效率分析可将所有综合效率有效的众创空间重新计算得分并进行排序，得出江苏省每个城市众创空间运行效率的具体状况。

二、众创空间运行效率指数计算过程

1.数据来源

我们选取江苏省 288 家众创空间（有效数据）的截面数据作为研究对象，数据主要来源于江苏省科技企业孵化器协会。江苏省科技企业孵化器协会是由江苏省科技厅批准的非营利性行业自律组织，受科技厅委托负责众创空间备案及数据统计等工作，故本研究所用数据真实可靠。

本研究利用 Maxdea 软件，将搜集的投入产出数据代入模型分析众创空间的运行效率及规模效率。由于 DEA 是一种非参数评估方法，其结果与指标的量纲无关，故研究数据并未进行量纲处理[②]。

2.描述性统计分析

在进行实证研究前，研究者必须对各项数据进行统计分析，大致了解

---

① ANTUNES C H, BOUCINHA J, INACIO C F, et al. Benchmarking of maintenance and outage repair in an electricity distribution company using the value-based dea method[J]. Omega: The International Journal of Management Science. 2015,53:104-114.

② 徐莉，胡文彪，张正午. 基于区域创新能力的众创空间运行效率评价：以我国 30 省份的众创空间为例 [J]. 科技管理研究，2019(17)：71-81.

各项指标的属性特征,为进一步分析夯实基础。表 11-2 是对所有统计指标的描述性结果。

(1) 众创空间投入指标

所有指标的最大值与最小值之间相差很大,且均值整体处于相对较小的水平,初步说明江苏省众创空间发展差异较大,大部分众创空间投入要素数量较低,从侧面可以看出中小规模的众创空间居多。这一结论可以在众创空间总面积这一要素的数据中得到验证。规模最大的众创空间总面积为 80 000 平方米,约是规模最小的众创空间面积的 372 倍,规模悬殊。此外,由当年获得投资总额这一指标可得,获投资额最多的众创空间是获投资额最小的众创空间的 22 000 倍,同时所有众创空间之间的标准差为 23 159 300 元,说明各众创空间的投资额偏离均值非常大,发展差异明显。

(2) 众创空间产出指标

不同质量水平的众创空间创造的就业机会相差较大,甚至存在服务人员数量仅 1 人的众创空间,均值为 26 人,标准差为 177.78 人。此外,由当年创业团队数量数据可得大部分众创空间的创业聚集力较低。

综上描述性分析可得,各个众创空间的投入要素与产出要素存在显著差异。可初步得出结论:各个众创空间的运行效率可能存在较大差异。

表 11-2 众创空间投入与产出指标描述性统计

指标名称	单位	均值	标准差	最大值	最小值
创业导师队伍	人	17	18.67	180	2
累计创业团队数量	个	46	86.07	1000	1
众创空间总面积	平方米	3945.10	6167.71	80 000	215
当年获得投资总额	元	9 574 402	23 159 300	220 000 000	10 000
举办创新创业活动	场	23	41.42	600	1
开展创业教育培训	场	15	23.34	262	1
服务人员数量	人	26	177.78	3000	1
当年创业团队数量	个	26	33.77	376	1

3. 计算结果

(1) DEA-C^2R 模型计算结果

本研究基于 Maxdea 软件运用 C^2R 模型对江苏省 288 家众创空间的运行效率进行拟合,基于投入径向法对模型进行估计,评价结果得出 288 家众创空间的综合效率、纯技术效率及规模效率。表 11-3 列出了江苏省 288 家众创空间三大效率的描述性统计结果。

表 11-3　江苏省 288 家众创空间 C^2R 模型三大效率描述性统计

变量	效率均值	最大值	最小值	标准差	中位数
综合效率	0.7168	1	0.0104	0.2528	0.7333
纯技术效率	0.7935	1	0.2334	0.2114	0.8278
规模效率	0.8954	1	0.0445	0.1862	1

（2）超效率 DEA 模型计算结果

由于传统 C^2R 模型无法比较有效众创空间的效率高低，因此运用超效率对每个众创空间运行效率进行计算，计算结果描述性统计如表 11-4 所示。

表 11-4　众创空间超效率 DEA 模型描述性统计

范围	1~50	51~100	101~150	151~200	201~288
数量	50	50	50	50	88

第三节　实证分析与评价比较

一、基于DEA-C^2R模型比较分析

江苏省各城市众创空间的三大效率情况如表 11-5 所示。

表 11-5　综合效率分析

区域	城市	综合效率=1的众创空间数量	众创空间总数量	纯技术效率 有效	纯技术效率 无效	规模效率 有效	规模效率 无效	规模报酬递减数量
苏南	南京	24	82	29	23	47	5	3
	无锡	8	19	9	5	13	1	0
	镇江	4	16	7	2	6	3	1
	常州	10	26	10	10	20	0	0
	苏州	22	67	27	12	34	5	1
	合计	68	210	82	52	120	14	5
苏中	南通	2	8	4	2	4	2	0
	扬州	6	18	9	3	9	3	1
	泰州	4	14	5	1	5	1	1
	合计	12	40	18	6	18	6	2

续表

区域	城市	综合效率=1的众创空间数量	众创空间总数量	纯技术效率 有效	纯技术效率 无效	规模效率 有效	规模效率 无效	规模报酬递减数量
苏北	盐城	3	21	4	3	6	1	0
	淮安	1	1	1	0	1	0	0
	徐州	4	11	4	4	8	2	1
	连云港	2	4	2	2	4	0	0
	宿迁	0	1	1	0	0	1	0
	合计	10	38	12	9	19	4	1

1. 综合效率评价

综合效率是对决策单元的投入要素使用效率的综合评价与衡量，反映每个决策单元在现行生产力水平下所能实际达到的最大产出比率。根据江苏省288家的众创空间综合效率结果（如表11-5所示）可知，江苏省众创空间整体运行效率较高。江苏省综合效率评价为1的众创空间共90个，占总数的31.25%，约1/3的众创空间运行有效。由表11-3可知，综合效率最大值为1，最小值为0.0104，均值为0.7168，中位数为0.7333，标准差为0.2528。极差较大表明江苏省众创空间质量分布不均。中位数大于均值，表明江苏省众创空间整体运行效率高于平均发展水平，发展态势较好。

从城市角度看，发展规模最大的是南京和苏州，二者综合有效比例超过50%，其中南京约占27%，苏州约占24%，是江苏省众创空间发展的领头城市。南通、宿迁、淮安及连云港等城市发展规模较小，与南京、苏州等城市众创空间发展规模悬殊。

从区域角度看，虽然苏中与苏北地区存在综合效率有效的众创空间，但是全省分布大体呈现"南强、中北弱"的态势。苏南地区坐拥省会城市，拥有先进的管理经验和人力资源，对众创空间吸引力强，因此发展规模较大。苏北和苏中地区由于人口密度小、高等院校较少及交通条件偏弱等原因，创新能力不及苏南地区，对众创空间的吸引能力较低。

2. 纯技术效率分析

纯技术效率是指众创空间的管理水平和技术水平等作为影响因素的效率评价值，是排除规模因素的技术效率。由纯技术效率数据分析可知，江苏省众创空间的软性服务能力有待提高。由表11-5可知，纯技术效率有效的众创空间共114家，占总数的39.6%，表明创新氛围、管理水平、运营能力不足等软性服务水平欠缺是影响众创空间效率的主要原因。此外，由图11-1描绘的纯技术效率、规模效率与综合效率之间的关系可以看出，图（a）中的散点分布比图（b）中的散点分布更接近45度线。综上所述，纯技术效率是影响综合效率无效的主要原因。

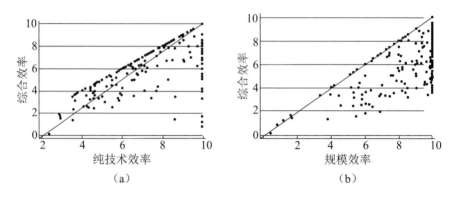

图11-1 纯技术效率、规模效率与综合效率之间的关系

注：图中纵轴表示综合效率，横轴分别表示纯技术效率和规模效率。由综合效率分解可知，散点图越集中于45度线，表示纯技术效率（规模效率）对综合效率的影响越大。

3.规模效率分析

规模效率是指受样本规模大小影响排除DMU纯技术因素影响的效率评价值，是对投入产出是否达到最优状态做出评价。由规模效率数据分析可知：①苏南地区扩张速度过快，在288家众创空间中，共有8家规模报酬递减的众创空间，其中苏南地区有5家，这是由于苏南地区众创空间的发展速度过快，规模过大导致的；②苏中地区、苏北地区众创空间规模偏小，苏中与苏北地区的众创空间数量总和仅占比27.08%，远低于苏南地区众创空间数量，表明苏中地区、苏北地区与苏南地区的众创空间发展差异明显，且苏中与苏北地区的众创空间运行效率受规模因素影响较大。

二、超效率DEA实证结果

传统C^2R模型的分析无法判断有效众创空间的效率高低，故需要进一步利用超效率模型计算每个众创空间的超效率得分和排名。根据288家众创空间的有效数据按每个城市的众创空间排名数划分效率高低，划分规则：1~50为高效率，51~100为中高效率，101~150为中等效率，151~200为中低效率，201~288为低效率，如表11-6所示。

表 11-6 江苏省各市众创空间超效率排名分布

排名		1~50	51~100	101~150	151~200	201~288
城市	南京	12	16	10	16	28
	无锡	3	2	3	3	8
	徐州	2	1	2	2	4
	常州	4	4	5	7	6
	苏州	12	11	12	11	21
	南通	1	2	2	1	2
	连云港	2	0	0	1	1
	淮安	0	0	1	0	0
	盐城	4	5	4	2	6
	扬州	4	4	2	4	4
	镇江	3	2	8	0	3
	泰州	2	3	1	3	5
	宿迁	1	0	0	0	0
地区	苏南	34	35	38	37	66
	苏中	7	9	5	8	11
	苏北	9	6	7	5	11

通过超效率DEA模型分析，江苏省运行效率排行前50的众创空间中，南京与苏州的众创空间占比接近50%，为众创空间发展的重点城市。南京是江苏省省会，是江苏省的人才、资源集聚中心，并且聚集了大量创业服务机构和高等院校，经济较发达，有利于众创空间发展。苏州的经济发展水平在江苏省内仅次于南京，既有高等院校进行产教对接，又有工业园区作为创新实践载体，也有利于众创空间发展。然而在201~288名中，南京市与苏州市的众创空间所占比例也接近50%，可得出初步结论：南京市与苏州市的众创空间虽然发展规模较大，但是发展质量不均衡。

从区域角度分析，在前50名中，苏南地区的众创空间为34家，占68%，苏中地区与苏北地区分别占14%和18%，说明苏南地区的高效率众创空间较多，而苏中与苏北地区数量偏低。由于苏南总体基数较大，与其他两个区域相差较大，无法进行类比。而苏中与苏北地区众创空间发展规模相当，将其对比研究可以发现，两个区域众创空间的效率水平相差不大，苏北地区高效率众创空间数量略高于苏中地区。

三、区域效率差异评价

在江苏省 288 家众创空间中,苏南地区有 210 家,苏中地区有 40 家,苏北地区有 38 家。为实现众创空间高质量发展,就要评价各区域众创空间的运行效率高低,通过对比效率差异找出影响江苏省三大区域众创空间效率差异的原因。表 11-7 将江苏省 13 个城市划分为苏南、苏中、苏北三大区域,并分别列出综合效率、纯技术效率、规模效率及超效率的平均值与标准差的数值与排名。

表 11-7 江苏省三大区域效率差异评价

效率类型	地区	平均值 数值	平均值 排名	标准差 数值	标准差 排名	有效众创空间数量	有效比率 比率	有效比率 排名
综合效率	苏南	0.7240	1	0.2472	2	68	32.38%	1
	苏中	0.6878	3	0.2950	1	11	27.50%	2
	苏北	0.7076	2	0.2400	3	10	26.32%	3
纯技术效率	苏南	0.7943	2	0.2075	2	82	39.05%	2
	苏中	0.8092	1	0.2264	1	18	45.00%	1
	苏北	0.7721	3	0.2207	3	12	31.58%	3
规模效率	苏南	0.9026	2	0.1796	2	120	57.14%	1
	苏中	0.8456	3	0.2459	1	18	45.00%	3
	苏北	0.9087	1	0.1404	3	19	50.00%	2
超效率	苏南	0.6044	1	0.4364	1	68	32.38%	1
	苏中	0.5815	3	0.3032	3	11	27.50%	2
	苏北	0.6042	2	0.3446	2	10	26.32%	3

从三大区域的综合效率可以看出,苏南地区综合效率均值和有效众创空间数量排名第一,苏中与苏北地区的有效众创空间数量相当,但苏中地区的有效众创空间比率高于苏北地区,三大区域有效比率按苏南、苏中、苏北依次递减。苏南地理位置优越,经济发展水平相对较高,处于高校集聚区,众创空间总体基数大,因此发展质量高的众创空间数量居多。苏中和苏北地区众创空间总体数量差别不大,但苏北地区的总体效率值高于苏中地区,苏北地区的效率标准差为 0.2400,苏中地区的效率标准差为 0.2950,对比可知苏北地区众创空间的运行效率内部差异小于苏中地区。综合分析可知,苏南地区众创空间综合效率最高,苏中地区众创空间效率内部差异最大。

从三大区域的纯技术效率值可以看出,苏中地区的纯技术效率均值最大，苏北地区的最小，表明苏中地区的整体技术水平和管理能力相对较高，但是苏中地区的纯技术效率内部差异最大。

由三大区域的规模效率值可以看出，苏北地区、苏南地区、苏中地区的规模效率值依次递减，苏北地区的规模效率内部差异最小。这表明苏北地区相对苏中地区、苏南地区而言技术水平相对落后，但是众创空间的发展规模相对合理，应当在保持现有规模不变的基础上，努力应用新技术，提高组织管理水平，提升相关人员的职业素质。综上所述，苏北地区规模效率最高，苏中地区纯技术效率最高，而从综合效率来看，苏南地区最高。

从三大区域超效率值来看，苏南地区的超效率值排在首位，其次是苏北地区，苏中地区位于最后。苏南地区靠近上海，地理位置得天独厚，且经济、交通等方面优于苏中地区、苏北地区。但是，苏南地区众创空间规模较大可能会产生模仿效应。由于政府对众创空间的财政补贴较大，苏南地区存在很多处于起步阶段的众创空间，发展机制尚未完善，因此其超效率值的标准差最大，表明内部发展差异较大。

第四节 众创空间运行效率提升对策

运行效率是众创空间高质量发展的前提和基础。众创空间可以采取提高资源利用效率、提高众创空间的服务效率和提高众创空间合作效率三种方式提高运行效率，推动众创空间向提质增效阶段迈进。

一、提高资源利用效率

1.提高众创空间的准入门槛

根据效率差异评价可以发现，由于缺乏专业的运营团队，导致整体的运行效率较低，众创空间质量参差不齐，因此众创空间的管理者应该加强对众创空间发展的顶层设计与规划，促进众创空间的高质量发展。众创空间应该合理设计规划自身规模，提高内部资源要素的配置效率，依托高校和本地龙头企业培养专业化的众创空间。政府有关部门应提高众创空间的创办门槛，严格众创空间的资格审核，让不掌握相关资源和无资金承受能力的创办者回归理性，避免众创空间一哄而上，避免资源浪费。

2.提升技术创新能力

众创空间应提升技术创新能力，切实推动政策落地落实，从而由规模化增长向质量化提升转变。现阶段众创空间发展如火如荼,其中不乏完全依靠政府财政收入维持运行的众创空间,运行效率低下。因此,众创空间需要提升技术创新能力。一方面,众创空间可以通过与高校和企业的协同发展为众创空间发展节约不必要的投入要素,寻找区域创新资源,培养专属核心技术,加强市场竞争力。另一方面,众创空间可以引进高质量的创客人员提升技术创新能力,如引入在校大学生、科研人员和高科技企业人才等创新型人才,为技术创新提供充足的人才保障。

3.提升管理水平

基于上文实证分析可以得出,影响众创空间运行效率的主要原因是纯技术效率。由于管理能力是影响纯技术效率的重要因素,因此众创空间应当提升管理水平,可以从以下三个方面展开。①提高众创空间管理人员的管理水平,定期派遣管理层员工参加相关行业培训,提高员工的管理知识储备。②众创空间应建立完善的运营管理制度。例如,制定合理的激励机制,提升员工的工作积极性,充分利用合理数量的员工发挥最大化效用;或者建立优秀众创空间管理人员选拔机制,基于管理人员调整角度提高众创空间的整体运行效率。③建立严格的企业入驻、毕业与退出机制,增加入驻团队和企业的流动性,及时撤出孵化效果差的团队,对孵化成果好的项目进行重点培育,强化众创空间的服务职能。

4.完善创新创业服务体系

众创空间应全面完善创新创业体系,提升整体服务水平,增加创新创业项目的成功率。关于优化创新创业服务体系可以从三个方面展开。①优化投融资机制。众创空间的服务对象一般是初创企业,而众创空间缺乏初始投资资金,因此要引导天使投资的资金规模向众创空间集聚,完善天使投资的风险补偿机制,为初创团队的创业项目提供充足的资金保障。②健全创新创业公共服务,推进商事和行政审批体制改革,优化创业团队办理相关证件的手续。同时,政府可以为种子期团队提供法律、财务咨询服务。③增加创新创业活动,如由政府主导定期举办创新创业大赛、创业沙龙及投融资对接会等活动,为创新创业营造良好的社会氛围。

二、提高众创空间的服务效率

1.提高从创意到产品的转化效率

产品既是创客创意的现实呈现,又是实现经济价值的载体,对于提高众创空间运行效率具有重要意义。众创空间需要增添设备设施,如3D打印机、激光切割机等现代化桌面工具,丰富制作工具、制作材料供给,完善基础资源,为创客创意的产品化提供物质支撑。众创空间需要通过开展刨、铣、焊、磨、钻等工艺制作培训,提高创客工具信息水平,提升创客工具产品制作能力,为创客创意产品化提供技术支撑。众创空间还需要提供知识产权保护服务,保护创客自身的发明创造,明确各方利益分配,避免集体创造的产品在合理利用、酬劳回报时发生纠纷。

2.提高产品商业化能力

产品发展到一定阶段,商业化是不可回避的问题。产品只有通过商业化,才能到达客户端,才有机会得到消费者的认可,才能实现产品的经济价值,形成资金回笼,使创客可以加大产品研发和制作力度,创造出更多的有价值产品,形成良性循环。众创空间也可以因此获得孵化回报,弥补过去的投资亏空,从而有资金孵化更多的项目。在促进产品商业化过程中,众创空间首先应该帮助创客提升规模化生产能力。创客通过桌面制作工具实现从创意到产品的转化,但要实现其经济价值,则需要通过大规模生产才能实现成本的降低和满足大规模客户的需求。众创空间需要利用社会关系网络帮助创客搜寻大规模生产的场地与设备,帮助创客获得必要的资金支持以建立自身的产品生产体系。其次,众创空间应该帮助创客进行商业策划,包括以产品功能和产品定价为主要内容的产品策划,以客户群体、客户诉求为主要内容的市场策划,以销售渠道、推广方式为主要内容的商业策划等。最后,众创空间还可以帮助创客提高运营管理能力。随着创客的逐渐成长,产品日益多元化,客户日益繁多,管理日益复杂,需要通过精细化的管理才能提升决策质量,提高运营效率,驱动产品的商品力、供给力和盈利能力的持续提升。

三、提高众创空间合作效率

1.建立跨区域的合作模式

众创空间较为发达的区域在其发展过程中已经积累了很多宝贵经验,应与欠发达地区进行积极的事业对接和产业合作,通过异地孵化、联合共建、结对帮扶等方式开展多层次的战略合作,进行要素与资源禀赋互补,不断缩小众创空间发展差距,促进众创空间的均衡发展。

2.提升区域内众创空间协作能力

区域内的众创空间由于彼此距离相近,更有利于展开全面的合作,可以通过加快建设区域内部的众创空间协会组织，开展定期的众创空间行业交流和研讨会，推动建立完善的区域内众创空间的互补合作机制，促进众创空间向规范化和专业化的方向发展。同时区域内众创空间可以通过组织举办各类创新创业比赛发掘更多的优质创业项目，鼓励并引导优质的创业项目入驻，提高众创空间创客的创业成功率。

本 章 小 结

本章基于 C^2R 模型和超效率 DEA 模型测度了江苏省 288 家众创空间的综合效率、纯技术效率、规模效率与超效率值，进而对江苏省苏北、苏中、苏南三大区域进行效率差异评价分析。研究结果表明：江苏省众创空间运行效率整体较高，但软性服务能力有待提升。影响江苏省众创空间运行效率的主要原因是纯技术效率。苏南地区众创空间扩张速度过快，规模报酬递减的众创空间占比大。众创空间提升运行效率可以从提升资源利用效率、众创空间的服务效率和众创空间合作效率三个方面展开。

第十二章 众创空间协同发展指数研究

众创空间生态系统的形成与有效运行的核心是众创空间各利益相关者的协同发展。测量与评价众创空间各利益相关者之间的协同程度，明确众创空间所处的状态，从而指导众创空间向协同化方向发展，无疑是众创空间可持续发展研究的重要任务。鉴于众创空间、创客、政府三个主体协同发展对于推动众创空间可持续发展的重要性，本章在系统分析三个主体之间协同关系的基础上，构建协同度评价模型，并以镇江市15家省级认定的众创空间为例，在实际调查的基础上，进行评价分析。

第一节 众创空间协同发展评价指标体系

一、众创空间协同发展的内涵

学者们在总结众创空间发展经验和中国创客实践经验的基础上，得出众创空间具有生态系统特征的结论。协同理论认为，任何一个系统都是由若干个子系统组成，这些子系统的相互影响与合作关系影响着该系统的功能与发展。当系统具有各主体共同利益时，系统存在着起主导作用的参数——序参量。它来源于子系统间的协同合作，并影响和支配子系统的协同，从而推动整个系统的发展与改变。

众创空间生态系统协同是指众创空间的运营商、创客、政府等主体，围绕着"大众创业、万众创新"的共同目标，相互配合协作，以跨界合作的方式，依靠集体力量实现共同目标，各方利益得到有效满足。众创空间生态系统的价值在于基于运营商、创客、政府等利益相关者能够保持良好的合作关系，能够通过合作产生较好的协同效应。如果众创空间的利益相关者各自为政，没有产生互动与协同，必然导致众创空间的混乱，从而影响众创空间的可持续发展。

众创空间生态系统协同由共同目标、协同主体、协同方式三个部分构成。共同目标是各利益相关主体认同的具体表现，也是众创空间生态系统生存与发展的基础。共同目标是通过发挥各方力量，为创客提供低成本、全方位、专业化的服务，从而促进创客成长。创客以租金、分红、税收等方式反哺众创空间运营商和政府，使各方利益得到有效满足。因此，各利益相关者能够搁置争议，相互配合，形成一个整体，实现众创空间价值共创、价值共享的目标。

众创空间的"众"是指参与主体多元化，调动广大民众参与的积极性，运营商、服务商、创客、政府等各方主体参与众创空间活动。它们虽然属性不同，但可以相互影响、相互作用，共同推动众创空间发展。哈肯认为，在复杂的系统中，各个子系统以自组织的方式产生协同作用和协同效应，使系统从混沌转化为有序或者从低级有序变成高级有序[①]。众创空间各子系统通过与其他子系统互动，以及信息、物质交换而走向有序化、结构化和多功能化。

二、众创空间协同发展评价的内涵

众创空间的有效运行依赖于运营商、创客、政府等主体能够各尽其职，主体之间能够紧密配合。

1.运营商与创客之间的协同关系

创客是创客运动的主体，具有 DIY 精神的创新创业个体，众创空间生态系统的主体功能主要是由具有创新创业思想的创客与外部环境的交互活动形成的[②]（贾天明等，2017）。正是由于创客的创意、创新和创业活动，各种奇思妙想才能得以实现，各项发明创造才能得以面世，人们的创造力也才得以展现。如果没有酷爱科技、热衷于动手实践，勇于创意、创新和创业的创客群体，众创空间只能门可罗雀，创客运动也只能偃旗息鼓。

创客的创新实践活动需要设备、技术的支持，他们需要各种配件组装产品，需要切割机进行材料加工，需要开源软件进行编程，需要 3D 打印机将创意演变成与众不同的产品。不同行业的创客又需要不同的技术、设备，这就需要由专业的机构——众创空间运营商来满足创客的需求。创客的创意活动不仅需要众创空间提供设备和技术支持，更需要众创空间创造交流的场所和机会，还需要导师的指导和帮助，使他们能够分享自己的

---

① 哈肯.协同学引论[M].徐锡申,陈式刚,陈雅深,等,译.北京:原子能出版社,1984.
② 贾天明,雷良海,王茂南.众创空间生态系统：内涵、特点、结构及运行机制[J].科技管理研究,2017,37（11）：8-14.

想法、创意,从而互相鼓励、互相激发,围绕一些共同的兴趣一起行动。如果创客希望产品能够上市,实现其市场价值,还需要资本、知识产权等机构的支持和帮助。众创空间运营商是专门为创客提供专业化服务的机构,按照其功能模式划分,主要有社区型、数字化技术实现型、商业机器商店型三种形态①(徐思彦,李正风,2014)。社区型通过分享工具与知识进行个人制造。数字化技术实现型以创业教育为核心②。商业机器商店型如同一个巨型工厂,不仅有激光切割机、3D打印机等新型生产工具,也有用于切割、焊接铸造的传统器械。基于独立个性、创造力和想象力等创客精神,决定了众创空间天然具备开放性、前瞻性和颠覆性等特征,这种特性反过来又会吸引新的勇于冒险的创客进入,形成创新创业集聚,使众创空间成为孕育新的技术范式和颠覆性技术创新的高地(贾天明等,2017)。创客与创客之间存在着竞争与共生机制。竞争机制主要是通过创客之间对于众创空间内部有限的硬件资源和软件资源及外部市场份额的争夺来实现,竞争机制能够实现众创空间资源的有效配置,即"价高者得,有用者多得"。共生机制基于创客共同的创业精神和共同的利益,通过创意分享、经验交流、信息沟通、技术授权与转让、交叉持股和相互参与创业项目等方式实现,促进了创客间的强弱联结,形成创客—资源协同网络,促进众创空间的发展③(陈夙等 2015)。创业精神、竞争机制和共生机制三者的作用有利于形成众创空间生态系统良好的进入—退出机制,即只有具备创业精神、能够与众创空间生态系统其他主体协同共生并在竞争中获得优势的创客才能获得持续的生存发展,从而促进系统的健康有序发展。

从以上分析可以看出,众创空间生态系统的健康发展离不开众创空间与创客的协同。一方面,创客与众创空间运营商的关系是服务与被服务的关系。众创空间运营商的服务供给要与创客的需求相协同,否则就会出现设施限制或需求无法满足的问题。众创空间的数量必须要与创客的规模相协同,否则就会出现资源闲置、亏损倒闭或创客无处立身的问题。另一方面,创客共同的创业精神以及竞争与共生机制又能促进众创空间生态系统的可持续发展。

---

① 徐思彦,李正风. 公众参与创新的社会网络:创客运动与创客空间 [J]. 科学学研究,2014(12):1789-1796.

② GERSHENFELD N. How to make almost everything: the digital fabrication revolution[J]. Foreign Affairs, 2012, 91(6):42-57.

③ 陈夙,项丽瑶,俞荣建. 众创空间创业生态系统:特征、结构、机制与策略——以杭州梦想小镇为例 [J]. 商业经济与管理,2015(11):35-43.

2. 政府与创客的协同

随着资源要素的约束和成本的上升，我国经济发展的低成本优势正在丧失。实现我国经济由低附加值向高附加值、由高能耗向低能耗、由粗放型向集约型、由投资驱动向创新驱动转变，是当前政府迫切需要解决的问题，而大众创业、万众创新是实现这种转变和解决这些问题的关键。政府对于创客主体发挥着引导、协调、监督和保障的作用。由于我国市场化机制还未定型，创新创业文化发展起步晚，仅仅凭借创客主体很难推动众创空间生态系统的建立[1]（陈根，陈梦蝶，2020）。政府引导作用的发挥能够促进优质资源向好项目、好团队聚拢，盘活闲置资源，提高资源的利用效率[2]（戴亦舒等，2018）。政府协调作用的发挥主要通过相关行政规定和利益机制协调创客与创客之间，创客与众创空间相关机构间的利益分配，有利于维护众创空间生态系统的稳定。政府监督作用的发挥主要是通过对众创空间进行外部监督和内部管理来维护创客主体间利益秩序，查处和惩罚违规行为，保障系统整体运行和消费者的合法利益，促进市场公平竞争，促进创新创业的长远发展[3]（蔡莉等，2016）。政府的保障作用主要是通过向创客提供物质资源和制度资源等方式发挥，物质资源包括实地空间、政府购买、金融资源，制度资源主要包括税收优惠政策、人才引进政策、众创平台建设政策等。

创客是"大众创业、万众创新"的主力军，他们主要出自兴趣与爱好，努力把创意转变为现实产品，在继承 DIY 文化的基础上，利用现代桌面制造工具和互联网技术，进行个人制造，分享创新成果。我国经济已经进入新常态发展，正从高速增长向中高速增长转变，从规模速度型粗放增长向质量效率型集约增长转变，经济增长速度的放缓将带来较大的就业压力。创客善于从个性化的客户需求出发，通过持续的创新和更加灵活、更加弹性的方式提供个性化的产品与服务，在满足客户个性化、小众化、定制化需求的同时，实现自我雇佣，为社会提供了工作岗位，缓解了就业压力。近年来，虽然经济增长速度在放缓，但在"大众创业、万众创新"政策拉动下，创客创造了大量的各种形式的就业岗位，城镇新增就业连续 4 年保

---

[1] 陈根，陈梦蝶. 众创空间生态系统的协同性与协同机制分析 [J]. 生产力研究，2020(12):99-103，161.

[2] 戴亦舒，叶丽莎，董小英. 创新生态系统的价值共创机制：基于腾讯众创空间的案例研究 [J]. 研究与发展管理，2018,30(4): 24-36.

[3] 蔡莉，彭秀青，Satish Nambisan，等. 创业生态系统研究回顾与展望 [J]. 吉林大学社会科学学报，2016,56(1): 5-16，187.

持在 1300 万人以上，就业总量不减反增[①]。"开放、分享、快速迭代、共同改进"是创客的核心和精髓（Lindtner，2012）。创客对于实现全民创造，推动新工业革命[②]（Anderson，2012），逐渐成为中国经济未来增长的不熄引擎（李克强，2014）具有重要意义。

从以上分析，可以看出创客对于政府的作用主要体现在转变经济方式和增加就业两个方面。根据詹姆斯·M. 布坎南公共选择理论的观点，政府是经济行为人，其决策带有"经济人"的特征，必须考虑政策的有效性问题。鼓励创客发展的财政支出只有带来更多的税收、就业岗位和科技创新，政府才有进一步支持创客发展的动力，政府和创客才能获得协同的可持续发展。

3.政府与运营商的协同

众创空间是创客运动得以蓬勃发展的重要载体，是实现创业主体由小众向大众转变、创业理念由技术供给导向向需求导向转变、创业活动由内部组织到开放集成转变的关键（董碧娟，2015）。政府高度重视众创空间建设，国务院办公厅于2015年3月发布了《关于发展众创空间推进大众创新创业的指导意见》，于2016年2月发布了《关于加快众创空间发展服务实体经济转型升级的指导意见》。政府大力扶持众创空间发展，一方面是由于众创空间具有促进创新、增加就业与税收、促进经济转型升级等经济外部性。另一方面是由于众创空间不同于单纯以盈利为目的的经济组织，它是由一群趣味相投的创客自愿参与发起以满足大家实现创意愿望的组织，具有自组织性特征[③]（刘志迎，2015），因此众创空间的盈利能力有限，创始初期资源禀赋较为匮乏，需要政府提供必要的资金、场地等支持。虽然政府扶持对于众创空间的可持续发展十分必要，但从本质上看，众创空间依然是市场化的自负盈亏的经济组织，需要通过提供良好的服务吸引创客、集聚创客，并获得一定的经济收入，以维持日常运营，获得可持续的发展。如果在政策刺激下，众创空间盲目发展，没有为创客提供良好的服务和平台，无法满足需求，众创空间就失去了存在的价值，也难以获得可持续的发展。可以看出，虽然政府对众创空间的扶持对其可持续发展具有重要意义，但众创空间自身发展的能力也十分重要，不仅是其可持续发展的核心要素，而且关系到政府扶持政策的效能。众创空间的蓬勃发

---

① 李克强：我国已连续四年新增城镇就业岗位 1300 万人以上 [EQ/OL]. http: //finance.sina.com.cn /roll/2017-03-15/doc-ifycnikk0719844.shtml

② ANDERSON C. Makers: The New Industrial Revolution[M]. New York： Random House, 2012.

③ 刘志迎，徐毅，洪进. 众创空间：从"奇思妙想"到"极致产品"[M]. 北京：机械工业出版社，2015.

展为社会营造良好的创新创业的经济氛围，缓解就业压力，促进经济增长动能转换，改善需求结构，推动供给侧结构性改革（戴亦舒等，2018）。例如，截至 2015 年，腾讯众创空间相关企业带来的经济总产值近 500 亿元，增加相关就业人口近 1100 万[①] 人（Mcadam et al.，2016）。截至 2016 年，腾讯众创空间成功孵化市值超过 1 亿元的企业有 40 家，被其孵化的相关企业的总市值已超过 3000 亿元。

众创空间生态系统的协同发展离不开政府在各方面提供的支持。在众创空间自发形成创新创业集聚的条件下，政府通过为众创空间的发展提供基础资源保障和政策激励进一步促进众创空间的发展，而众创空间的发展壮大反过来能帮助政府活跃经济环境、缓解就业压力、促进经济高质量发展。由此可看出，众创空间与政府的高度协同促进了众创空间创业生态系统的良性发展。

三、众创空间利益相关者协同度评价指标

哈肯（1984）认为，从宇宙系统到地球自然生态系统再到人类社会系统，都存在着无序和有序的状况，无序的状况称为混沌，有序的状况称为协同。当系统的变化到达某一临界点时，系统开始由混沌转换为协同，或由协同转换为混沌。在由自发组织形成的系统启动协同运转后，各个子系统开始从无到有地生成各自的序参量，不同的序参量组成"一只看不见的手"，进一步引导着系统的协同运转。各个序参量的协同变化反映着新系统结构的有序变化和演化机制（李柏洲，刘建波，2005）。序参量是由其隶属的子系统与其他子系统的非线性相互作用生成的，生成后又会反过来对其隶属的子系统产生支配和役使作用。在序参量的支配作用下，各个子系统会产生新的结构和功能变化，这些变化共同组成新系统的有序变化[②]（李娜，陈波，2021）。不同于系统中的其他变量，协同过程中，序参量由零到正或由小到大进行变化，反映着系统由无序到有序的演化过程，序参量的数目较少，当系统的协同运转到达质变的临界点时，各个序参量的变化速度会慢下来[③]（赵喜洋，覃一冬，2021）。因此可以根据序参量的特征寻找各个子系统的序参量，组成指标体系，共同衡量系统的协同度。

---

① MCADAM M，MILLER K，MCADAM R.Situated regional university incubation： A multi-level stakeholder perspective[J].Technovation，2016(50/51)：69-78.

② 李娜，陈波.财政政策对军民融合创新协同度的影响：以电子及通讯设备制造业为例[J].科技进步与对策，2021,(8)：1-9.

③ 赵喜洋，覃一冬.企业复合创新系统序变协同模式的识别与运行绩效评价[J].统计与决策，2021,37(14)：173-176.

众创空间是一个由众多利益主体构成的具有开放特征的系统，运营商、创客、政府及知识产权、金融机构等中介组织之间时刻发生着业务往来和交换关系，通过复杂的非线性的相互作用，将各个不同性质的子系统组成一个复合系统。当各个子系统能够相互嵌入、相互渗透、相互协同时，就能形成一个有机的整体，从而实现"1+1>2"的整体协同效应（陈根，陈梦蝶，2021）。众创空间运行体系应从利益相关者的视角出发，将众创空间运营商与创客、政府、中介结构等利益相关者的协同指数纳入运行指数体系，避免过去那种单纯从评价客体出发设计运行指数体系带来的评价不全面的问题。通过对利益相关者的协同考察，更能全面考察众创空间的运行状况。

由于众创空间涉及众多状态变量，根据协同学的序参量原理和支配原理，本章将选取众创空间的从业人数、利润、面积利用率、创新创业活动四个指标，创客数量、知识产权数量和融资数量三个指标，以及政府的税收、就业两个指标（见表12-1）研究众创空间、创客、政府三个利益主体之间的协同关系。

表 12-1 众创空间利益相关者序参量表

利益相关者	序参量	单位	性质
众创空间子系统	从业人数	人	正向
	利润	万元	正向
	面积利用率		正向
	创新创业活动	场	正向
创客子系统	创客数量	人	正向
	知识产权数量	个	正向
	融资数量	万元	正向
政府子系统	税收	万元	正向
	就业	人	正向

第二节 众创空间协同发展指数计算方法与步骤

一、众创空间协同度指数计算方法

众创空间生态系统是一个多层次的复杂系统，除自然规律协调配置外，也包含了市场经济调控、社会调节和人为调配等诸多机制[①]，是一个生态

---
① 王如松，欧阳志云. 社会—经济—自然复合生态系统与可持续发展[J]. 中国科学院院刊，2012(3)：254，337-345，403-404.

复合系统。基于众创空间与利益相关者协同研究的匮乏，本研究借鉴郭红兵等（2019）的金融系统复合系统协同度模型①，首次构建众创空间与利益相关者协同度模型，计算众创空间与利益相关者协同指数，弥补了当前众创空间协同度定量研究的不足。复合系统协同度模型是以协同学理论为基础，通过计算众创空间复合系统序参量，反映各子系统之间的相互作用、有序化状态及演化趋势。

二、众创空间协同度计算过程

1.选取序参量

序参量是协同理论的核心概念，影响着系统各要素由一种相变状态转化为另一种相变状态的集体协同行为，是众创空间协同发生相变的最突出标志。假设众创空间系统中某一子系统的序参量为

$$e_{ij} = (e_{i1}, e_{i2}..., e_{in}) \tag{12-1}$$

式中，i 为子系统，$i=1$ 为众创空间子系统，$i=2$ 为创客子系统，$i=3$ 为政府子系统。n 为子系统序参量的个数，其中，$i=1$ 时，$n=4$；$i=2$ 时，$n=3$；$i=3$ 时，$n=2$。

序参量 e_{ij} 满足以下条件

$$\alpha_{ij} < e_{ij} < \beta_{ij} \tag{12-2}$$

α_{ij} 为序参量的下限值，可用某年最小值的 0.9 倍代替。β_{ij} 为序参量的上限值，可用某年最大值的 1.1 倍代替。

2.确定子系统的有序度

由于本研究涉及的序变量均为正向指标，当取值越来越大时，其子系统的有序程度越来越高。因此，各子系统序变量的有序度均可按以下公式计算。

$$U_i(e_{ik}) = \frac{e_{ik} - \alpha_{ik}}{\beta_{ik} - \alpha_{ik}} \tag{12-3}$$

其中，$i \in (1,2,3)$，$k \in (1,n)$。

众创空间三个子系统的有序度可按以下公式计算。

$$U_i(e_i) = \sqrt[n]{\prod_{i=1}^{n} u_i(e_{ik})} \tag{12-4}$$

---

① 郭红兵，徐淑一，曾玉叶．基于复合系统协同度模型的科技金融"三链协同"研究：北京、上海和广东的一个比较实证分析 [J]．南京财经大学学报，2019(5)：23-33．

有序度越大表明其子系统有序程度越高。

3.众创空间利益相关者协同度计算

假设在初始时刻，众创空间利益相关者有序度为 $U_i^0(e_i)$，系统演化到 t_1 时刻时，其有序度为 $U_i^1(e_i)$。如果考察的子系统 $U_i^1(e_i) > U_i^0(e_i)$ 同时得到满足，则系统是协同发展的，否则系统不是协同发展的，此时的协同度为 0。众创空间利益相关者协同度计算公式为

$$c = \sqrt[n]{\prod_{i=1}^{n}[U_i^1(e_i) - U_i^0(e_i)]} \quad (12\text{-}5)$$

其中，$c \in [0,1]$，c 值越大，表明众创空间利益相关者协同度越大。

第三节 实证分析与评价比较

一、样本选择与数据来源

本研究样本来自江苏省镇江市五洲创客、东恒、万州等 15 家经过省级认定的众创空间。项目组在镇江市科技局的协调下，对 15 家省级认定众创空间展开了问卷调查。由于众创空间尚属新生事物，发展的时间较短，因此本研究数据期间为 2015—2016 年。各样本的序参量值如表 12-2 所示。

表 12-2 众创空间利益相关者序参量数值表

样本	年度	众创空间				创客			政府	
		从业人数/人	利润/万元	面积利用率/%	创新创业活动/场	创客数量/人	知识产权/人	融资/万元	税收/万元	就业/人
1	2016	29	-235	90	20	122	56	370	300	216
	2015	20	-200	80	15	100	30	300	100	200
2	2016	20	1555	70	2	10	101	0	3548	504
	2015	18	1000	65	8	8	80	0	2000	400
3	2016	14	419.9	66.7	6	35	30	105	0	386
	2015	12	300	65	4	20	15	50	0	200
4	2016	8	0	75.6	17	35	17	1950	15.35	142
	2015	6	0	70	10	25	8	500	10	100
5	2016	7	-92	78	18	22	12	0	0	62
	2015	6	-100	70	15	18	5	0	0	50

续表

样本	年度	众创空间 从业人数/人	众创空间 利润/万元	众创空间 面积利用率/%	众创空间 创新创业活动/场	创客 创客数量/人	创客 知识产权/人	创客 融资/万元	政府 税收/万元	政府 就业/人
6	2016	6	0	30	18	35	6	8150	5.6	41
6	2015	5	0	20	15	30	4	5000	4	24
7	2016	8	10	75.6	17	35	17	1950	15.35	142
7	2015	6	5	60	15	25	12	1000	10	120
8	2016	5	−11.1	49	10	24	40	2385	3.5	40
8	2015	5	−20	45	12	20	20	500	1	30
9	2016	20	30	80	5	20	2	1200	50	180
9	2015	18	1	70	8	18	1	500	30	150
10	2016	7	−164.3	30	17	9	2	300	17	90
10	2015	6	−100	25	10	12	3	200	12	80
11	2016	6	−200	10	2	10	4	50	3.8	40
11	2015	5	−300	8	5	8	2	30	2	30
12	2016	11	−70	70	13	15	120	30	26	80
12	2015	9	−100	60	10	12	100	20	15	70
13	2016	6	0	80	2	2	0	10	10	10
13	2015	6	−10	70	5	2	0	5	8	8
14	2016	9	44	60	12	6	6	305	15	62
14	2015	8	35	50	10	4	4	200	10	45
15	2016	8	−1000	70	12	23	8	0	500	300
15	2015	7	−500	60	15	20	5	0	300	250

二、数据计算和结果分析

根据表 12-1 可知，各序参量均为正向指标，按照公式 12-1 到公式 12-4 步骤计算，对镇江市 15 个样本的众创空间子系统、创客子系统和政府子系统之间的协同度进行计算。计算结果如表 12-3 所示。

表 12-3 众创空间利益相关者子系统协同度一览表

样本	众创空间与创客子系统协同度	众创空间与政府子系统协同度	政府与创客子系统协同度	三者之间协同度
1	0.4366	0.4437	0.6094	0.4906
2	0	0	0.4889	0
3	0.6037	0.4625	0.5831	0.5461

续表

样本	众创空间与创客子系统协同度	众创空间与政府子系统协同度	政府与创客子系统协同度	三者之间协同度
4	0.5749	0.5310	0.7112	0.6010
5	0.4401	0.3301	0.3693	0.3772
6	0.5094	0.5358	0.6434	0.5600
7	0.6302	0.5806	0.6252	0.6116
8	0.3166	0.3177	0.7410	0.4209
9	0.4801	0.4565	0.6377	0.5189
10	0	0.3567	0	0
11	0.2489	0.2489	0.6799	0.3479
12	0.5475	0.5583	0.5722	0.5592
13	0.1204	0.1525	0.4154	0.1968
14	0.5582	0.5461	0.6550	0.5845
15	0	0	0.4935	0
平均值	0.3644	0.3680	0.5484	0.3877

从计算结果可以看出：从三者子系统之间协同度得分来看，得分为 0 的样本有 3 个，得分为 0~0.5 的有 5 个，得分为 0.5~0.6 的有 5 个，高于 0.6 分的有 2 个。这说明，目前众创空间系统整体还处于发展的初级阶段，协同水平良莠不齐，相当一部分协同效应并不明显，提升空间还比较大。

创客与政府之间子系统的协同度明显高于众创空间与创客之间子系统的协同度和众创空间与政府之间的协同度，这说明创客是创客运动的主体。创客数量增加、科技成果不断涌现、资金实力日益雄厚是增加就业和税收的基础。众创空间无论是与创客子系统，还是与政府之间子系统的协同度都不高，说明众创空间推动创客运动发展的作用还没有充分发挥出来。众创空间需要调整发展模式，提升创客服务质量，有效推动创客运动发展。

从导致协同度得分较低原因看，众创空间子系统有序度较低是主要原因。而导致众创空间子系统有序度较低的主要原因是"举办创新创业活动次数"序参量的有序度较低。这说明，众创空间应加强创新创业活动的举办，以便为创客创造技术交流的机会，营造创新创业氛围。

第四节 众创空间协同发展提升对策

众创空间是由多个利益相关者构成的生态系统，协同与互动是众创空间生态系统可持续发展的核心和基础。只有清晰各主体责任，加强沟通互动,构建利益共享机制,才能促进各主体协同发展。

一、责任清晰

众创空间要协同发展,首先应明确各主体责任。众创空间运营商是众创空间资源组织者,是众创空间系统运行的领导者,是各主体协同运行的核心。运营商应充分发挥统筹规划、组织协调的作用,通过机制设计和制度制定,引导其他主体参与众创空间的建设。创客是众创空间服务的对象,创客的创新创业成果是众创空间发展的目的,创客要积极响应众创空间运营商的活动,成为众创空间建设的重要主体。服务商是众创空间的重要组成部分,要赋予服务商一定的参与权、监督权,鼓励服务商参与众创空间。建立健全众创空间多主体协同制度,还应构建完善的收益制度,按照"谁使用,谁付费""谁服务,谁受益"等原则,建立和完善多元化、规范化、标准化、动态化的各主体收益制度。政府应构建多元参与、双向对等的监督考核体系,加强众创空间信息公开强制性制度建设,完善监督制度体系,探索各主体参与的众创空间诉讼机制体制。

二、沟通互动

众创空间吸引各个主体,汇集各类资源,主体多样性和行为复杂性是众创空间的典型特征。在众创空间,创新创业已经不再是某一主体的孤立行为,而是不同主体之间持续互动,不断演化的过程。各个主体发挥各自优势,协同参与创新创业活动的前提是信息公开、沟通对话和服务响应,从而建立关系信任,统一行为。

1.信息公开机制

信息公开是各主体参与众创空间协同发展的前提和基础。在互联互通时代,信息的高效沟通决定了众创空间参与主体协助互动的效果。为了实现信息共享,提高各主体信息掌握和参与程度,避免由于信息不对称造成的沟通障碍,众创空间应建立信息管理与发布平台。通过平台,众创空间可将各主体信息、情况进行公开,各主体也可根据平台公布的信息及时提供资源支持或服务支持,从而实现有效的协调联动。

信息公开机制的有效运行还需要制度保障。众创空间应建立信息公开制度,将信息公开类别、信息公开方式、信息公开各主体责任进行明确规定。众创空间还应加强信息统计和信息集成管理,设立信息公开栏或电子屏幕,充分利用微信、微博等新媒体,为各主体提供更有价值、更为便捷的信息服务，充分发挥信息对于各主体的服务功能。

2.沟通对话机制

良好的沟通对话是建立信任的基础。众创空间建立沟通对话机制首先应平等对待各主体，尊重各主体的利益，针对公共问题进行民主、平等、广泛的协商。其次，应鼓励各主体积极参与各项对话活动，鼓励各主体进行利益表达，增强各主体的协商意识，提高各主体的协商能力。最后，应建立多样化的对话沟通渠道，既可以通过组织理事会、座谈会等方式进行，也可以通过举办培训、产品展示、路演活动等方式进行，还可以通过建立电话热线、联系人制度等方式进行。

3.服务响应机制

无论是众创空间，还是创客、服务机构等其他主体都具有内在需求，并且都希望内在需求能得到其他主体的回应，这就需要建立服务响应制度。服务响应机制指众创空间各主体根据相应规则，对其他主体提出的需求予以回应，并迅速采取措施予以满足。众创空间中某一主体遇到发展难题，通过服务响应机制，其他主体能够建言献策，提供参考性的方案和必要的资源或服务支持，这对于建立彼此信任关系、提高协同沟通效能具有重要意义。

众创空间建立服务响应机制，首先应创新组织形式，建立指挥协调平台，打破组织壁垒，协同各方资源，快速响应，提供优质服务。其次，应建立首问责任制，问题接收部门应负责问题确认、问题处理，如果需要跨部门或跨组织解决，可请求其他部门支持，但应对结果负责并负责结果反馈，保证服务响应机制的有效执行。

三、利益共享

众创空间的发展需要运营商、创客、服务机构、政府等利益相关者合力发挥作用，众创空间的发展成果也应由利益相关者共同拥有。众创空间利益共享的主体是利益相关者，客体是众创空间发展成果。完整的利益共享机制由利益分配、利益补偿和风险共担三项机制构成。

1.利益分配机制

利益分配是众创空间各主体关注的核心问题，建立科学、合理、公平、有效的利益分配机制，能够激发各主体的积极性，有利于形成互惠共生的良好氛围，从而促进众创空间各主体长期、稳定的合作。利益分配机制是利益共享的核心，由利益分配方式和利益分配制度构成。恰当的分配方式和健全的分配制度是有效利益分配机制形成的关键。

众创空间各主体利益分配方式的选择需要考虑主体偏好，但更应考虑主体参与利益创造的方式和贡献。众创空间的运营商，一方面为创客及服务商提供场地、硬件设施，以及培训、展示、交流等各项服务，另一方面通过股权投资间接参与创客的创新创业活动。因此，众创空间运营商一般以收取房租、服务费和投资收益的方式获取回报。创客是创新创业活动的主要组织者和直接参与者，从创新产品或服务中获取直接经济收益是其主要收益方式。服务商通过为创客提供科技服务、创业服务、商务服务、金融服务，从而以服务费、投入回报等方式获取收益。在国家鼓励创新创业的政策背景下，以上主体还会获得一定的财政补贴或税收优惠，而国家也以税收的方式获得一定的经济收益。

由于众创空间各个主体都是独立的利益主体，因此利益分配通常采取协议的方式进行，将各自的投入及方式、收益比例及方式进行明确约定。协议在执行过程中难免发生一定的纠纷，众创空间应制定规范的行为准则，相对成熟的制度体系，针对性的合作协调机制，及时解决各方在利益分配中遇到的问题和冲突，确保各方协调发展。

2.利益补偿机制

众创空间各主体虽然以协议的方式对利益分配的方式和额度进行了规定，但由于预测的局限性和环境的复杂多变性，会导致某个主体虽然为众创空间发展做出突出贡献，但却没有得到相应的回报。这时就需要利益补偿机制，以弥补先前利益分配的不公，激励利益受损者持续为众创空间发展提供能量。

基于创新创业的高风险性和成功创新创业的高收益性，众创空间利益补偿机制可由政府兜底补偿机制和成功孵化企业反哺补偿机制构成。创客由于资源禀赋匮乏，难以及时支付各主体服务成本，一旦创新创业失败，创新创业服务商将承担一定的损失。这将影响服务商的积极性，成为服务商与创客协作的主要障碍。政府可采取兜底补偿机制，对于因创客创新创业失败造成的服务商的损失予以一定的补偿，从而促进服务商与创客的协作。

众创空间内的创客获得政策、租金、税收等多方面的原始扶持，会有相对良好的成长环境。但对于众创空间的运营商和政府而言，这些原始扶持意味着资源消耗，这种资源消耗如果得不到一定的补偿将会使众创空间的资源消耗殆尽,严重影响众创空间的可持续发展。因此,需要构建成功企业反哺机制,以税收、股权分红、捐献等方式回报众创空间,增强众创空间服务能力,提升众创空间服务水平,从而孵化出更多的优秀企业,实现众创空间孵化创客,创客反哺众创空间的良性循环。

3.风险共担机制

创新创业活动过程中,会存在技术风险、市场风险及不可抗因素风险等诸多风险。为促进各主体参与创新创业活动合作,打消各主体参与创新创业活动的顾虑,需要建立风险共担机制,将技术推向市场过程中的风险予以合理分配,避免风险使某主体难以承受。

构建风险共担机制,应根据风险的类型进行风险分配。各个主体因自身主观原因造成的风险,理应由自身承担。例如,众创空间的运营商由于能力不足、经营不善造成的亏损,应由运营商自身承担。由于客观原因造成的风险,则应由政府与相关主体共担。例如,政府通过招商引资引进的服务机构,如果由于当地创客数量较少导致服务机构亏损,则应由政府与服务机构共担。

构建风险共担机制,还应根据项目阶段进行风险分配。在产品创意期,创客根据自身经验进行项目设计和技术储备,所发生的风险应由创客独自承担。在产品试制阶段,创客需要利用众创空间或第三方服务商提供的服务或设备将自身创意转化为产品,其风险也应由创客、众创空间运营商或服务商共担。在产品规模化生产和市场化阶段,由于需要大量资金投入,银行等金融机构也应参与风险共担。

本 章 小 结

本章通过文献回顾,发现利益相关者协同是众创空间可持续发展的关键因素。基于协同理论,构建由众创空间运营商、创客、政府三个子系统构成的复合系统协同度模型。以镇江市15家省级认定的众创空间为例,分别对众创空间运营商、创客、政府的两两协同度及三者协同度进行实证研究,发现镇江众创空间协同水平良莠不齐,提升空间较大。从政策支持创客培育与发展、众创空间内涵建设、众创空间协同管理机制构建三个方面提出了提升众创空间协同发展的对策建议。

第十三章 众创空间健康发展指数研究

众创空间自2015年兴起后，在多重政策刺激下呈现出迅猛增长的态势。众创空间数量虽然众多，但发展质量良莠不齐。一些众创空间门可罗雀，面临空心化发展困境，众创空间遭遇发展瓶颈。因此，需要建立一套科学的众创空间健康发展评价模型，帮助政府准确评价众创空间发展健康状态，帮助众创空间根据自身状况调整发展策略。

第一节 众创空间健康发展评价指标体系

一、众创空间健康的概念

众创空间出现时间较短，无太多经验可供借鉴，创办人员大多以自身资源禀赋为基础，积极探索众创空间运作模式，呈现出多样化的发展态势。虽然众创空间在其功能模式、业务模式等方面具有多样性，但都具备生态系统的典型特征，因此以生态系统的视角研究众创空间得到学术界的普遍认同。从生态学的视角来看，众创空间具有生态群落的特征，是相互关联的创客、资源与服务支持机构及宏观环境等不同层次的组织，通过资源整合、网络嵌入等方式，实现创意诞生、创新孵化和创业支撑等功能[1]。

生态系统如同人的身体一样，在各种因素的影响下，产生各种不健康的症状，需要将其作为一个整体进行诊断与评估。Rapport（1998）是第一个提出生态系统健康概念的人，他将其定义为：生态系统受到外界胁迫后具有维持其原有的组织结构、自我调节和恢复的能力，即稳定性和可持续性[2]。Costanza（1992）从系统有机调节的角度将生态系统健康定义为：健康是系统的自动平衡，健康是没有疾病，健康是多样性，健康是稳定性或可恢复性，健康是有活力[3]。Schaeffer（1988）认为，生态

---

[1] 李万，常静，王敏杰，朱学彦，金爱民.创新3.0与创新生态系统[J].科学学研究，2014(12)：1761-1770.

[2] RAPPORT D J, COSTANZA R, MCMICHAEL A J. Assessing ecosystemhealth[J]. Trends in Ecology & Evolution, 1998, 13(10): 397-402.

[3] COSTANZA R, NORTON B, HASKELL B J. Ecoystem Health:New Goals for Environmental Management[M]. Washington DC: Island Press,1992.

系统是否健康，关键是不利因素是否突破一定的标准或阈值，当生态系统功能未超过阈限时，则该生态系统是健康的。这里的阈限定义为：当超过后可使危及生态系统持续发展的不利因素增加的任何条件，包括内部的和外部的[①]。

众创空间生态系统是产业链、人才链、信息链的综合。不同于自然系统，众创空间生态系统具有较强的人工系统属性，可以通过制定相应的运行机制，采取相应的管控措施使众创空间生态系统健康发展。健康的众创空间生态系统运作效益良好，各子系统能够稳定和可持续地获得发展。当外界遇到较大干扰时，可以通过调节恢复到正常状态。要达到健康发展的目标，众创空间生态系统需要具备结构合理、数量适度、层次多样的主体结构，高效的运作机制，需要有效协同各方优势，有效满足各方利益需求。

二、众创空间健康评价指标

1.众创空间生态系统健康评价指标选取的理论基础

现有的生态系统健康评价指标选取方法大致可分为四类：指示物种评价法、结构功能指标评价法、生态系统健康风险评价法和 VOR 模型法。指示物种评价法是通过某些濒临灭绝的物种数量反映整个生态系统的健康状况。结构功能指标评价法是将能够代表系统结构和功能的指标及受胁迫后的自我恢复的能力作为评价的主要指标。生态系统健康风险评价法指的是被评价对象发生不良事件的概率并预测后果的严重性，主要由早期预警指标、适宜性指标和诊断指标三类构成[②]。VOR 模型法是 Rapport（1998）提出的一种定量表征健康度的方法，该模型从活力、组织和恢复力三个方面考察生态系统的健康运行[③]。该方法由于结构清晰、层次分明，涵盖了生态系统健康的主要维度，有坚实的生态系统理论支持，被国际生态系统健康大会确定为生态系统健康诊断指标，在学术界的广泛应用。

生态系统健康评价理论应用到创业领域，创业学者构建了针对创业生态系统健康评价的模型，影响较大的有创业生态系统递进评估模型和创业

[①] SCHAEFFER D J, HERRICKS E E, KERSTER H W. Ecosystem health: I. Measuring ecosystem health[J]. Environmental Management, 1988, 12(4): 445-455.

[②] SU M R, PATH B D, YANG Z F. Urban ecosystem health assessment: a review[J]. Sci Total Environ, 2010, 408(12): 2425-2434.

[③] RAPPORT D J, COSTANZA R, McMichael A J. Assessing ecosystemhealth[J]. Trends in Ecology & Evolution, 1998, 13(10): 397-402.

生态系统三层次评估模型。创业生态系统递进评估模型从创业过程视角，综合考虑每个创业阶段的相关因素和表现绩效，从创业生态系统决定因素、创业绩效和创业产生的社会效应三个方面逐步进行评估[①]。创业生态系统三层次评估模型认为，生态系统由个人、组织和社会三个层次构成，每个系统成员既能幸福生活又能为企业、社区、区域创造价值。

不同于一般的创业生态系统，众创空间是为创客服务的平台，基于创业发展阶段的创业生态系统递进评估模型不适应于众创空间生态系统健康评价。陈凤等（2015）认为，众创空间是由众创精神、创客生态圈、资源生态圈和基础平台与众创政策构成的创业生态系统[②]。汪群（2016）认为，众创空间创业生态系统主要由创客生态圈、服务支持生态圈、上下游企业、孵化器、消费者群及创业环境组成[③]。众创空间生态系统具有典型的层次性特征，可以根据规模层次特征开展健康评价。

基于以上分析，本章借鉴创业生态系统三层次评估框架[④]（Vogel，2013）和 VOR 理论，从创客生态圈、资源与服务支持生态圈和环境生态圈三个层次出发，设计由活力、组织和恢复力三个维度构成的众创空间创业生态系统评价指标体系。

2.众创空间生态系统健康评价指标体系构成

活力主要是衡量生态系统的功能及新陈代谢的状况，通常表现为能量输入和物质循环。能量输入越多，物质循环越快，组织也就越有活力。活力外在表现为生产者的生长发育状况和初级生产力水平[⑤]。本研究从各个圈层能量或物质主要构成的视角，分别以创客数量与常驻创客数量、众创空间工作人数与创业导师人数、高新技术产业产值与大学生数量衡量三个圈层的活力状况来进行研究。

组织衡量的是生态系统的结构与复杂性，描述的是各个主体之间的相互作用。生态系统的主体越多，相互作用越频繁，结构越复杂。复杂的结构虽然使生态系统看起来杂乱无章，但会缓解组织的剧烈变化，使系统的

---

① MASON C, BROWN R. Entrepreneurial ecosystems and grow-oriented entrepreneurship[C]. Final Report to Paris, 2014.

② 陈凤，项丽瑶，俞荣建. 众创空间创业生态系统：特征、结构、机制与策略——以杭州梦想小镇为例[J]. 商业经济与管理，2015（11）：35-43.

③ 汪群. 众创空间创业生态系统的构建[J]. 企业经济，2016（10）：5-9.

④ VOGEL P. The employment outlook for youth: building entrepreneurial ecosystems as a way forward[C]. St. Petersburg: Conference Paper for the G20 Youth Forum, 2013.

⑤ 任海，邬建国，彭少麟. 生态系统健康的评估[J]. 热带地理，2000（4）：310-316.

组织力更强,生态系统也就更稳定健康。本章分别以创客创新创业交流次数与创业教育交流次数、中介机构数量与众创空间提供服务项目、万人有效发明专利衡量三个圈层的组织状况。

恢复力是衡量系统受到外界胁迫时,克服压力及反弹恢复的容量,是在外界干扰情况下,维持原有功能和结构的能力,是对外界干扰的抵御与适应能力。当外界干扰超过恢复力的阈值,生态系统就会遭到破坏。本研究分别以获得的风险投资、众创空间面积与众创空间注册资本、财政收入衡量三个圈层的恢复力状况。

众创空间生态系统健康评价指标体系如表 13-1 所示。

表 13-1 众创空间生态系统健康评价指标体系

层次	活力	组织	恢复力
创客生态圈	创客数量 常驻创客数量	创客创新创业交流次数 创业教育交流次数	获得的风险投资
资源与服务支持生态圈	众创空间工作人数 创业导师人数	中介机构数量 众创空间提供服务项目	众创空间面积 众创空间注册资本
环境生态圈	高新技术产业产值 大学生数量	万人有效发明专利	财政收入

第二节 众创空间健康发展指数计算方法与步骤

一、众创空间生态系统健康指数评价方法

众创空间生态系统健康评价的目的是发现众创空间运行中出现的问题,以便采取有效措施缓解众创空间生态系统遭受的压力,维持生态系统的可持续性,确保能够为创客提供所需的各种服务。健康是具有尺度依赖性的概念[1],众创空间生态系统健康评价的实质是以期望的生态系统状态为标准进行评价。Hwang 和 Yoon(1981)提出了一种称为 TOPSIS(technique for order preference by similarity to an ideal solution)的方法[2],根据评价对象与虚拟理想值之间的接近程度判断评价对象的优劣,是一种逼近理想解

---

[1] SHRADER-FRECHETTE K S. Ecosystem health: a new paradigm for ecological assessment?[J]. Trends in Ecology & Evolution, 1994, 9(12): 456-457.

[2] HWANG C L, YOON K L. Multiple Attribute Decision Making-Methods and Applications [M]. New York: Springer-Verlag, 1981.

的多属性排序法。TOPSIS方法的思路是首先建立初始化决策矩阵，然后基于某种数据标准化规则得到规范化的初始矩阵，在有限的方案中找到最劣和最优两项，再分别计算每个指标与正负理想解之间的距离。TOPSIS方法具有评价对象限制少、各级指标数据分布要求少、数据处理信息损失少等多个优势，已被广泛应用于生态系统评价领域。但众创空间尚属新生事物，专家对各要素的重要程度缺乏权威性的认识。为弥补主观赋权经验不足的问题，本研究对原有的TOPSIS方法进行适当改进，采取主观和客观相结合的方法确定指标权重。

众创空间生态系统具有层次性特征，其健康运行需要在层次上实现均衡。创客、资源与服务支持及环境三个层次生态圈之间彼此通过合同协议、信息交换、业务合作、工作任务执行来互相联系[1]，其角色、动机与作用影响众创空间生态系统的效率和进化能力[2]。众创空间生态系统的形成与健康运转的核心是三个层次生态圈能够均衡发展，从而实现相互协调、相互促进。为实现三个层次生态圈均衡发展评价，我们引入Theil不均衡指数，即泰尔指数[3]。Theil不均衡指数最早是用于衡量收入不平等程度的一个指标，指数越大，收入差距越大，反之越小。Theil不均衡指数由熵值法演变而来，是以信息量与熵的概念作为出发点，测度和考察不平等性和差异性。Theil不均衡指数由部分之间差异和部分内差异共同构成总体差异性，所以Theil不均衡指数对差异性分析和分解的应用较为广泛。

二、众创空间生态系统健康指数计算过程

本节的任务是从水平和均衡性两个方面评价众创空间生态系统的健康发展，因此需要利用TOPSIS方法计算众创空间生态系统综合健康指数，利用Theil不均衡指数计算各圈层的均衡性。在进行水平和均衡性计算之前，还需要开展建立指标数据矩阵、原始数据标准化处理、数据权重确定、构建加权的规范矩阵等一系列基础工作。众创空间生态系统健康指数的计算过程如下。

---

[1] DOGAN S Z, ARDITI D, GUNHAN S, et al. Assessing coordination performance based on centrality in an e-mail communication network[J]. Journal of Management in Engineering, 2015, 31(3): 04014047.

[2] 李燕萍，陈武. 中国众创空间研究现状与展望[J]. 中国科技论坛，2017（5）：12-18，56.

[3] Theil H. Economics and Information Theory[M]. Chicago: Rand Mc Nally Company, 1967.

1.建立指标数据矩阵

假设评价对象为 m，某层次某内容的评价指标数量为 n，则指标数据矩阵为

$$\begin{bmatrix} x_{11} & x_{12} & \cdots & x_{1n} \\ x_{21} & x_{22} & \cdots & x_{2n} \\ \vdots & \vdots & \vdots & \vdots \\ x_{m1} & x_{m2} & \cdots & x_{mn} \end{bmatrix}$$

2.原始数据进行标准化处理

由于原始数据计量单位不同，无法互相比较，需要进行标准化处理。本研究采取以下方法进行标准化处理。

$$x'_{ij} = \frac{x_{ij}}{\sqrt{\sum_{i=1}^{m} x_{ij}^2}} \tag{13-1}$$

3.数据权重确定

首先以层次分析法进行主观赋权，然后用熵值法计算指标的变异程度，最后用其对主观赋权进行调整以确定各个指标权重。由于层次分析法较为成熟，本研究不再赘述。假设以层次分析法确定了各个指标的权重为 w_i^1，将按以下步骤计算主观权重的调整系数。

（1）计算第 j 个指标，第 i 个评价对象指标值的比重

$$p_{ij} = \frac{\varepsilon_{ij}}{\sum_{i=1}^{m} \varepsilon_{ij}} \tag{13-2}$$

（2）计算第 j 个指标值的熵 e_j

$$e_j = -k \sum_{i=1}^{m} p_{ij} \ln p_{ij} \tag{13-3}$$

其中，$k=1/\ln m$

（3）计算第 j 个指标值差异性因数 g_j

$$g_j = 1 - e_j \tag{13-4}$$

g_j 越大，该指标的重要性越大，其权重也就应越大。

（4）权重调整

首先计算新的权重值 w_j^2

$$w_j^2 = w_j^1 \times g_j \tag{13-5}$$

然后对新调整的权重进行标准化处理

$$w_j^3 = \frac{w_j^2}{\sum_{j=1}^{n} w_j^2} \qquad (13\text{-}6)$$

4.构建加权的规范矩阵

$$V = (v_{ij})_{mn} = \begin{bmatrix} w_1^3 x'_{11} & w_2^3 x'_{12} & \cdots & w_n^3 x'_{1n} \\ w_1^3 x'_{21} & w_2^3 x'_{22} & \cdots & w_n^3 x'_{2n} \\ \vdots & \vdots & \vdots & \vdots \\ w_1^3 x'_{m1} & w_2^3 x'_{m2} & \cdots & w_n^3 x'_{mn} \end{bmatrix} \qquad (13\text{-}7)$$

计算各层次的综合健康指数。

（1）计算各众创空间的虚拟正理想解和虚拟负理想解

$$V_j^+ = \max_i (v_{ij}) \qquad (13\text{-}8)$$

$$V_j^- = \min_i (v_{ij}) \qquad (13\text{-}9)$$

（2）计算各众创空间与虚拟正理想解和负理想解之间的距离

$$d_i^+ = [\sum_{j=1}^{n} (v_{ij} - v_j^+)^2]^{\frac{1}{2}} \qquad (13\text{-}10)$$

$$d_i^- = [\sum_{j=1}^{n} (v_{ij} - v_j^-)^2]^{\frac{1}{2}} \qquad (13\text{-}11)$$

（3）计算各众创空间的相对接近度

$$C_i = \frac{d_i^-}{d_i^- + d_i^+} \qquad (13\text{-}12)$$

接近度越高，说明该众创空间的综合健康指数越高。

5.众创空间生态系统层次均衡性评价

在信息论中，熵是对指标分布均衡性的度量[①]。为更好地度量指标值的不均衡性，Theil 对信息熵进行改进，提出了不均衡指数的概念和计算公式。以下研究利用该公式计算众创空间生态系统各层次的均衡性。

$$T = \frac{1}{3} \sum_{j=1}^{3} \frac{y_j}{y} \ln \frac{y_j}{y} \qquad (13\text{-}13)$$

T 值越大，说明生态系统各层次之间的不均衡性越大。

---

① SHANNON C E. A mathematical theory of communication[J]. Acm Sigmobile Mobile Computing and Communications Review, 2001, 5(1): 3-55.

第三节　实证分析与评价比较

一、样本选取

江苏省政府高度重视众创空间发展，先后出台《发展众创空间推进大众创新创业实施方案（2015—2020年）》《江苏省推进众创空间建设工作方案》等文件。在政策刺激下，众创空间呈现出快速增长的态势。截至2016年年底，在江苏省科技厅备案的众创空间有384家。虽然江苏省的众创空间建设形成了一定的规模，但毕竟还是新生事物，在实践运行中暴露出定位不明确、赢利方式不清楚、市场运作机制尚未建立等一系列问题，这些问题严重影响了众创空间的健康发展。在江苏省科技厅的协调下，本研究项目组对百家汇、创酷空间等162家众创空间进行了系统调研，并根据调查结果计算综合健康指数和不均衡指数，以发现众创空间运行中的问题，并在此基础上提出具有针对性的优化措施。为了保护众创空间的商业机密，本研究在信息披露时进行匿名处理。样本分布如表13-2所示。

表13-2　样本分布表

区域	南京	无锡	徐州	常州	苏州	南通	连云港	盐城	淮安	扬州	镇江	泰州	宿迁
数量/家	42	11	6	11	47	4	3	9	2	9	8	8	2
成立时间	2013年之前	2014年	2015年	2016年	注册资本	100万元及以下	100万~200万元	200万~500万元	500万~1000万元	1000万元以上			
数量/家	25	41	82	14	数量/家	34	20	37	38	33			

二、数据收集

项目组在进行信息收集和实地调研的基础上，对众创空间生态系统健康相关数据进行了系统收集。创客数量、创新创业交流次数、创业教育交流次数、获得的风险投资、众创空间工作人数、创业导师数量等指标来自于各众创空间考核数据，中介机构数量、众创空间提供服务项目、众创空间注册资金等来自各众创空间网站，大学生数量、万人有效发明专利、高新技术产值、财政收入等数据来自《2017年江苏省统计年鉴》。

三、数据计算

首先采取层次分析（AHP）法，对各指标进行赋权（见表13-3）。由于篇幅有限，本研究对赋权过程不再赘述。

表13-3　基于层次分析法的指标权重表

创客圈层指标	创客数量	常驻创客数量	创客创新创业交流次数	创业教育交流次数	获得的风险投资	
权重	0.2	0.2	0.15	0.15	0.3	
资源与服务支持生态圈指标	工作人员数量	创业导师数量	中介机构数量	服务项目	众创空间面积	注册资本
权重	0.2	0.2	0.15	0.15	0.075	0.215
环境圈层指标	高新技术产值	大学生数量	万人有效发明专利		财政收入	
权重	0.2	0.2	0.3		0.3	

根据公式13-1到公式13-4计算各指标的差异因子如表13-4所示。

表13-4　指标差异因子表

创客圈层指标	创客数量	常驻创客数量	创客创新创业交流次数	创业教育交流次数	获得的风险投资	
权重	0.11	0.10	0.09	0.15	0.23	
资源与服务支持生态圈指标	工作人员数量	创业导师数量	中介机构数量	服务项目	众创空间面积	注册资本
权重	0.1	0.06	0.04	0.04	0.09	0.29
环境圈层指标	高新技术产值	大学生数量	万人有效发明专利		财政收入	
权重	0.07	0.22	0.15		0.09	

根据公式13-5和公式13-6计算调整后的权重，如表13-5所示。

表 13-5　调整后的指标权重表

创客圈层指标	创客数量	常驻创客数量	创客创新创业交流次数	创业教育交流次数	获得的风险投资	
权重	0.15	0.14	0.09	0.15	0.47	
资源与服务支持生态圈指标	工作人员数量	创业导师数量	中介机构数量	服务项目	众创空间面积	注册资本
权重	0.18	0.11	0.05	0.05	0.06	0.55
环境圈层指标	高新技术产值	大学生数量	万人有效发明专利		财政收入	
权重	0.11	0.34	0.34		0.21	

四、计算各样本的综合健康指数

根据公式 13-7 到公式 13-12 计算各个众创空间的三个圈层的相对接近度。由于评价对象是 162 家众创空间，为便于比较分析，本研究以 C 值范围进行结果展示，结果如表 13-6 所示。

表 13-6　综合健康指数分布表

所属范围	创客圈层健康指数	资源与服务支持圈层健康指数	环境圈层健康指数	综合指数
C>0.2	14	9	123	50
0.2>C>0.1	22	14	26	69
C<0.1	126	139	13	43

由以上结果可知，江苏省 162 家众创空间的生态系统健康指数分化较为严重，少数众创空间的健康指数较高，但大部分众创空间生态系统的健康状况不容乐观，综合健康指数低于 0.1 的众创空间高达 43 家，比例达 26.5%，尤其是创客圈层和资源与服务支持圈层的健康指数较低。

五、计算各圈层的非均衡系数

根据公式 13-13 计算各圈层的非均衡系数，其结果如表 13-7 所示。

表 13-7　各圈层非均衡系数分布表

T 值范围	样本数量	样本比例
T>0.5	72	44.44%
0.5>T>0.2	60	37.04%
T<0.2	30	18.52%

由 T 值分布可知，众创空间各圈层之间的不均衡指数较高，T>0.5 的众创空间数量高达 72 家，比例为 44.4%。究其原因：一是一些众创空间虽然环境圈层健康指数较高，但创客圈层、资源与服务支持圈层的健康指数却不高；这也导致南京、苏州等创新创业氛围较为浓厚的城市综合健康指数的平均值却并不高；二是一些众创空间的资源与服务支持圈层健康指数落后于创客圈层的健康指数，这说明部分众创空间提供的资源、服务与创客需求不匹配，需要加强内涵建设，提供高质量的资源平台以满足日益增长的创客需求。

均衡性较好的众创空间可分为三种类型。一是各圈层的健康指数均较高，这是属于发展较好的"明星型"众创空间，具备了健康可持续发展的条件。二是各圈层的健康指数均较低，这属于发展较差的"幼童型"众创空间，其发展已陷入困境，抵抗风险的能力较弱。三是各圈层健康指数均处于中等水平，这属于"中庸型"众创空间，其发展需要圈层的协同。

第四节 众创空间健康发展提升对策

众创空间的健康发展包括活力、组织和恢复力三个要素，需要营造良好的发展环境提升发展活力；需要加强风险管理提升恢复力；需要调整扶持方式促进众创空间健康发展。

一、营造良好发展环境，提升发展活力

1.制度创新

政府在制定出台鼓励政策时应充分考虑创客创新创业活动的特殊性，打破传统政策的条条框框，激发创客的创新创业热情。一方面需要创新工商管理制度，降低门槛，进一步放宽创业的注册资金、注册场所等条件限制；另一方面需要大力发展知识产权质押、信誉抵押、小额贷款等灵活多样的融资方式，帮助创客解决资金难题。还需要完善知识产权保护制度。保护知识产权、加大知识产权执法力度是促进创客创新创业的重要前提。

2.优化营商环境

政府应进一步简化企业开办流程，整合营业执照申领、社保登记、医

保登记、住房公积金登记和印章刻制、涉税办理、银行开户等事项，实现全流程审批快捷化。实施帮办代办服务机制，通过政府购买服务方式，建立帮办代办和综合受理服务队伍，健全"首席帮办""一对一专办""全员帮办代办"等一系列帮办代办制度，提升服务质效。政府还应全面推进网上政务服务平台建设，打造线下智慧政务平台，深入推进政务信息系统整合共享，办事更加便捷高效。

3.营造宽容环境

包容和宽松的环境，使人们能够独立思考，敢于创新，是支持创新创业的软环境。积极营造鼓励支持创业、容忍创业失败的开放的社会氛围能够激发创业者首次和二次创业的热情。创新创业是相互影响、相互促进的支撑关系，众创空间应引导创客与各类创新主体开展交流合作，帮助创客实现创新能力的提升，进而加大创新创业成功的概率。

二、加强风险管理，提升系统恢复力

1.完善投融资风险管理系统

提升众创空间融资能力，首先要发挥多元主体作用。政府应发挥财政资金的引导作用，鼓励银行、中小投资机构、民间投资机构、风险投资基金等主体进入众创空间金融市场，构建围绕众创空间发展的金融联盟，促进众创空间投资主体多元化。其次要围绕众创空间成长生命周期，构建"无偿资助—政策担保—科技贷款—还贷周转—天使基金—引导基金—上市培育"的科技金融服务链[1]，帮助众创空间解决每个成长阶段的资金困难，促进众创空间持续发展。最后要创新金融机制和金融产品，建立与众创空间特征匹配的信贷审批机制、考核与约束机制及风险容忍度机制，推广知识产权质押贷款、纳税信用贷及投贷联动等信贷产品，积极发展互联网金融、移动支付等新型融资形式。

2.建立突发风险防控机制

众创空间在发展的过程中可能遭遇一些不可控风险。众创空间应当建立突发风险防范机制，加快升级网络信息服务，打造适用范围广泛的线上集成服务包，同时兼顾远程服务和线下服务两套系统，提供优质服务。众创空间应立足自身资源特色和专业优势，创新众创空间发展方式。

---

[1] 陈强，敦帅.改革开放40年上海科技创新制度环境变迁研究：政策演进、总结评析与未来路向[J].经济体制改革，2019(5)：60-67.

三、调整扶持方式，促进健康发展

1.由全面扶持转变为定向扶持

众创空间由于其促进创新、增加就业与税收、促进经济转型升级等经济外部性的存在决定了政府扶持的必要性，但其本质依然是市场化的自负盈亏的经济组织。那些环境较差、基础较为薄弱、服务水平不高、难以吸引创客的众创空间，无法健康地可持续发展，政府对其进行政策扶持，政策的效能难以发挥，具有较大的资源浪费风险。政府应由全面扶持向定向扶持进行转变，重点支持健康指数较高、各圈层协同较高、发展潜力较大的众创空间，重点帮助众创空间提升为创客服务的质量水平，从而实现创客圈层与资源和服务圈层的协同发展。

2.由量的增长转变为质的增长

众创空间作为创新创业的载体而存在，为创客提供基础性与专业性的服务是其存在的价值与理由。众创空间的价值主要体现为低成本、便利化、全要素、开放式，因此提升众创空间服务水平，增加众创空间对创客的有效资源与服务供给是众创空间生态系统健康发展的重要条件。在多重政策刺激下，大量众创空间如雨后春笋般不断涌现，而众创空间尚属新生事物，大多数众创空间缺乏专业人才和专业经验，处于"摸着石头过河"的经验积累阶段。目前，支持众创空间加强内涵建设的政策较少，导致众创空间服务能力较弱。因此，政策应由鼓励众创空间建立向鼓励众创空间建设和发展转变，从注重数量的增长向注重质量提升转变，以提升众创空间的服务水平。

本 章 小 结

建立一套科学的众创空间生态系统健康发展评价体系，有利于众创空间识别自身发展问题，有利于政府准确评价众创空间发展健康状态。本章在借鉴 VOR 理论和创业生态系统三层次评估框架的基础上，构建了由圈层和内容构成的二维众创空间生态系统健康评价指标体系，利用 TOPSIS 方法计算了江苏省 162 家众创空间综合健康指数，利用 Theil 方法计算了众创空间各圈层之间的不均衡指数。结果显示：江苏省众创空间生态系统健康指数分化较为严重，各圈层之间的不均衡性较强。众创空间的健康发展需要影响良好的发展环境提升发展活力，需要加强风险管理提升恢复力，需要调整扶持方式促进众创空间健康发展。

第十四章 结论与展望

本章是全书的结尾部分,在总结研究结论,梳理主要观点的基础上,提出研究的不足,指出后续研究的方向。

第一节 主要观点和研究结论

本书遵循"结构(构成要素)—行为(运行机理)—绩效(评价指数和对策)"的研究范式,以生态系统理论、开放式创新理论及利益相关者理论为基础,以扎根理论、问卷调查、定量评价、定性比较为主要方法,系统剖析众创空间生态系统的精神、主体、服务三大要素的内在特征及互动规律,探寻众创空间生态系统形成、运行及演化的内在机理,构建系统化的众创空间运行指数体系,评价众创空间运行现状,旨在为众创空间可持续发展提供坚实的理论基础和科学方法保障。

一、主要观点

①众创空间是由多主体组成的纵横交错的生态网络,由内而外存在创客精神圈层、创客圈层、服务机构圈层三大圈层。其中,创客精神圈层是核心,创客圈层是主体,服务圈层是保障。

②中国众创空间虽然伴随着全球创客运动的浪潮而产生,但其既受中国传统文化熏陶,又受创新创业时代背景的影响,呈现出与西方众创空间不同的特征。因此应立足于中国文化场域,扎根中国众创空间实践,开展中西对比研究及中国情境下的众创空间研究。

③众创空间生态系统存在逐级递进的发展规律,应从能力、效率、协同、发展四个方面度量众创空间生态系统的运行。

④基于原子论的因果关系分析方法无法解释创客精神的形成、创客与服务机构集聚等多重并发、非对称性的因果关系,因此应采取基于整体性视角的定性比较分析方法,探讨创客精神形成、创客与服务机构集聚的有效组态,从而为解释相互依赖、相互影响的复杂因果关系提供方法。

二、研究结论

通过系统研究，本书的主要结论包括以下几点。

①创客精神由认知方式、情感体验和理想信念三个维度构成。在认知方式方面，中国创客的创新意识和主动学习动机更为强烈。在情感体验方面，中国创客在基于目标导向的创新创业活动中体现出显著的坚韧特征。在理想信念方面，中国创客更有实现商业价值的倾向，展现出独有的家国情怀。创客精神的生成存在教育实践主导、兴趣教育主导和人际关系感染三个有效策略组合。

②创客行为由行为动机、行为方式、人际关系及行为情感四个维度构成。中国创客行为呈现商业化倾向，具有过程导向和目标导向两种不同的行为逻辑，不同类型的创客嵌入不同的社会关系网络。众创空间创客高集聚存在嵌入服务主导型、自有资源—创客教育主导型、全要素型三个组态。

③专业型众创空间服务机构合作网络的中心性、密度较高，运营商在合作网络中处于中心地位。众创空间服务机构高集聚存在政策推动经济效益主导型、成本声誉主导型和市场接近知识溢出主导型三个组态。

④众创空间生态系统的形成是由环境、资源、动力、诱因等诸多要素综合作用的结果，各要素对生态系统的形成发挥着不同的作用。环境通过对资源的保障作用和对动力的激励作用间接影响众创空间生态系统的形成。诱因发挥着调节作用，影响着众创空间生态系统形成的速度。

⑤众创空间存在"差异化战略＋核心能力""核心能力＋服务收入"和"差异化战略＋动态能力＋服务收入"三种有效运营商业模式。

⑥众创空间额外收益比例的提升有利于促进众创空间、创客、政府参与价值共创的意愿。众创空间共生系统是由共生单元、共生模式和共生环境构成的复杂共生系统。互惠共生是众创空间生态系统演化的理想模式，是众创空间政策制定的目标和方向。

⑦众创空间运行指数由能力、效率、协同、发展四个方面构成。众创空间核心竞争力指数呈现正态分布态势，创客资源集聚、金融机构集聚、网络构建、融资等因素成为影响众创空间核心竞争力的最重要因素。众创空间规模效率指数较高，而纯技术效率较低。政府与创客子系统协同指数明显高于众创空间与创客子系统的协同指数和众创空间与政府子系统协同指数。众创空间的资源与服务圈层健康指数落后于创客圈层的健康指数，部分众创空间提供的资源与服务和创客需求不匹配。

⑧众创空间政策存在忽视环境氛围的营造、全要素价值属性体现不

足、没有重视众创空间成长和维护等问题。为促进众创空间可持续发展，政策体系应更加注重政策的协同性、适度性，更加注重激发市场活力。

第二节 创 新 之 处

一、学术观点创新

在众创空间生态系统理论的基础上，提出多主体协同、多圈层均衡是众创空间健康发展的关键学术观点，并在此基础上构建了众创空间协同发展指数和健康发展指数，从而丰富和发展了众创空间生态系统理论。

二、研究视角创新

将经济学成本收益理论和演化博弈理论应用到众创空间价值共创和互惠共生机制研究之中，以系统互动视角研究各主体互动的相互影响，通过复制动态方程和雅可比矩阵分析及数值仿真实验验证，揭示众创空间生态系统价值共创和互惠共生的内在机制，推动经济理论与创业理论的融合。

三、新方法的应用

对众创空间的研究从基于原子论的因果关系分析方法转向基于整体论的定性比较分析方法。传统的统计回归分析方法讨论各个因素对结果变量的影响，其实质是单一条件的边际净效应。由于基于原子论的因果关系分析方法无法解释创客精神的形成、创客与服务机构集聚等多重并发、非对称性的因果关系，因此本书采取基于整体性视角的定性比较分析方法探讨创客精神的形成、创客与服务机构集聚的有效组态，从而为解释相互依赖、相互影响的复杂因果关系提供方法。

第三节 研究局限与展望

一、研究局限

本书尽管有坚实的理论基础，遵循了科学的研究步骤，采取了科学的研究方法，但由于受制于主观的能力局限和客观的资料约束，仍然存在以下不足。

（1）缺乏传统行业众创空间研究

本研究的众创空间主要分布在现代科技行业，但由于传统行业和现代科技行业众创空间的服务项目、服务行为、服务绩效等方面均有不同，因此对现代科技行业众创空间的研究无法替代对传统行业众创空间的研究。

（2）缺乏众创空间技术因素研究

本研究以管理学的视角将众创空间发展的模式、机制作为主要研究内容，但忽略了建筑设计、空间设计、开源硬件等技术发展趋势及其对众创空间发展的影响。

（3）缺乏大样本研究

众创空间作为新生事物，无论是理论界还是实践界都处于"摸着石头过河"的阶段。本书采取案例研究法、定性比较分析法等方法，探索了众创空间的要素构成、运行机理、评价指数等内容。随着众创空间数量日益增多，模式日益成熟，需要采取大样本数据对这些结论进行验证。

二、研究展望

基于本书的研究局限，未来研究存在以下拓展空间。

（1）不同类型众创空间比较研究

后续研究可对传统行业众创空间做专题研究，并将研究结果与现代科技行业作对比分析。

（2）众创空间发展技术研究

探索满足众创空间功能的空间设计技术、满足创客设计需求的开源软件技术、满足创客制作的3D打印和远程机器共享技术等，发现相关技术发展规律，论证相关技术前沿与众创空间发展的关系，预测众创空间未来发展趋势。

（3）基于大样本的验证性研究

众创空间经过近十年的探索，理论日益成熟，运行日益规范，数量日益增多，有必要也有条件开展大样本的调查研究，可以对众创空间的相关理论进行验证性分析，以完善众创空间理论。

参 考 文 献

[1] ADNER R. Match your innovation strategy to your innovation ecosystem[J]. Harv Bus Rev, 2006, 84(4):98-107.

[2] AJZEN I. The theory of planned behavior[J]. Organizational Behavior & Human Decision Processes, 1991, 50(2):179-211.

[3] ALCHIAN A A, DEMSETZ H. Production,information costs, and economic organization[J]. IEEE Engineering Management Review, 1972, 62(2):777-795.

[4] ALFORD J. Engaging Public Sector Clients:From Service-delivery to Co-production[M]. Basingstoke: Palgrave Macmillan, 2009.

[5] ALLEN V , RAHMAN N , WEISSMAN A , et al. The situational test of emotional management – brief (STEM-B): development and validation using item response theory and latent class analysis[J]. Personality and Individual Differences, 2015, 81:195-200.

[6] AMIT R, ZOTT C. Value creation in E-business[J]. Strategic Management Journal, 2001, 22: 6-7.

[7] ANDERSON C. Makers: The New Industrial Revolution[M]. New York: Random House, 2012.

[8] ANTUNES C H, BOUCINHA J, INACIO C F, et al. Benchmarking of maintenance and outage repair in an electricity distribution company using the value-based dea method[J]. Omega: The International Journal of Management Science. 2015,53:104-114.

[9] ARELLANO, M. Some tests of specification for panel data[J]. Review of Economic Studies, 1991(58):77-97.

[10] ARGYRIS C. Understanding Organizational Behavior[M]. Illinoin:DorseyPress, 1960.

[11] AUTIO E, KLOFSTEN M. A comparative study of two European business incubators[J]. Journal of Small Business Management, 1998, 36(1):30-43.

[12] BAKER T, NELSON E. Creating something from nothing: resource con-struction through entrepreneurial bricolage[J]. Administrative Science Quarterly, 2005,50(3):329-366.

[13] BALDWIN R, KRUGMAN P. Agglomeration, integration and tax harmonization[J]. CEPR Discussion Papers, 2000, 48(1):1-23.

[14] BANDURA A. Social Foundations of Thought and Action: A Social Cognitive

Theory[M]. Englewood Cliffs,NJ:Prentice-hall,1986.

[15] BAPTISTA R. Do innovations diffuse faster within geographical clusters?[J]. International Journal of Industrial Organization, 2000, 18(3):515-535.

[16] BARTON. Capital and the Distribution of Income[M]. Amsterdam and Oxford: North-Holi and Publishing Company, 2013.

[17] BATTISTELLA C, NONINO F. Exploring the impact of motivations on the attraction of innovation roles in open innovation web-based platforms[J]. Production Planning & Control, 2013, 24(2-3):226-245.

[18] BATTISTELLA C, NONINO F. Open innovation web-based platforms: the impact of different forms of motivation on collaboration[J]. Innovation Management Policy & Practice,2012,14(4): 557-575.

[19] BAUWENS M, MENDOZA N, IACOMELLA F, et al. A Synthetic Overview of the Collaborative Economy[M]. Orange Labs and P2P Foundation, 2012.

[20] BEDNÁŘ P, DANKO L. Coworking spaces as a driver of the post-fordist city: a tool for building a creative ecosystem[J]. European Spatial Research and Policy, 2020, 27(1):105-125.

[21] BELL R G, FILATOTCHEV I, AGUILERA R V. Corporate governance and investors' perceptions of foreign IPO value: an institutional perspective[J]. Academy of Management Journal, 2013, 57(1):301-320.

[22] BERLIANT M, et al. Knowledge exchange ,matching, and agglomeration[J]. Journal of Urban Economics.2006,60(1):69-95.

[23] BRAX S A, JONSSON K. Developing integrated solution offerings for remote diagnostics: a comparative case study of two manufacturers[J]. International Journal of Operations & Production Management, 2009, 29(5):539-560.

[24] BUDINOFF H D, MCMAINS S. Improving outcomes and participation in the prototyping process using design-for-additive-manufacturing training[J]. International Journal of Engineering Education, 2020, 36(4).

[25] BUERA F J. A dynamic model of entrepreneurship with borrowing constraints: theory and evidence[J]. Annals of Finance, 2009, 5(3-4):443-464.

[26] CANIELS M C. Knowledge Spillovers and Economic Growth: Regional Growth Differentials Across Europe[M]. Northampton, Massachusetts: Edward Elgar, 2000.

[27] CAPDEVILA I. Coworkers, makers, and fabbers-global local and internal dynamics of innovation in localized communities in Barcelona[D]. University of Montreal, 2014.

[28] CASTILLO T, ALARCON L F, PELLICER ARMIÑANA E. Influence of organizational

characteristics on construction project performance using corporate social networks[J]. Journal of Management in Engineering, 2017, 38(4): 779-786.

[29] CAVALCANT G. Is It a Hackerspace? Makerspace? Tech-Shopor Fab Lab?[M]. Make Foundation Press, 2013.

[30] CHARKHAM J P. Corporate governance: lessons from abroad[J]. European Business Journal, 1992, 4(2): 8.

[31] CHARNES A, COOPER W W, RHODES E. Measuring the efficiency of decision making units[J]. European Journal of Operational Research, 1979, 2(6):429-444.

[32] CHEN C, HU Z, LIU S, et al. Emerging trends in regenerative medicine: a scientometric analysis in CiteSpace[J]. Expert Opin Biol Ther, 2012, 12(5):593-608.

[33] CHERTOW M, EHRENFELD J. Organizing self‐organizing systems[J]. Journal of Industrial Ecology, 2012, 16(1):13-27.

[34] CHESBROUGH H, CROWTHER A K. Beyond high tech: early adopters of open innovation in other industries[J]. R & D Management, 2010, 36(3):229-236.

[35] CHESBROUGH H. Business model innovation: opportunities and barriers[J]. Long Range Planning, 2010, 43(2-3):354-363.

[36] CHESBROUGH H. Open Innovation: The New Imperative for Creating and Profiting from Technology[M]. Boston: Harvard Business School Press, 2003.

[37] CHUNHE Y. Evaluation of maker space index system based on machine learning and intelligent interactive system[J]. Journal of Intelligent & Fuzzy Systems, 2020 4(39): 5941-5952.

[38] CLARKSON M E. A stakeholder framework for analyzing and evaluating corporate social performance[J]. Academy of Management Review, 1995, 20(1): 92-117.

[39] COLLINS K M, ONWUEGBUZIE A J, SUTTON I L. A model incorporating the rationale and purpose for conducting mixed methods research in special education and beyond[J]. Learning Disabilities: A Contemporary Journal, 2006, 4(1): 67-100.

[40] COSTANZA R, NORTON B, HASKELL B J. Ecosytem Health:New Goals for Environmental Management[M]. Washington DC: Island Press,1992.

[41] COVA B, SALLE R.Co-creating value with customer network actors[J]. Industrial Marketing Management, 2008(37):270-277.

[42] DASILVA C M, TRKMAN P. Business model: what it is and what it is not[J]. Long Range Planning, 2014, 47(6):379-389.

[43] DAVIES S R. Characterizing hacking: mundane engagement in US hacker and makerspaces[J]. Science, Technology & Human Values, 2017, 43(2): 110-123.

[44] DAX J, PIPEK V. Making and Understanding. In Proceedings of the International Joint Conference on Knowledge Discovery, Knowledge Engineering and Knowledge Management[M]. SCITEPRESS-Science and Technology Publications, Lda, 2016.

[45] DECI E L, RYAN R M. The "what" and "why" of goal pursuits: human needs and the self-determination of behavior[J]. Psychological Inquiry, 2000, 11(4):227-268.

[46] DI GANGGI P M, WASKO M. Steal my idea! organizational adoption of user innovations from a user innovation community: a case study of dell idea storm[J]. Decision Support Systems,2009,48(1):303-312.

[47] DOĞAN B, ÜLKÜ E, et al. The role of the maker movement in engineering education: student views on key issues of makerspace environment[J]. International Journal of Engineering Education, 2020, 36(4):1161-1169.

[48] DOGAN S Z, ARDITI D, GUNHAN S, et al. Assessing coordination performance based on centrality in an E-mail communication network[J]. Journal of Management in Engineering, 2015, 31(3):04014047.

[49] DONOHUE J C. Understanding Scientific Literature: A Bibliographic Approach[M]. Cambridge: The MIT Press, 1973.

[50] DOUGHERTY D. The maker movement[J]. Innovation: Technology, government, globalization, 2012 (3):11-14.

[51] DOUGHERTY, D. The making of make[J]. Make Magazine, 2005 (1):7-8.

[52] DOUGLAS E J, SHEPHERD D A, PRENTICE C. Using fuzzy-set qualitative comparative analysis for a finer-grained understanding of entrepreneurship[J]. Journal of Business Venturing, 2020, 35(1):105-970.

[53] DUN W N. Methods of the second type: coping with the wilderness of conventional policy analysis[J].Review of Policy Research, 1988, 7(4):720-737.

[54] DUNN K L, HAMMOND D, MENCHACA K, et al. Reducing ultrafine particulate emission from multiple 3D printers in an office environment using a prototype engineering control[J]. Journal of Nanoparticle Research, 2020, 22(5).

[55] DUNN K. The entrepreneurship ecosystem[J]. MIT Technology Review, 2005 (9):23-35.

[56] DUNNING D, HEATH C, SULS J M. Flawed self-assessment[J]. Psychological science in the public interest, 2004, 5(3): 69-106.

[57] ETZKOWITZ H. The entrepreneurial university and the triple helix model of innovation[J]. Studies in Science of Science, 2009, 27(4):481-488.

[58] FASSO W, KNIGHT B A. Identity development in school makerspaces: intentional design[J]. International Journal of Technology and Design Education, 2020, 30(2): 275-294.

[59] FELDMANN M, LUKES M, UHLANER L. Disentangling succession and entrepreneurship gender gaps: gender norms, culture, and family[J]. Small Business Economics, 2020:1-17.

[60] FELLER J, FINNEGAN P, HAYES J, et al. Institutionalizing information asymmetry: governance structures for open innovation[J]. Information Technology & People, 2009, 22(4): 297-316

[61] FICHTER K. Innovation communities: the role of networks of promotors in open innovation[J]. R&D Management, 2009, 39(4): 357-371.

[62] FISS P C. Building better causal theories: a fuzzy set approach to typologies in organization research[J]. Academy of Management Journal, 2011, 54(2): 393-420.

[63] FONTICHIARO K. Sustaining a makerspace[J]. Teacher Librarian, 2016,43(3):39-41.

[64] FORNI M, PABA S. Knowledge spillovers and the growth of local industries[J]. Journal of Industrial Economics, 2010, 50(2):151-171.

[65] FREEMAN R E. Strategic Management: a Stakeholder Approach[M]. Boston, MA: Pitman Press, 1984.

[66] FRIEDMAN D. A simple testable model of double auction markets[J]. Journal of Economic Behavior & Organization, 1991, 15(1):47-70.

[67] GEBREMICHAEL H S. The impact of open innovation practice on innovative performance through intellectual capital: empirical study on SMEs[J]. African Journal of Business Management, 2018, 12(20):609-619.

[68] GEORGE J J M. The experience and evolution of trust: implications for cooperation and teamwork[J]. The Academy of Management Review, 1998, 23(3):531-546.

[69] GERSHENFELD N. How to make almost everything: the digital fabrication revolution[J]. Foreign Affairs, 2012, 91(6):42-57.

[70] GIUSTI J, ALBERTI F, BELFANTI F. Makers and clusters. Knowledge leaks in open innovation networks[J].Journal of Innovation & Knowledge, 2020,5(1): 20-28.

[71] GLANSDORFF P, PRIGOGINE I. Thermodynamics of Structure, Stability and Fluctuations[M]. New York: WileyInterscience, 1971.

[72] GRANOVETTER M S. The Strength of Weak Ties-Social Networks[M]. Cambridge: Academic Press, 1977.

[73] GUBA E G, LINCOLN Y S. Epistemological and methodological bases of naturalistic inquiry [J]. Educational Communication & Technology Journal, 1982,30 (4): 233-252.

[74] GUTTMAN L. Social problem indicators[J]. The Annals of the American Academy of Political and Social Science, 1971, 393(1): 40-46.

[75] HALL R. The strategic analysis of intangible resources[J]. Knowledge & Strategy, 1992, 13(2):135-144.

[76] HAMALAINEN M, KARJALAINEN J. Social manufacturing: when the maker movement meets interfirm production networks[J]. Business Horizons, 2017, 60(6):795-805.

[77] HAN K, WONSEOK O, IM K S, et al. Value cocreation and wealth spillover in open innovation alliances[J]. MIS Quarterly, 2012, 36(1): 291-315.

[78] HOOPLE G D, MEJIA J A, HOFFOSS D, et al. Makerspaces on the continuum: examining undergraduate student learning in formal and informal settings[J]. International Journal of Engineering Education, 2020, 36(4): 1184-1195.

[79] HOWARD C, GEROSA A, MEJUTO M C, et al. The maker movement: a new avenue for competition in the EU[J]. European View, 2014, 13(2):333-340.

[80] HOWLETT M, KIM J, WEAVER P. Assessing instrument mixes through program-and agency-level data: methodological issues in contemporary implementation research[J]. Review of Policy Research, 2006, 23(1):129-151.

[81] HSEE C K, KUNREUTHER H C. The affection effect in insurance decisions[J]. Journal of Risk and Uncertainly, 2000, 20(2):141-159.

[82] HU S S, KIM H H. Evaluation of creative space efficiency in China provinces based on AHP method[J]. International journal of advanced smart convergence, 2020, 9(4): 52-61.

[83] HWANG C L, YOON K L. Multiple Attribute Decision Making-Methods and Applications [M]. New York: Springer-Verlag, 1981.

[84] ISENBERG D J. How to start an entrepreneurial revolution[J]. Harvard business review, 2010, 88(6): 40-50.

[85] JALAL M, ANIS H. The integration of a maker program into engineering design courses[J]. International Journal of Engineering Education, 2020, 36(4):1252-1270.

[86] JENG J F, PAK A. The variable effects of dynamic capability by firm size: the interaction of innovation and marketing capabilities in competitive industries[J]. International Entrepreneurship & Management Journal, 2016, 12(1):115-130.

[87] JOHANSON J, MATTSSON G. Interorganizational relations in industrial systems: a network approach compared with the transaction-cost approach[J]. International Studies of Management and Organization, 1988, 18(1):34-48.

[88] JOHN ALFORD. Engaging Public Sector Clients: From Service-delivery to Co-production[M]. Basingstoke: Palgrave Macmillan, 2009.

[89] JONES G R, GEORGE J M. The experience and evolution of trust: implications for cooperation and teamwork[J]. Academy of Management Review, 1998, 23(3):531-546.

[90] JONES W M. Teachers' perceptions of a maker-centered professional development experience: a multiple case study[J]. International Journal of Technology and Design Education, 2020(7): 1-25.

[91] KARR J R, FAUSCH K D, ANGERMEIER P L, et al. Assessing biological integrity in running waters: a method and its rational[A]. Champaigre: Illinois Natural History Survey[C]. Illinois: Special publieation, 1986.

[92] KELTY M. Two Bits: The Cultural Significance of Freesoftware[M]. America: Duke University Press, 2008.

[93] KENLINE C. Defining a culture: the paradigm shift toward a collaborative economy[J]. Indiana University Purdue University Fort Wayne, 2012.

[94] KERA D. Hackerspaces and DIY bio in Asia: connecting science and community with open data, kits and protocols[J]. Journal of Peer production, 2012(2):1-8.

[95] KERA D. NanoŠmano lab in Ljubljana: disruptive prototypes and experimental governance of nanotechnologies in the hacker-spaces[J]. Journal of Science Communication, 2012, 11(4):37-49.

[96] KLANG D, MARIAWALLNÖFER, HACKLIN F. The business model paradox: A systematic review and exploration of antecedents[J]. International Journal of Management Reviews, 2014, 16(4):454-478.

[97] KOMNINOS N, PALLOT M, SCHAFFERS H. Special issue on smart cities and the future internet in europe[J]. Journal of the Knowledge Economy, 2013, 4(2):119-134.

[98] KRIPPENDORFF K. Content Analysis: An Introduction to Its Methodology[M]. Beverly Hills: Sage Publications, 1980.

[99] KUGOT B, ZANDE R U. Knowledge of the firm, combinative capabilities and the replication of technology[J]. Organization Science, 1992, 3(3): 383-397.

[100] LECHNER C, DOWLING M. Firm networks:external relationship as sources for the growth and competitiveness of entrepreneurial firms[J]. Entrepreneurship & Regional Development,2003,15(1):1-26

[101] LEE P M, JIN K. The contingent value of venture capitalist reputation[J]. Strategic Organization, 2011, 9(9): 33-69.

[102] LENHART C, BOUWMA-GEARHART J, VILLANUEVA I, et al. Engineering faculty members' perceptions of university makerspaces: potential affordances for curriculum, instructional practices, and student learning[J]. International Journal of Engineering Education, 2020, 36(4):1196-1207.

[103] LESTARI E D. Is co-working increase survivability? Study on how collaborating and

networking facilitates open innovation process for startups[J]. IJNMT (International Journal of New Media Technology), 2020, 7(2): 68-75.

[104] LICHTENTHALER U, ERNST H. Attitudes to externally organising knowledge management tasks: a review, reconsideration and extension of the NIH syndrome[J]. R & D Management, 2010, 36(4):367-386.

[105] LICHTENTHALER U. Open innovation: past research current debates, and future directions[J]. Academy of Management Perspecti ves, 2011, 25(1):75-93.

[106] LINDTNERS, LID. Created in China: the makings of China's hackerspace community[J]. Interactions, 2012, 19(6):18-22.

[107] M'CHIRGUI, LAMINE W, MIAN S, et al. University technology commercialization through new venture projects: an assessment of the French regional incubator program[J]. The Journal of Technology Transfer, 2018.

[108] MACK E, MAYER H. The evolutionary dynamics of entrepreneurial ecosystems[J]. Urban Studies, 2016, 53(10): 2118-2133.

[109] MAGRETTA J. Why business models matter[J]. Harvard Business Review, 2002, 80(5):86-92, 133.

[110] MAHR D, LIEVENS A. Virtual lead user communities: drivers of knowledge creation for innovation[J]. Research Policy, 2012, 41(1):167-177.

[111] MARTINEZ S, STAGER G. Invent to Learning: Making, Tinkering, and Engineering the Classroom[M]. California: Constructing Modern Knowledge Press, 2013.

[112] MARX A, DUSA A. Crisp-Set Qualitative Comparative Analysis (csQCA), contradictions and consistency benchmarks for model specification[J]. Methodological Innovations Online, 2011, 6(2):97-142.

[113] MARX A, RIHOUX B, RAGIN C. The origins, development and application of Qualitative Comparative Analysis (QCA): the first 25 years[J]. European Political Science Review, 2013, 6(1):115-142.

[114] MASON C, BROWN R. Entrepreneurial Ecosystems and Growth-Oriented Entrepreneurship[R]. Paris: Final Report to Paris, 2014.

[115] MASON C, BROWN R. Entrepreneurial Ecosystems and Growth-Oriented Entrepreneurship[R]. Paris: Final Report to OECD, 2014.

[116] MAURONER O. Makers, hackers, DIY-innovation, and the strive for entrepreneurial opportunities[J]. International Journal of Entrepreneurship & Small Business, 2017, 31(1):32-46.

[117] MAXIGAS. Hacklabs and hackerspace-tracing two genealogies[J]. Journal of Peer

Production, 2012 (2):7-10.

[118] MCADAM M，MILLER K，MCADAM R. Situated regional university incubation: a multi-level stakeholder perspective[J].Technovation，2016(50 /51) : 69-78.

[119] MCMULLEN J S. Organizational hybrids as biological hybrids: insights for research on the relationship between social enterprise and the entrepreneurial ecosystem[J]. Journal of Business Venturing, 2018, 33(5): 575-590.

[120] MERKEL J. Co-working in the city[J]. RMIT Annual Review 2012 Global Cities, 2015,15(2): 121–139.

[121] MIGLIETTA N , BATTISTI E , CAMPANELLA F , et al. Value maximization and open innovation in food and beverage industry: evidence from US market[J]. British Food Journal, 2017, 119(11):2477-2492.

[122] MITCH ALTMAN. What's Hackerspace[EB /OL］.http:/ /makezine．com /2011/09/07/ What's a hackerspace mitch altman explains video,2011．

[123] MOILANEN J. Emerging hackerspaces-peer-production generation[C]. IFIP International Conference on Open Source Systems. Springer Berlin Heidelberg, 2012:94-111.

[124] MUHAMMAD R K. Mapping entrepreneurship ecosystem of Saudi Arabia[J]. World Journal of Entrepreneurship, Management and Sustaina Development, 2013, 9(1):28-54.

[125] NAMASIVAYAM S, FOULADI M H, SIVANESAN S, et al. The role of makerspaces in enhancing the student learning experience[J]. International Journal of Engineering Education, 2020, 36(4): 1271-1279.

[126] NAMBISAN S, BARON R A. Entrepreneurship in innovation ecosystems: entrepreneurs' self-regulatory processes and their implications for new venture Success[J]. Entrepreneurship Theory & Practice, 2013, 37(5):1071–1097.

[127] NECK H M , MEYER G D , COHEN B, et al. An entrepreneurial system view of new venture creation[J]. Journal of Small Business Management, 2010, 42(2):190-208.

[128] NEWBERT S L. Treating stakeholders fairly[J]. Business&Professional Ethics Journal, 2007, 26 (1): 55-70.

[129] NICOLA M, ENRICO B , FRANCESCO C, et al. Value maximization and open innovation in food and beverage industry: evidence from US market[J]. British Food Journal, 2017, 119(11): 2477-2492.

[130] NIKITINA S. Hackers as tricksters of the digital age: creativity in hacker culture[J]. The Journal of Popular Culture, 2012, 45(1) : 133-152.

[131] NIKOLAOU I E, NIKOLAIDOU M K, TSAGARAKIS K P. The response of small and

medium-sized enterprises to potential water risks: an eco-cluster approach[J]. Journal of Cleaner Production, 2016, 112(5): 4550-4557.

[132] NONAKA I. A dynamic theory of organizational knowledge creation[J]. Organization Science, 1994, 5(1):14-37.

[133] O'CONNOR A. A conceptual framework for entrepreneurship education policy: meeting government and economic purposes[J]. Journal of Business Venturing, 2013, 28(4):546-563.

[134] OH W, JEON S. Membership herding and network stability in the open source community: the ising perspective[J]. Management Science, 2007,53(7):1086-1101.

[135] OKUBO B T. Heterogeneous firms, agglomeration and economic geography: spatial selection and sorting[J]. Journal of Economic Geography, 2006, 6(3):323-346.

[136] ÖRRNEKA S, DANYAL Y. Increased importance of entrepreneurship from entrepreneurship to techno-entrepreneurship (Startup): provided supports and conveniences to techno-entrepreneurs in Turkey[J]. Procedia-Social and Behavioral Sciences, 2015, 195: 1146-1155.

[137] OSBORNE S P, RADNOR Z, STROKOSCH K. Co-production and the co-creation of value in public services: a suitable case for treatment?[J]. Public Management Review, 2016, 18(5/6):639-653.

[138] OSBORNE S P, STROKOSCH K. It takes two to tango? Understanding the co - production of public services by integrating the services management and public administration perspectives[J]. British Journal of Management, 2013, 24(增刊):31-47.

[139] OZMEL U, REUER J J, GULATI R. Signals across multiple networks: how venture capital and alliance networks affect interorganizational collaboration[J]. Academy of Management Journal, 2013, 56(3):852-866.

[140] PELTONIEMI M. Preliminary theoretical framework for the study of business ecosystems[J]. Emergence: Complexity & Organization, 2006, 8(1): 10-19.

[141] PELZ D C. Use of Innovation in innovating processes by local governments[R]. Ann Arbor: University of Michigan, CRUSK, Institute for Social Research,1981.

[142] PESTOFF V. Co-production and third sector social services in Europe: some crucial conceptual issues[A]. In New Public Governance, the Third Sector, and Co-production. New York: Routledge. 2013:31-52.

[143] PORTER M E. Competitive Advantage[M]. New York: Free Press,1985.

[144] PRAHALAD C K, HAMEL G. The core competence of the corporation[J]. Harvard Business Review, 2010, 68(3):275-292.

[145] RAGIN, CHARLES C. The comparative method. Moving beyond qualitative and quantitative strategies[R]. Los Angeles: University of California Press. 1987.

[146] RAPPORT D J, COSTANZA R, MCMICHAEL A J. Assessing ecosystem health[J]. Trends in Ecology & Evolution, 1998, 13(10):397-402.

[147] RAPPORT D J, COSTANZA R, EPSTEIN P. Ecosystem Health[M]. England: Oxford Science, 1998.

[148] RAYPORT J F, SVIOKLA J J. Expoiting the virtual value chain [J]. Harvard Business Review,1995,11-12:75-85.

[149] RHEINGOLD H. The Virtual Community:Homesteading On The Electronic Frontier(revised edition) [M]. Cambridge: MIT Press, 2000.

[150] RIHOUX B, RAGIN C C. Configurational Comparative Methods: Qualitative Comparative Analysis(QCA)and Related Techniques[M]. Thousand Oaks: Sage Publications, 2009.

[151] RITZBERGER K, WEIBULL J W. Evolutionary selection in normal-form games[J]. Journal of the Econometric Society, 1995(6):1371-1399.

[152] ROMANELLI E. Environments and strategies of organization start-up: effects on early survival[J]. Administrative Science Quarterly, 2011(34):369-387.

[153] ROTHWELL R, ZEGVELD W. Reindustrialization and Technology[M]. London: Longman Group Limited, 1985.

[154] RUSSELL M G, STILL K, HUHTAMÄKI J, et al. Transforming innovation ecosystems through shared vision and network orchestration[C]//Proceedings of the Triple Helix IX International Conference: Silicon Valley: Global Model or Unique Anomaly? 11-14 July, 2011, Stanford, California, USA. Stanford University, H-STAR Institute Center for Innovation and Communication, 2011: 1-21.

[155] SÁ C, LEE H. Science, business, and innovation: understanding networks in technology-based incubators[J]. R&D Management, 2012, 42(3):243-253.

[156] SAWHNEY M, VERONA G, PRANDELLI E. Collaborating to create: the internet as a Platform for customer engagement in product innovation[J]. Journal of Interactive Marketing, 2010, 19 (4): 4-17.

[157] SCHAEFFER D J, HERRICKS E E, KERSTER H W. Ecosystem health: I. Measuring ecosystem health[J]. Environmental Management, 1988, 12(4):445-455.

[158] SCHNEIDER C Q, WAGEMANN C. Set-Theoretic Methods for the Social Sciences: A Guide to Qualitative Comparative Analysis[M]. Cambridge:Cambridge University Press, 2012.

[159] SECONDO L E, ADAWI H I, CUDDEHE J, et al. Comparative analysis of ventilation efficiency on ultrafine particle removal in university MakerSpaces[J]. Atmospheric Environment, 2020, 224:117-321.

[160] SEO J S, LEE G C, OCK Y S. A study of co-working space operation strategy: focused on operation elements analysis by AHP method[J]. Asia-Pacific Journal of Business Venturing and Entrepreneurship, 2015, 10(4): 157-165.

[161] SHANNON C E. A mathematical theory of communication[J]. Acm Sigmobile Mobile Computing and Communications Review, 2001, 5(1): 3-55.

[162] SHAW D R, ALLEN T. Studying innovation ecosystems using ecology theory[J]. Technological Forecasting and Social Change, 2018,136: 88-102.

[163] SHRADER-FRECHETTE K S. Ecosystem health: a new paradigm for ecological assessment?[J]. Trends in Ecology&Evolution, 1994, 9(12) : 456-457.

[164] SMILOR R, GILL M. The New Business Incubator:Linking Talent, Technology, Capital, and Knowhow[M]. Lexington, MA: D. C. Health an Company, 1986.

[165] SOETANTO D P, JACK S L. Business incubators and the networks of technology-based firms[J]. The Journal of Technology Transfer, 2013, 38(4): 432-453.

[166] SPIGEL B, HARRISON R. Toward a process theory of entrepreneurial ecosystems[J]. Strategic Entrepreneurship Journal, 2018, 12(1): 151-168.

[167] SPILLING O R. The entrepreneurial system: on entrepreneurship in the context of a mega-event[J]. Journal of Business Research, 1996, 36(1): 91-103.

[168] SPINUZZI C. Working alone together: coworking as emergent collaborative activity[J]. Journal of business and technical communication, 2012, 26(4): 399-441.

[169] STAM E. Entrepreneurial ecosystems and regional policy: a sympathetic critique[J]. European Planning Studies, 2015, 23(9): 1759-1769.

[170] SU M R, PATH B D, YANG Z F. Urban ecosystem health assessment: a review[J]. Sci Total Environ, 2010, 408(12): 2425-2434.

[171] SUNG T K, GIBSON D V, KANG B S. Characteristics of technology transfer in business ventures: the case of Daejeon, Korea[J]. Technological Forecasting and Social Change, 2003, 70(5):449-466.

[172] SWEENEY J C, SOUTAR G N. Consumer perceived value: the development of a multiple item scale[J]. Journal of Retailing, 2011, 77(2): 203-220.

[173] TEECE D J, PISANO G, SHUEN A. Dynamic capabilities and strategic management[J]. Strategic Management Journal, 1997, 18(7): 509- 533.

[174] TEECE D. Profiting from technological innovation: implications for integration,

collaboration, licensing and public policy [J]. Research Policy, 1986, 15(6) : 285-305.

[175] THANASOPON B, PAPADOPOULOS T, VIDGEN R. The role of openness in the fuzzy front-end of service innovation[J]. Technovation, 2016, 47: 32-46.

[176] THEIL H. Economics and Information Theory[M]. Chicago: Rand Mc Nally Company, 1967.

[177] THOMMES K, AKKERMAN A. Clean up your network: how a strike changed the social networks of a working team[J]. Team Performance Management: An International Journal. 2018, 24(1/2):43-63.

[178] TSAI W H, KUO H C. Entrepreneurship policy evaluation and decision analysis for SMEs[J]. Expert Systems with Applications, 2011, 38(7): 8343-8351.

[179] TSAI W, GHOSHAL S. Social capital and value creation: the role of intra firm networks[J]. Academy of Management Journal, 1998, 41(4):464-476.

[180] VALDEZ J. The entrepreneurial ecosystem: toward a theory of new business formation[J]. Proceedings of the Small Business Institute Director's Association, Jude, University of Texas, San Antonio. Retrieved from: http: //sbida. org/Resources/ Documents/Proceedings/1988% 20Proceedings. pdf# page, 1988, 102.

[181] VARGO S, LUSCH R. Service-dominant logic: continuing the evolution[J]. Journal of the Academy of Marketing Science, 2008, 36(1): 1-10.

[182] VERSCHUERE B, BRANDSEN T, PESTOFF V. Co-production: the state of the art in research and the future agenda[J]. Voluntas International Journal of Voluntary & Nonprofit Organizations, 2012, 23(4):1083-1101.

[183] VOGEL P. The employment outlook for youth: building entrepreneurial ecosystems as a way forward[C]. St. Petersburg: Conference Paper for the G20 Youth Forum, 2013.

[184] WADE S E, BUXTON W M, KELLY M. Using think-alouds to examine reader-text interest [J]. Reading Research Quarterly, 1999, 34(2):194-216.

[185] WEI W, HE Z, RAYMAN-BACCHUS L. How Co-working Spaces Self-Organize to Novel Outcomes?[C]//Academy of Management Proceedings. Briarcliff Manor, NY 10510: Academy of Management, 2020(1): 12532.

[186] WIKHAMN B R, WIKHAMN W, STYHRE A. Open innovation in SMEs: a study of the Swedish biopharmaceutical industry[J]. Journal of Small Business & Entrepreneurship, 2016, 28(2): 169-185.

[187] WILSON D T. Jantrania S. Understanding the value of relationship[J]. Asia Australia Marketing Journal, 2000, 2(1):55- 66.

[188] WINDRUM P, TOMLINSON M. Knowledge-intensive services and international

competitiveness: a four country comparison[J]. Technology Analysis & Strategic Management, 1999, 11(3): 391-408.

[189] YIN R K. Case Study Research: Design and Methods[M]. Thousand Oaks: Sage Publications, 1994.

[190] ZHENG J, SHI L, JIANG T. Research on Mechanism Materials of Innovation Performance of Makerspaces[J]. CONVERTER, 2021: 261-270.

[191] ZOTT C, AMIT R, MASSA L. The business model: recent developments and future research[J]. Journal of Management, 2011, 37(4): 1019-1042.

[192] 埃里卡·哈尔弗森, 谢里登, 陈卫东, 梁敏. 教育中的创客行动 [J]. 现代远程教育研究, 2015（3）: 3-8, 52.

[193] 安德鲁·埃德加. 哈贝马斯: 关键概念 [M]. 杨礼银, 朱松峰, 译. 南京: 江苏人民出版社, 2009.

[194] 安虎森, 吴浩波. 转移支付与区际经济发展差距 [J]. 经济学（季刊）, 2016（2）: 675-692.

[195] 安淑新. 促进经济高质量发展的路径研究: 一个文献综述 [J]. 当代经济管理, 2018（9）: 11-17.

[196] 边伟军. 核心企业主导型技术创新生态系统形成、运行与演化机理研究 [D]. 青岛: 青岛科技大学, 2017.

[197] 边玉芳. 充分重视家庭对儿童发展的重要作用 [J]. 北京师范大学学报（社会科学版）, 2016（5）: 46-54.

[198] 伯努瓦·里豪克斯, 查尔斯·C. 拉金. QCA 设计原理与应用: 超越定性与定量研究的新方法 [M]. 杜运周, 李永发, 译. 北京: 机械工业出版社, 2017.

[199] 蔡莉, 彭秀青, Satish Nambisan, 等. 创业生态系统研究回顾与展望 [J]. 吉林大学社会科学学报, 2016（1）: 5-16, 187.

[200] 蔡晓峰. 谈图书馆众创空间的发展举措 [J]. 长江丛刊, 2016（18）: 78-79.

[201] 蔡永生. 内外因关系新论 [J]. 福建论坛（文史哲版）, 1998（1）: 3-5.

[202] 陈戈, 石瑾. 独立动机与主观规范对创业动机的影响机制 [J]. 科研管理, 2020, 41（5）: 269-278.

[203] 陈根, 陈梦蝶. 众创空间生态系统的协同性与协同机制分析 [J]. 生产力研究, 2020（12）: 99-103, 161.

[204] 陈强, 敦帅. 改革开放 40 年上海科技创新制度环境变迁研究: 政策演进、总结评析与未来路向 [J]. 经济体制改革, 2019（5）: 60-67.

[205] 陈荣德. 组织内部社会网络的形成与影响: 社会资本观点 [D]. 中山大学, 2004.

[206] 陈诗一, 陈登科. 雾霾污染、政府治理与经济高质量发展 [J]. 经济研究, 2018（2）: 20-34.

[207] 陈夙, 项丽瑶, 俞荣建. 众创空间创业生态系统: 特征、结构、机制与策略——以杭州梦想小镇为例 [J]. 商业经济与管理, 2015（11）: 35-43.

[208] 陈武, 陈建安, 梁燕, 李燕萍. 社会网络视角下的创客资本研究 [J]. 科技进步与对策, 2021, 38（7）: 1-9.

[209] 陈武, 李燕萍. 嵌入性视角下的平台组织竞争力培育: 基于众创空间的多案例研究 [J]. 经济管理, 2018, 40（3）: 74-92.

[210] 陈岩松, 甘静娴. 大学生创业服务平台的链式协同机制研究 [J]. 江苏高教, 2018（8）: 84-87.

[211] 陈悦, 陈超美, 刘则渊, 胡志刚, 王贤文. CiteSpace 知识图谱的方法论功能 [J]. 科学学研究, 2015（2）: 242-253.

[212] 陈章旺, 柯玉珍, 孙湘湘. 我国众创空间产业政策评价与改进策略 [J]. 科技管理研究, 2018（6）: 18-24.

[213] 程洪漪, 阮博, 杨诗炜, 罗嘉文. 广东省科技企业孵化器发展现状与运行效率评价 [J]. 科技管理研究, 2020, 40（11）: 29-37.

[214] 储节旺, 刘秉玉. 高校图书馆参与众创空间建设的条件和策略 [J]. 图书情报工作, 2019（8）: 57-64.

[215] 储结兵. 图书馆创客激励因素识别与模型构建 [J]. 图书馆学研究, 2019（13）: 58-63.

[216] 崔祥民, 梅强. 产业集群内创业者社会资本、信任与创业融资 [J]. 软科学, 2010（11）: 98-101.

[217] 戴春, 倪良新. 基于创业生态系统的众创空间构成与发展路径研究 [J]. 长春理工大学学报（社会科学版）, 2015（12）: 77-80.

[218] 戴亦舒, 叶丽莎, 董小英. 创新生态系统的价值共创机制: 基于腾讯众创空间的案例研究 [J]. 研究与发展管理, 2018（4）: 24-36.

[219] 单鹏, 裴佳音. 众创空间绩效评价指标体系构建与实证 [J]. 统计与决策, 2018, 34（20）: 185-188.

[220] 邓君, 马晓君, 毕强. 社会网络分析工具 Ucinet 和 Gephi 的比较研究 [J]. 情报理论与实践, 2014（8）: 133-138.

[221] 邓欣, 王进, 于洪, 王国胤, 陈桥松. 开源硬件在"智能机器人"实践课程中的应用 [J]. 计算机教育, 2015（18）: 105-110.

[222] 邓欣. 湖南科技投入产出效率研究 [D]. 湖南农业大学, 2019.

[223] 丁大琴. 创客及其文化历史基因探源 [J]. 北京社会科学, 2015（8）: 22-28.

[224] 杜宝贵, 王欣. 科技企业孵化器政策变迁研究: 基于政策文本的量化分析 [J]. 中国科技论坛, 2019（2）: 11-21.

[225] 杜宝贵, 王欣. 众创空间创新发展多重并发因果关系与多元路径：基于模糊集定性比较分析 [J]. 科技进步与对策, 2020（9）: 1-8.

[226] 杜运周, 贾良定. 组态视角与定性比较分析（QCA）: 管理学研究的一条新道路 [J]. 管理世界, 2017（6）: 155-167.

[227] 范莉莉, 高喜超, 叶常发. 企业核心竞争力的灰色关联度评价方法 [J]. 管理学报, 2011（12）: 1859-1865.

[228] 范培华, 高丽, 侯明君. 扎根理论在中国本土管理研究中的运用现状与展望 [J]. 管理学报, 2017（9）: 1274-1282.

[229] 范轶琳, 吴俊杰, 吴晓波. 基于扎根理论的集群共享性资源研究 [J]. 软科学, 2012（7）: 43-47.

[230] 费小冬. 扎根理论研究方法论：要素、研究程序和评判标准 [J]. 公共行政评论, 2008（3）: 23-43, 197.

[231] 费孝通. 反思·对话·文化自觉 [J]. 北京大学学报（哲学社会科学版）, 1997（3）: 15-22, 158.

[232] 冯锋, 曹阳. 众创空间创客团队的"ITEM"融合模式与循环迭代：基于青创迭代创空间案例研究 [J]. 华南理工大学学报（社会科学版）, 2019（3）: 29-38.

[233] 冯海红, 曲婉. 社会网络与众创空间的创新创业：基于创业咖啡馆的案例研究 [J]. 科研管理, 2019（4）: 168-178.

[234] 高涓, 乔桂明. 创新创业财政引导政策绩效评价：基于地方众创空间的实证检验 [J]. 财经问题研究, 2019（3）: 75-82.

[235] 高培勇. 中美经贸摩擦背景下的中国经济 [J]. 东岳论丛, 2020（4）: 5-16, 191.

[236] 顾东辉. 社会工作的价值观、冲突及对策 [J]. 北京科技大学学报（社会科学版）, 2004（2）: 1-4.

[237] 关于加快众创空间发展服务实体经济转型升级的指导意见 [Z].2016-02-18.

[238] 郭红兵, 徐淑一, 曾玉叶. 基于复合系统协同度模型的科技金融"三链协同"研究：北京、上海和广东的一个比较实证分析 [J]. 南京财经大学学报, 2019（5）: 23-33.

[239] 国务院办公厅关于发展众创空间推进大众创新创业的指导意见 [Z].2015-03-11.

[240] 哈肯. 协同学引论 [M]. 徐锡申, 陈式刚, 陈雅深, 等, 译. 北京：原子能出版社, 1984.

[241] 韩美群. 论民族精神生成的内在逻辑 [J]. 哲学动态, 2009（12）: 28-32.

[242] 侯晓, 金鑫, 吴靖. CAS视角下的众创空间特征及运作机制研究 [J]. 情报杂志, 2016（10）: 119, 195-200.

[243] 胡兵, 李婷, 文彤. 上市旅游企业社会责任的结构维度与模型构建：基于扎根理论的探索性研究 [J]. 旅游学刊, 2018（10）: 31-40.

[244] 胡大立. 基于价值网模型的企业竞争战略研究 [J]. 中国工业经济，2006（9）：87-93.

[245] 胡海波，卢海涛，毛纯兵. 开放式创新视角下众创空间创意获取及转化：心客案例 [J]. 科技进步与对策，2019（2）：10-19.

[246] 胡海波，卢海涛，王节祥，黄涛. 众创空间价值共创的实现机制：平台视角的案例研究 [J]. 管理评论，2020，32（9）：323-336.

[247] 胡海波. 中国精神的实践本性与文化传统 [J]. 哲学研究，2015（12）：114-121.

[248] 胡仙，吴江，刘凯宇，周梦溪，徐雅倩. 点赞社交互动行为影响因素研究：基于微信朋友圈情境 [J]. 情报科学，2020（1）：36-41.

[249] 黄萃，任弢，张剑. 政策文献量化研究：公共政策研究的新方向 [J]. 公共管理学报，2015（2）：129-137，158-159.

[250] 黄飞，柳礼泉. 塑造具有中国特色的创客空间文化 [J]. 学习与实践，2017（8）：124-131.

[251] 黄扬，李伟权. 网络舆情下间断—均衡模型如何更好解释中国的政策变迁？——基于30个舆情案例的清晰集定性比较分析 [J]. 情报杂志，2019（3）：100，114-120.

[252] 黄玉蓉，王青，郝云慧. 创客运动的中国流变及未来趋势 [J]. 山东大学学报（哲学社会科学版），2018（5）：54-63.

[253] 黄紫微，刘伟. 价值网视角下创客空间与创客协同创新的三阶段演化 [J]. 科技进步与对策，2016（14）：6-9.

[254] 贾天明，雷良海，王茂南. 众创空间生态系统：内涵、特点、结构及运行机制 [J]. 科技管理研究，2017，37（11）：8-14.

[255] 贾旭东，衡量. 基于"扎根精神"的中国本土管理理论构建范式初探 [J]. 管理学报，2016（3）：336-346.

[256] 贾旭琴，李银玲. 从创客教育到教育创客：关于在师范教育中融入创客精神的若干思考 [J]. 中国教育信息化，2018（5）：36-39.

[257] 解学芳，刘芹良. 创新2.0时代众创空间的生态模式：国内外比较及启示 [J]. 科学学研究，2018（4）：577-585.

[258] 金碚. 关于"高质量发展"的经济学研究 [J]. 中国工业经济，2018（4）：5-18.

[259] 景怀斌. 扎根理论编码的"理论鸿沟"及"类故理"跨越 [J]. 武汉大学学报（哲学社会科学版），2017（6）：109-119.

[260] 卡斯特. 认同的力量 [M].2版. 曹荣湘，译. 北京：社会科学文献出版社，2006.

[261] 凯西·卡麦兹. 建构扎根理论：质性研究实践指南 [M]. 边国英，译. 重庆：重庆大学出版社，2009.

[262] 李柏洲，刘建波. 企业进化系统的序参量探讨 [J]. 管理世界，2005（9）：162-163.

[263] 李洪波，史欢. 基于 DEA 方法的国内众创空间运行效率评价 [J]. 华东经济管理，2019（12）：77-83.

[264] 李会军，席酉民，王磊，郭菊娥. 从离散到汇聚：基于批判实在论与多重范式视角的商业模式研究框架 [J]. 管理评论，2019（9）：207-218.

[265] 李继尊. 关于互联网金融的思考 [J]. 管理世界，2015（7）：1-7，16.

[266] 李娜，陈波. 财政政策对军民融合创新协同度的影响：以电子及通讯设备制造业为例 [J/OL]. 科技进步与对策：1-9[2021-08-25].http：//kns.cnki.net/kcms/detail/42.1224.G3.20210809.1059.006.html.

[267] 李强，于旭. 创业服务链对新创企业绩效的作用机制 [J]. 社会科学战线，2018（10）：248-252.

[268] 李万，常静，王敏杰，朱学彦，金爱民. 创新 3.0 与创新生态系统 [J]. 科学学研究，2014（12）：1761-1770.

[269] 李雪灵，马文杰，刘钊，董保宝. 合法性视角下的创业导向与企业成长：基于中国新企业的实证检验 [J]. 中国工业经济，2011（8）：99-108.

[270] 李延军，史笑迎，李海月. 京津冀区域金融集聚对经济增长的空间溢出效应研究 [J]. 经济与管理，2018（1）：21-26.

[271] 李燕萍，陈武，陈建安. 创客导向型平台组织的生态网络要素及能力生成研究 [J]. 经济管理，2017（6）：101-115.

[272] 李燕萍，陈武，李正海. 驱动中国创新发展的创客与众创空间培育：理论与实践——2016 年首届"创新发展·创客·众创空间"论坛评述 [J]. 科技进步与对策，2016（20）：154-160.

[273] 李燕萍，陈武. 基于扎根理论的众创空间发展质量评价结构维度与指标体系开发研究 [J]. 科技进步与对策，2017（24）：137-145.

[274] 李燕萍，陈武. 中国众创空间研究现状与展望 [J]. 中国科技论坛，2017（5）：12-18，56.

[275] 李燕萍，李洋. 科技企业孵化器与众创空间的空间特征及影响因素比较 [J]. 中国科技论坛，2018（8）：49-57.

[276] 李燕萍，秦书凝，陈武. 众创平台管理者创业服务能力结构及其生成逻辑：基于创业需求—资源分析视角 [J]. 江苏大学学报（社会科学版），2017（6）：62-72.

[277] 李振华，任叶瑶. 双创情境下创客空间社会资本形成与影响机理 [J]. 科学学研究，2018（8）：1487-1494，1515.

[278] 李志刚，谷锦锦. "互联网+"背景下众创空间的运行机制构建 [J]. 中国集体经济，2019（26）：159-160.

[279] 李自琼，李向东，陈晓雪. 基于灰色关联度的开发区创新转型能力综合评价研究 [J]. 宏观经济研究，2015（12）：115-120.

[280] 梁静波. 社会网络对创业机会识别影响机理实证研究 [D]. 吉林大学，2007.

[281] 梁云志，司春林. 孵化器的商业模式研究：理论框架与实证分析 [J]. 研究与发展管理，2010（1）：43-51，67.

[282] 林少雄. 创客运动与传统文化的现代转型 [J]. 学术研究，2017（3）：43-47.

[283] 林嵩. 创业生态系统：概念发展与运行机制 [J]. 中央财经大学学报，2011（4）：58-62.

[284] 林祥，高山，刘晓玲. 创客空间的基本类型、商业模式与理论价值 [J]. 科学学研究，2016（6）：923-929.

[285] 刘波. 人工智能对现代政治的影响 [J]. 人民论坛，2018（2）：30-32.

[286] 刘睿君，唐璐乔. 商业生态系统视域下众创空间构建策略 [J]. 科技与创新，2021（3）：61-64，67.

[287] 刘思峰，杨英杰，吴利丰. 灰色系统理论及其应用 [M].7 版. 北京：科学出版社，2014.

[288] 刘思明，张世瑾，朱惠东. 国家创新驱动力测度及其经济高质量发展效应研究 [J]. 数量经济技术经济研究，2019（4）：3-23.

[289] 刘伟，黄紫微，丁志慧. 商业孵化器商业模式创新描述性框架：基于技术与资本市场的创新 [J]. 科学学与科学技术管理，2014（5）：110-119.

[290] 刘小龙. 天津市众创空间运行绩效评估体系构建及实证研究 [D]. 天津理工大学，2017.

[291] 刘新民，孙向彦，吴士健. 政府规制下众创空间创业生态系统发展的演化博弈分析 [J]. 商业经济与管理，2019（4）：71-85.

[292] 刘新民，王译晨，范柳. 潜在创客需求与创客空间服务供给侧的改革研究 [J]. 科技管理研究，2018（20）：55-61.

[293] 刘燕. 创客文化的特质与教育变革 [J]. 中国青年研究，2016（1）：79-83.

[294] 刘振海，魏永军，董云芝，诸华军. 高校创新创业生态服务链的建构研究 [J]. 江苏高教，2018（8）：88-91.

[295] 刘志迎，曹淑平，廖素琴. 众创空间创客集聚的影响因素研究：基于调查问卷和深度访谈分析 [J]. 华南理工大学学报（社会科学版），2018（4）：56-64.

[296] 刘志迎，陈青祥，徐毅. 众创的概念模型及其理论解析 [J]. 科学学与科学技术管理，2015，36（2）：52-61.

[297] 刘志迎，武琳. 众创空间：理论溯源与研究视角 [J]. 科学学研究，2018（3）：569-576.

[298] 刘志迎，徐毅，洪进. 众创空间：从"奇思妙想"到"极致产品" [M]. 北京：机

械工业出版社，2015.

[299] 娄淑珍,项国鹏,王节祥.平台视角下众创空间竞争力评价模型构建[J].科技进步与对策,2019（6）：19-25.

[300] 卢福财,胡平波.网络组织成员合作的声誉模型分析[J].中国工业经济,2005(2)：73-79.

[301] 卢梭.爱弥儿[M].李平沤,译.北京：商务印书馆,2004.

[302] 马克思,恩格斯.马克思恩格斯选集：第1卷[M].北京：人民出版社,1995.

[303] 马文利.国内外贫困研究热点及前沿动态分析：基于CiteSpace的文献计量[J].新疆财经大学学报,2020（2）：5-15.

[304] 曼纽尔·卡斯特.认同的力量[M].曹荣湘,译.北京：社会科学文献出版社,2006.

[305] 毛大庆.中国众创空间行业发展蓝皮书：中国众创空间的现状与未来[M].杭州：浙江人民出版社,2016.

[306] 毛湛文.定性比较分析（QCA）与新闻传播学研究[J].国际新闻界,2016(4)：6-25.

[307] 孟涛.法治的测量：世界正义工程法治指数研究[J].政治与法律,2015（5）：15-25.

[308] 孟育群.亲子关系：家庭教育研究的逻辑起点[J].中国德育,2007（2）：40-43.

[309] 聂春祺,谷人旭,王春萌,许树辉.城市空间自相关特征及腹地空间格局研究：以福建省为例[J].经济地理,2017（10）：74-81.

[310] 欧阳友权,吴钊.创客运动与创客群体的文化认同[J].福建论坛（人文社会科学版）,2016（10）：118-122.

[311] 欧忠辉,朱祖平,夏敏,陈衍泰.创新生态系统共生演化模型及仿真研究[J].科研管理,2017（12）：49-57.

[312] 裴蕾,王金杰.众创空间嵌入的多层次创新生态系统：概念模型与创新机制[J].科技进步与对策,2018（6）：1-6.

[313] 彭张林,张强,杨善林.综合评价理论与方法研究综述[J].中国管理科学,2015(增刊)：245-256.

[314] 秦佳良,张玉臣.草根创新可持续驱动模式探析：来自农民"创客"的依据[J].科学学研究,2018（8）：1495-1504.

[315] 秦敏,乔晗,陈良煌.基于CAS理论的企业开放式创新社区在线用户贡献行为研究：以国内知名企业社区为例[J].管理评论,2015（1）：126-137.

[316] 任保平,文丰安.新时代中国高质量发展的判断标准、决定因素与实现途径[J].改革,2018（4）：5-16.

[317] 任海,邬建国,彭少麟.生态系统健康的评估[J].热带地理,2000（4）：310-316.

[318] 任柯霓. 网民的意见表达研究 [D]. 西南交通大学，2016.

[319] 邵永新，倪芝青. 关于众创空间的理论研究及思考 [J]. 江苏科技信息，2016（6）：4-7.

[320] 沈蕾，何佳婧. 平台品牌价值共创：概念框架与研究展望 [J]. 经济管理，2018（7）：193-208.

[321] 施涛，姜亦珂，陈倩. 网络问答社区用户知识创新行为模式的影响因素：基于扎根理论的研究 [J]. 图书情报知识，2017（5）：120-129.

[322] 施昱年，张秀智. 产业园区与城乡结合部产业集群的共生关系：以北京中关村丰台科技园为案例 [J]. 经济管理，2012（7）：21-31.

[323] 史蒂芬·列维. 黑客 [M]. 北京：机械工业出版社，2011.

[324] 史蒂文·奥斯本. 创客在行动：21位创客先锋访谈录 [M]. 李景媛，翁恺，程晨，等，译. 北京：机械工业出版社，2017.

[325] 宋刚，张楠. 创新2.0:知识社会环境下的创新民主化 [J]. 中国软科学，2009（10）：60-66.

[326] 宋青青. 国内学者关于美国20世纪60年代青年反文化运动的研究综述 [J]. 青年探索，2011（3）：84-88.

[327] 宋姗姗. 创业生态系统的共生形成及演化研究 [D]. 吉林大学，2018.

[328] 宋晓洪，丁莹莹，焦晋鹏. 创业生态系统共生关系研究 [J]. 技术经济与管理研究，2017（1）：27-31.

[329] 苏为华. 多指标综合评价理论与方法问题研究 [D]. 厦门大学，2000.

[330] 孙金云，李涛. 创业生态圈研究：基于共演理论和组织生态理论的视角 [J]. 外国经济与管理，2016（12）：32-45.

[331] 孙清兰. 高频、低频词的界分及词频估计方法 [J]. 情报科学，1992（2）：28-32.

[332] 谈毅，徐研. 创业投资机构介入、声誉信号与创新网络的动态演化 [J]. 研究与发展管理，2017（1）：32-41.

[333] 谭力文，丁靖坤. 21世纪以来战略管理理论的前沿与演进：基于SMJ（2001-2012）文献的科学计量分析 [J]. 南开管理评论，2014（2）：84-94，106.

[334] 谭敏，杨丹. 国外众创空间发展实践简考及启示 [J]. 重庆行政（公共论坛），2018（5）：31-34.

[335] 唐睿，唐世平. 历史遗产与原苏东国家的民主转型：基于26个国家的模糊集与多值QCA的双重检测 [J]. 世界经济与政治，2013（2）：39-57，156-157.

[336] 陶小龙，黄睿娴. 区域创业生态系统视角下众创空间运行机制研究 [J]. 云南大学学报（社会科学版），2021，20（3）：123-132.

[337] 田剑，尹祥信. 基于省域数据的众创空间运行效率及其空间关联分析 [J]. 江苏科技大学学报（社会科学版），2019（2）：82-87.

[338] 汪群.众创空间创业生态系统的构建[J].企业经济,2016(10):5-9.

[339] 汪旭晖,张其林.平台型电商声誉的构建:平台企业和平台卖家价值共创视角[J].中国工业经济,2017(11):174-192.

[340] 汪艳霞.大学科技园科技服务合作治理模式研究:以重庆北碚国家大学科技园为例[J].科技进步与对策,2018(1):9-14.

[341] 王东林,耿敬杰.1998—2015:中国广告学研究热点、趋势及网络[J].科研管理,2019(8):234-242.

[342] 王海花,熊丽君,李玉.众创空间创业环境对新创企业绩效的影响[J].科学学研究,2020(4):673-684.

[343] 王海花,熊丽君,谢萍萍.创业生态系统视角下众创空间运行模式研究:基于国家备案的上海众创空间[J].科技管理研究,2020(2):222-231.

[344] 王海花,赵鹏瑾,周位纱,周洁.地理邻近性与众创空间成长[J/OL].科学学研究:1-20[2021-08-25].https://doi.org/10.16192/j.cnki.1003-2053.20210629.003.

[345] 王缉慈.创新的空间:企业集群与区域发展[M].北京:北京大学出版社,2005.

[346] 王建明,王俊豪.公众低碳消费模式的影响因素模型与政府管制政策:基于扎根理论的一个探索性研究[J].管理世界,2011(4):58-68.

[347] 王建新.政治科学测量中的指数研究[D].华东政法大学,2016.

[348] 王节祥,田丰,盛亚.众创空间平台定位及其发展策略演进逻辑研究:以阿里百川为例[J].科技进步与对策,2016(11):1-6.

[349] 王景全.休闲视角下创客文化的哲学思考[J].中原文化研究,2019(5):45-50.

[350] 王腊银.基于价值链的建设工程承包企业核心竞争力分析与研究[D].西安建筑科技大学,2010.

[351] 王蕾茜.金融产业集聚机制的理论与实证研究[D].福州大学,2016.

[352] 王蕾茜.中国金融业集聚动因的理论与实证研究[J].投资研究,2016(11):68-83.

[353] 王丽平,刘小龙.价值共创视角下众创空间"四众"融合的特征与运行机制研究[J].中国科技论坛,2017(3):109-116.

[354] 王玲.创业生态系统下网络特性对新企业绩效的影响研究[D].吉林大学,2019.

[355] 王璐,高鹏.扎根理论及其在管理学研究中的应用问题探讨[J].外国经济与管理,2010(12):10-18.

[356] 王牧华,商润泽.创客教育促进初中生核心素养形成路径的实证研究[J].中国电化教育,2019(5):92-97,105.

[357] 王庆金,李如玮.众创空间网络嵌入与商业模式创新:共生行为的中介作用[J].广东财经大学学报,2019(3):34-42.

[358] 王如松,欧阳志云.社会—经济—自然复合生态系统与可持续发展[J].中国科学

院院刊，2012（3）：254，337-345，403-404.

[359] 王雪冬，董大海. 国外商业模式表达模型评介与整合表达模型构建 [J]. 外国经济与管理，2013（4）：49-61.

[360] 王亚煦. 粤港澳大湾区建设背景下高校众创空间的发展策略研究 [J]. 科技管理研究，2019（24）：72-77.

[361] 王益飞. 众创空间功能要素集成与空间共享设计 [J]. 建筑科技，2019（3）：17-19.

[362] 王佑镁，叶爱敏. 从创客空间到众创空间：基于创新2.0的功能模型与服务路径 [J]. 电化教育研究，2015，36（11）：5-12.

[363] 王宇，孙鹏. 高校图书馆创客空间建设与发展趋势展望 [J]. 图书情报工作，2018（2）：6-11.

[364] 王志强，杨庆梅. 美国教育创客空间的发展逻辑、核心议题与未来展望 [J]. 比较教育研究，2019（7）：36-43.

[365] 王志强，卓泽林. 美国中小学创客教育的现状、理念与挑战 [J]. 比较教育研究，2016（7）：27-31.

[366] 邓恩. 公共政策分析导论 [M].2版. 北京：人民大学出版社，2002.

[367] 卫武，杨天飞，温兴琦. 基于初创企业发展周期的众创空间服务与角色 [J/OL]. 科学学研究：1-19[2021-08-13]. https://doi.org/10.16192/j.cnki.1003-2053.20210610.001.

[368] 魏建良，蒋芬，纪浩. 浙江省众创空间运行效率评价与发展策略研究 [J]. 今日科技，2019（10）：47-50.

[369] 温素彬，方苑. 企业社会责任与财务绩效关系的实证研究：利益相关者视角的面板数据分析 [J]. 中国工业经济，2008（10）：150-160.

[370] 吴海平，宣国良. 价值链系统构造及其管理演进 [J]. 外国经济与管理，2003（3）：19-23.

[371] 吴立涛. 我国众创空间的发展现状、存在问题及对策建议 [N]. 中国高新技术产业导报，2017-02-20.

[372] 吴瑶，葛殊. 科技企业孵化器商业模式体系构建与要素评价 [J]. 科学学与科学技术管理，2014（4）：163-170.

[373] 武亚军.90年代企业战略管理理论的发展与研究趋势 [J]. 南开管理评论，1999（2）：3-9.

[374] 习近平. 在中国科学院第十九次院士大会、中国工程院第十四次院士大会上的讲话 [N]. 人民日报，2018-05-29.

[375] 项国鹏，钭帅令. 核心企业主导型众创空间的构成、机制与策略：以腾讯众创空间为例 [J]. 科技管理研究，2019，39（17）：1-6.

[376] 谢广营，徐二明.21世纪战略管理研究将走向何方：兼与国际比较 [J]. 北京交通

大学学报（社会科学版），2019（3）：85-103.

[377] 徐广林，林贡钦. 公众参与创新的社会网络：创客文化与创客空间[J]. 科学学与科学技术管理，2016（2）：11-20.

[378] 徐莉，胡文彪，张正午. 基于区域创新能力的众创空间运行效率评价：以我国30省份的众创空间为例[J]. 科技管理研究，2019，39（17）：71-81.

[379] 徐思彦，李正风. 公众参与创新的社会网络：创客运动与创客空间[J]. 科学学研究，2014（12）：1789-1796.

[380] 许德音，周长辉. 中国战略管理学研究现状评估[J]. 管理世界，2004（5）：76-87.

[381] 许亚楠，黄钟仪，王艺，向玥颖. 中国众创空间运营效率评价及影响因素研究[J]. 科技管理研究，2020，40（4）：80-87.

[382] 许治，黄攀，陈朝月. 不同代际科技企业孵化器孵化绩效差异比较：基于广东省的实证研究[J]. 管理评论，2019（5）：100-108.

[383] 薛浩. 基于众创空间的大学生创新创业教育对策[J]. 当代青年研究，2020（2）：58-62，103.

[384] 薛晶晶. 高校专业性众创空间绩效评价体系的构建[J]. 上海商业，2020（9）：31-33.

[385] 杨琳，屈晓东. 众创空间研究综述：内涵解析、理论诠释与发展策略[J]. 西安财经学院学报，2019（3）：121-128.

[386] 杨荣华，邱佩钰，戴家隽. 元认知测量方法的研究进展[J]. 交通医学，2011（6）：574-576.

[387] 杨现民，李冀红. 创客教育的价值潜能及其争议[J]. 现代远程教育研究，2015（2）：23-34.

[388] 殷建文. 公共图书馆众创空间的设备组成及服务[J]. 河南图书馆学刊，2018（4）：14-15.

[389] 余泳泽，杨晓章，张少辉. 中国经济由高速增长向高质量发展的时空转换特征研究[J]. 数量经济技术经济研究，2019（6）：3-21.

[391] 原磊. 商业模式体系重构[J]. 中国工业经济，2007（6）：70-79.

[391] 约翰·H. 霍兰. 隐秩序：适应性造就复杂性[M]. 周晓牧，等，译. 上海：上海科技教育出版社，2000.

[392] 约翰·杜威. 民主主义与教育[M]. 王承绪，译. 北京：人民教育出版社，2001.

[393] 约翰·杜威. 评价理论[M]. 冯平，余泽娜，译. 上海：上海译文出版社，2007.

[394] 张朝生，章申，何建邦. 长江水系沉积物重金属含量空间分布特征研究：空间自相关与分形方法[J]. 地理学报，1998（1）：3-5.

[395] 张车伟，赵文，王博雅. 经济转型背景下中国经济增长的新动能分析[J]. 北京工

商大学学报（社会科学版），2019（3）：117-126.

[396] 张丹宁,付小赟,易平涛.沈阳市众创空间产业集群发展路径研究：基于运营效率测度[J].东北大学学报（社会科学版），2017,19（1）：34-40.

[397] 张汉.质性研究与量化研究是截然对立的吗？——社会科学研究中的本体论和认识论辨析[J].国外理论动态，2016（5）：47-57.

[398] 张静进,陈光华.基于DEA模型的众创空间创新创业效率及投入冗余比较研究[J].工业技术经济，2019（9）：26-34.

[399] 张军扩,侯永志,刘培林,何建武,卓贤.高质量发展的目标要求和战略路径[J].管理世界，2019（7）：1-7.

[400] 张力.企业孵化器研究前沿与突破方向探析[J].外国经济与管理，2010（6）：17-22，30.

[401] 张令荣.供应链协同度评价模型研究[D].大连理工大学，2011.

[402] 张茂聪,秦楠.再论创客及创客教育[J].教育研究，2017（12）：81-88.

[403] 张娜.众创空间：互联网＋时代本土化的创客空间[J].科协论坛，2015（10）：22-25.

[404] 张世怡,刘春茂.中文网站社会网络分析方法的实证研究[J].情报科学，2011（2）：264-252.

[405] 张肃,靖舒婷.众创空间知识生态系统模型构建及知识共享机制研究[J].情报科学，2017（11）：61-65.

[406] 张伟.创客教育的价值取向与实现维度[J].中国成人教育，2017（14）：27-29.

[407] 张骁,周霞,王亚丹.中国科技服务业政策的量化与演变：基于扎根理论和文本挖掘分析[J].中国科技论坛，2018（6）：6-13.

[408] 张亚.商务成本变动视角下企业迁移动因研究[D].东华大学，2012.

[409] 张英英,赵定东.论一种融合的社会研究方法论视野[J].探索与争鸣，2018（5）：98-105，143.

[410] 张玉利,白峰.基于耗散理论的众创空间演进与优化研究[J].科学学与科学技术管理，2017（1）：22-29.

[411] 张玉利,陈立新.中小企业创业的核心要素与创业环境分析[J].经济界，2004（3）：29-34.

[412] 张玉利,杨俊,任兵.社会资本、先前经验与创业机会：一个交互效应模型及其启示[J].管理世界，2008（7）：91-102.

[413] 赵庚,李子彪.众创空间为创业"加料"[J].人民论坛，2017（13）：94-95.

[414] 赵国伟.3D打印技术研究展望[J].南方农机，2019（9）：126，148.

[415] 赵立雨.基于知识搜寻的开放式创新绩效研究[J].中国科技论坛，2016（3）：36-41.

[416] 赵喜洋, 覃一冬. 企业复合创新系统序变协同模式的识别与运行绩效评价 [J]. 统计与决策, 2021, 37（14）: 173-176.

[417] 赵义良. 唯物史观的精神内核及其生成逻辑 [J]. 中国社会科学, 2016（7）: 65-82, 205-206.

[418] 赵峥, 刘杨, 杨建梁. 中国城市创业孵化能力、孵化效率和空间集聚: 基于2016年中国235座地级及以上城市孵化器的分析 [J]. 技术经济, 2019（1）: 112-120.

[419] 赵志耘, 杨朝峰. 创新范式的转变: 从独立创新到共生创新 [J]. 中国软科学, 2015（11）: 155-160.

[420] 中关村创新研修学院. 中关村"创客军团" [M]. 北京: 中国经济出版社, 2016.

[421] 周新旺, 霍国庆, 张璋. 双创背景下我国创客组织的盈利模型研究 [J]. 中国软科学, 2017（4）: 182-192.

[422] 朱伟. 西方政策设计理论的复兴、障碍与发展 [J]. 南京社会科学, 2018（5）: 75-81, 88.

[423] 祝智庭, 孙妍妍. 创客教育: 信息技术使能的创新教育实践场 [J]. 中国电化教育, 2015（1）: 14-21.

[424] White House. Presidential Proclamation National Day of Making[EB/OL]. http: //www.white-house.gov/the-press-office/2014/06/17/presidential-proclamation-national-day-making-2014, 2016-07-01.

[425] 国家中长期教育改革和发展规划纲要（2010—2020）[EB/OL].http: //www.moe.gov.cn/srcsite/A01/s7048/201007/t20100729_171904.html.

[426] 科技部关于印发《发展众创空间工作指引》的通知 [EQ/OL].http: //www.most.gov.cn/mostinfo/xinxifenlei/fgzc/gfxwj/gfxwj2015/201509/t20150914_121587.htm.

[427] 李克强: 我国已连续四年新增城镇就业岗位1300万人以上 [EQ/OL].http: //finance.sina.com.cn/roll/2017-03-15/doc-ifycnikk0719844.shtml.

[428] 田国宝. 众创空间数量年增32倍, 创业的到底是谁？[EB/OL]（2016-03-13）[2018-04-15].http: //www.ebrun.com/20160313/168714.shtml.

[429] 我国众创空间超4000家数量和规模均跃居世界首位 [EQ/OL].http: //hlj.people.com.cn/n2/2017/0515/c358416-30183901.html.

[430] 五方面解析深圳营商环境 [EQ/OL]. http: //focus.szonline.net/contents/20190523/20190541710.html.

[431] 众创空间成"空"间: 平均入驻率仅30% 有些已关门倒闭 [EQ/OL].http: //tech.sina.com.cn/i/2017-03-09/doc-ifychhus0155620.shtml.

[432] 2016全国城市年轻指数报告 [EQ/OL]. http: //www.cctime.com/html/2016-5-4/1167270.htm.